JN194193

個人情報の
保護と利用

Protection and Utilization of Personal Information

宇賀克也
UGA Katsuya

有斐閣

は し が き

　本書に収録した論文は，著者が東京大学在職中に執筆したものである。著者は，2018 年の初頭に，それまで執筆してきた情報法関係の論文集を刊行することを企画し，論文を整理する作業を開始したところ，4 冊の論文集にまとめることが適切に思われた。そこで，同年 7 月に有斐閣に論文集の刊行のご相談をし，ご快諾をいただいた。本書は，その 2 冊目であり，論文集にまとめるための更新作業も，東京大学在職中に完了し，原稿を有斐閣にお渡しすることができた。なお，条文等は最新のものに改めた。

　本書では，医療情報の保護と利用，次世代医療基盤法，消費者保護と情報管理，データ・ポータビリティ権，教育と個人情報保護，グローバル化と個人情報保護，検索サービスと「忘れられる権利」，統計情報の保護と利用，弁護士会照会に係る個人情報保護，個人情報漏えい事件にみるセキュリティ対策，個人情報保護条例に基づく開示請求に対する一部不開示決定と出訴期間という多様な問題について論じている。
　本書が，わが国における個人情報の保護と利用の要請をいかに調和させるかの理解の増進に寄与することができれば幸いである。

　本書の刊行に当たっては，有斐閣法律編集局書籍編集部の笹倉武宏氏に精緻な編集作業をしていただいた。ここに記して厚く御礼申し上げたい。

2019 年 10 月

宇 賀 克 也

目　次

■第6章　統計情報 ─────────────────── 251

著 者 紹 介

宇 賀 克 也 （うが かつや）

東京大学法学部卒業，東京大学名誉教授。この間，東京大学大学院法学政治学研究科教授（東京大学法学部教授・公共政策大学院教授），ハーバード大学，カリフォルニア大学バークレー校，ジョージタウン大学客員研究員，ハーバード大学，コロンビア大学客員教授を務める。

〈主要著書〉

行政法一般

行政法〔第 2 版〕（有斐閣，2018 年）

行政法概説 I 〔第 6 版〕（有斐閣，2017 年）

行政法概説 II 〔第 6 版〕（有斐閣，2018 年）

行政法概説 III 〔第 5 版〕（有斐閣，2019 年）

ブリッジブック行政法〔第 3 版〕（編著，信山社，2017 年）

行政法評論（有斐閣，2015 年）

判例で学ぶ行政法（第一法規，2015 年）

対話で学ぶ行政法（共編著，有斐閣，2003 年）

アメリカ行政法〔第 2 版〕（弘文堂，2000 年）

情報法関係

個人情報保護法制（有斐閣，2019 年）

次世代医療基盤法の逐条解説（有斐閣，2019 年）

新・情報公開法の逐条解説〔第 8 版〕（有斐閣，2018 年）

個人情報保護法の逐条解説〔第 6 版〕（有斐閣，2018 年）

自治体のための 解説 個人情報保護制度——行政機関個人情報保護法から各分野の特別法まで（第一法規，2018 年）

論点解説 個人情報保護法と取扱実務（共著，日本法令，2017 年）

逐条解説 公文書等の管理に関する法律〔第 3 版〕（第一法規，2015 年）

情報公開・個人情報保護——最新重要裁判例・審査会答申の紹介と分析（有斐閣，2013 年）

情報法（共編著，有斐閣，2012 年）

情報公開と公文書管理（有斐閣，2010 年）

個人情報保護の理論と実務（有斐閣，2009 年）

地理空間情報の活用とプライバシー保護（共編著，地域科学研究会，2009 年）

災害弱者の救援計画とプライバシー保護（共編著，地域科学研究会，2007 年）

大量閲覧防止の情報セキュリティ（編著，地域科学研究会，2006 年）

情報公開の理論と実務（有斐閣，2005 年）

諸外国の情報公開法（編著，行政管理研究センター，2005 年）

情報公開法——アメリカの制度と運用（日本評論社，2004 年）

プライバシーの保護とセキュリティ（編著，地域科学研究会，2004 年）

解説　個人情報の保護に関する法律（第一法規，2003 年）

個人情報保護の実務Ⅰ・Ⅱ（編著，第一法規，2003 年刊行・加除式）

ケースブック情報公開法（有斐閣，2002 年）

情報公開法・情報公開条例（有斐閣，2001 年）

情報公開法の理論〔新版〕（有斐閣，2000 年）

行政手続・情報公開（弘文堂，1999 年）

情報公開の実務Ⅰ・Ⅱ・Ⅲ（編著，第一法規，1998 年刊行・加除式）

アメリカの情報公開（良書普及会，1998 年）

行政手続・マイナンバー法関係

番号法の逐条解説〔第 2 版〕（有斐閣，2016 年）

行政手続三法の解説〔第 2 次改訂版〕（学陽書房，2016 年）

論点解説　マイナンバー法と企業実務（共著，日本法令，2015 年）

完全対応　特定個人情報保護評価のための番号法解説（監修，第一法規，2015 年）

完全対応　自治体職員のための番号法解説［実例編］（監修，第一法規，2015 年）

施行令完全対応　自治体職員のための番号法解説［制度編］（共著，第一法規，2014 年）

施行令完全対応　自治体職員のための番号法解説［実務編］（共著，第一法規，2014 年）

行政手続法制定資料(11)〜(16)(共編，信山社，2013〜2014 年)

行政手続法の解説〔第 6 次改訂版〕（学陽書房，2013 年）

完全対応　自治体職員のための番号法解説（共著，第一法規，2013 年）

マイナンバー（共通番号）制度と自治体クラウド（共著，地域科学研究会，2012 年）

行政手続と行政情報化（有斐閣，2006 年）

改正行政手続法とパブリック・コメント（編著，第一法規，2006 年）

x

行政手続オンライン化3法（第一法規，2003年）

行政サービス・手続の電子化（編著，地域科学研究会，2002年）

行政手続と監査制度（編著，地域科学研究会，1998年）

自治体行政手続の改革（ぎょうせい，1996年）

税務行政手続改革の課題（監修，第一法規，1996年）

明解 行政手続の手引（編著，新日本法規，1996年）

行政手続法の理論（東京大学出版会，1995年）

政策評価関係

政策評価の法制度——政策評価法・条例の解説（有斐閣，2002年）

行政争訟関係

行政不服審査法の逐条解説〔第2版〕（有斐閣，2017年）

解説 行政不服審査法関連三法（弘文堂，2015年）

Q & A 新しい行政不服審査法の解説（新日本法規，2014年）

改正行政事件訴訟法〔補訂版〕（青林書院，2006年）

国家補償関係

条解 国家賠償法（共編著，弘文堂，2019年）

国家賠償法［昭和22年］（日本立法資料全集）（編著，信山社，2015年）

国家補償法（有斐閣，1997年）

国家責任法の分析（有斐閣，1988年）

地方自治関係

地方自治法概説〔第8版〕（有斐閣，2019年）

2017年地方自治法改正——実務への影響と対応のポイント（編著，第一法規，2017年）

環境対策条例の立法と運用（編著，地域科学研究会，2013年）

地方分権——条例制定の要点（編著，新日本法規，2000年）

法人法関係

Q & A 新しい社団・財団法人の設立・運営（共著，新日本法規，2007年）

Q & A 新しい社団・財団法人制度のポイント（共著，新日本法規，2006年）

宇宙法関係

逐条解説 宇宙二法（弘文堂，2019年）

第**1**章

医療情報

第1節　医療情報の保護と利用

1　医療に係る個人情報の特色

(1)　要配慮個人情報

　医療に係る個人情報は，疾患に係る情報，遺伝情報のようにセンシティブな情報が多い。そのため，「個人情報の保護に関する法律」（以下「個人情報保護法」という）6条（「政府は，個人情報の性質及び利用方法に鑑み，個人の権利利益の一層の保護を図るため特にその適正な取扱いの厳格な実施を確保する必要がある個人情報について，保護のための格別の措置が講じられるよう必要な法制上の措置その他の措置を講ずるとともに，国際機関その他の国際的な枠組みへの協力を通じて，各国政府と共同して国際的に整合のとれた個人情報に係る制度を構築するために必要な措置を講ずるものとする」）にいう「特にその適正な取扱いの厳格な実施を確保する必要がある個人情報」であると考えられており，個人情報保護法案が審議された衆参両院の個人情報の保護に関する特別委員会の附帯決議（以下「個人情報保護法附帯決議」という）において，医療分野は，国民から高いレベルでの個人情報の保護が求められる分野の一つとして，個人情報を保護するための個別法を早急に検討し，個人情報保護法の全面施行時には少なくとも一定の具体的結論を得

ることとされていた。個人情報保護法7条が定める「個人情報の保護に関する
基本方針」（2004年4月2日閣議決定）2(3)②においても，医療に係る個人情報
は，金融・信用，情報通信等に係る個人情報と並んで，特に適正な取扱いの厳
格な実施を確保する必要があり，個人情報を保護するための格別の措置が求め
られている。

　平成27年法律第65号による個人情報保護法改正で，(i)病歴，(ii)身体障害，
知的障害，精神障害（発達障害を含む）その他の個人情報保護委員会規則で定め
る心身の機能の障害があること，(iii)本人に対して医師その他医療に関連する職
務に従事する者（以下「医師等」という）により行われた疾病の予防および早期
発見のための健康診断その他の検査（以下「健康診断等」という）の結果，(iv)健
康診断等の結果に基づき，または疾病，負傷その他の心身の変化を理由として，
本人に対して医師等により心身の状態の改善のための指導または診療もしくは
調剤が行われたことが要配慮個人情報とされ（個人情報保護法2条3項，同法施
行令2条1号～3号），行政機関の保有する個人情報の保護に関する法律（以下
「行政機関個人情報保護法」という）2条4項，同法施行令4条1号～3号，独立
行政法人等の保有する個人情報の保護に関する法律（以下「独立行政法人等個人
情報保護法」という）2条4項，同法施行令2条1号～3号もかかる情報を同様
に要配慮個人情報としたことは，医療情報のセンシティブ情報としての特性に
対応したものといえる。

(2)　有用性

　他方において，個々の患者の診療の局面において，医師，看護師，診療放射
線技士等の間，また，他の医療機関，介護施設等との間で患者の情報が共有さ
れることが必要であるし，さらに，個々の患者の診療情報が共有され，集積さ
れることによって，公衆衛生の向上や医学研究の進展により公益が増進される
とともに，当該患者自身も，公衆衛生の向上や医学研究の進展の成果を享受す
ることができるという関係にある。したがって，センシティブ情報であるから
といって，その流通を遮断してしまうのではなく，厳格な保護措置を講じつつ，
行政主体以外においても，その利用を図ることも必要になる。

2　医療に係る個人情報の特別法の議論

(1)　「医療機関等における個人情報保護のあり方に関する検討会」報告書

　個人情報保護法制定を受けて，「医療機関等における個人情報保護のあり方に関する検討会」において「医療・介護関係事業者における個人情報の適切な取扱いのためのガイドライン」（以下「医療・介護個人情報ガイドライン」という）[1]案が作成された。同検討会の報告書（「医療機関等における個人情報の保護に係る当面の取組について」〔2004 年 12 月 24 日〕）においては，医療機関等における個人情報保護のための措置として，個人情報保護法，個人情報保護法より厳格な措置を定めた医療・介護個人情報ガイドライン，刑法および各資格法等に定められた守秘義務規定ならびに「診療情報の提供等に関する指針」が適用されることとなり，医療分野の個人情報については，他の分野に比べ手厚い保護のための格別の措置が講じられることになることから，個人情報保護法の全面施行に際し，これらの措置に加えて個別法がなければ十分な保護を図ることができないという状況には必ずしもないと思われると述べられている。そして，厚生労働省においては，政府全体の検討に合わせ，医療機関等の法施行後の取組みについて，個人情報の適正な取扱いの厳格な実施が確保されているかについて評価・検討を行い，その結果に基づいて必要な措置を講ずることが必要であると記されている。すなわち，この段階においては，行政指導の指針である医療・介護個人情報ガイドラインにおいて，個人情報保護法 6 条が定める「特にその適正な取扱いの厳格な実施を確保する」措置を講じたから，当面は，その実効性を信頼し，将来，評価・検討の結果，個人情報の適正な取扱いの厳格な実施が確保されていないと判断された場合には，個別法の制定に踏み切るという方針が採られたといえる。換言すれば，医療分野における個人情報保護の特別法の必要性が終局的に否定されたわけではなく，個人情報保護法，医療・介護個人情報ガイドライン，刑法および各資格法等に定められた守秘義務規定を当面

---

1)　同ガイドラインについて詳しくは，宇賀克也・個人情報保護の理論と実務（有斐閣，2009 年）139 頁以下参照。

運用し，その評価に基づいて個別法の必要性を判断することとしたのであり，
個別法の必要性の判断を先送りしたといえよう。

(2)　「社会保障・税番号大綱」

　しかし，「社会保障・税番号大綱」（政府・与党社会保障改革検討本部決定，2011
年6月30日）においては，医療・介護等に係る個人情報について，医療機関等
の関係機関間における情報連携により，医療・介護等の質の向上を図るべきと
され，その場合，医療・介護等に係る個人情報は，機微性の高い情報であるた
め，特に厳格な個人情報保護の必要性があり，また，この分野では関係者の
数・種類が多いことも踏まえて，厚生労働省において検討を行い，個人情報保
護法または「行政手続における特定の個人を識別するための番号の利用等に関
する法律」（以下「マイナンバー（番号）法」という）の特別法として，2013年通
常国会を目途に法案を提出することとされた。

(3)　「日本再生戦略」

　「日本再生戦略」（閣議決定，2012年7月31日）は，世界最高水準の医療・福
祉の実現を日本再生のための4大プロジェクトの一つとして掲げ，当該プロジ
ェクト推進のための環境整備として，医療等分野における個人情報保護に係る
個別法の検討に取り組むこととした。

(4)　「医療イノベーション5か年戦略」

　「医療イノベーション5か年戦略」（医療イノベーション会議，2012年6月6日）
Ⅲ－3－3(1)①においては，地域の医療機関の間での情報連携や医学研究等の
ための情報連携など，多様な事業者の連携を進めるため，医療等分野における
情報の利活用と保護に関する法制上の措置や情報連携に関する特段の技術設計
について検討を行うとされた。

(5) 「政府・与党社会保障改革本部社会保障サブワーキンググループ」および「医療機関等における個人情報保護のあり方に関する検討会」の合同会議

「政府・与党社会保障改革本部社会保障サブワーキンググループ」および「医療機関等における個人情報保護のあり方に関する検討会」の合同会議（以下「合同会議」という）は，「医療等分野における情報の利活用と保護のための環境整備のあり方に関する報告書」(2012年9月12日。以下「環境整備報告書」という）において，医療・介護（以下「医療等」という）に係る個人情報保護の特別法の制定を前提とした提言を行っている。環境整備報告書においては，医療等分野における情報化の意義は，(i)感染症中心から生活習慣病中心へという疾病構造の変化や人口の高齢化に伴い，医師等の指導とともに患者自らも情報を得て健康管理をしていくことが求められること，(ii)医療機関相互の機能分化・機能連携とともに介護等の関連分野との連携を強化し，患者の生活をトータルで支える包括的サービスを提供する重要性が高まっていること，(iii)高齢化によって医療費が増加する一方，保険料や国庫負担の増加も見込まれている中で，医療保険各制度の保険者や国等にとっては，データに基づく医療費分析やきめ細かな被保険者サービスを行うニーズが高まり，保険者や国において対応が求められていること，(iv)医学・医術の進歩，医療イノベーションの促進のためにも，大量のデータを用いたデータ活用が期待されていることが指摘され，これらを踏まえて，①国民が，より質が高く事務的に効率のよいサービスを受けることができるようになること，②医療等分野の情報が本人にとって分かりやすくなるような可視化・透明化を進めること，③エビデンスに基づく医療や医療政策等の推進により医療等の質の向上を図ることが政策課題となることが指摘されている。そして，これらの課題に取り組むためには，発展著しいICTを活用することがその一助になるとされ，医療等分野の番号・情報連携の仕組みも，かかる課題解決に資するものと位置付けられている。

(6)　「行政手続における特定の個人を識別するための番号の利用等に関する法律」の制定

　2013年5月24日に制定され同月31日に公布されたマイナンバー（番号）法制定附則6条1項は，「政府は，この法律の施行後3年を目途として，この法律の施行の状況等を勘案し，個人番号の利用及び情報提供ネットワークシステムを使用した特定個人情報の提供の範囲を拡大すること並びに特定個人情報以外の情報の提供に情報提供ネットワークシステムを活用することができるようにすることその他この法律の規定について検討を加え，必要があると認めるときは，その結果に基づいて，国民の理解を得つつ，所要の措置を講ずるものとする」と定めている。そのため，個人番号の利用および情報提供ネットワークシステムを使用した特定個人情報の提供の範囲が，医療等情報等にも拡大される可能性も皆無ではない。しかし，その場合であっても，マイナンバー（番号）法が適用されるのは，個人番号を含む特定個人情報に限られるから，特定個人情報でない一般の個人情報については，特別法の要否の問題は残ることになる。また，医療等情報のようなセンシティブな情報について，社会保障，税，災害対策等の分野で用いられる個人番号と紐づけて管理する場合，漏えいの危険が大きいとして，個人番号と異なる医療等IDを設けるべきとする意見もある。

(7)　「医療分野の研究開発に資するための匿名加工医療情報に関する法律」の制定

　2017年5月12日に「医療分野の研究開発に資するための匿名加工医療情報に関する法律」（以下「次世代医療基盤法」という）が公布された。この法律は，医療分野の研究開発における医療情報の有用性を発揮させることを目的とした法律であり，医療情報であっても，認定匿名加工医療情報作成事業者にはオプトアウト方式で提供すること，取得が原則として禁止される医療情報の認定匿名加工医療情報作成事業者による取得を認めることという特例を定めるものである。したがって，同法は，医療情報の有用性を発揮させるための特別法であって，医療情報の特に厳格な保護措置を講ずるための特別法ではない。

(8)　医療等に係る個人情報保護の特別法の要否

　以上のように，現状では，個人情報保護に係る一般法において，生存する個人に関する医療情報が要配慮個人情報とされ，また，次世代医療基盤法において，医療分野の研究開発のための特例法が定められているのであるが，さらに，医療等に係る個人情報保護の特別法（以下「医療等個人情報保護法」という）を制定する必要があるのか，制定するとした場合，どのような点に留意すべきかについて論ずることとしたい。

3　医療等個人情報保護法の要否

(1)　医療・介護個人情報ガイドラインの実効性

　医療・介護個人情報ガイドラインが行政指導の指針であっても，法律と同様の実効性を有しているのであれば，個人情報保護法 6 条が定める特に厳格な保護措置がすでに講じられているといいうるかもしれない。しかし，実際には，同ガイドライン制定後，ほぼ 15 年が経過した今日においても，一般の開業医の間では，同ガイドラインはまったく意識されていないことが多いように見受けられ，同ガイドラインの実効性は必ずしも十分とはいえず，同ガイドラインで個人情報保護法よりも厳格な措置を定めているので個別法は必要ないという理由付けは，過去 15 年の経験に照らし，必ずしも十分なものとはいえないと思われる。もっとも，平成 27 年法律第 65 号による個人情報保護法の改正により，従前は，個人データの数が 5000 を超えないために個人情報取扱事業者ではなかった一般の開業医も，改正個人情報保護法の下では，個人情報取扱事業者となり，改正個人情報保護法が 2017 年 5 月 30 日に全部施行されたことにより，徐々に個人情報保護意識は向上していくものと思われる。また，生存する個人に係る医療情報が個人情報保護法において要配慮個人情報とされ，オプトアウト方式による第三者提供が禁止され，取得も原則として禁止されたため，民間部門については，医療情報に係る個人情報保護についての法的措置は，すでに講じられたともみうる。

(2)　多元的，分権的個人情報保護法制

　医療の分野で特別法が必要と思われる理由としては，以下の点も挙げられる。独立行政法人や国立大学法人の病院の場合は，独立行政法人等個人情報保護法，私立大学の病院や医療法人の民間病院の場合は個人情報保護法，地方公共団体の公立病院や地方独立行政法人の病院の場合には個人情報保護条例の規定が適用されることになる（地方独立行政法人を個人情報保護条例の実施機関としている場合）。このように多元的，分権的な個人情報保護法制は，医療情報に限らず，一般的な問題であるから，医療情報についてのみ，このことを問題にすることには，疑問が提起されうる。しかし，医療の場合には，以下のような特性がある。

　第1に，患者が，①近所の私立病院で診察を受けていたが，当該病院で対応が困難な疾患であることが判明したため，②公立病院に入院することになり，公立病院で検査をしたところ，難病であることが判明し，③専門医のいる国立大学法人の病院に転院した場合を考えてみることとする。①の私立病院については，個人情報保護法4章の個人情報取扱事業者の義務等の規定が適用されることになる。②の公立病院には，その設置主体である地方公共団体の個人情報保護条例の規定が適用されることになる。また，③の国立大学法人の病院は，独立行政法人等個人情報保護法の規定の適用を受けることになる。このように，同一の患者が同一の疾患で診療を受ける場合であっても，複数の個人情報保護法制が適用されうることになり，患者にとって，個人情報保護のルールが何であるかを理解しにくいという問題がある。

　第2に①の私立病院と③の国立大学法人病院の間で，症例研究会を行う場合にも，個人情報保護法制が異なるため，問題が生ずる可能性がある。たとえば，個人情報保護条例では，一般に，他の情報との照合により特定の個人が識別される場合も個人情報に含まれるが，個人情報保護法におけるモザイクアプローチでは照合の容易性が要件となるため，個人情報か否かについて相違が生ずる可能性があり，関係機関間における情報連携が円滑に行えないおそれがある。

　第3に，第三者機関を設けて監督を行う場合にも，監督の基準が多元的であるため，統一的な履行確保措置を講ずることが困難になるおそれがある。

　現行の多元的，分権的個人情報保護法制自体を変更することとした場合，個人情報保護法のルールに統一すれば，公的部門の個人情報保護の水準を低下させる局面が多くなり，逆に，行政機関個人情報保護法等の公的部門のルールに統一すれば，民間部門に過剰な規制となりうることに十分留意する必要があるが，こと医療情報に関しては，個人情報保護ルールの統一化が望ましいように思われる。この点については，次世代医療基盤法により，医療分野の研究開発に関しては，個人情報保護法制の相違を超えて，統一的ルールが定められたので，多元的，分権的個人情報保護法制の問題への対処が，その限りでなされたといえよう。しかし，同法は，匿名加工医療情報の利用に関するものであるので，これにより，医学研究上の問題が完全に解消されることになるのかについては，なお検討を要する。

(3)　死者に関する情報

　行政機関個人情報保護法，独立行政法人等個人情報保護法，個人情報保護法は個人情報の定義に死者の情報を含めていない。また，個人情報保護条例は，個人情報に死者の情報を含めているものと含めていないものに分かれている。他方，マイナンバー（番号）法においては，死者のものも含めて，個人番号の安全管理義務を個人番号利用事務等実施者に課している。次世代医療基盤法における医療情報も，死者の情報も含んでいるので，死者に関する医療情報にも，安全確保義務が課されている。しかし，マイナンバー（番号）法や次世代医療基盤法という特別法が適用されない領域においては，死者に関する情報が行政機関個人情報保護法，独立行政法人等個人情報保護法，個人情報保護法で保護されていないという問題は残る。医療においては，患者の死亡に関する情報を日常的に取り扱うことが稀でなく，死者に関する情報の安全管理や目的外利用・提供制限を義務付けることが必要ではないかと思われる。

(4)　医療等 ID の導入

　医療等情報についても個人番号が利用されるようになれば，個人番号を付された医療等情報は特定個人情報となり，同法に基づく厳格な保護措置が講じられることになる。しかし，個人番号とは異なる医療等ID[2]を導入して，医療機

関等の間で情報連携を行う方針になっている。医療等 ID は個人番号ではない
ので，医療等 ID と紐づけられた医療情報は特定個人情報ではないことになり，
マイナンバー（番号）法の規制を受けないことになる。高度の特定個人識別性
を有する医療等 ID を用いた情報連携[3]に伴うプライバシー侵害の危険[4]に鑑み
れば，現行の個人情報保護法制に基づく保護措置では不十分であり，マイナン
バー（番号）法以上に厳格な保護措置が求められ，そのためには，医療分野に
おける個人情報保護の特例法が必要になるといえよう。

4　医療等個人情報保護法の内容

(1)　適用範囲

①　情報の種類

　医療等個人情報保護法を制定する場合には，その適用範囲は，個人情報保護
法附帯決議，「個人情報の保護に関する基本方針」，「社会保障・税番号大綱」
の趣旨を踏まえると，医療等分野における生命・身体・健康に関する個人情報
に限定すべきと思われる。個人情報は特定個人の識別性を要件とするが，医療
等情報は氏名，生年月日等を削除しても，身体的特徴の記述等により特定の個
人が識別される可能性があり，どのようなかたちで連結不可能匿名化がされた
といえるかについて，個人情報保護委員会の匿名加工情報に関するガイドライ
ンを参照して検討する必要がある。

②　事務・事業の主体

　国，独立行政法人等，地方公共団体，民間事業者に共通のルールを定めるこ

---

2)　医療等情報の分野では，年金分野における基礎年金番号のような統一番号は存在せず，
　医療保険における被保険者番号，医療機関等で利用されている診察券番号・利用者番号は，
　連携番号として用いることはできない。

3)　医療・介護等の分野に限定された医療等 ID を導入するのみであっても，現状と比較すれ
　ば，情報連携を容易にすることになる。

4)　医療等の情報化のメリットは大きいものの，他面において，瞬時に大量のデータが漏え
　いするおそれがあり，しかも，ひとたび漏えいすると，その回収がきわめて困難であるし，
　そもそも，漏えいした事実自体を認識できない場合もあり，このようなデメリットを踏まえ
　て，厳格な個人情報保護措置を講ずることが，医療等の情報化の大前提となる。

とが医療等個人情報保護法の重要な意義の一つであるから，これらを包括して適用するものとすべきであろう[5]。

③ 医療等 ID を利用可能な者

医療等 ID を利用可能な者としては，国の行政機関，地方公共団体の保健福祉担当部局，医療等サービス提供者（医療機関，薬局，介護事業者），医療保険者，介護保険者等になろう。パーソナルヘルスレコード（PHR）事業者を含めるか否かも論点となる。医療等の質の向上のためには，PHR 事業者も含めることが望ましいといえるが，PHR 事業者による医療等 ID の取扱いの適正を厳格に確保する必要があり，この点に関する認証制度を導入することが検討されるべきと思われる。

(2) 基本理念

マイナンバー（番号）法にも基本理念についての定めがあるが，医療等個人情報保護法を制定する場合にも，基本理念を明示しておくことは望ましい。基本理念としては，医療等情報の連携の基本が，良質な医療サービスの提供という患者の期待に応えるためであることを明確にするとともに，公衆衛生の向上や医学研究を通じた医療の向上のためにも用いられるべきこと，医療等情報の保護について十分な措置が講じられねばならないこと，医療等情報の利用について患者に対する透明性が確保されるべきこと等が盛り込まれるべきであろう。

(3) 医療等 ID

① 医療等に係る番号の要件

医療等情報を診療や医学研究等に利用するためには，国民1人1人を確実に識別できる必要があり，そのためには，全員に付番されるという悉皆性，重複がないという唯一無二性の要件を満たす ID が重要になる。これらの要件を充足する番号は，現行法上は，住民基本台帳法に基づく住民票コードとマイナン

---

[5]　その場合，条例による上乗せを認めるべきかが問題になる。これを認めると，ルールの統一化という目的が阻害される面があるが，これまで医療等情報も含めて地方公共団体が自治事務として規制してきた分野で上乗せすら否定することは，地方自治の本旨に照らし，慎重な検討を要する。

バー（番号）法に基づく個人番号しかない（基礎年金番号は悉皆性を有しない）。このうち，住民票コードは視認性のない番号であるのに対して，個人番号は，「民―民―官」で利用される視認性を有する番号である。医療等の分野で用いられる番号は，情報連携基盤を通じて情報連携することとしても，情報連携基盤を経由しない情報連携も必要な場合が生ずると思われる。その意味では，視認性を有する番号として位置付けざるを得ないと思われる。そもそも(i)住民票コードから不可逆変換された個人番号が漏えいした場合，住民票コードを変更することなく個人番号を変更できること，(ii)民間での利用を禁止し，データマッチングを行わないことを前提として導入した住民票コードを，「民―民―官」で利用され，データマッチングを本質とする番号として利用することは，住民票コードの性質を根本的に変化させることになること等から，マイナンバー（番号）法は，住民票コードとは異なる個人番号を利用することとした。このような経緯に照らすと，医療等の分野に限り住民票コードによる本人確認，情報連携を行うことは，政策論として合理的な説明が困難であり，かかる政策が選択されることは想定し難い。そうすると，医療等の分野でも個人番号を用いるか，個人番号とは異なる医療等IDを用いることにするかの選択になると思われるが，現在の方針では，医療等IDが選択されている。

②　利用者の範囲

　この問題を考える場合，利用者の範囲が重要になる。マイナンバー（番号）法においては，個人番号利用事務とは，行政機関，地方公共団体，独立行政法人等その他の行政事務を処理する者が同法9条1項から3項までの規定によりその保有する特定個人情報ファイルにおいて個人情報を効率的に検索し，および管理するために必要な限度で個人番号を利用して処理する事務と定義されている（同2条10号）。したがって，個人番号利用事務実施者は，委託を受ける者を除けば，国，地方公共団体，独立行政法人等のほか，行政事務を処理する者といえる公的な機関に原則として限定されている[6]。これに対して，医療等

の分野における共通番号制度を導入する場合には，その利用者は，医療等サービスを提供する者とすべきであろうから，国，地方公共団体，独立行政法人等に限らず，広く民間の医療機関等，医学研究機関等を対象とすることになると思われる。

③　個人番号の利用範囲

　マイナンバー（番号）法は，個人番号および法人番号の利用に関する施策の推進は，個人情報の保護に十分配慮しつつ，行政運営の効率化を通じた国民の利便性の向上に資することを旨として，社会保障制度，税制および災害対策に関する分野における利用の促進を図るとともに，他の行政分野および行政分野以外の国民の利便性の向上に資する分野における利用の可能性を考慮して行われなければならないとしており（3条2項），同法の施行後3年を目途として，同法の施行の状況等を勘案し，個人番号の利用および情報提供ネットワークシステムを使用した特定個人情報の提供の範囲を拡大することならびに特定個人情報以外の情報の提供に情報提供ネットワークシステムを活用することができるようにすることその他同法の規定について検討を加え，必要があると認めるときは，その結果に基づいて，国民の理解を得つつ，所要の措置を講ずることを政府に義務付けている（制定附則6条1項）。

④　個人番号と異なる医療等 ID の導入

　このことは，同法の施行後3年間は，民間での個人番号の利用は原則として認めず，特定個人情報の保護が十分に行われたかについての施行状況等を勘案して，民間での個人番号を認めるかを判断するという立場をとったことを意味する。したがって，特に厳格な保護措置を必要とする医療等情報について，マイナンバー（番号）法制定附則6条1項の規定に基づく見直し前に，民間での個人番号の利用を認めるという政策は，とり得なかったものと思われる。すなわち，マイナンバー（番号）法制定附則6条1項の規定に基づく見直し前の時

を行うことになるが，これは，これらの事務が公的年金制度を補完するものと位置付けられているからである（これらの者は，情報提供ネットワークシステムを使用した情報提供等事務を行う情報照会者，情報提供者にもなる）。また，マイナンバー（番号）法9条5項により，民間金融機関も，激甚災害が発生したときその他これに準ずる場合として政令で定めるときは，あらかじめ締結した契約に基づく金銭の支払を行うために必要な限度で個人番号を利用することができるが，これは目的外利用という例外的位置付けになっている。

期に，医療等分野において共通に用いられる番号制度を導入するとすれば，個人番号とは異なる番号であって，医療等の分野で限定して用いられる医療等IDを導入し，その利用者を医療等サービスの提供者に限定することにならざるをえなかった。環境整備報告書においても，医療等情報と社会保障・税・災害対策分野の個人情報を同一の番号で紐づけることはしないという立場をとり，個人番号とは異なる医療等IDを導入すべきとしていた。その場合，特に厳格な保護措置を必要とする医療等の分野で，高度の特定個人識別性を有する医療等IDによるデータマッチングを認める以上，マイナンバー（番号）法が特定個人情報について講じている個人情報保護対策以上の個人情報保護対策を医療等IDを含む個人情報について講ずることが必要になろう。

⑤　個人番号の利用範囲の拡大

　いま一つの選択肢は，個人番号の利用範囲を民間まで拡大することが是とされ，医療等情報の分野にも個人番号を利用することが可とされる場合である。このケースにおいては，個人番号を含む医療等情報は特定個人情報となり，マイナンバー（番号）法における特定個人情報保護措置の対象になる。しかし，この場合であっても，医療等情報がセンシティブな個人情報であり，特に厳格な保護措置が必要とされるものである以上，一般の特定個人情報と同等の措置を講ずるのみで足りるのかという問題が残ることになり，医療等情報の機微性に鑑みた特例をマイナンバー（番号）法の特別法として定めることの検討が必要になる。

(4)　分散管理と情報連携

①　分散管理の重要性

　マイナンバー（番号）法においては分散管理を前提とした情報連携の仕組みが採られているが，医療等情報についても，集中管理は漏えいの危険を考えると避けるべきであり，分散管理を前提とした情報連携の仕組みを採用すべきであろう[7]。

---

7)　情報保有機関，従業者を識別できる仕組み，標準化されたデータの整備も必要になる。

②　情報提供ネットワークシステムを使用した情報連携

　マイナンバー（番号）法は，情報提供ネットワークシステムを使用した情報連携を行うこととしている。同法制定附則6条1項は，情報提供ネットワークシステムを使用した特定個人情報の提供の範囲を拡大すること，特定個人情報以外の情報の提供に情報提供ネットワークシステムを活用することができるようにすることについても，同法施行後3年を目途とした見直しの際に検討を加えることを政府に義務付けていた。今後も，情報提供ネットワークシステムの利用範囲を医療等情報にまで拡大するという選択肢がありうる。環境整備報告書においても，政府全体の情報連携基盤として構築されるマイナンバー（番号）法に基づくインフラについては，共用できる部分については，二重投資を避ける観点から共用することも検討すべきとしている。

③　情報提供ネットワークシステムと異なる医療等情報中継 DB を使用した情報連携

　情報提供ネットワークシステムと異なる医療等情報中継 DB を構築することも考えられるが，情報提供ネットワークシステムと医療等情報中継 DB を別建てにすることの費用便益を慎重に分析する必要があろう。

　情報提供ネットワークシステムを使用した情報連携は，個人番号自体を用いず，情報保有機関ごとに異なる符号を用いることとしているが，情報提供ネットワークシステムと異なる医療等情報中継 DB を設ける場合においても，医療等 ID を直接に情報連携に用いずに，情報保有機関ごとに異なる符号を用いて情報連携を行うことが望ましい。この場合，各情報保有機関は，既存の番号を継続して使用することが可能になり，漏えいのリスクを小さくすることになる。医療等情報中継 DB により情報連携が可とされた後に，情報照会のあった医療等情報を提供するときは，医療等情報中継 DB を経由せずに，直接に情報提供者から情報照会者に送信されるシステムが用いられることになろう。

　情報提供ネットワークシステムと異なる医療等情報中継 DB[8]を設ける場合においても，医療等情報中継 DB を使用することができる個々の事務について，

---

8)　環境整備報告書においては，医療等情報中継 DB に，(i)情報連携に当たって，まず対象となる情報を引き当てる機能，(ii)一度の認証行為のみで複数のサイトへアクセスできるシングルサインオン機能を付与すべきとされている。

①情報照会者，②事務の種類，③情報提供者，④医療等 ID を含む医療等情報を列記したポジティブ・リストを作成し，法定された場合以外の情報連携を禁止し，情報連携の記録の保存義務，秘密保持義務を情報照会者，情報提供者，医療等情報中継 DB の管理者に課し，医療等情報の本人にアクセス・ログの開示請求権，訂正請求権を保障すべきであろう[9]。

(5)　医療等 ID およびそれを含む医療等情報の保護

①　不正な手段による取得の禁止と目的の特定，明示

　医療等情報についても，不正な手段による取得の禁止，作成または取得した医療等情報の目的の特定，書面による医療等情報の取得に当たっての事前の目的の明示のルール[10]は，当然，法定すべきであろう。

②　同意の取得

　医療等の分野では，認知症に罹患しているが成年後見制度を利用していない成人のような場合に，本人から同意を得ることが困難であるとともに，法定代理人もいないので，誰の同意を得るべきなのか明確でなく，関係者が対応に苦慮することが稀でない。かかる場合の同意のとり方についても検討し，ルールを法定しておくことが望ましい。また，医療等情報は，患者個人の診療のために直接に用いられる場合のほか，公衆衛生や医学研究のために用いられる場合もあり，後者の場合も結局は，患者自身も利益を享受する場合が少なくないことは前述したが，そうはいっても，後者の場合には，患者自身が受けうる利益は間接的なものになるし，公衆衛生の向上や医学の進展の利益を享受する前に当該患者が死亡してしまう場合もありうる。そうであるとすると，本人同意のあり方について，前者の場合と後者の場合が同一であってよいのかという問題があり，この点についても検討を深める必要があると思われる。

---

[9]　医療等情報中継 DB が恒常的に稼働し，アクセス・ログを保存していく必要があることに照らし，アクセス・ログの利用停止請求を認めることは適切ではないと思われる。マイナンバー（番号）法においても，情報提供ネットワークシステムのアクセス・ログについては，利用停止請求を認めていない。

[10]　宇賀克也・個人情報保護法の逐条解説〔第 6 版〕（有斐閣，2018 年）130 頁以下参照。

③　目的外利用・提供の制限

　医療等 ID を含む医療等情報については，利用できる者，利用できる事務，利用できる医療等情報のポジティブ・リストを法定し，目的外利用は一般の個人情報よりも厳格に制限し，提供できる場合のポジティブ・リストも法定し，目的外提供は禁止すべきと思われる。死者の医療等情報についても，目的拘束を及ぼすべきと思われる。

④　保管収集，提供の求め，ファイル作成の制限

　法定された場合以外には，①医療等 ID を含む医療等情報の保管収集，②医療等 ID を含む医療等情報の提供の求め[11]，③医療等 ID を含む医療等情報ファイルの作成も禁止すべきであろう。

⑤　プライバシー影響評価

　マイナンバー（番号）法が定める特定個人情報保護評価に相当する医療等情報システムのプライバシー影響評価[12]の仕組みも導入すべきと思われる。

⑥　安全管理措置

　個人番号と異なる医療等 ID を使用する場合においても，医療等 ID の安全管理措置を死者のものも含めて義務付けるべきであろう。安全管理措置の内容は，医療・介護個人情報ガイドラインおよび「医療情報システムの安全管理に関するガイドライン」等を参考に検討すべきであろう。委託先の監督義務，従業者の監督義務も当然法定すべきであるが，マイナンバー（番号）法 10 条 1 項と同様，再委託の承認制を法定し，再々委託等，再委託以後の監督義務も確保されるようにすべきと考えられる。なお，個人番号と異なる医療等 ID を設ける場合，マイナンバー（番号）法 16 条が個人番号のみによる本人確認を認めていないように，医療等 ID のみによる本人確認は，なりすまし防止の観点から認めるべきではない。

---

11)　番号の告知要求の禁止の例としては，住民票コード（住民基本台帳法 30 条の 37・30 条の 38 第 1 項），個人番号（マイナンバー〔番号〕法 15 条），基礎年金番号（国民年金法 108 条の 4）がある。

12)　プライバシー影響評価については，宇賀克也「プライバシー影響評価」高橋和之先生古稀記念・現代立憲主義の諸相(下)（有斐閣，2013 年）197 頁以下参照。

⑦　罰　則

(ア)　直罰と間接罰

　罰則については，行政機関個人情報保護法，独立行政法人等個人情報保護法，個人情報保護条例が直罰制を採用しているのに対し，個人情報保護法は間接罰の仕組みを基本としている。マイナンバー（番号）法が，直罰制を広範に採用したように，医療等 ID を用いた情報連携の仕組みをセンシティブな医療等情報について導入する以上，悪質な行為に対する直罰制の採用は必要と思われる。

(イ)　罰則の上限

　マイナンバー（番号）法は，罰則の上限についても，個人情報保護の一般法と比較して，おおむね2倍に引き上げているが，医療等個人情報保護法においても，罰則の上限の引上げが検討されるべきと思われる。

(ウ)　重過失処罰の是非

　故意がある場合に限らず重過失がある場合も処罰するかという論点もあり，医師法33条は，医師試験委員その他医師国家試験または医師国家試験予備試験に関する事務をつかさどる者が，故意または重大な過失により事前に試験問題を漏らした場合，1年以下の懲役または50万円以下の罰金に処することとしている。医療等情報の機微性の高さに鑑み，重過失による漏えいであっても処罰することも考えられないわけではないが，他方において，医療等情報の利用を過度に萎縮させないような配慮も必要と思われる[13]。

(エ)　適用対象

　罰則の適用対象は，医師，歯科医師，看護師等の法定資格者[14]に限定すべき

---

13)　日米相互防衛援助協定等に伴う秘密保護法4条1項（「特別防衛秘密を取り扱うことを業務とする者で，その業務により知得し，又は領有した特別防衛秘密を過失により他人に漏らしたものは，2年以下の禁こ又は5万円以下の罰金に処する」），2項（「前項に掲げる者を除き，業務により知得し，又は領有した特別防衛秘密を過失により他人に漏らした者は，1年以下の禁こ又は3万円以下の罰金に処する」）のように，軽過失による漏えいであっても処罰する例もある。また，特定秘密の保護に関する法律23条4項・5項も過失による特定秘密の漏えいを処罰することとしている。

14)　国家資格を属性として証明する保健医療福祉分野の公開鍵基盤認証証局はすでに存在する。公開鍵認証基盤については，宇賀克也・行政手続と行政情報化（有斐閣，2006年）282頁以下，宇賀克也＝長谷部恭男編・情報法（有斐閣，2012年）24頁以下［山口和紀執筆］，119頁以下［宇賀執筆］参照。

ではなく，医療等 ID を取り扱う職員すべてとしなければ，違法行為の抑止が
不十分になるし，国民の信頼を得ることは困難であろう。また，マイナンバー
（番号）法 51 条 1 項は，人を欺き，人に暴行を加え，もしくは人を脅迫する行
為により，または財物の窃取，施設への侵入，不正アクセス行為（不正アクセ
ス行為の禁止等に関する法律 2 条 4 項に規定する不正アクセス行為をいう）その他の
個人番号を保有する者の管理を害する行為により，個人番号を取得した者に対
する罰則を定めているが，かかる悪質な行為により医療等 ID を取得する行為
についても，同様の罰則を定めるべきであろう[15][16]。

(6)　第三者機関による監督

　マイナンバー（番号）法により内閣府の外局として特定個人情報保護委員
会[17]が設置されることになり，同法の一部の施行期日を定める政令により，マ
イナンバー（番号）法制定附則 1 条 2 号に定める特定個人情報保護委員会の設
置日は 2014 年 1 月 1 日とされることになった。その後，平成 27 年法律第 65
号による個人情報保護法およびマイナンバー（番号）法の改正により，特定個
人情報保護委員会は個人情報保護委員会に改組された。個人番号の利用範囲が
医療等情報にも拡大する場合には，個人情報保護委員会が医療等情報について
も第三者機関となるが，マイナンバー（番号）法と別に，医療等 ID を用いた
情報連携について定める特別法を制定する場合にも，第三者機関による監督体
制を整備する必要があろう。その場合，個人情報保護委員会を第三者機関とす
る選択肢もあれば，次世代医療基盤法のように，個人情報保護委員会と異なる
主務大臣を設ける選択肢もある。後者の場合においても，次世代医療基盤法が
そうであるように，主務省令の制定や監督処分に当たり，個人情報保護委員会
と協議することを義務付ける規定を置くべきであろう。

---

15)　環境整備報告書では，本人による親告罪とすることも検討の必要があるとしている。

16)　合同会議においては，①秘密漏示罪について定める刑法 134 条 1 項に歯科医師を追記す
　　ること，②業務上秘密物の押収について定める刑事訴訟法 105 条および業務上の秘密に関す
　　る証人尋問について定める同法 149 条に薬剤師を追記すること，③情報漏えいの本人および
　　主務大臣への通知義務を定めることについての検討を求める意見も出されている。

17)　詳しくは，宇賀克也「特定個人情報保護委員会について」季報情報公開・個人情報保護
　　49 号 67 頁以下参照。

(7)　適用除外

　個人情報保護法 76 条 1 項 3 号は，個人情報取扱事業者のうち，その個人情報を取り扱う目的の全部または一部が，「大学その他の学術研究を目的とする機関若しくは団体又はそれらに属する者」が，「学術研究の用に供する目的」である場合には，同法 4 章の個人情報取扱事業者の義務等の規定を適用しないこととしている。医療等個人情報保護法を制定する場合においても，医学研究における学問の自由には，十分に配慮する必要がある。他面において，研究目的であっても，医療等情報の安全管理を適切に行うべきことは当然であり，実際，行政機関個人情報保護法，独立行政法人等個人情報保護法，個人情報保護条例においては，医学研究目的で個人情報を取り扱う場合であっても，適用除外にはされていない。立法政策としては，医学研究についても，安全管理措置，従業者の監督，委託先の監督等を義務付けることはありうると考えられるし，そのことにより，過度に医学研究を萎縮させることもないと思われるので，前向きに検討すべきであろう。

(8)　情報提供等記録開示システム

　マイナンバー（番号）法制定附則 6 条 3 項は，本人に係る情報提供等記録の簡易な開示請求のための情報提供等記録開示システム（以下「マイナポータル」という）を設置することを政府に義務付け，マイナポータルを自己情報開示請求，プッシュ型情報提供，ワンストップサービスのためにも用いることとしている（同条 4 項）。個人番号と異なる医療等 ID を導入する場合にも，マイナポータルを利用して，かかるサービスを享受できるようにすることを検討すべきであろう[18]。

---

[18]　合同会議においては，マイナポータル経由で自己に係る医療等情報にアクセスすることについて，なりすましの危険等が指摘されているので，この点についての懸念を払拭するセキュリティ対策を講ずる必要がある。

第 2 節　次世代医療基盤法──医療ビッグデータの利用と保護

1　制定の経緯と意義

2017 年 4 月 28 日に「医療分野の研究開発に資するための匿名加工医療情報に関する法律」（以下「本法」という）が可決・成立し，同年 5 月 12 日に平成 29 年法律第 28 号として公布され，2018 年 5 月 11 日に全部施行された。初めに，本法制定の経緯と意義について述べることとする。

(1)　根拠に基づく医療

疾病の予防，新しい治療法の発見等の医療の質の向上等のために，過去の医療・介護等から取得された医療・介護・健康等に関する情報を疫学的・統計学的に解析して得られた科学的根拠に依拠した「根拠に基づく医療」（evidence-based medicine, 以下「EBM」という）の考え方が，1980 年代以降，国際的に進展してきた。そのため，EBM の基礎になる医療等情報データベースの整備と利用も国際的に進み，欧米先進国において，大規模な医療等情報データベースが，医療に関する研究開発に利用され，研究の効率化が図られている。わが国においても，診療報酬明細書（レセプト）情報・特定健診等情報データベース（National Database），独立行政法人医薬品医療機器総合機構（PMDA）の医療情報データベース基盤（Medical Information Database Network, 以下「MID-NET」という）等の整備が進展している。しかし，全国規模で利活用できる標準化されたデジタルデータは，診療行為の実施に係るインプットデータであるレセプト情報を基本としており，診療行為の実施結果（問診への回答，検査結果，服薬情報，治療予後等）に係るアウトカムデータの収集は，MID-NET 等で行われているものの，なお十分とはいえない。さらに，わが国の医療制度においては，医療機関の設置母体が民間中心であり，保険制度も地域保険と職域保険（健康保険組合等）という 2 種類の保険制度が分立していること等のため，各種データベース間の連携が十分に行われておらず，複数の情報ソースの統合が不十分

であることが EBM の進展を阻害しているという認識が広まってきた。

(2)　健康・医療戦略の推進

　医療等の分野においても，新たな産業の創出ならびに活力ある経済社会および豊かな国民生活の実現に資するために，ビッグデータの活用が，2013 年ごろから強く要請されるようになってきた。医療や健康に関するビッグデータを利用することにより，製薬産業やヘルスケア産業において，研究開発やマーケティングの効率性を向上させ，新たなサービスを創出し，国際競争力を強化することが，国策として求められるようになったのである。そして，2014 年 5 月には，健康・医療戦略推進法が制定され，同法 9 条において，「国は，健康・医療に関する先端的研究開発及び新産業創出に関する施策を実施するため必要な法制上又は財政上の措置その他の措置を講ずるものとする」こととされ，2016 年 6 月 2 日に「日本再興戦略 2016──第 4 次産業革命に向けて」が閣議決定され，そこにおいて，「既存の法令との関係を整理したうえで，医療等分野の情報を活用した創薬や治療の研究開発の促進に向けて，治療や検査データを広く収集し，安全に管理・匿名化を行い，利用につなげていくための新たな基盤として『代理機関（仮称）』を実現するため，次世代医療 ICT 基盤協議会等において『代理機関（仮称）』に係る制度を検討し，その結果を踏まえて，来年中を目途に所要の法制上の措置を講じる」こととされた。

(3)　個人情報保護法等の改正

　本法制定の背景としては，さらに，以下の点も指摘しておく必要がある。すなわち，平成 27 年法律第 65 号による「個人情報の保護に関する法律」（以下「個人情報保護法」という）の改正，平成 28 年法律第 51 号による「行政機関の保有する個人情報の保護に関する法律」（以下「行政機関個人情報保護法」という），「独立行政法人等の保有する個人情報の保護に関する法律」（以下「独立行政法人等個人情報保護法」という）の改正が，医学研究にも少なからぬ影響を与えるものと医学界で受け止められたことである。

　これらの改正は，一方において，匿名加工情報制度，非識別加工情報制度の導入により，医療分野における個人情報を匿名加工または非識別加工して医学

研究に利用するルールを明確化した。そのため，匿名加工または非識別加工された医療情報が医学研究に活用される可能性が拡大することになる。

　他方において，病歴，心身の機能の障害，健康診断等の結果，医師等による指導，診療または調剤に係る個人情報が要配慮個人情報とされたことにより，個人情報保護法上は，その取得が原則として禁止され（同法17条2項），また，オプトアウトによる提供も原則として禁止された（同法23条2項）。これを受けて2017年2月28日，文部科学省・厚生労働省「人を対象とする医学系研究に関する倫理指針」（平成26年12月22日）等も一部改正されたが，医学関係者等から，2015年の個人情報保護法改正やそれを受けた前記指針の改正により，医学研究が制限されることへの懸念が少なからず示された。そして，この改正が医療分野における研究にとって桎梏にならないように特例を設ける必要性が，この問題に関心を有する医療関係者により認識されたのである。

(4)　異なる個人情報保護法制の並立

　同一の患者が，①民間の病院等で診療を受けたときは個人情報保護法，②独立行政法人や国立大学法人の病院で診療を受けたときは独立行政法人等個人情報保護法，③公立病院や（個人情報保護条例の実施機関となっている）地方独立行政法人の病院で診療を受けたときは当該地方公共団体の個人情報保護条例の適用を受けることになるが，従前から，異なる個人情報保護法制の並立が，診療やコホート研究等において，手続的制約になっているという不満が医学研究者の間にあり，医療機関の設置主体の相違にかかわらず，医療情報を円滑に流通させる法整備が求められていた。

　そのような背景の下で，平成28年法律第51号附則4条1項において，「政府は，この法律の公布後2年以内に，個人情報の保護に関する法律（平成15年法律第57号）第2条第5項に規定する個人情報取扱事業者，同項第1号に規定する国の機関，同項第2号に規定する地方公共団体，同項第3号に規定する独立行政法人等及び同項第4号に規定する地方独立行政法人が保有する同条第1項に規定する個人情報が一体的に利用されることが公共の利益の増進及び豊かな国民生活の実現に特に資すると考えられる分野における個人情報の一体的な利用の促進のための措置を講ずる」とされ，同法案の附帯決議において，

附則4条に規定する「個人情報の一体的な利用の促進のための措置」を講ずるに際しては,「法制上の措置」も含めて検討することが求められていた（平成28年4月21日衆議院総務委員会附帯決議11,平成28年5月19日参議院総務委員会附帯決議11）。この附則で想定されていたのは,医療分野であった。本法は,これに応えたものという側面も有する。

2　認定匿名加工医療情報作成事業者中心の規制

　本法におけるステークホルダーは,(i)医療情報の本人（患者等）,(ii)医療情報取扱事業者,(iii)認定匿名加工医療情報作成事業者,(iv)認定医療情報等取扱受託事業者,(v)匿名加工医療情報取扱事業者,(vi)主務大臣,個人情報保護委員会,総務大臣等の関係行政機関になる。すなわち,(ii)は,(i)に対して,オプトアウト手続の通知を行い,(i)から医療情報の提供の停止の求めがなければ,医療情報を(iii)に提供することができる。(ii)が(iii)に医療情報を提供するか否かは任意であるが,(iii)に対して提供する場合には,要配慮個人情報である医療情報を例外的にオプトアウト手続により提供可能とされているのである（本法30条1項）。(iii)は,医療情報を匿名加工して匿名加工医療情報を作成するが,(iii)の委託を受けて医療情報等または匿名加工医療情報を取り扱う事業を行おうとする者（法人に限る）は,(iv)に限定される（本法23条1項）。(iii)は,作成した匿名加工医療情報を(v)に提供する。

　(i)～(vi)のうち,(i)は,オプトアウトの権利を行使する主体であって規制の対象ではない。また,(vi)は,規制を行う機関である。したがって,本法で規制の対象になるのは,(ii)～(v)になる。(ii)についての規制は,本法4章に定められており,法定されたオプトアウト手続に係る本人への通知,主務大臣への届出,医療情報の提供の停止の求めがあったときの提供の停止および本人への書面の交付とその写し等の保存,医療情報の提供に係る記録の作成およびその保存が義務付けられている。(iii)は最も厳格な規制の対象であり,本法3章1節,2節で様々な規制がされている。(iv)については,本法3章3節に規定されており,(iii)についての規定のかなりのものが準用されている。これに対して,(v)についての直接的な規制はほとんどなく,本法18条3項で識別行為の禁止義務が規

定されているにとどまる。他方，(iii)が(v)に匿名加工医療情報を提供するに当たり，外部の有識者を加えた委員会で審査する体制がとられており，(iii)と(v)との契約において，(v)がとるべき安全管理措置や利用目的の制限，それに違反した場合の制裁を規定することを担保することとされている。(v)に対する規制に謙抑的であり，(iii)との契約を通じた間接的な規制に多くを期待しているのが，本法の特色であるといえるように思われる。

3　オプトアウト手続

(1)　本人への通知の内容と方法

　本法の肝になる部分は，医療情報取扱事業者から認定匿名加工医療情報作成事業者への医療情報の提供に係るオプトアウト手続が適正に行われることである。そこで，以下，これに焦点を合わせて検討を行うこととしたい。

　まず，重要なことは，医療情報に係る本人にオプトアウト手続を行使できること，オプトアウト手続を行使しない場合には，医療情報が認定匿名加工医療情報作成事業者に提供され，そこで匿名加工されて，匿名加工医療情報取扱事業者に提供されることが確実に通知されることが必要である。

　この点について，本法では，(i)医療分野の研究開発に資するための匿名加工医療情報の作成の用に供するものとして，認定匿名加工医療情報作成事業者に提供すること，(ii)認定匿名加工医療情報作成事業者に提供される医療情報の項目，(iii)認定匿名加工医療情報作成事業者への提供の方法，(iv)本人またはその遺族からの求めに応じて当該本人が識別される医療情報の認定匿名加工医療情報作成事業者への提供を停止すること，(v)本人またはその遺族からの求めを受け付ける方法の5つを本人に通知するともに，主務大臣に届け出ることを義務付けている（本法30条1項）。公示ではなく個別に通知することが必要であるため，確実に本人に伝達されることが担保されており，また，通知事項についても必要な事項が網羅されているといえよう。主務省令では，通知の方法は，(i)認定匿名加工医療情報作成事業者に提供される医療情報によって識別される本人またはその遺族が当該提供の停止を求めるために必要な期間を定めて通知すること，(ii)本人が本法30条1項各号に掲げる事項を認識することができる適切か

つ合理的な方法によることとされている（本法施行規則28条1項）。

　もっとも，医療情報に係る本人の中には，医療情報の提供の停止の求めをすることによって，診療等において不利益を被ることを懸念して，自由な意思表示ができなくなる者がいることも想定する必要がある。したがって，本人に通知を行うに当たっては，医療情報の提供の停止の求めを行うことにより，診療等において不利益を被ることがない旨も通知する運用を行うべきであろう。

(2)　再度の通知

　初診時に通知し，提供の停止の求めがなかったとしても，その後の検査の結果，重大な疾患であることが判明したような場合，改めて本人にその旨を通知して，提供の停止を求める機会を付与すべきかという問題がある。ガイドラインでは，「本人との関係に応じて，その後の受診時にも通知を行うなど，より丁寧な形で通知を行うか否かは，認定匿名加工医療情報作成事業者に対して医療情報の提供を行うこととした医療情報取扱事業者の判断による」とされている（内閣府・文部科学省・厚生労働省・経済産業省「医療分野の研究開発に資するための匿名加工医療情報に関する法律についてのガイドライン〔医療情報の提供編〕」〔平成30年5月〕2〔医療情報取扱事業者による医療情報の提供〕2−1〔医療情報の提供に係る事前の通知〕②〔通知の時期〕）。このような場合，できる限り，医療情報取扱事業者が改めて本人に対して通知を行うことが望ましいと思われる。

(3)　未成年者への通知

　本人が未成年者の場合に誰に通知するかという問題がある。ガイドラインでは，本人が16歳未満の者である場合には，本人に加えて，保護者等に対しても通知を行うこととすること，本人が16歳未満から継続的に同一の医療機関等を受診している場合において，当該本人との関係に応じて，当該本人が16歳に到達した際に改めて通知することについては当該医療機関等の判断によることとされている（「医療分野の研究開発に資するための匿名加工医療情報に関する法律についてのガイドライン〔医療情報の提供編〕」2〔医療情報取扱事業者による医療情報の提供〕2−1〔医療情報の提供に係る事前の通知〕③〔通知の対象〕）。したがって，本人が16歳未満の場合には，本人およびその保護者の双方に通知するこ

とになり，本人またはその保護者のいずれか一方からであっても医療情報の提供の停止の求めがあれば，医療情報の提供を停止することになる。ガイドラインが，未成年者であっても，16 歳以上であれば，保護者への通知を要せず，自己の意思のみに基づいて医療情報の提供の可否を判断しうるとしたことは適切であると考える（一定年齢以上の未成年者については，本人の同意なしに法定代理人が開示請求することを認めない個人情報保護条例の例について，宇賀克也・個人情報保護法の逐条解説〔第 6 版〕〔有斐閣，2018 年〕475 頁参照）。16 歳に達すれば，この点に関する判断を単独で行うに足りる能力を有していると思われるからである。また，16 歳未満であっても，通知の内容を適確に理解して，医療情報の提供の停止を求める意思表示をすることを欲する場合には，その意思を尊重することが望ましいので，保護者のみならず本人にも通知する運用は望ましいと思われる。当該本人が 16 歳に到達した際に改めて通知することを一律に医療情報取扱事業者に義務付けることは医療情報取扱事業者に過大な負担となりうるので，義務とはされていないが，可能な限り，通知する運用を行うことが望ましいと思われる。

(4)　意識不明の者への通知

　本人が意識不明の患者の場合，ガイドラインでは，本人が判断能力を有していないと考えられることから，保護者等に対しても通知を行うことが基本であるが，当該本人との関係に応じて，本人の意識が回復し，十分な判断能力を有していると認められる状態となってから通知を行うことについては医療機関の判断によるとされている（「医療分野の研究開発に資するための匿名加工医療情報に関する法律についてのガイドライン〔医療情報の提供編〕」2〔医療情報取扱事業者による医療情報の提供〕2−1〔医療情報の提供に係る事前の通知〕③〔通知の対象〕）。したがって，本人が意識不明の場合には，その保護者等にも通知を行い，保護者等が医療情報の提供の停止を求めれば，医療情報の提供は停止されることになる。保護者等がいない場合も想定されるが，その場合には，意識不明の者への通知をもって，オプトアウトの機会を与えたとはいえないので，医療情報の認定匿名加工医療情報作成事業者への提供はできないと解すべきであろう。なお，保護者等への通知を行い，保護者等から医療情報の提供の停止の求めがなく，意

識不明の本人からも医療情報の提供の停止の求めがなかったため，医療情報の提供が行なわれたが，その後，本人の意識が回復し，十分な判断能力を有すると認められる状態になった場合には，可能な限り，その段階で本人に通知をして，医療情報の提供を停止する機会を保障する運用がなされるべきであろう。

(5)　死者の医療情報

　本人の生存中に本人に対してオプトアウト手続に係る通知が行われ，本人がその権利を行使しなかった場合であっても，遺族は当該本人の医療情報の認定匿名加工医療情報作成事業者への提供の停止を求めることができる（本法30条1項4号）。しかし，本人の死後，改めて遺族に対してオプトアウト手続の通知が行われるわけではないので，遺族に対して，医療情報の提供の停止を求めることが可能なことについて，十分に広報を行うとともに，個別に教示する運用がなされることが期待される。

　また，認定匿名加工医療情報作成事業者は，(i)オプトアウト方式に係る本法30条1項または2項の規定による通知または届出が行われていない医療情報，(ii)医療情報の提供の停止の求めがあった医療情報について，法令に基づく場合を除き，医療情報取扱事業者から提供を受けてはならないこととされており（本法34条），同条に違反した場合には，主務大臣による是正命令の対象になる（本法37条1項）。オプトアウト方式に係る本法30条1項または2項の規定による通知は，本人に対して行わなければならないので，ある者の生存中に本人に対してオプトアウト手続に係る通知を行わなかった場合，その者の死後に遺族に対してオプトアウト手続をとっても，(i)の要件を満たさないことになり，同条の規定に基づく認定匿名加工医療情報作成事業者への医療情報の提供を行うことはできない。

(6)　認定匿名加工医療情報作成事業者のデータベースからの消去

　本法では，医療情報取扱事業者から認定匿名加工医療情報作成事業者に対して，すでに提供された医療情報の削除を求める権利は認められていない。しかし，当初は特段問題ないと考え，医療情報の提供の停止の求めをしなかったが，後に検査の結果，遺伝性疾患であることが分かり，子や孫のために，提供した

医療情報を削除したいという場合が生じうるし，本人の死後に遺伝性疾患であったことが分かり，その子や孫が認定匿名加工医療情報作成事業者に当該医療情報の削除を求めたいという場合もありうると思われる。ガイドラインでは，本人またはその遺族から，認定匿名加工医療情報作成事業者に対して，すでに医療情報取扱事業者から認定匿名加工医療情報作成事業者に提供された医療情報の削除の求めがあったときは，当該医療情報は可能な限り削除するとされている（「医療分野の研究開発に資するための匿名加工医療情報に関する法律についてのガイドライン〔医療情報の提供編〕」2〔医療情報取扱事業者による医療情報の提供〕2−2〔医療情報の提供停止の求め〕②)。個人情報の保護に関する一般法である個人情報保護法において，個人情報に係る本人が個人情報取扱事業者に対し個人データの削除を請求できるのは，当該本人が識別される保有個人データが利用目的による制限（同法16条）の規定に違反して取り扱われているとき，または適正な取得（同法17条）の規定に違反して取得されたものであるときに限られ，適法に取得した個人データの削除請求権は認められていないこととの均衡を考慮したものと考えられるが，認定匿名加工医療情報作成事業者の認定において，データベースからの消去の求めに可能な限り応ずる方針をとっているかを考慮することとすれば，削除の求めの実効性が向上することになると思われる。

第 **2** 章

消費者情報

第 1 節　消費者保護と情報管理

1　はじめに

　「個人情報の保護に関する基本方針」(2009 年 9 月 1 日一部変更後, 2016 年 2 月 19 日の一部変更前のもの) 8(2)においては, 消費者庁は, 経済・社会事情の変化に応じた基本方針の見直しに当たり, 消費者委員会の意見を聴くほか, 「個人情報の保護に関する法律」(以下「個人情報保護法」という) の施行状況について消費者委員会に報告を行うとともに, 消費者委員会は, 個人情報保護法の施行状況のフォローアップを行うこととされていた。

　また, 2010 年度から 2014 年度までの 5 年間を対象とする「消費者基本計画」(2010 年 3 月 30 日閣議決定) は, 個人情報保護法について法改正も視野に入れた問題点について審議を行うこととした。そのため, 消費者委員会に設けられた個人情報保護専門調査会 (以下「本調査会」という) は, 2010 年 7 月の消費者委員会決定に基づき, 当面, 個人情報保護法の施行状況の評価と個人情報保護法およびその運用に関する問題点の検討を行うために, 2010 年 8 月から 2011 年 7 月までの約 1 年間検討を行い, 同月, 報告書をとりまとめている。本節では, 本調査会の報告書 (以下「本報告書」という) に言及しつつ, 消費者保護と情報

管理についての私見を述べることとする。

2　いわゆる「過剰反応」について

　個人情報保護法についての理解の不足から，消費者および事業者にいわゆる「過剰反応」が生じているという議論がある。確かに，リコール対象製品のメーカーが，当該製品の購入者を調査するために販売店に顧客リストを求めても，個人情報保護を理由に拒否するとすれば，それは「過剰反応」といえよう。たとえ当該販売店が個人情報取扱事業者であっても，「人の生命，身体又は財産の保護のために必要がある場合であって，本人の同意を得ることが困難であるとき」には，個人データの第三者提供が認められているからである（個人情報保護法23条1項2号）。この点について，本報告書は，「本人の権利利益を保護する法の目的と，健全な民主主義社会の存立に不可欠な，公益性，公共性の観点から公にすべき情報の流通が両立されるよう，施策の方向性を検討する必要がある」としている。「個人情報の保護に関する基本方針」においては，「事業者及び国民に対する広報・啓発に積極的に取り組むものとする」としている。今後も，このような広報・啓発の取組を進めていく必要があろう。

　もっとも，「個人情報保護」という言葉の独り歩きを警戒する必要があるのと同様，「過剰反応」という言葉の独り歩きにも警戒する必要がある。消費者の個人情報保護意識の高まりにより，消費者が従前は提供していた個人情報の提供を差し控えるようになることは，「個人の人格尊重の理念」（個人情報保護法3条）に照らして消極的に評価すべきことではないし，消費者のかかる対応には，提供先における個人情報の取扱いへの信頼の欠如が理由であることが多いと思われるので，信頼の確保のための取組こそ，優先的に行われるべきであるからである。

3　第三者機関

　1995年の旧EU個人データ保護指令が加盟国に個人データの保護について監督する独立した第三者機関の設置を義務付けたこともあり，わが国において

も，個人情報保護関係 5 法[1]案の国会審議の過程で，衆参両院の「個人情報の保護に関する特別委員会」は，第三者機関の意義についてかわされた論議等，国会における論議を踏まえ，全面施行後 3 年を目途として，個人情報保護法の施行状況について検討を加え，その結果に基づいて必要な措置を講ずることを附帯決議した。この附帯決議を踏まえた検討は，内閣府国民生活審議会（当時）で行われたが，2007 年 6 月 29 日の「個人情報保護に関する取りまとめ（意見）」（以下「国生審答申」という）においては，主務大臣制が肯定的に評価され，当面，これを維持することが妥当であるとした上で，第三者機関の設置については，国際的な整合性も踏まえ，中長期的な課題として検討することが必要であると指摘されるにとどまった。

　しかし，本調査会では，第三者機関の設置を強く求める意見が多数を占めた。その背景には，2008 年 11 月に日本経済団体連合会が，「実効的な電子行政の実現に向けた推進体制と法制度のあり方について」において，行政による個人情報の管理や共有のルールの策定，監督のための第三者機関の設置を提言したこと，2010 年 5 月に高度情報通信ネットワーク社会推進戦略本部（以下「IT 戦略本部」という。ただし，2013 年 4 月以降は「IT 総合戦略本部」という）が，「新たな情報通信技術戦略」において，個人情報保護のための第三者機関の創設が必要という認識を示したこと，社会保障・税に関わる番号制度に関する実務検討会および IT 戦略本部企画委員会の下に置かれた「個人情報保護ワーキンググループ」の報告書（2011 年 6 月 23 日）において，個人情報保護のための独立した第三者機関を内閣府の外局の委員会として設置することが提言されるとともに，監督対象分野について，当初は社会保障・税分野となるが，将来的には，これを拡大していくことが考えられるとされたこと，個人情報保護法の特別法として位置付けられるマイナンバー（番号）法案の立法過程において有効な個人情報保護方策を合理的に措置しようとしても限界があり，一般法の改正も併せて行う必要があることが指摘されたこと，「社会保障・税番号大綱」（2011 年 6 月 30 日政府・与党社会保障改革検討本部決定）においても，内閣総理大臣の下に，

---

1)　個人情報保護法，行政機関個人情報保護法，独立行政法人等個人情報保護法，情報公開・個人情報保護審査会設置法，行政機関の保有する個人情報の保護に関する法律等の施行に伴う関係法律の整備等に関する法律（整備法）を意味する。

番号制度における個人情報保護等を目的とする委員会を置くこととされたことがある。

とりわけ、番号制度において、第三者機関の設置の方針が明確になってからは、本調査会においては、かかる方針を歓迎しつつも、個人情報保護法制の全体像を視野に入れた構想として、第三者機関の具体的な在り方や想定される効果等を検討する必要があるという意見が主流を占めたといってよいと思われる。もっとも、主務大臣制と第三者機関制度を二者択一で捉えるのではなく、双方の長所を活かした監督体制を志向する意見も出されたことにも留意する必要がある。

本報告書提出後、マイナンバー（番号）法により内閣府外局に特定個人情報保護委員会[2]が設置されることになり、特定個人情報（個人番号を含む個人情報）に限定してではあるが、第三者機関による監督体制が設けられることになった。しかも、特定個人情報保護委員会は、特定個人情報の適正な取扱いを確保するために必要があると認めるときは、当該特定個人情報と共に管理されている特定個人情報以外の個人情報の取扱いに関し、併せて指導および助言をすることが認められた。さらに、政府は、マイナンバー（番号）法施行後1年を目途として、同法の施行状況、個人情報保護に関する国際的動向等を勘案し、特定個人情報以外の個人情報の取扱いに関する監視または監督に関する事務を特定個人情報保護委員会の所掌事務とすることについて検討を加え、その結果に基づいて所要の措置を講ずるものとされた（同法制定附則6条2項）。さらに、2013年6月14日に閣議決定された「世界最先端IT国家創造宣言」において、「第三者機関の設置を含む、新たな法的措置も視野に入れた制度見直し方針（ロードマップを含む）を年内に策定する」こととされた。そして、IT総合戦略本部に設置された「パーソナルデータに関する検討会」において、特定個人情報保護委員会を拡充改組して、個人情報保護委員会とし、個人情報保護一般を所掌することとされた。個人情報保護に関する第三者機関の不在が、政府の個人情報保護対策への国民の信頼が十分に確保されない一因となっていたと思われ

---

2)　宇賀克也「特定個人情報保護委員会について」季報情報公開・個人情報保護49号67頁以下参照。

ること，国際的にも，個人情報保護に関するルールの策定にわが国が積極的に
関与し得ない要因となっていたこと等に鑑みると，個人情報保護一般を対象と
する第三者機関の設置は，重要な改善といえる。

4　個人情報

　国生審答申においては，「個人情報」について，国際的な整合性の観点から
も，生存する個人に関する情報であって，特定の個人を識別することができる
ものと定義することは妥当とされた。しかし，本調査会では，この定義につい
ても，再検討の必要性を示唆する意見も出されている。その背景には，この間
に，ビッグデータの活用や行動ターゲティング広告等の展開への関心が急速に
高まったことがあると思われる。そのため，本報告書においては，集積・集約
された個人情報により，本人の意図しないプロファイリングが行われ，特定の
個人が選別されて差別的に取り扱われるなどの懸念があり，そのことが，個人
が自由な自己決定に基づいて行動することを困難にし，ひいては表現の自由を
含む基本的人権の行使についても萎縮効果をもたらし，民主主義の危機を招く
おそれがあるとの意見があることも踏まえつつ，個人情報保護法の保護法益と
の関係を検討する必要があると指摘されている。
　行動ターゲティング広告においては，ウェブページ上の行動履歴（閲覧履歴，
購買履歴等）や位置情報が取得され利用されることが多い。ウェブページ上の
行動履歴がかなりの程度蓄積されると，個人の思想信条，病気等のセンシティ
ブ情報が明らかになる可能性がある。かかる情報は，たとえ特定個人識別性が
ない場合であっても，本人の同意なしに分析し利用することを認めてよいのか
という問題がある（行政機関の保有する情報の公開に関する法律 5 条 1 号は，「特定
の個人を識別することはできないが，公にすることにより，なお個人の権利利益を害す
るおそれがあるもの」は原則として不開示情報としている）。また，ビッグデータが
販売等により流通する過程で特定個人の識別が可能になったり，当初は特定個
人識別性がなかった情報が大量に蓄積されて特定個人識別情報になることもあ
りうる。総務省の「利用者視点を踏まえた ICT サービスに係る諸問題に関す
る研究会（第二次提言）」（2010 年 5 月）においても，特定個人識別性のない情

報であっても，行動履歴等の情報が大量に蓄積されて個人が容易に推定可能に
なるおそれがあることや，転々流通するうちに特定個人識別性を獲得してしま
うおそれがあることから，現時点で情報に特定個人識別性がないことをもって，
プライバシーとして保護する必要性が完全に失われると考えるのは相当ではな
いとされている。また，相当程度長期間にわたって行動履歴や位置情報を蓄積
して特定個人の嗜好や生活の態様を詳細に分析する場合，あるいは利用者の許
諾のない行動履歴や位置情報の第三者への提供や，インターネット上での公開
の場合には，プライバシー侵害が成立する可能性があるとしている。そして，
事業者に，行動履歴や位置情報等の取扱いについて透明性を高めることや，利
用停止や取得停止等の利用者関与の手段を提供することなどの配慮を求めてい
る[3]。

　また，特定個人識別性が否定される場合においても，行動履歴や位置情報の
取扱いの態様を知らされないこと，その取扱いに自己の意思を反映させられな
いことに消費者が不安感，不信感等を抱くことは十分考えられるので，その取
扱いの透明性を高め，オプトインまたはオプトアウトの手段を消費者に分かり
やすい方法で提供すべきと考えられる。

5　個人情報取扱事業者

　個人情報保護法4章以下の義務等の規定の適用を受けるのは，個人情報取扱
事業者に限定されている。平成27年法律第65号による改正前の個人情報保護
法（以下「改正前個人情報保護法」という）においては，個人情報取扱事業者は，
個人情報データベース等を事業の用に供している者であるが（旧2条3項柱書），
個人情報データベース等を構成する個人情報によって識別される特定の個人の
数の合計が過去6月以内のいずれの日においても5000を超えない者は，個人
情報取扱事業者に該当しないこととされていた（同項5号，個人情報保護法施行
令旧2条柱書）。

3）　安岡寛道編・曽根原登＝宍戸常寿著・ビッグデータ時代のライフログ（東洋経済新報社，
　　2012年）57頁参照。

　これは，中小の事業者の負担に配慮したためであるが，本調査会においても，消費者からみて，個人情報取扱事業者か否かは判別し難く，営利事業を行う者については，個人情報データベース等を構成する個人情報によって識別される特定の個人の数による制限を設けることなく，個人情報保護法の適用対象とするよう，消費者団体から要望がなされた。

　確かに，営業の規模，資金力を問わず，一律に義務を課すことにより，過大な負担を事業者に負わせることについては，慎重な配慮が必要と思われる。しかし，消費者の立場からすれば，たとえば，インターネット上への個人情報の漏えいが，大企業の過失で発生しようが，中小企業の過失で発生しようが，プライバシー侵害という結果が生ずることには変わりはない。また，個人情報取扱事業者か否かは公示されるわけではなく，消費者からすれば，ある事業者が個人情報取扱事業者か否かは不明な場合が少なくなかったと思われる。消費者が改正前個人情報保護法 25 条の規定に基づいて開示の求めをしたところ，自分は個人情報取扱事業者でないとして拒否された場合，個人情報取扱事業者か否かを確認するため，個人情報データベース等の閲覧を求めても，閲覧を認めることは個人情報の漏えいになるとして断られたとしたら，どうすればよいのかという問題があった。監督権限を有していた主務大臣ですら，どの事業者が個人情報取扱事業者か否かが明確でないことがあり，その点の確認のため，同法 32 条の報告の徴収権限を行使しようとしても，自分は個人情報取扱事業者でないから報告徴収権限の対象外であると回答された場合，対応に苦慮することになることが想定された。このように，法適用の対象が，外部の者にとり明らかでない（個人情報データベース等を構成する個人情報によって識別される特定の個人の数の合計が 5000 前後の場合，事業者自身，いつ，個人情報取扱事業者となり，いつ，個人情報取扱事業者でなくなったかを明確に意識していないことも少なくなかったと思われる）こと自体，大きな問題であったといえる。

　大企業が講じているのと同等の安全管理措置を中小企業が講ずることを期待することはできないであろうが，安全管理措置といっても多様なものがあり，今日では，低廉な価格で可能な安全管理措置も少なくない。安全管理措置の内容を一律に決定するのではなく，事業規模や資金力に応じたもので足りるとすれば，個人情報データベース等を構成する個人情報によって識別される特定の

個人の数により裾切りをすることなく，安全管理義務を課しても問題ないと思われる。実際，平成 27 年法律第 65 号による改正前のマイナンバー（番号）法は，安全管理義務，従業者の監督義務を，個人情報取扱事業者でない個人番号取扱事業者にも課していた（同法 33 条・34 条）。また，目的外利用制限についても，個人情報取扱事業者でない個人番号取扱事業者にも課していた（同法 32条）。個人情報の利用目的の特定（個人情報保護法 15 条），適正な取得（同 17 条），取得に際しての利用目的の通知等（同 18 条），データ内容の正確性の確保（同19 条），委託先の監督（同 22 条），第三者提供の制限（同 23 条）等の規制も，特定個人情報に限らず，個人情報一般についても，個人情報取扱事業者でない事業者にも課すことにさしたる支障はなかったと考えられる[4]。

　消費者保護という観点から，特に問題であったのは，悪質業者が振り込め詐欺や「次々販売」等の悪質勧誘等に用いる「カモ名簿」について，登載者の数が 5000 に満たず，これらを用いる悪質業者が個人情報取扱事業者に該当しないことがほとんどであったため，個人情報保護法による規制が機能しないことが多かったことである[5]。これらの悪質勧誘等は，不適正取引行為規制の観点からの規制強化も重要であるが[6]，個人情報保護の観点からも規制することが望ましく，そのためにも，個人情報データベース等を構成する個人情報によって識別される特定の個人の数による裾切りは問題であった。さらに，グローバルな観点からも，かかる裾切りを行う個人情報保護法の実効性が問題視される可能性も存在した。平成 27 年法律第 65 号による個人情報保護法改正で，この裾切りが廃止されたことは適切と思われる。

6　事業者の義務の拡張

　「個人情報の保護に関する基本方針」6(1)②においては，(i)保有個人データ

---

[4]　宇賀克也・個人情報保護法の逐条解説〔第 6 版〕（有斐閣，2018 年）76 頁以下，同・情報公開・個人情報保護（有斐閣，2013 年）11 頁以下，同・個人情報保護の理論と実務（有斐閣，2009 年）70 頁以下，三宅弘「個人情報保護基本法制と消費者運動の指針」ひろば 54巻 2 号 30 頁参照。

[5]　松本恒雄「消費者法と個人情報保護」ジュリ 1190 号 55 頁参照。

[6]　伊藤進「個人情報利用取引被害と不適正取引行為規制」ジュリ 1114 号 82 頁以下参照。

の利用停止等，(ii)委託処理の透明化，(iii)利用目的の明確化，(iv)取得元の具体的
明記について，プライバシーポリシー等に盛り込み，本人からの求めに一層対
応していくことが重要であると記されている。本調査会では，これらの事項に
ついて，事業者の自主的な取組に委ねるのでは不十分であるという意見が出さ
れた。とりわけ，取得元の開示または公表が重要であると思われる。取得元が
開示または公表されないと，不適正な取得があったのか，違法な第三者提供が
あったのかを明らかにすることができず，利用停止等の求め（現在は利用停止の
請求）の制度が形骸化するおそれがあるからである。

7　安全管理措置の水準

　「国民を守る情報セキュリティ戦略」（2010 年 5 月 11 日情報セキュリティ政策会
議決定）Ⅳ 2(2)③においては，「情報の適切な暗号化等を促進するため，漏え
いした個人情報に適切な技術的安全管理措置が施されていた場合の手続の簡略
化等，各事業分野の特性を踏まえつつ，事業者に暗号化等を行うインセンティ
ブを付与するための見直しを行う」こととされている。実際，「個人情報の保
護に関する法律についての経済産業分野を対象とするガイドライン」（2009 年
10 月 9 日厚生労働省・経済産業省告示第 2 号）2－2－3－2 においては，高度な暗
号化等の秘匿化がなされている場合には，事故が発生した場合の本人への連絡
は省略しても差し支えないと考えられるとしていたし，「電気通信事業におけ
る個人情報保護に関するガイドライン」（2013 年 9 月 9 日総務省告示第 340 号）22
条は，個人情報の漏えいがノートブック型 PC 等の紛失または盗難等により発
生したものであって，かつ，本人に対して二次被害が生じないよう適切な技術
的保護措置が講じられているときの本人への通知を不要としたり（1 項），総務
省への報告を四半期経過後遅滞なく行えば足りるとしていた（3 項）。個人情報
の漏えい，盗難等を防止する対策の重要性はいうまでもないが，事故を皆無に
することが困難な以上，事故が発生したとしても二次被害を防止する対策を講
ずることも重要であり，かかる対策を推進するためのインセンティブを付与す
る仕組みを定めておくことは有意義と思われる。「個人データの漏えい等の事
案が発生した場合等の対応について」（平成 29 年個人情報保護委員会告示第 1 号）

においても，個人情報取扱事業者は，漏えい等事案が発覚した場合は，その事実関係および再発防止策等について，個人情報保護委員会等に対し，速やかに報告するよう努めるとしつつ，漏えい等事案に係る個人データまたは加工方法等情報について高度な暗号化等の秘匿化がされている場合には報告を要しないとしている。

8　おわりに

　2003年に個人情報保護関係5法が成立してから16年以上が経過し，2005年度末までには，すべての普通地方公共団体において個人情報保護条例が制定され，これらの運用の経験を踏まえて，個人情報保護法制の改善すべき課題もかなり明らかになってきた。さらに，ICTの急速な進展と普及により，ビッグデータの利用・提供，行動ターゲティング広告に代表されるような新たな個人情報保護の課題が浮上してきている。消費者情報の管理のあり方についても，海外の動向，ICTの発展の状況等を踏まえて，消費者代表も参加するマルチ・ステークホルダー・プロセスを経て見直しを行う時期が到来したと思われる。消費者のパーソナルデータの保護と利用をゼロサムではなくポジティブサムで実現するためには，消費者の納得・受容が前提となる。平成27年法律第65号による個人情報保護法改正により，認定個人情報保護団体が消費者の意見を代表する者その他の関係者の意見を聴いて個人情報保護指針を作成するよう努めなければならないこととされたことは重要な前進といえる。もっとも，消費者の意見が適切に反映されるようなマルチ・ステークホルダー・プロセスになっているかの検証は必要であり，問題があれば，その改善策を検討する必要があろう。

第2節　データ・ポータビリティ権について

1　はじめに

　EU 一般データ保護規則（The EU General Data Protection Regulation，以下「GDPR」という）が定めたデータ・ポータビリティ権をめぐり，欧米では，その意義と課題について，熱心に議論がなされている。GDPR が定めるデータ・ポータビリティ権については，わが国においても，高度情報通信ネットワーク社会推進戦略本部（IT 総合戦略本部）の下で開催された「データ流通環境整備検討会」において検討が行われ，2017 年 3 月に結果が取りまとめられている。また，同年 6 月 6 日に公正取引委員会競争政策研究センターの「データと競争政策に関する検討会」の報告書が公表されているが，その中で，SNS などロック・イン効果が発生する可能性があるサービスについては，パーソナルデータのポータビリティが確保されないと，当該サービス市場に関する市場支配力が維持されやすくなるため，何らかの政策的対応が望ましいと述べられている。さらに，総務省と経済産業省が同年 11 月 20 日に，わが国の主要分野（医療，金融，電力等）におけるデータ・ポータビリティのあり方等について調査・検討を行うため，「データポータビリティに関する調査・検討会」を開催することを公表し，2018 年 4 月まで同検討会で基礎調査が行われている。このようなデータ・ポータビリティへの関心の高まりを受けて，研究者，弁護士等による研究も現れている[1]。わが国の個人情報取扱事業者も，EU 域内の市民に対

---

1)　先行研究として，寺田麻佑＝板倉陽一郎「データ・ポータビリティの権利に関する法的諸問題──欧州における議論を踏まえて」信学技報 116 巻 71 号 103 頁以下，小向太郎「データポータビリティ」ジュリ 1521 号 26 頁以下，杉本武重「EU 競争法とプロファイリング規制・データポータビリティの権利」ジュリ 1521 号 44 頁以下，宍戸常寿＝大屋雄裕＝小塚荘一郎＝佐藤一郎＝生貝直人＝市川芳治「データの取引──主体と利用（座談会）」論究ジュリ 26 号 114 頁以下，生貝直人「第 4 次産業革命でデータポータビリティは不可欠なものに──EU では，個人主導型のデータ利活用を促す GDPR を制定」金融財政事情 69 巻 30 号 12 頁以下，日本貿易振興機構（ジェトロ）ブリュッセル事務所海外調査部欧州ロシア

する製品や役務の提供を通じて，その個人データを取得した場合，データ・ポータビリティの義務を履行する必要があり，その正確な理解が不可欠である。また，わが国において，データ・ポータビリティ権を認めるかの立法論を展開するうえでも，GDPRが定めるデータ・ポータビリティ権についての十分な理解が前提になると思われる。そこで，以下において，GDPRが定めるデータ・ポータビリティ権について，先行研究で対象とされていない問題も含めて，より詳細に検討するとともに，その意義と課題について論ずることとする。

2　データ・ポータビリティ権と関連する動向

(1)　EU

　2018年5月25日に全面施行されたGDPRは，「忘れられる権利」(right to be forgotten, GDPR17条)，データ保護バイ・デザイン (data protection by design, GDPR25条)，データ保護影響評価 (data protection impact assessment, GDPR35条)，等，多くの注目すべき規定を含むが，わが国では，あまりなじみのない権利として，データ・ポータビリティ権 (right to data portability, GDPR20条) も定められている。このデータ・ポータビリティ権については，旧EU個人データ保護指令には定められていなかった。

　ポータビリティ権については，2002年3月7日の「電気通信ネットワーク・サービスに関するユニバーサル・サービス及び利用者の権利に関する指令」(Directive 2002/22/EC of the European Parliament and of the Council of 7 March 2002 on universal service and user's rights relating to electronic communications networks and services. 以下「EUユニバーサル・サービス指令」という) 30条において，ナンバー・ポータビリティについて定められており，同日の「電気通信ネットワーク・サービスに関する共通規制枠組み指令」(Directive 2002/21/EC of the European Parliament and of the Council of 7 March 2002 on common regulatory framework for electronic communications networks and services) の前文において，アプ

CIS課・「EU一般データ保護規則 (GDPR)」に関わる実務ハンドブック (第29条作業部会ガイドライン編) データポータビリティの権利 (2018年2月) 参照。

リケーション・プログラム・インターフェース（API）システムの相互運用性が，インタラクティブ・コンテンツのポータビリティに有益と考えられるという指摘がある。また，2007年6月5日の「銀行口座番号との関連における消費者のモビリティ」についての有識者会議においては，口座番号のポータビリティについての議論がなされている。しかし，データ・ポータビリティ権についての議論は，これらの議論よりも遅れた。欧州委員会は，2010年から，Web2.0時代への対応のため，個人データ保護の既存の法制の見直しを開始し，GDPR草案の立案過程において，データ・ポータビリティが論点となった[2]。これは，2012年にGDPRの欧州委員会草案18条で初めて法的文書に登場し注目を集めた新しい権利といえる[3]。データ・ポータビリティ権は，EUユニバーサル・サービス指令により導入されたナンバー・ポータビリティを参考にしたようにみえる。ただし，GDPRはユーザーにデータ・ポータビリティの権利を付与する形式をとるが，ナンバー・ポータビリティは，電話会社に義務を課す形式をとるという相違がある[4]。また，電気通信分野では，相互接続がされても，電話が終われば，相互接続した会社との関係は終了するが，ソーシャル・ネットワークでは，相互運用が可能になり，自分が契約していないソーシャル・ネットワーク事業者に写真をアップロードした場合，その事業者との法的関係はアップロード後も残るという相違もある[5]。

---

2)　Barbara Van der Auwermeulen, 'How to attribute to the right to data portability in Europe: A comparative analysis of legislations, 33 *Computer Law & Security Review* 57, 58-59 (2017). Paul De Hert, Vagelis Papakonstantinou, Gianclaudio Malgieri, Laurent Beslay & Ignacio Sanchez, 'The right to data portability in the GDPR: Towards user-centric interoperability of digital devices', 38 *Computer Law & Security Review* 193, 194-195 (2018). なお，フィリピンは，十分性認定を得るために，EUでのこの議論を参考にして，2012年のデータ保護法でデータ・ポータビリティ権を導入している。

3)　データ・ポータビリティ権は，個人に自己情報へのオーナーシップを認めるデータ・オーナーシップ理論に親和的であるが，EUにおいても，個人情報が財産権と考えられているわけではない。Peter Swire & Yianni Lagos, 'Why the Right to Data Portability Likely Reduces Consumer Welfare: Antitrust and Privacy Critique', 72 *Maryland Law Review* 335, 373 (2013).

4)　Inge Graef, 'Mandating portability and interoperability in online social networks: Regulatory and competition law issues in the European Union' 39 *Telecommunications Policy* 502, 506 (2015).

5)　*Ibid.* at 511.

　2016年10月7日のフランス法は，データ・ポータビリティ権を定めたEU内の最初の国内法であり，消費者法の領域でのみ適用されるものである。2016年12月13日に，第29条作業部会（以下「WP29」という）が，「データ・ポータビリティの解釈及び運用に関するガイドライン」についてのワーキングペーパー242号を採択しているが，そこでは，これらの他の分野で議論されてきたポータビリティと個人データのポータビリティが結合すれば，シナジー効果が発生し，個人の利便に資するかもしれないと指摘されている[6]。

(2) 米　国

　眼を米国に転ずると，1996年のHIPAA（Health Insurance Portability and Accountability Act）[7]は，特定の領域でデータ・ポータビリティを導入している。公私の医療提供者が保有する自分の医療記録にアクセスし，訂正し，写しを取得する患者の権利は，元来，医療システムの効率性，実効性を改善するという行政目的で導入された。しかし，個人が自分の医療記録を取得しチェックする能力は，今日では，消費者のエンパワメントの手段であり，保健福祉省の公民権室が所管している。また，2007年，「ソーシャルウェブ利用者のための権利章典」によって，個人データの自由とコントロールが提唱された。その数か月後，拘束力のないデータ・ポータビリティに向けた解決策を議論し実現することを目的とした「データポータビリティ・プロジェクト」が創設された。1年後には，グーグル社やフェースブック社も，このプロジェクトに参加し，2009年に米国で非営利法人になっている。もっとも，フェースブック社は，"Download Your Info"，グーグル社は"Google Takeout"サービス[8]により，

---

6)　Article 29 Data Protection Working Party, Guidelines on the right to data portability (Adopted on 13 December 2016, as last Revised and adopted on 5 April 2017), 16/EN (WP 242 rev. 01), at 4.

7)　開原成允＝樋口範雄編・医療の個人情報保護とセキュリティ──個人情報保護法とHIPAA法〔第2版〕（有斐閣，2005年）49頁以下［樋口範雄執筆］，樋口範雄＝土屋裕子編・生命倫理と法（弘文堂，2005年）149頁以下（ベット＝ジェーン・クリガー執筆，樋口範雄訳）参照。

8)　グーグルが2011年に開始した"Google Takeout"は，グーグルの利用者がグーグルの27の製品から自分のデータをダウンロードすることを認めるものである。Orla Lynskey, 'Aligning Data Protection Rights with Competition Law Remedies? The GDPR Right to

自己データの写しを取得することを可能にしたが，他のソーシャル・ネットワークに移転することが容易なフォーマットで抽出されているわけではなかったので，手作業で再入力をせざるを得ず，移転には多くの時間と労力を要した。また，第三者のサイトが直接にユーザーの情報を取得することを認めていなかった[9]。立法までは至らないものの，国がデータ・ポータビリティを奨励する動きもある。2010 年，オバマ政権は，一連の My Data プロジェクトを開始したが，その目的は，政府の透明性を向上させ，消費者を保護し，その地位を強化することにあった。その中には，消費者による自己情報へのアクセスを民間事業者に促すものもあり，たとえば，Green Button プロジェクトは，6000 万を超える家庭や企業が自分の電力データにアクセスする機会を与えるものであった[10]。

3　データ・ポータビリティ権の議論の背景

　データ・ポータビリティ権が議論されるようになった背景としては，以下のことがある。EU においても，一般に，明確な相互運用性の義務付けはなされてこなかったので，電子商取引業者は消費者を自己のシステムにロック・インしようとする傾向があり，SNS についても同様である。その結果，SNS の利用者は，データの移転に膨大な時間と労力を必要とすることになり，データ主体に高額のスイッチング・コストが発生してしまう。欧州委員会は，2010 年11 月 4 日に公表された欧州委員会報告書において，利用しているアプリケーションやサービスから自己のデータ（写真や友人リスト）を引き出し，技術的に可能な場合には，当該データをデータ管理者に妨げられることなく移転するデータ・ポータビリティ権について検討する方針を明らかにした[11]。他により良

Data Portability', 42 *European Law Review* 793, 797 (2017).

9)　Graef, *supra* note **4**, at 506.

10)　英国政府も同様にエネルギー供給，携帯電話，金融（当座勘定，クレジットカード）という特定の分野でデータ・ポータビリティを促進しようとした。この midata は，2011 年，政府がより広範な消費者のエンパワメント戦略の一環として導入したものである。

11)　European Commission, Communication from the Commission to the European Parliament, the Council, the Economic and Social Committee of the Regions, 'A comprehensive

質で安価でプライバシー保護にもすぐれたサービスが利用可能であっても，データを移転することができないと，連絡先，日誌，個人的なコミュニケーションを失うことになり，事業者を代えることの障壁が大きいので，事実上，最初のSNSにロック・インされることになってしまうことが問題視されたのである[12]。

　無償で製品または役務を提供するプラットフォームは，データをポータブルにすることによって，シナジー効果を実現し，共存の利益を享受し，規制を回避することに熱心であるとも考えられる。すなわち，相互補完的なプラットフォーム間では，他のプラットフォームの利用者の増加は，自己のプラットフォームの利用者の便益も向上させるプラスの外部効果が働き，かかる市場では，データの共有によって，データの収集や処理の費用が大幅に減少し，イノベーションも促進される可能性がある。そこで，理論的には，相互補完的なサービスを提供するプラットフォームは，積極的なシナジー効果を得て，共存の利益を享受するために，データをポータブルにすることに関心を持つべきであり，データ・ポータビリティ権を法定する必要はないともいえる。しかし，実際には，かかるプラットフォームにおいても，データはポータブルでないことが多い。その理由の一端は，情報の非対称性であり，潜在的なシナジー効果が，しばしば認識されていないことである。したがって，データ・ポータビリティを義務付けることは，この効果を認識させることに資すると考えられる[13]。

　確かに，グーグルのData Liberation Frontのように，市場で自発的に行われるデータ・ポータビリティもあるが，GDPRが定めるデータ・ポータビリティには及ばない[14]。オンライン・サービス事業者にとって，個人データは，消費者のニーズによりよく応え，より質の高いサービスを提供することにより，

---

approach on personal data protection in the European Union' COM (2010) 609 (4 November 2010), at 8.

12)　Commission Staff Working Paper, Impact Assessment, SEC (2012) 72 final, at 28 は，スイッチング・コストによるロック・イン効果が生じており，データ・ポータビリティが効果的な競争の鍵になるという認識を示す。

13)　Barbara Engels, 'Data portability among online platforms', *Internet Policy Review*, Volume 5, Issue 2, 4.2 (Platforms offering complements).

14)　Lynskey, *supra* note **8**, at 798.

競争者に対する優位を確保する上で，きわめて貴重である。オンライン・サービスの中には，消費者のデータを分析することが，ビジネス・モデルの中心であるものもある。さらに，個人データは，行動ターゲティング広告を行うことを可能にする点で，金銭的な価値を有する。そのため，最初にオンライン・サービスを提供する会社が大量の個人データを集積し，新規参入への障壁を設けるかもしれず，そうなると，利用者は競争の恩恵を享受できなくなるのである。しかし，後に詳しく述べるように，欧州委員会は，データ・ポータビリティについて競争法違反として制裁を科したことはなく，競争法上の規制により，データ・ポータビリティを実現することは困難である。この問題への認識が，データ・ポータビリティ権を求める意見が出される契機となった。すなわち，インターネットの利用者が，あるサービス事業者に提供した自己のデータを他のサービス事業者に簡便な方法で移転したいというニーズからデータ・ポータビリティ権の議論が開始されたのである[15]。電気通信ネットワーキングにおいてもソーシャル・ネットワーキングにおいても，スイッチング・コストとネットワーク効果が，ポータビリティと相互運用性への関心の源泉なのである[16]。そしてデータ・ポータビリティが，不公正競争を抑止し，個人データ保護を効果的に行うメカニズムとしても認識されるようになった。

4　欧州委員会草案

　欧州委員会の GDPR 草案 18 条は，「個人データが電子的手段で，かつ，構造化されて一般に利用されるフォーマットで処理される場合においては，データ主体は，管理者から処理中のデータの写しを電子的でかつ一般に利用され，データ主体による再利用を可能にする構造化されたフォーマットで取得する権

---

15)　2015 年に公表された「欧州デジタル単一市場戦略」においては，一般にサービス間の相互運用性およびデータ・ポータビリティの欠如が，データの国境を越える流通と新サービスの発展の障壁になっていると指摘されている。European Commission, Communication from the Commission to the European Parliament, the Council, the Economic and Social Committee and the Committee of the Regions, A Digital Single Market Strategy for Europe, COM (2015) 192 (6 May 2015), final, at 14.

16)　Graef, *supra* note **4**, at 504.

利を有する」(1項),「データ主体が個人データを提供し,その処理が同意また
は契約に基づく場合,データ主体は,自己が提供し自動処理システムに保存さ
れている個人データおよび他のあらゆる情報を,一般に利用される電子的フォ
ーマットで,個人データを取り出すデータ管理者から妨げられることなく,他
の自動処理システムに移転する権利を有する」(2項),「委員会は,第1項に定
める電子的フォーマットおよび技術基準,様式ならびに第2項の定めるところ
により個人データを移転する手続を第87条第2項に定める審査手続に従い定
めることができる」(3項)と規定する。

　欧州委員会は,データ・ポータビリティ権を処理中の個人データの写しを取
得する権利および個人データの他のデータ管理者への直接移転を現在のデータ
管理者に請求する権利としてとらえた。この権利は,データ主体の個人データ
のみならず,データ主体が提供したその他あらゆる情報も対象とした広範なも
のであった。そして,データ管理者や委託業者の負担が重くなっても,個人デ
ータの移転は支障なく行われなければならないとしていた。

　2013年,WP29は,目的制限についての意見において,データ・ポータビ
リティを認めることは,企業およびデータ主体(消費者)にビッグデータの便
益をより均衡のとれた透明な方法で最大化することを可能にし,不公平で差別
的な慣行をできる限り排除し,意思決定のために不正確なデータが使用される
リスクを減少させ,企業にとってもデータ主体(消費者)にとっても恩恵をも
たらすであろうと述べていた[17]。また,2014年6月,WP29は,データ・ポー
タビリティが「データ保護権」であるにとどまらず経済的権利であることを強
調した。すなわち,データ・ポータビリティ権が,データ保護のみならず,競
争や消費者保護にも寄与するというのである[18]。このように,WP29は,デー
タ・ポータビリティが,データ主体の立場を強化してデジタル・サービスの便
益をより多く享受することを可能にし,より競争的な市場を創出し,付加価値

---

[17]　Article 29 Data Protection Working Party, Opinion 03/2013 on purpose limitation, 00569/13/EN WP 203 (Adopted on 2 April 2013), at 47.

[18]　Article 29 Data Protection Working Party, Opinion 06/2014 on the Notion of legitimate interests of the data controller under 95/46/Directive, 844/14/EN WP 217 (Adopted on 9 April 2014), at 48.

サービスの発展に資することになると考えていた。そして，データ・ポータビリティ権をデータ保護権と経済的権利の複合的性格のものと理解していた。

　欧州データ保護監督官（以下「EDPS」という）は，WP29 以上にデータ・ポータビリティ権に好意的であった。すなわち，EU データ保護改革についての 2015 年の勧告において，データ・ポータビリティ権は，デジタル環境において，個人に欠けていたコントロールを可能にするために広範に認められるべきであり，本人の同意または契約に基づいて提供されたデータに対象が限定されていることを問題視し，データ主体から提供されたデータに限定されるべきではないと述べている[19]。EDPS は，欧州委員会以上にデータ・ポータビリティを広範に認めるべきという立場をとっていたのである。

5　欧州議会による修正

　EU の 3 機関は，データ・ポータビリティ権について異なる解釈をしていたことが，立法過程における修正から窺える。欧州委員会は，データ・ポータビリティ権をそれ自体独自の権利として，一つの条文（18条）に規定したが，欧州議会が 2014 年 3 月 12 日に採択した修正案は，データ・ポータビリティ権を一般的なアクセス権の一部として認めるものであった。また，この権利の範囲を修正した。

　第 1 の修正点は，欧州委員会草案 18 条 2 項が，「個人データその他の情報」としていたのに対して，データ主体の個人データへ限定したことである。第 2 に，欧州委員会草案 18 条 1 項では，構造化され一般に利用されるフォーマットのみがデータ・ポータビリティ権の対象とされていたため，構造化されず，一般に利用されていないフォーマットを使用することにより，データ・ポータビリティを回避する可能性があったので[20]，欧州議会は，写しの取得について，「構造化され一般に利用されるフォーマット」という要件を外し，電子的に処

---

19)　European Data Protection Supervisor, 'Opinion of the European Data Protection Supervisor on the data protection reform package' (7 March 2012), at 25., EDPS recommendations on the EU's options for data protection reform (2015/C 301/01), note 34.

20)　Swire & Lagos, *supra* note **3**, at 340.

理されていさえすればよいとした。第3に，データ主体に交付されるデータは，相互運用性のあるフォーマット（interoperable format）で提供する義務がデータ管理者に生ずることになった。第4に，欧州委員会草案では，データ・ポータビリティ権は，移転が技術的に可能か否かを問わず，すべての自動処理システムに適用されることになっていたが，欧州議会による修正案では，直接移転については，15条2a項で，技術的に可能で，かつ利用可能な場合に限定された。第5に，欧州委員会草案（18条3項）は欧州委員会に技術基準に関する委任命令を発出する権限を付与していたところ，SNSの多様なデザインの特徴を考慮すると，欧州委員会が適切に技術基準を決定しうるかには疑問も提起されていたので，欧州議会は欧州委員会草案18条3項を削除して，前文(55)において，「データ管理者は，データ・ポータビリティを可能にする相互運用性のあるフォーマットを開発するように勧奨される」としたのである[21]。

6　欧州連合理事会による修正

　欧州連合理事会は，2015年6月15日に修正案を採択したが，そこでは，一方において，プライバシーと知的財産権に関心を抱き，他方において，データ管理者および委託業者の立場に配慮した。すなわち，データ・ポータビリティを写しの取得に限定し，他のデータ管理者への直接移転の規定を削除した。相互運用性を確保することは，費用が高額になり，実現が困難なことに配慮したともいえる。知的財産権については，写しの交付がその侵害になる場合には，交付を拒否できることを明記した。欧州委員会もこのことを前提としていたと思われるが，理事会案では明記され，また，写しを取得できる権利の要件を厳格化した[22]。

---

21)　European Parliament legislative resolution of 12 March 2014 on the proposal for a regulation of the European Parliament and of the Council on the protection of individuals with regard to the processing of personal data and on the free movement of such data (General Data Protection Regulation) (COM (2012) 0011 - C7 - 0025/2012 - 2012/0011 (COD)), article 15 (2) (2a).

22)　Council of the European Union, Proposal for a regulation of the European Parliament and of the Council on the protection of individuals with regard to the processing of per

なお，技術基準を欧州委員会に委任する規定を欧州議会が削除したことにより，既存の巨大企業の基準がデファクト・スタンダードになり，中小のサービス事業者がそれを採用するために多額のコストを要することとなる結果，イノベーションを阻害することを懸念する声もあった。欧州連合理事会は，この問題を認識し，最小限の共通基準を定めることを検討したが，GDPR がそれを定めることは，技術的中立性に反することになるので，結局，共通基準については定めないこととした。そこで，欧州データ保護委員会（European Data Protection Board）が，ガイドラインやベスト・プラクティスを示すことが考えられるとの指摘もなされている[23]。

7 最終版

最終的に採択された GDPR20 条は，以下のように規定している。
「データ主体は，その処理が第 6 条第 1 項 a 号若しくは第 9 条第 2 項 a 号による同意又は第 6 条第 1 項 b 号による契約に基づくものであり，かつ，その処理が自動的な手段で行われている場合には，データ管理者に提供した自己の個人データを構造化され，一般に利用され，機械可読なフォーマットで受領し，自分が個人データを提供したデータ管理者から妨げられることなく他のデータ管理者に当該データを移転する権利を有する。」（1 項）
「前項の規定に基づいて，データ・ポータビリティ権を行使するにあたり，データ主体は，技術的に可能ならば，一つのデータ管理者から別のデータ管理者に個人データを移転する権利を有する。」（2 項）
「第 1 項に定める権利の行使は，第 17 条に影響を与えないものとする。この権利は，公益のため，又はデータ管理者の公的権限の行使として行われる職務に必要な処理には適用されない。」（3 項）

---

sonal data and on the free movement of such data（General Data Protection Regulation）-preparation of a general approach（9398/15），article 15. そのため，欧州連合理事会は，データ・ポータビリティ権に好意的ではなく，この権利が認められる場合を最小限にしようとしたという指摘もなされている。Van der Auwermeulen, *supra* note **2**, at 68-69.

23)　Graef, *supra* note **4** at 507.

「第 1 項に定める権利は，他者の権利及び自由に不利益を与えてはならない。」
（4 項）

　これを欧州委員会草案と比較すると，①対象，②権利の行使，③データのフォーマット，④委員会の役割，⑤均衡条項，⑥消去権との関係について，相違がある。

　①については，データ・ポータビリティ権の対象が，「処理中のデータの写し」から「データ管理者に提供した自己の個人データ」（下線筆者）に限定され，明確になっている。②については，データの写しを取得し，一定の条件の下で別のデータ管理者に移転する権利が，技術的に可能な場合には，直接に他のデータ管理者に移転する権利に変更されている。③については，再利用可能なフォーマットが機械可読なフォーマットに変更されている。④については，欧州委員会草案では，欧州委員会が「データのフォーマットを具体化し，個人データの技術基準，様式，手続を定める」権限，すなわち，技術の発展に適合した基準を定め，すべてのデジタル・サービスの相互運用性を具体的かつ効果的に進展させうる権限を有することとされていたが，最終版では，この規定は削除されている。⑤の均衡条項は，欧州委員会草案にはなかったものであるが，最終版では，データ・ポータビリティ権が⑥の消去権に影響を与えないことに加え，他者の権利および自由に影響を与えないことが明記され，他の権利との抵触のリスクに配慮がなされている。このように，最終版は，欧州委員会草案と比較すると，対象の限定，均衡条項にみられるように，より慎重な配慮がされているといえる。また，データを直接にデータ管理者間で移転する権利について明示的に定めており，最初のデータ管理者からのデータの取戻し（withdrawal）に係る文言が削除されていることから，すべてのデジタル・サービスの相互運用性が可能となるユーザー中心のプラットフォームの発展へのインセンティブを付与することになるかもしれないという指摘もなされている[24]。

　GDPR は，データ・ポータビリティ権として大別して 2 種類定めている。一つは，データ管理者が処理中の自己データの写しを取得し，他のデータ管理者に移転する権利であり，いま一つは，データ管理者が処理中の自己データの写

24）　De Hert et al., *supra* note **2**, at 196-197.

しを直接に他のデータ管理者に移転する権利である[25]。すなわち，データ主体
は，自らデータ管理者に提供した自分に関する個人データを，構造化され[26]，
一般に利用され，機械可読なフォーマットで受け取り，(a)処理が GDPR の6
条1項a号もしくは9条2項a号の同意または6条1項b号の契約に基づき，
かつ(b)処理が自動的手段で行われるときには，当該データを元のデータ管理
者に妨げられることなく，別のデータ管理者に移転する権利（20条1項），同
項の規定に基づき，データ・ポータビリティ権を行使するに当たり，技術的に
可能な場合には，データ主体は，当該個人データを直接にデータ管理者間で移
転する権利（同条2項）を認められている。前者の権利を2つに分ければ，
GDPR が定めるデータ・ポータビリティ権は，(i)データ主体が，自分が提供し
た個人データの写しを構造化され，一般に利用され，機械可読なフォーマット
で取得する権利[27]，(ii)データ主体が，データ管理者から取得した個人データを
元のデータ管理者に妨げられることなく他のデータ管理者に移転する権利（こ
の権利は，当該データがデータ主体の同意または契約に基づいて処理されたものであり，
処理が自動的な手段で行われているときのみ行使可能である），(iii)技術的に可能な場
合には，データ主体が，自己の個人データを直接に他のデータ管理者に移転す
る権利という3つの権利を付与されていることになる[28]。

　個人データが商業目的で利用されていることは，データ・ポータビリティ権
の要件にはなっておらず，また，他の複数のデータ管理者に移転する場合にも，
この権利を行使しうると解される[29]。

---

25)　フェースブックの利用者が，直接に Google + の頁に書き込むことを可能にすることはデ
　ータ・ポータビリティでは認められておらず，フェースブックの利用者は，自分のプロファ
　イルやメッセージを取り出して，新たに Google + のアカウントを登録して，上記の情報を
　移行することになる。Barbara Engels, 'Data portability and online platforms', *Internet Pol-
　icy Review*, Volume 5, Issue 2, 3 (Data and data portability).
26)　「構造化された」という要件は，機能性の増大とデータ移転の容易化を意図したもので
　ある。Swire & Lagos, *supra* note **3**, at 345.
27)　インターネット経由で伝送する方法に限らず，ストリーミングの方法をとったり，CD,
　DVD 等に複写して，それを交付する方法も選択しうる。Article 29 Data Protection Work-
　ing Party, Guidelines on the right to data portability (Adopted on 13 December 2016, as
　last revised and adopted on 5 April 2017), 16/EN (WP 242 rev. 01), at 14.
28)　Van der Auwermeulen, *supra* note **2**, at 69. De Hert et al., *supra* note **2**, at 197.
29)　Gabriera Zanifer, 'The right to Data Portability in the context of the EU data protec

データ・ポータビリティ権の行使に備えて，データ管理者が個人データを所定の保存期間を超えて保存する必要はないし，データ・ポータビリティ権に基づく請求を受けたデータ管理者は，個人データの移転前に当該データの質を検証する義務を負うものではないが，日常的に，GDPR5条1項の規定に基づき，データの正確性を確保して更新する義務を負っている。個人データがデータ処理者によって処理されている場合には，データ処理者は，適切な技術上および組織上の措置によってデータ管理者を支援する義務を負う（GDPR28条3項e号）[30]。個人データの移転を受けたデータ管理者は，当該データの新たなデータ管理者となり，GDPR5条の基本原則（適法性，公正性，透明性，目的の限定，データの最小化，正確性，記録保存の制限，完全性および機密性，アカウンタビリティ）を遵守する義務を負う。そして，①その個人データが取り扱われる具体的な状況を考慮に入れ，個人データ取得後の合理的な期間内（ただし，遅くとも1か月以内），②その個人データがデータ主体との間の連絡のために用いられる場合，遅くとも，当該データ主体に対して最初の連絡がなされる時点，③他の取得者に対する開示が予定される場合，遅くともその個人データが最初に開示される時点において，新たなデータ管理者は，当該データの処理の目的を当該データ主体に通知する義務を負う（GDPR14条1項c号・3項）。

　同条に係る前文(68)においては，「処理が自動的手段により行われる自己の個人データへのコントロールをさらに強化するため，データ主体は，自らデータ管理者に提供した自己の個人データを，構造化され，一般に利用され，機械可読で，相互運用性[31]のあるフォーマットで受け取り，他のデータ管理者に移

---

tion reform', 2 *International Data Privacy Law*, 149, 157 (2012).

30)　Article 29 Data Protection Working Party, Guidelines on the right to data portability (Adopted on 13 December 2016, as last revised and adopted on 5 April 2017), 16/EN (WP 242 rev. 01), at 6.

31)　GDPR前文(68)は，データ・ポータビリティを可能にする相互運用性のあるフォーマットを開発するように奨励されるとする（義務ではない）。相互運用性が，消費者に選択肢を付与し，イノベーション，競争，多様性を促進し，予期できない便益をもたらしうるとする見解もある。John Palfrey & Urs. Gasser, *Interop: The Promise and Perils of Highly Interconnected Systems* (2012), at 8. 1991年のEUのコンピュータ・プログラム指令6条は，ライセンス等を有する第2当事者が第1当事者の製品を研究し，相互運用性を達成するために必要な情報をコピーすることを著作権侵害とせずに認めている。Council Directive of 14

転することが認められるべきである。データ管理者は，データ・ポータビリティを可能にする相互運用性のあるフォーマットを開発することが奨励される。その権利は，データ主体が自己の個人データを同意に基づき提供したか，または処理が契約の履行のために必要な場合に行使されうるのであり，同意または契約以外の法的根拠に基づき行使されるべきではない。その性質上，この権利は，データ管理者による公的義務の履行のための個人データ処理には適用されない。したがって，データ管理者による法的義務の遵守，公益のための任務の遂行，データ管理者に課された公的権限の行使のために必要な個人データの処理には適用されるべきではない。自己の個人データを移転または受け取るデータ主体の権利は，技術的に適合する処理システムを採用したり維持したりする義務を課すものではない。あるまとまりのある個人データが複数のデータ主体に関するものである場合，個人データを受け取る権利は，本規則に従い，他のデータ主体の権利および自由を侵害することがあってはならない。さらに，この権利は，データ主体が個人データを削除することを妨げるものではなく，GDPR に規定されたこの権利の制限を逸脱するものであってはならない。とりわけ，契約の履行のために自ら提供したデータ主体の個人データを当該契約の履行に必要であるにもかかわらず削除しうることを意味するものと解してはならない。技術的に可能な場合には，データ主体は，個人データを直接にデータ管理者間で移転させる権利を有するべきである」と解説されている。

8　適用分野

　データ・ポータビリティ権は，ソーシャルメディア，検索エンジン，オンライン・フォトストレージ，電子メール，オンライン・ショッピングにも適用され，データ・ポータビリティ権の規定の適用を受けるデータ管理者は，銀行，製薬会社，エネルギー供給事業者，航空会社，ピザ宅配店，クリーニング店等

May 1991 on the legal protection of computer programs（91/250/EEC），at 4–5. 合衆国控訴裁判所も，メニュー・コマンドの階層を他者がコピーすることを著作権によって阻止することはできないと判示している。Lotus Development Corp. v. Borland International, 49 F. 3d 807（1st Cir. 1995）.

も含みうるし[32]，雇用主が従業者の履歴書をデータベースで管理している場合
なども対象となり[33]，その影響はきわめて大きいといえる。このようにデー
タ・ポータビリティ権は広範な分野に適用されるが，主たる適用分野として念
頭に置かれているのは，SNS である。すなわち，欧州委員会は，データ・ポ
ータビリティ権により移転されるデータの例として，写真，友達リスト，コン
タクト情報，個人的なコミュニケーション等，ソーシャル・ネットワークを念
頭に置いた記述をしていたし[34]，データ・ポータビリティ権による競争促進の
例としてソーシャル・ネットワークを挙げていた[35]。このことは，大きなロッ
ク・イン効果が問題になっているのが SNS であることを示しており，そのた
め，SNS のみをデータ・ポータビリティ権の対象にすべきであったとする意
見もある[36]。

9　目　的

(1)　複数の目的

　データ・ポータビリティ権は，個人のデータ保護権の強化，競争とイノベー
ションへの貢献という複数の異なった目的を有すると指摘されることが少なく
なく，両者の関係およびそれがデータ・ポータビリティ権の解釈に与える影響

32)　Aysem Diker Vanberg & Mehmet Bilal Ünver, 'The right to data portability in the GDPR and EU competition law: odd couple or dynamic duo?', 8 *European Journal of Law and Technology* 1, 2 (2017).

33)　Peter Carey, *Data Protection*, fifth edition, 2018, at 137.

34)　European Commission, Commission Staff Working Paper, Impact Assessment accompanying the document Regulation of the European Parliament and of the Council on the protection of individuals with regard to the processing of personal data and on the free movement of such data (General Data Protection Regulation) and Directive of the European Parliament and of the Council on the protection of individuals with regard to the processing of personal data by competent authorities for the purposes of prevention, investigation, detection or prosecution of criminal offences or the execution of criminal penalties, and the free movement of such data, SEC (2012) 72 final, at 28.

35)　Commission Staff Working Paper, *supra* note **34**, Annex 5, at 106.

36)　Inge Graef, Jeroen Verschakelen & Peggy Vaicke, 'Putting the Right to Data Portability into a Competition Law Perspective', *Law. The Journal of the Higher School of Economics, Annual Review*, 53, 61 (2013).

については議論が続いている[37]。GDPR の採択前に，欧州連合理事会において，データ・ポータビリティの概念は，データ保護の領域を越えており，競争法または知的財産の問題であるという懸念を表明する EU 加盟国も存在した。GDPR 採択後においても，データ・ポータビリティは，少数の巨大なデータ管理者にのみ影響を与える競争法の問題であるという指摘があり，データ・ポータビリティの目的についての議論がなされている。WP29 のこの問題に対する立場も揺れ動いており，2016 年 12 月 13 日にまとめられたデータ・ポータビリティ権についてのガイドラインの初版では，「データ・ポータビリティの主たる目的は，あるサービスから別のサービスへ移行することを促進し，サービス間の競争を促すことにある。……デジタル単一市場戦略における新サービスの創造を可能にする」とし，「データ・ポータビリティ権により，データ利用におけるイノベーションや，データ主体のコントロールの下での安全でセキュアな個人データ共有の拡大に向けた新たなビジネス・モデルを促進することが期待される」と記載されていた[38]。しかし，この文言はその後削除され，最終版では，「新たなデータ・ポータビリティ権は，ある IT 環境から別のそれに個人データを移動し，コピーし移転する能力を向上させるので，自己データに関するデータ主体の権利を強化することを目的とする」「データ・ポータビリティ権は，（サービス事業者を変更することにより）サービス間の競争を促進

37）　Vanberg & Ünver, *supra* note **32**, at 4 も，データ・ポータビリティ権の目的は，競争法や消費者保護法の目的と競合すると指摘する。European Commission, Proposal for a Regulation of the European Parliament and of the Council on the protection of individuals with regard to the processing of personal data and on the free movement of such data (General Data Protection Regulation), COM (2012) 11 final では，ロック・イン効果を減少させることは，データ・ポータビリティ権の目的に含まれていなかったが，European Commission, Commission Staff Working Paper, Impact Assessment accompanying the General Data Protection Regulation and the Directive on the protection of individuals with regard to the processing of personal data by competent authorities for the purposes of prevention, investigation, detection or prosecution of criminal offences or the execution of criminal penalties and the free movement of such data, SEC (2012) 11 final, at 28 では，欧州委員会は，データ・ポータビリティ権が，電気通信分野のナンバー・ポータビリティ等と同様，効果的な競争の鍵になると述べている。

38）　Article 29 Data Protection Working Party, Guidelines on the right to data portability, adopted on 13 December 2016, WP 242, at 4-5.

するかもしれないが，GDPR は個人データを規制するものであって競争を規制するものではない」と述べられている[39]。

(2)　データ保護権としての位置付け

①　競争法上の規制との相違

　データ・ポータビリティ権には，副次的に競争法上の目的があるともいえるが，新規参入業者が利用者を維持して投資を回収することが困難になり，新規参入が阻害されるおそれもあるという指摘もなされており[40]，競争法上の理由のみから GDPR のデータ・ポータビリティ権を根拠付けることには無理がある。したがって，データ・ポータビリティ権は競争法上の正当化を超えて，規範的な正当化を必要とし，データ・ポータビリティ権は，個人データの自己情報コントロールという独立の目的を有するという主張がなされることになる。すなわち，個人データに対する自己決定権の強化が，競争法の論理から独立にデータ・ポータビリティ権を根拠づける目的となるのである[41]。実際，データ・ポータビリティ権は，生存する個人によってしか援用されず，企業は利用できないのに対し，EU 競争法とりわけ EU 運営条約（以下「TFEU」という）102 条の規定に基づく場合には，データ・ポータビリティを得られない企業が，同条違反として法執行を求めることが可能であり，このことも，GDPR の定めるデータ・ポータビリティ権を個人データの保護権として位置付ける根拠となりうる[42]。また，競争法は企業のみが対象であるが，データ・ポータビリティ権に基づく請求に応ずるデータ管理者は，経済的活動をしていない団体や個人も対象に含む[43]。さらに，データ・ポータビリティ権と異なり，競争法では，

---

39)　Article 29 Data Protection Working Party, Guidelines on the right to data portability adopted on 13 December 2016 as last revised and adopted on 5 April 2017, at 4.

40)　欧州委員会が，非個人データについては，データ・ポータビリティを推奨していないことからも，このことが裏付けられるとするものとして，Lynskey, *supra* note **8**, at 809.

41)　*Ibid.* at 809-810. Article 29 Data Protection Working Party, Guidelines on the right to data portability, adopted on 13 December 2016, WP 242, at 3-4.

42)　Vanberg & Ünver, *supra* note **32**, at 10.

43)　他方，データ・ポータビリティ権は個人データに対象を限定しているが，競争法では，個人データに限らず，あらゆるデータが対象になる。Engels, *supra* note **13**, at 3 (Data and data portability).

情報を利用可能にすることが求められており，直接に他のデータ管理者にデータを移転することまでは求められない[44]。以上述べたように，競争法の観点のみからは，データ・ポータビリティ権を根拠付けることは困難であり，データ保護を目的として設定することにより，データ・ポータビリティ権に係る規制が正当化されることになると考えられる。

②　自己情報コントロール権

　データ・ポータビリティ権についての2つの視点の抵触は不可避であるが，現時点での有権解釈に従えば，権利に基礎を置くアプローチが優位することになろう[45]。すなわち，データ・ポータビリティ権は，データ主体がサービス・プロバイダをできる限り簡潔に変更することを可能にするための権利であり，これにより，データ主体の自己データへのコントロールを強化し，データ主体をエンパワメントすることになる。データ・ポータビリティ権は，自分のニーズに最も適合したサービスを選択することを容易にし，競争により，ユーザー・フレンドリーなオンライン環境が創出されることが期待される。すなわち，スイッチング・コストが極小化されれば，ユーザーの獲得競争が活発になり，ユーザーにとって魅力的な製品やサービスを開発するインセンティブが強化され，新規参入したプラットフォームにデータを移転できるために，新規参入したプラットフォームへの需要が高まり，新規参入を促進したり，よりよいサービスを提供することにより，データ・ポータビリティによる新規顧客を獲得するインセンティブが付与される可能性もある。また，デジタル市場では，データは重要な生産要素であるので，データ・ポータビリティによりデータが容易かつ迅速に利用可能になれば，イノベーションが促進され，新しいビジネスモデルが創出される可能性がある[46]。このように，ベンダー・ロックイン効果を抑止し，サービス・プロバイダ間の競争を促進し[47]，プライバシー親和的な技術や相互運用性のあるデータ・フォーマットの開発を促進すると見込まれるの

---

44)　Lynskey, *supra* note **8**, at 802.

45)　Lynskey, *supra* note **8**, at 794-795.

46)　Engels, *supra* note **13**, at 4.1 (platforms offering substitutes).

47)　ソーシャル・ネットワーク間の相互運用性を確保することは，ネットワーク効果を軽減することについて，Graef, *supra* note **4**, at 510.

で[48]，データ・ポータビリティ権は，消費者保護を目的とした権利ともいえ
る[49]。システムの相互運用性に係る権利は，データ保護よりも，消費者保護お
よび不公正競争の抑止の問題とも理解しうるが，GDPRは，これをインターネ
ットにおける個人データの自己情報コントロール権の問題と位置付けたのであ
る[50]。EUにおいては，データ保護を受ける権利は人権であるので，このよう
な位置付けを支持する見解も少なくない。すなわち，個人データを大量に収集
したデータ管理者が，データ主体による自己データの別のデータ管理者への移
転を抑止することは人権侵害であり，データ・ポータビリティ権の基礎にある
のは，人格の自由な発展であるとするのである。この見解によれば，データ管
理者間の公正な競争の確保は，そのための手段として位置付けられることにな
る[51]。De Hertらも，データ・ポータビリティ権は，データ主体のコントロー

---

48)　データ・ポータビリティは，利用者の信頼および公正な競争という観点から，クラウ
ド・コンピューティングのグローバルな発展にとって非常に重要であり，クラウド・コンピ
ューティングにおけるデータ移転の観点からは，データ・ポータビリティは，より確固とし
て明確で一貫した国際的データ移転に対する触媒の一つになりうることを指摘するものとし
て，Zanifer, *supra* note **29**, at 160.

49)　Paul Voigt & Axel von dem Bussche, *The EU General Data Protection Regulation*
(GDPR): A Practical Guide (2017), at 169, Daniel Rücker & Tobias Kugler, *New European*
General Data Protection Regulation, A Practitioner's Guide: Ensuring Compliant Corpo-
rate Practice (2018), at 144. 他方，サービス供給者にとっても，データ・ポータビリティ権
が認められれば，従前は得られなかった個人データを入手することが可能になり，更新され
た個人データに基づく行動ターゲティング広告を行うことが可能になる。Van der Auwer-
meulen, *supra* note **2**, at 59.

50)　Paul De Hert & Vagelis Papakonstantinou, 'The proposed data protection Regulation
replacing Directive 95/46/EC: A sound system for the protection of individuals', 28 *Com-*
puter Law & Security Review 130, 138 (2012). GDPRの前文(68)においても，データ・ポー
タビリティ権は，自己情報コントロールの強化と説明されている。データの移転を受けたデ
ータ管理者が目的外利用を行う可能性等を指摘して，データ・ポータビリティ権が個人の利
益になるとは限らないとするものとして，Center for information Policy Leadership, Com-
ments by the Centre for Information Policy Leadership on the Article 29 Data Protection
Working Party's "Guidelines on the right to portability" adopted on 13 December 2016, 15
February 2017, at 2. データ・ポータビリティ権は，データ主体が自己の個人データへの所
有権の理念を基礎付けようとする最初の試みとする見方もある。De Hert et al., *supra* note
2, at 201.

51)　データ・ポータビリティ権を1983年にドイツの連邦憲法裁判所が統計事件判決
(Bundesverfassungsgericht, Urteil vom 15. 12. 1983, BverfGE 65, 1, 41) で判示した情報自
己決定権の延長に位置付け，EU基本権憲章7条のプライバシー権，同憲章8条のデータ保

ル権を保障するという意味においても，データ保護と他の法分野（競争法，知
的財産，消費者保護等）の接点にあるという意味においても，GDPR の中で最重
要な新機軸の一つであり，それは，利用者中心の実効的なプライバシー強化技
術の発展と普及の貴重な事例であり，データ経済における個人データの無形の
富を個人が享受することを可能にする最初の道具であると高く評価する。そし
て，個人データを無償で他のデータ管理者に移転する権利は，デジタル・サー
ビスの競争およびプラットフォームの相互運用性を促進し，自己のデータに対
する個人のコントロールを強化する強力な手段であると述べている[52]。

　Graef も，ナンバー・ポータビリティとデータ・ポータビリティを区別し，
前者は，消費者に選択を認め，電気通信市場における競争を活性化させること
が目的とするが，後者の主たる目的は，利用者が自己情報をコントロールする
ことを可能にし，オンライン環境への信頼を醸成することであるとする[53]。旧
EU 個人データ保護指令は，自己情報コントロールや情報自己決定権について
明示的には言及していなかったが，GDPR では，前文(7)において，自然人は，
自己の個人データについてコントロールすることができなければならないと記
されており，GDPR の目的はデータ保護の基本権の実効性を確保すること，よ
り具体的にいえば，個人が自己の個人データのコントロールを確保することで
あるといえる。そして，データ・ポータビリティ権についての GDPR 前文
(68)においても，データ・ポータビリティ権を自己情報コントロール権と位置
付けており，データ・ポータビリティ権の第1次的目的をデータ保護権の一環

護権と結び付けて理解すべきとするものとして，Zanifer, *supra* note **29**, at 152. 他方，
GDPR の立法過程が，新たな憲法上の権利を設ける場合のそれと異なり，通常の法令の立法
過程であるので，GDPR により，基本権としてのデータ・ポータビリティ権が新設されたと
みることに疑問を提起するものとして，Swire & Lagos, *supra* note **3**, at 367-368, 380.

52)　De Hert et al., *supra* note **2**, at 194. GDPR のデータ・ポータビリティには，(i)データ・
ポータビリティにより，1983 年にドイツ憲法裁判所が判示した情報自己決定権の延長上に
位置付けられる個人データの自己コントロール，個人データの保護を確保し，個人データの
処理のアカウンタビリティを強化し，これによって，オンライン環境における経済発展を促
進するためのオンライン・サービスへの消費者の安心感と信頼を醸成すること，(ii)消費者の
ロック・インを減少させること，(iii)独占力を弱め，市場における競争を促進し，新規参入を
容易にすることの3つの目的があると指摘するものとして，Van der Auwermeulen, *supra*
note **2**, at 68.

53)　Graef, *supra* note **4**, at 507.

をなすものとして位置付ける立法者意思は，この点からも裏付けられる[54]。

③　基本権としての位置付け

　データ・ポータビリティ権は，EU の通常の立法手続を経て GDPR に規定されたものであり，GDPR に規定されていることから基本権に該当すると解するのは，いわゆる下克上解釈ではあるが，Lynskey は，欧州連合司法裁判所が，この権利を EU 基本権憲章に由来するものとして位置付けると予測する。なぜならば，同憲章 8 条 1 項は，「何人も，自己の個人データの保護を受ける権利を有する」と規定し，同条 2 項は，明示的にアクセス権，訂正権について定めているが，欧州連合司法裁判所は，同条で明記されていない個人データに係る措置が同条の規定の適用を受けうると判示しているからである。たとえば，Digital Rights Ireland Ltd v. Minister for Communications, Marine and Natural Resources（C-293/12）EU: C: 2014: 238 [2014] 3 C. M. L. R. 44 at [40] は，個人データのセキュリティ対策も同条の射程に入るという解釈を採用している。そして，Google Spain v. AEPD and Mario Costeja González（C-131/12）EU: C: 2014: 317 at [97] において，欧州連合司法裁判所は，EU 基本権憲章の 7 条，8 条の規定に基づく権利は，同憲章 7 条 f 項の正当な利益テストにおいて，原則としてデータ管理者（検索サービス事業者）の経済的利益に優越すると判示しているので，データ・ポータビリティ権は，データ管理者の経済的利益に優越するものと判断されると推測されるのである[55]。

10　競争法による規制の可能性

(1)　支配的地位の濫用

①　TFEU102 条

　データ・ポータビリティ権を新設しなくても，競争法により，ロック・イン効果の問題に対処できないのかについても検討しておく必要がある。

　2012 年，欧州委員会の競争政策担当委員（当時）の Joaquin　Almunia は，

---

54)　Lynskey, *supra* note **8**, at 810.
55)　*Ibid.* at 812.

オンライン・サービスにおけるロック・イン効果を問題視し，データ・ポータ
ビリティにより健全な競争環境を創出する必要性を認識したため，GDPR にデ
ータ・ポータビリティを規定することが望ましいという立場をとったが，EU
競争法が適用される可能性も否定しなかった[56]。すなわち，データ・ポータビ
リティを制限すると，TFEU102 条の規定により制裁を受けうる可能性がある
のである。TFEU102 条は，支配的地位の濫用を禁止している。TFEU102 条
の濫用的行為には，(i)搾取的濫用（支配的地位を利用して消費者から過大な利益を
得る），(ii)排除的濫用（支配的地位を濫用して競争相手を排除する）の 2 種類があり，
Vanberg らは，データ・ポータビリティの拒否が，排除的濫用に当たる場合
があるかもしれないとする[57]。欧州連合司法裁判所は，支配的とは，関連市場
における効果的な競争を抑止しうる企業の経済力による地位と解釈している[58]。

②　市場占有率

　通常，欧州委員会は，支配的地位を市場占有率で評価しており，経験に照ら
すと，市場占有率が 40 パーセント未満であれば，支配的地位があるとされる
可能性は低いが[59]，他方，欧州連合司法裁判所の判例法によれば，市場占有率
が 50 パーセント以上であれば，原則として支配的地位があるとされる[60]。関

---

56)　Commissioner Almunia, 'Competition and Personal Data Protection' (Privacy Platform
Event: Competition and Privacy in markets of Data, Brussels, 26 November 2012) avail-
able at http://europa.eu/rapid/press-release_SPEECH-12-860_en.htm. 独禁法や人権の観点
を離れても，相互運用性にプラスの影響を与えるために，データ・ポータビリティが促進さ
れるべきとするものとして，Bart Custers and Helena Ursic, 'Big data and data reuse: a
taxonomy of data reuse for balancing big data benefits and personal data protection', *In-
ternational Data Privacy Law*, at 12, note 57 (2016) (available at https://papers.ssrn.com/
sol3/papers.cfm?abstract_id=3046774). 欧州連合理事会においても，英国は，データ・ポー
タビリティは，データ保護の範囲を超え，消費者法または競争法の問題であると指摘し，フ
ランスやオランダの代表からも，競争法や知的財産権法との関連が不明確との意見が出され
ている。Council of the European Union, Interinstitutional File: 2012/0011 (COD), 10614/
14, (6 June 2014), note 1 (available at http://register.consilium.europa.eu/doc/srv?l=EN&f
=ST%2010614%202014%20INIT).

57)　Vanberg & Ünver, *supra* note **32**, at 6.

58)　Case C-27/76, United Brans v. Commission (1978) E. C. R. 207.

59)　European Commission, Communication from the Commission-Guidance on the Com-
mission's enforcement priorities in applying Article 82 of the EC Treaty to abusive exclu-
sionary conduct by dominant undertakings (2009/C 45/02) ⅢA14.

60)　Case C-62/86, Akzo Chemie v. Commission (1991) E. C. R. Ⅰ-3359.

連市場を評価する場合，欧州委員会は，代替可能性基準により，製品またはサービスが同一市場に属するかを判断するが，オンライン・サービスの場合，絶えず進化する新製品が創出され，相互に関連する部分もあるので，関連市場を定めるのが困難であり，したがって，市場占有率を評価して支配的地位の有無を判断することは容易ではないことになる[61]。

③　排除的行為

関連市場における支配的地位が立証されれば，欧州委員会は，排除的行為の有無を評価して，支配的地位の濫用の有無を審査することになる。排除的行為とは，支配的地位を有する企業が，製品またはサービスの内容に基づく競争以外の手段で，現実のまたは潜在的な競争者を排除することであり，データ・ポータビリティの文脈では，利用者が自己のデータを他の事業者に移転することを禁止することにより，スイッチング・コストを生ぜしめ，利用者がロック・インされ，新規参入が困難になるので，オンライン・サービス事業者は，反競争的に行動していると評価されうる[62]。

④　電気通信分野との比較

電気通信分野でも，ソーシャル・ネットワークの分野でも，スイッチング・コストとネットワーク効果が，ポータビリティと相互運用性の問題を惹起したが，電気通信分野では，この問題は，ナンバー・ポータビリティとすべての電話会社を対象とした公衆通信網の相互接続を義務付ける規制により対処された。これに対し，ソーシャル・ネットワークの分野では，個人データが問題になるので，データ保護およびプライバシーの問題も考慮する必要があり，問題はより複雑である[63]。

⑤　競争法の観点からの批判

データ・ポータビリティ権を競争法上の問題と位置付ける立場からは，データ・ポータビリティ権が，競争法上の規制を上回る厳しい規制を課していること

---

61)　Van der Auwermeulen, *supra* note **2**, at 61-62. Vanberg & Ünver, *supra* note **32**, at 5
　も，とりわけ急速に変化するダイナミックな消費者コミュニケーション・サービスの分野で
　は，市場占有率も短期間に急変するので，市場占有率は競争力の限定的な指標でしかないと
　指摘する。

62)　Van der Auwermeulen, *supra* note **2**, at 62.

63)　Graef, *supra* note **4**, at 512.

とに批判がなされている。すなわち，競争法上は，(i)支配的な市場力，(ii)排他的慣行，(iii)排他的慣行の弊害を相殺するような効率性の不在の3要件が，規制を正当化するために必要とされるが，(i)について，市場占有率の高さが規制の要件であるべきであるにもかかわらず，データ・ポータビリティ権が操業を開始したばかりのソフトウェア会社のように，微々たる市場占有率しか有しない会社にも，寡占企業と同様に適用されることに対して，疑問が提起されることになる[64]。また，(ii)についても，相互運用性の制限やエクスポート・インポート・モジュール（以下「EIM」という）を作成しないことは，排除的行為となるものの，典型的な排他的慣行が認められているわけではなく，また，(iii)については，データ・ポータビリティ制度の立案に当たり配慮されていないという批判がなされている。

(2)　供給拒絶

ロック・インが米国独占禁止法の「取引拒絶（refusal to deal）」に起源を有するEU法の「供給拒絶（refusal to supply）」に当たるかが問題になるが，欧州委員会は，一般的には，供給するか否か，誰に供給するかを選択する自由があるので，「供給拒絶」が排除的行為になるのは，主要市場における支配的地位に加えて，(i)川下（下流）市場において効果的な競争を行うために当該製品またはサービスが客観的に必要なこと，(ii)「供給拒絶」が川下（下流）市場における効果的な競争の排除につながるであろうこと，(iii)「供給拒絶」が消費者に損害を与えるであろうことの3要件を満たさなければならないとする。裁判例[65]においても，上記の3要件が満たされることが，「供給拒絶」の要件を満たすと判示されている。すなわち，支配的地位を有する企業が，当該オンライン・サービスに不可欠である個人データの移転を制限することにより，効果的な競争が損なわれ，消費者が損害を被るのであれば，排除的行為となり，TFEU102条の規定が適用されるが，この要件を満たすハードルは高い。

---

64)　Swire & Lagos, *supra* note **3**, at 338-339, 350.

65)　Case T-201/04, Microsoft v. Commission, 2007 E. C. R. II-3619.

(3)　不可欠施設の理論

オンライン・サービス市場に競争をもたらすためには，競合するデータ管理者が保有する個人データにアクセスできる必要があるので，「供給拒絶」の理論と密接に関係した「不可欠施設の理論（essential facilities doctrine）」が，データ・ポータビリティ権にも適用されうるようにもみえる。しかし，「不可欠施設の理論」は，学者や合衆国最高裁判所により厳しく批判され，この理論を支持する者も，その要件を厳格に解している。連邦取引委員会（FTC）の前委員長である Robert Pitofsky は，この理論を適用するためには，①独占者が不可欠施設を支配していること，②競争者が当該施設を設けることが実際上困難なこと，③競争者が当該施設を使用することが拒否されていること，④当該施設を競争者に提供することが可能なことの4要件を満たす必要があるとする[66]。したがって，データ・ポータビリティ権の画一的適用を「不可欠施設の理論」により正当化することも困難という指摘がされている[67]。実際，EU法では，個人データのデータベースへのアクセスが，特定のサービスの運営にとって不可欠であって，競争者にとって，当該個人データなしに運営を行うことが不可能とされた例はない。「不可欠施設の理論」の要件が厳格に限定されていることに鑑みると，企業が，支配的な競争者のデータにアクセスすることなしに自らデータベースを作成することができないことを証明するのは，相当困難と思われる[68]。

(4)　抱き合わせ販売

オンライン・サービス事業者による個人データのロック・インは，相互運用性のないソフトウェア・プログラムを作成することにより，自己の製品を「抱き合わせ（tying）販売」していると構成することも考えられるが，「抱き合わ

66） Robert Pitofsky, The Essential Facilities Doctrine Under U. S. Antitrust Law（submitted to the European Commission）（available at http://www.ftc.gov/os/comments/intelpropertycomments/pitofslyrobert.pdf）.

67） Swire & Lagos, *supra* note **3**, at 362-363.

68） Vanberg & Ünver, *supra* note **32**, at 8.

せ販売」の要件は厳格であり，Microsoft が Windows Media Player を Windows の OS と違法に抱き合わせたとされた事案で，欧州連合司法裁判所の第1審判決[69]は，「抱き合わせ販売」が違法とされるためには，以下の4つの要件を満たす必要があるとした。すなわち，①抱き合わせる製品と抱き合わされる製品が2つの異なる製品であること，②抱き合わせる製品の市場において，当該事業が支配的であること，③抱き合わされる製品なしに抱き合わせる製品を購入する選択肢を消費者に与えていないこと，④当該実務が，競争を除去していることである[70]。しかし，データ・ポータビリティが問題になる文脈では，①の異なる製品の要件を満たしておらず，②については，データ・ポータビリティ権は，支配的でない事業者を含めて画一的な規制を行うものであること，③については，消費者は，データ・ポータビリティ権がなくても，自己の情報を開示させて，他のオンライン・サービスで使用することが，法的にも実際上も不可能というわけではないこと，④については，市場へのダイナミックな影響が考慮されるので，排他性を正当化する抗弁を提出しうるが，データ・ポータビリティ権については，かかる考慮がなされないことに鑑み，「抱き合わせ販売」として一律に規制することも競争法上は困難とみられる[71]。

(5)　TFEU102 条の規定の適用の可能性

　以上みてきたように，TFEU102 条の規定の適用の要件は厳しく，データ・ポータビリティに適用するハードルは高い。もっとも，グーグル社のアドワーズ（AdWords）について，データ・ポータビリティを拒絶することが支配的地位の濫用にならないかを欧州委員会が調査しており，また，ドイツのカルテル

---

[69]　Case T-201/04, Microsoft v. Commission, 2007 E. C. R. Ⅱ-3619.
[70]　他方，欧州委員会は，「抱き合わせ」が違法とされるためには，(i)支配的企業により行われること，(ii)抱き合わせる商品と抱き合わされる商品が区別されなければならないこと，(iii)抱き合わせにより競争を阻害することの3つの要件を満たすことが必要とする。European Commission, Communication from the Commission-Guidance on the Commission's enforcement priorities in applying Article 82 of the EC Treaty to abusive exclusionary conduct by dominant undertakings Ⅳ B 50 (available at https://publications.europa.eu/pl/publication-detail/-/publication/0c037f2a-2475-486e-b6fa-8826bc98f9f6/language-en).
[71]　Swire & Lagos, *supra* note **3**, at 363-364.

庁が，フェースブック社が支配的地位を濫用して，利用者に対して搾取的濫用を行っていないかを調査していることから窺えるように，TFEU102 条がGDPR のデータ・ポータビリティ権にも適用される可能性がまったくないわけではない[72]。そして，事前規制が導入されていることは，同じ分野における欧州競争法の執行を原則として妨げないので[73]，支配的なソーシャル・ネットワーク事業者がデータ・ポータビリティや相互運用性を拒絶することが，TFEU102 条 b 項の排除的行為に当たるとして，欧州委員会が，データ・ポータビリティや相互運用性を確保する義務を支配的企業に課すことはありえないわけではないのである[74]。そして，データ・ポータビリティ権が機能しないときに競争法がセーフティーネットとして働くことを期待する意見もある[75]。もっとも，競争法の下での相互接続義務は，支配的地位を有する企業に対してのみ課しうるので，当該市場における支配的地位を有する企業と他の企業の間の相互運用性は実現されるが，非支配的企業間の相互運用性は確保されない。真の相互運用性が確保されるのは，すべてのオンライン・サービス事業者が相互運用可能になったときである[76]。

(6)　反トラスト法

　米国では，データ・ポータビリティはプライバシー立法の問題としてよりは，反トラスト法の問題として議論されている。EU 競争法と異なり，米国の反トラスト法（シャーマン法 2 条）では，①競争者が独占力を有すること，②独占力を有する企業が排除的行為を行ったことが，同法が適用される要件となる（ただし，独占を企図する行為も禁止されうる）。しかし，オンライン・サービスの分

---

72)　　Vanberg & Ünver, *supra* note **32**, at 9-10.

73)　　Commission decision Deutsche Telekom AG [2003] OJ 2003, L 263/9, Case C-280/08P, Deutsche Telekom AG [2010] E. C. R. Ⅰ-9955.

74)　　Graef, *supra* note **4**, at 505, Engels, *supra* note **13**, at 3 (Data and data portability). Commission Decision Microsoft [2004] OJ L32/23, Case T-201/04, Microsoft v. Commission [2007] E. C. R. Ⅱ-3601 においては，マイクロソフトがクライアント OS 市場における支配的地位を濫用して，相互運用性に係る情報を競争相手と共有することを拒否したと認定されている。

75)　　Graef, *supra* note **4**, at 507.

76)　　*Ibid*. at 510.

野では，市場占有率を示すことは困難であり，また，同分野では，参入コスト
は低く，参入に必要な技術も限られているので，一般的には参入障壁は低い。
そこで，米国では，ネットワークの価値が利用者数に依存している場合の「ネ
ットワーク効果」が議論されている。この「ネットワーク効果」には，直接的
なものと間接的なものがあり，直接的効果は，利用者数の増加によりネットワ
ークの価値が直接的に増加することを意味し，間接的効果とは，補完業者の発
展が利用者にとってのシステムの価値を増加させる場合を意味する。参入障壁
を評価する今一つの基準が「システムの粘着性（stickiness of the system）」であ
る[77]。

　しかし，たとえ支配的地位の要件を満たしても，排除的行為の要件も充足し
なければならないが，反トラスト法に関する判例法に照らすと，データ・ポー
タビリティの制限が排除的行為と認められるかは疑問視されている[78]。なぜな
らば，反トラスト法は，原則として，競争相手と協力する義務を課していない
からである[79]。したがって，データ・ポータビリティ権は，競争法よりも厳格
にロック・イン効果，スイッチング・コストを規制しており，競争法の観点か
らは，容認できないという指摘につながるのである[80]。

11　対象となる個人データ

(1)　仮名データおよび匿名データ

　データ・ポータビリティ権の対象となる個人データは，GDPR4条1項で定
義されている[81]。立法者がデータ・ポータビリティ権の対象として主として念

---

77)　Van der Auwermeulen, *supra* note **2**, at 63–66.
78)　米国では，下級審で Twitter の firehose へのアクセスを求める訴訟で一方的緊急差止命
　令（temporary restraining order）が出されたことがあるが（PeopleBrowser, Inc. Et al. v.
　Twitter, Inc, No. C-12-6120 EMC, 2013 WL 843032 (N. D. Cal. March 6, 2013)，和解で決着
　している。
79)　Van der Auwermeulen, *supra* note **2**, at 66–67.
80)　Swire & Lagos, *supra* note **3**, at 350–351, 360–362, 365.
81)　Van der Auwermeulen は，オンライン・サービスに登録する際に入力した氏名，性別，
　生年月日等が個人データであることは明確であり，本人がアップロードした写真，ステータ

頭に置いていたのは，ソーシャル・ネットワークであるが，それに限らず，ク
ラウド・コンピューティング，ウェブサービス，スマホアプリその他の多様な
自動処理システムのデータ管理者が対象になる[82]。仮名を用いていても，識別
子によりデータ主体とリンクされていれば，個人データであり，データ・ポー
タビリティ権の対象になる[83]。他方，GDPR は完全に匿名化されたデータには
適用されない（GDPR11 条 2 項）。したがって，データ管理者が特定のデータ主
体を識別できないことを合理的な方法で示せば，データ・ポータビリティ権の
適用対象とならないが，データ主体が，付加的な情報を提示し，それと照合す
ることにより自分が特定されることを示せば，データ・ポータビリティ権を行
使可能である。匿名化されてクラウドに送られたデータには，データ・ポータ
ビリティ権は適用されないし，匿名化されないかたちでクラウドに送られたデ
ータが，後にデータ主体の同意を得て匿名化された場合には，やはり，匿名化
されたデータにはデータ・ポータビリティ権は適用されない[84]。

ス・アップデートも個人データに当たるが，ウェブサイトの利用に関する分析目的で作成さ
れた統計データは，複数のデータを集計したものであり，個人データに含まれないと解すべ
きとする。Van der Auwermeulen, *supra* note **2**, at 69.

82） 雇用契約を締結するために提出した履歴書等も自動処理されていれば対象になりうると
指摘するものとして，Peter Carey, Data Protection-A Practical Guide to UK and EU Law,
Fifth Edition, 2018, at 137. 雇用関係においては，自由な同意が行われることはほとんどない
ので，契約に基づき提供された個人データが問題になる。Article 29 Data Protection Work-
ing Party, Guidelines on the right to data portability（Adopted on 13 December 2016, as
last Revised and adopted on 5 April 2017), 16/EN（WP 242 rev. 01), at 8. ただし，雇用契
約の場合，被用者が雇用者に提供する個人データの大半は，雇用契約の履行上必要なもので
あり，GDPR20 条 3 項は，公益のための任務の遂行，データ管理者に課された公的権限の行
使のために必要な個人データの処理については，データ・ポータビリティ権の規定は適用さ
れないと定めており，雇用主は，公的義務の履行のために被用者の個人データを大量に処理
しているので，データ・ポータビリティ権が適用されない場合が多いと思われる。Voigt &
Bussche, *supra* note **49**, at 173.

83） Article 29 Data Protection Working Party, Guidelines on the right to data portability
（Adopted on 13 December 2016, as last Revised and adopted on 5 April 2017), 16/EN
（WP 242 rev. 01), at 9.

84） Rücker & Kugler, *supra* note **49**, at 144, Lucio Scudiero, 'Bringing Your Data
Everywhere: A Legal Reading Of The Right To Portability', 3 *European Data Protection
Law Review* 119, 126（2017）. データ・ポータビリティ権の行使の目的の一つがロック・イ
ン状態の回避にあることに照らすと，かかる場合にこの権利の対象外になるのは不合理とい
う批判がある。Zanifer, *supra* note **29**, at 159.

(2)　自動処理

　データ・ポータビリティ権は，処理が自動的手段（automated means）[85]により行われることを要件としているが，これは，データ処理システムを使用していることを意味する[86]。「自動処理された」データであるので，手作業が加わったものは除外される。したがって，紙のファイルは含まれない[87]。処理過程のどこかで手作業が加われば全体が適用除外になるのか，手作業による評価データのみが適用除外になるのかという解釈問題がある[88]。この点について，GDPR2 条 1 項は，「全部又は一部自動化された手段」という表現を用いており，一部の自動化を含むと解釈すべきという指摘がある[89]。

(3)　データ主体による提供

①　2 つの解釈

　データ・ポータビリティ権の射程をめぐり，最も議論があるのが，データ主体が「自らデータ管理者に提供した（he or she has provided to a controller）」という要件の解釈についてである。これは，データ主体が任意に提供した場合に限定する趣旨である[90]。データ・ポータビリティ権に基づき個人データが新たなデータ管理者に移転した場合，データ主体は，新たなデータ管理者に対して当該データを提供したことになり，新たなデータ管理者は，他の要件を満たす限り，データ・ポータビリティ権の行使に対応する必要がある[91]。

　「本人から提供されたデータ」の意味については，データ主体が書面その他の明示的な方法（たとえば，登録フォームへの記入，質問への回答，デジタル・プラ

85）　自動的手段という文言は，GDPR4 条 2 項においても用いられている。

86）　Voigt & Bussche, *supra* note **49**, at 170.

87）　Article 29 Data Protection Working Party, "Guidelines on the right to data portability" (13 December 2016) 16/EN WP 242), at 7.

88）　Scudiero, *supra* note **84**, at 123.

89）　Lynskey, *supra* note **8**, at 800.

90）　Ian Long, Data Protection-The New Rules（2016），at 158.

91）　Article 29 Data Protection Working Party, Guidelines on the right to data portability (Adopted on 13 December 2016, as last Revised and adopted on 5 April 2017), 16/EN (WP 242 rev. 01), at 7, note 13.

ットフォームへのコンテンツのアップロード等）により提供したもの（メールアドレス，氏名，年齢等）に限定する狭い解釈と，GPS の位置データ，クッキー，プリファレンス等，同意または契約に基づいてデータ管理者が収集したものであって，自動的に収集される IP アドレスやあらゆる形式のユーザー・トラッキングを含むとする広い解釈がありうる。狭い解釈は，「受け取ったデータ（received data）」のみを対象とし，広い解釈は，「受け取ったデータ」と「観察されたデータ（observed data）」を対象とする。

②　狭い解釈

　狭い解釈がとられるべきとする主たる根拠は，文理解釈であり，「提供する（provide）」というのは能動的行為であり，誰かが，クッキーや位置追尾等により自分のデータを受け取ることを受容するという受動的な形態とは異なる。実際，GDPR は，広く解釈されうる個人データの蓄積に言及するときは，しばしば受動形を用いる。すなわち，GDPR15 条 g 項は，「データ主体から収集されたデータ（data […] collected from the data subject）」という表現を用いており，これは，「受け取ったデータ」と「観察されたデータ」の双方を対象とする。また，データ・ポータビリティの対象を広く解釈した場合，データ管理者による遵守コストが不合理に多額になる場合が生じうることも，狭い解釈を支持する論拠となりうる（もっとも，データ主体の営業を困難にするような過大な負担となる場合には，GDPR20 条 4 項の規定の適用があるとも解しうる）[92]。

③　広い解釈

　他方，広い解釈がとられるべきとする最大の根拠は立法者意思であり，GDPR の前文(68)では，データ・ポータビリティ権は，データ主体が同意に基づいて提供したか，または処理が契約の履行のために必要な場合に適用されると説明されており，クッキーや他の自動的に生成されたデータ，GPS データも同意に基づき提供されたものに含まれるという趣旨と思われる。前文(68)によれば，データ・ポータビリティ権は，個人の自己情報コントロール権を強化するためのものであり，広い解釈のほうが，この目的に適合するからである[93]。

---

[92]　Swire and Lagos, *supra* note **3**, at 347 は，狭い解釈をとり，直接アップロードされたデータ，すなわち，写真や利用者がそのサイトに打ち込んだ情報（ステータス・アップデート，プロファイル情報等）に限るべきとする。

また，技術的分野における人権を取り扱う場合には，個人を擁護する解釈が常に望ましいという意見もある[94]。WP29 も，「提供した」は，「能動的に提供されたデータ」のみならず，「受動的に提供されたデータ」，すなわち，データ主体の個人データと関係し，個人の行動の観察から得られたデータを含む（ただし，当該行動の事後の分析結果は除く）として，広い解釈を採用することを明確にしている。かかる「観察されたデータ」もデータ・ポータビリティ権の対象に含めることにより，データ主体は，データ管理者がどの範囲の「観察されたデータ」を収集しているかをよりよく認識し，どの範囲のデータの取得に同意するかの判断をより適切に行うことができるようになる。そこで，WP29 は，「データ主体が提供した」は広く解釈されるべきであり，データ・ポータビリティ権は，データ主体が能動的，意識的に提供したデータ（メールアドレス，利用者名等）および利用者によるサービスまたは機器の利用により提供された「観察されたデータ」（アクティビティログ，検索履歴，トラフィック・データ，位置データ，ウェアラブル端末により計測された心拍数等）に適用され，データ管理者によって「推論された（inferred）」または「導出された（derived）」データ，具体的には，分析のためにサービス事業者が作成したクレジット・スコアや利用者のフィットネス分析による健康評価結果のような利用者のプロファイル，すなわち，データ管理者によるデータ処理の一環として（たとえば，パーソナライゼーション，レコメンデーション，ユーザー・カテゴライゼーション，プロファイリングにより）生成されたデータは，「推論されたデータ」（「導出されたデータ」）であり，データ・ポータビリティ権の対象外とする[95]。データ管理者が複雑なアルゴリズムを用いて得た「推論されたデータ」を対象外とすることにより，データ管理者の知的財産権の問題は原則として回避しうると思われる。なお，

93)　De Hert et al., *supra* note **2**, at 199–200, Gianclaudio Malgieri, ''User-provided personal content' in the EU: digital currency between data protection and intellectual property', 32 *International Review of Law, Computers & Technology* 118, 131 (2018).

94)　Paul De Hert, 'The Future of Privacy. Addressing Singularities to Identify Bright-line Rules That Speak to Us' 4 *European Data Protection Law Review* 461, 463 (2016).

95)　Article 29 Data Protection Working Party, Guidelines on the right to data portability (Adopted on 13 December 2016, as last revised and adopted on 5 April 2017), 16/EN (WP 242 rev. 01), at 9–11, Rücker & Kugler, *supra* note **49**, at 144.

EDPS も，データ・ポータビリティ権が実効性を有するためには，広い解釈を
とる必要があるとする[96]。

　以上を踏まえると，「提供されたデータ」とは，データ管理者の知的活動に
より処理されていないすべてのデータを意味し[97]，書面またはそれに類似する
方法で明示的に提供されたデータのみならず，データ管理者がアルゴリズム等
による知的，経済的，科学的努力なしに単に観察したデータ（位置データ，フィ
ットネスデータ，クッキーで生成されたデータ等）を含むと解される[98][99][100]。Malg-

---

96)　European Data Protection Supervisor, EDPS Recommendations on the EU's Options
　　for Data Protection Reform (2015/C 301/01), note 34. 消費者をエンパワーするという
　　GDPR の目的に照らし，広義の解釈に理解を示しつつ，広義の解釈へは異論もあり，確立し
　　た説とはいえないことに注意を喚起するものとして，Carey, *supra* note **33**, at 138.

97)　Scudiero は，友達リストから除外した者のリストはデータ・ポータビリティ権の対象に
　　なるが，自分の友達リストから除外した人物数と友達リストに加えた人物数の比率の変化の
　　レポートを利用者が求めることはできないことになろうと述べる。Scudiero, *supra* note
　　84, at 122.

98)　Malgieri, *supra* note **93**, at 130-131.

99)　このように，「提供した」という要件については，データ主体のある程度意図的な行為
　　を要件とし，直接的または間接的にデータ主体から取得したものである必要があると一般に
　　解されている。それには，契約の履行に必要なために能動的・意識的に提供されたマスター
　　データ（アカウントデータ，電子メールアドレス，年齢等）およびデータ主体により生成さ
　　れデータ管理者により「観察されたデータ」（データ主体の家庭に備えられたスマートメー
　　ターが生成するデータ，ブラウザによる検索履歴，データ主体が装着しているフィットネ
　　ス・トラッカーにより収集された心拍数等のトラフィック・データや位置データ等）であっ
　　て，加工や分類がされていない生データも含むことになる。すなわち，当該個人データにデ
　　ータ管理者がアクセスするかについての選択権をデータ主体が与えられていれば，この要件
　　を満たすことになる。Article 29 Data Protection Working Party, Guidelines on the right to
　　data portability (Adopted on 13 December 2016, as last revised and adopted on 5 April
　　2017), 16/EN (WP 242 rev. 01), at 9-11. Voigt & Bussche, *supra* note **49**, at 170. しかし，
　　データ主体自身ではなく，雇用主や銀行等が，データ主体の同意のもとで，データ管理者に
　　提供した場合に，この要件を満たすかは定かではない。Voigt & Bussche, *supra* note **49**, at
　　170.

100)　データ・ポータビリティ権の対象とならない「推論されたデータ」であっても，デー
　　タ主体は，データ管理者から，①自己に関係する個人データが取り扱われているか否かの確
　　認を得る権利，ならびに，②それが取り扱われているときは，その個人データ，および③そ
　　の取扱いの目的，④関係する個人データの種類，⑤個人データが開示された，または個人デ
　　ータが開示される取得者もしくは取得者の類型，特に，第三国または国際機関の取得者，⑥
　　可能な場合，個人データが記録・保存される予定期間，または，それが不可能なときは，そ
　　の期間を決定するために用いられる基準，⑦データ管理者から，個人データの訂正または消
　　去を得る権利，データ主体と関係する個人データの取扱いの制限を要求する権利，または，

ieri は，GDPR20 条の「提供されたデータ」を解釈する際に，①データ主体の行動，②データ主体の認識の程度，③データ管理者の行動という少なくとも 3 つの要素を考慮する必要があるとする[101]。また，Lynskey は，GDPR が他者の権利や自由に不利益を与えてはならないと規定しているので，「推論されたデータ」は対象外とすることは，分析データのようなデータ管理者の知的財産を保護する観点からは正当化されるが，分析データがデータ・ポータビリティ権の対象にならなくても，個人データではあるので，異議権（right to object）のような他の権利は適用されうることに注意を喚起している[102]。また，データ・ポータビリティ権の行使により，個人データを受け取ったデータ管理者は，受け取った個人データが関連のあるものであり，過剰でないかを確認し，不要なデータは削除する必要がある[103]。

④　データ主体とデータ管理者の双方から提供されたデータの合成

　データ主体とサービス事業者の双方から提供された情報の合成の場合，データ・ポータビリティ権の対象になるかの判断は微妙である[104]。たとえば，ネット・オークションでの売手のプロファイル（eBay の評判，フィードバック・スコア等）については見解が分かれており，これらのデータはデータ・ポータビリティ権の対象と考えるとする見解もあるが[105]，サービス事業者が統計的または分析的な目的で作成したデータであって，データ・ポータビリティ権の対

取扱いに対して異議を述べる権利が存在すること，⑧監督機関に異議を申立てる権利，⑨個人データがデータ主体から取得されたものではない場合，その情報源に関する利用可能なすべての情報，⑩プロファイリングを含め，GDPR22 条 1 項および 4 項に定める自動的な決定が存在すること，また，それが存在する場合，その決定に含まれている論理，ならびに，そのデータ主体への重要性およびデータ主体に生ずると想定される結果に関する意味のある情報にアクセスする権利を有する（GDPR15 条 1 項）。

101)　Malgieri, *supra* note **93**, at 133. データ管理者は，「受け取ったデータ」，「観察されたデータ」，「推論されたデータ」を分類し，データ主体に対して，データ・ポータビリティ権の対象となるものとならないものを説明できるようにしておくべきであろう。Nicola Fulford, 'The New Right to Data Portability', *Privacy & Data Protection*, Vol. 17, Issue 3.

102)　Lynskey, *supra* note **8**, at 799.

103)　Article 29 Data Protection Working Party, Guidelines on the right to data portability（Adopted on 13 December 2016, as last revised and adopted on 5 April 2017）, 16/EN（WP 242 rev. 01）, at 6-7.

104)　Graef et al., *supra* note **36**, at 56, Swire and Lagos, *supra* note **3**, at 348.

105)　Van der Auwermeulen, *supra* note **2**, at 70.

象とならないとする見解もある[106]。eBay のようなオークション・ウェブサイトでは，契約情報や広告はセラー（データ主体）自身が提供するが，プロバイダがセラーのプロファイルにフィードバック・スコアを付加する。文理解釈をすると，利用者は自分が提供した個人データのみ他のサイトに移転でき，評価，評判に係るデータは提供できないことになるが，現在のサイトでよい評判を勝ち得たセラーは，他のプラットフォームに移行するとき，この評判に係るデータを移転できないと新規の顧客を得ることは困難であり，他のプラットフォームにデータを移転することを躊躇することが予想され，このことがデータ・ポータビリティ権の利用を大幅に制限しかねないという懸念も示されている[107]。

　World of Warcraft のようなオンライン・ゲームサイトで作成されたアバター等は判断がきわめて困難なケースである。これは，プレーヤーの作業，時間，イマジネーションの結晶であると同時に，ゲームのプラットフォームの創作物ともいえる。もし，かかるデータもポータブルになり，簡単に競合他社に移転されるとなると，新しいゲームのプラットフォームを製作しようとするインセンティブを減少させることになってしまうので，これらのデータはデータ・ポータビリティ権の対象になるとは考えるべきでないとする意見もある[108]。

12　直接移転

　データ主体は，GDPR20 条 1 項のもとで提供された個人データを自ら他のデータ管理者に提供するか，直接移転を請求するかの選択肢を有する。直接移転は，データ主体自身による移転が，不合理な努力を要したり，不可能な場合に求められることが考えられる。データ主体が直接移転を請求した場合，それが技術的に可能か否かは，客観的な技術水準ならびに当該データ管理者の経済力および努力を勘案して決定される。これらを考慮して，直接移転が技術的に不可能ならば，データ管理者は，直接移転の請求を拒否することができる[109]。

106）　Vanberg & Ünver, *supra* note **32**, at 2.
107）　*Ibid*. at 2-3.
108）　Van der Auwermeulen, *supra* note **2**, at 70.
109）　このことがデータ・ポータビリティ権の利用を大幅に制限しかねないと指摘するもの

しかし，なぜ，技術的に移転ができないかの理由を請求者に説明する責任を負う[110]。また，直接移転ができない場合においても，データ主体は，GDPR20条 1 項の規定に基づく移転を請求することができる[111]。

　なお，欧州委員会草案 18 条 2 項においては，この直接移転は，個人データの本人から提供された「個人データ及びその他のあらゆる情報（personal data and any other information）」を対象としていたが，GDPR20 条 2 項では，個人データに対象が限定されている。

　また，欧州委員会草案が直接移転を「妨げられることなく」（without hindrance）行う義務をデータ管理者に課したことに対しては，EIM の作成を義務付けるものであると解し，ソフトウェアにいかなる機能を持たせるかについては，ソフトウェア作成者自身が決定できることが効率的であり，画一的なルールにより EIM の作成を義務付けることは，イノベーションを阻害するという批判，相互運用性を確保するためのコストは大きいという批判があった[112]。GDPR20 条 2 項は，かかる批判を考慮して，直接移転は，技術的に可能な場合に行えば足りるとしたものと考えられる。技術的に可能な場合に限定し，また，かかる技術を達成する期限も設定しなかったため，相互運用性を実現するインセンティブが働かないという批判もある[113]。

　GDPR20 条 2 項は，直接移転を技術的に可能な場合に限定しているために，技術的に不可能であれば，いったん個人データの写しを取得したうえで，別のサービス事業者のシステムに再入力しなければならない。その手間を考えて，結局，移転を断念し，ロック・イン効果を軽減できないおそれも指摘されている。また，標準化が行われていないため，直接移転を求められた事業者は，移

として，Vanberg & Ünver, *supra* note **32**, at 3。データ・ポータビリティ権の実効性は，相互運用性を可能にする標準化の採択にかかっていると指摘するものとして，Scudiero, *supra* note **84**, at 127.

110)　Article 29 Data Protection Working Party, Guidelines on the right to data portability（Adopted on 13 December 2016, as last revised and adopted on 5 April 2017）, 16/EN（WP 242 rev. 01）, at 16.

111)　Rücker & Kugler, *supra* note **49**, at 145.

112)　Swire and Lagos, *supra* note **3**, at 353, 356.

113)　Van der Auwermeulen, *supra* note **2**, at 71, Graef et al., *supra* note **36**, at 61.

転先となる事業者に直接移転が可能かを確認しなければならないが，とりわけ，EU 域外への移転の場合には，データ保護の十分性についての GDPR44 条の要件を満たしていなければならない。したがって，技術的に可能であっても法的に不可能な場合があり，この点の確認も必要になる。

　データ・ポータビリティ権に基づく請求を受けたデータ管理者は，移転を受けるデータ管理者を自ら選択するわけではないので，移転を受けるデータ管理者がデータ保護法令を遵守することに責任を負わない[114]。

13　データ・フォーマット

(1)　構造化されたフォーマット

　欧州委員会草案 18 条 1 項では，「電子的で構造化されたフォーマット」で保有している個人データのみが，データ・ポータビリティ権の対象になるように読める文言を用いていた。そのため，構造化されていないソフトウェアを用いることにより，データ・ポータビリティ権の行使を回避できることになり，したがって，構造化されていないソフトウェアを用いるインセンティブが生じ，ロック・イン効果を拡大する結果を招きうるという批判があった[115]。そこで，GDPR20 条 1 項では，データ・ポータビリティ権の対象になる個人データについて，かかる限定を課していない。データ主体は，データ管理者から「構造化された」「一般に使用されている」「機械可読な」フォーマットでデータを受け取る権利を有する。「構造化されたフォーマット」とは，機械および人間により可読なフォーマットであり，機能性が高くデータの移転が容易なフォーマットを意味する。RDL/XML がその例である。他方，PDF は，すべての情報を一つの像で示し，再利用が困難なので，構造化されたフォーマットではない[116]。

---

114)　Article 29 Data Protection Working Party, Guidelines on the right to data portability（Adopted on 13 December 2016, as last revised and adopted on 5 April 2017), 16/EN（WP 242 rev. 01), at 6.

115)　Swire and Lagos, *supra* note **3**, at 350.

116)　Van der Auwermeulen, *supra* note **2**, at 71.

(2)　一般に使用されているフォーマット

　当該データは，単に構造化されているのみならず，当該フォーマットがサービス事業者によって一般に使用されていなければならない。ある業界において，一般に利用されているフォーマットが存在しない場合には，データ管理者は，一般に使用されている XML，JSON，CSV 等のオープン・フォーマットで可能な限り詳細なメタデータとともに個人データを提供することが WP29 により推奨されている。このメタデータは，営業上の秘密を露見させることなくデータの機能と再利用を可能にするものであれば足りる。ただし，データ・ポータビリティ権の行使に応ずるためにのみ，かかるメタデータを作成する義務を負うものではない。データ管理者がデータ・フォーマットについて複数の選択肢を提示できる場合には，データ管理者は，各選択の影響を明確にデータ主体に説明すべきである[117]。

(3)　機械可読なフォーマット

　データ処理システムやデータ管理者が用いるフォーマットが多様であり，分野ごとに最適なフォーマットが異なりうるので，GDPR は，フォーマットを特定してはいないが，高価なライセンシングの制約が付されたフォーマットは，適切なフォーマットとはいえない[118]。当初，欧州委員会は，プロバイダによって使用されるフォーマットを審査して，それが要求されるフォーマットか否かを決定する予定であった。しかし，欧州議会，欧州連合理事会との調整の結果，機械可読という要件に変更された。機械可読なフォーマットとは，ソフトウェアのアプリケーションが特定のデータを容易に識別し，抽出できることを意味する[119]。コンピュータ・システムまたはウェブ・ブラウザにより読むこ

117)　Article 29 Data Protection Working Party, Guidelines on the right to data portability（Adopted on 13 December 2016, as last revised and adopted on 5 April 2017）, 16/EN（WP 242 rev. 01）, at 18.

118)　Article 29 Data Protection Working Party, Guidelines on the right to data portability（Adopted on 13 December 2016, as last revised and adopted on 5 April 2017）, 16/EN（WP 242 rev. 01）, at 17.

119)　機械可読の意味については，公的部門における情報の再利用に関する指令（Directive

とができ，データの自動処理を可能にし，再利用できるすべてのフォーマット
を含むが，PDF やスキャンされた画像は，機械可読ではない[120]。「機械可読
な」は「構造化された」と同義で重複しているようにも思われるので，デー
タ・ポータビリティ権における「構造化された」「一般に使用されている」の
意味を明確にする必要があると指摘されている[121]。

(4)　妨げられることなき提供

　データ主体は，受け取った個人データを他のデータ管理者に「妨げられるこ
となく」提供することができなければならない。このことは，データ・ポータ
ビリティ権に基づく請求を受けたデータ管理者が，データ主体または他のデー
タ管理者によるアクセス，移転，再利用を抑止したり遅延させるために法的，
技術的，財政的な障壁を設けることの禁止を意味する。したがって，データ・
ポータビリティ権に基づく請求を受けたデータ管理者は，データの移転に対し
て高額の手数料を課したり，再利用できないフォーマットで個人データを交付
したり，データセットを抽出するための手続を過度に複雑にしたり，交付する
データを故意に不明瞭にしたりすることを禁止される[122]。

(5)　相互運用性

　GDPR が相互運用性を求めているかについて，GDPR 前文(68)においては，
一方において，提供されるデータは相互運用性を持つべきとするが，他方にお
いて，データ管理者は，相互運用性のあるフォーマットを開発することが奨励
されるものの，技術的に互換性のある処理システムを採用し維持することを義
務付けられるのではないとする[123]。また，WP29 は，「構造化された」「一般に

2003/98/EC）の前文(21)参照。

120）　De Hert et al., *supra* note **2**, at 197, Carey, *supra* note **33**, at 138.

121）　Scudiero, *supra* note **84**, at 120.

122）　Article 29 Data Protection Working Party, Guidelines on the right to data portability
（Adopted on 13 December 2016, as last revised and adopted on 5 April 2017), 16/EN（WP
242 rev. 01), at 15.

123）　Article 29 Data Protection Working Party, Guidelines on the right to data portability
（Adopted on 13 December 2016, as last revised and adopted on 5 April 2017), 16/EN（WP

使用されている」「機械可読な」は，相互運用性を促進するためのワンセットの最小限の要件であり，「構造化された」「一般に使用されている」「機械可読な」は手段であり，相互運用性は期待される結果であると説明している[124]。

　欧州議会は，フォーマットを相互運用性のあるものにし，容易に再利用可能であるのみならず，他のシステムとの互換性を要求しようとした。これは，データ・ポータビリティ権を強化するが，データ管理者にとってのコストは高くなり，小規模のオンライン・サービス事業者の参入障壁となる。おそらくその理由で，GDPR はこの立場をとらず，前文(68)で勧奨するにとどめた。「技術的に可能な場合」という要件は，構造化や機械可読性ではなく，システムの相互運用性についての要件である[125]。すなわち，データ管理者が相互運用性のあるフォーマットを開発することによりデータをポータブルにすることを奨励するが，義務にはしなかったのである[126]。データ・ポータビリティ権は，技術的に互換性のある処理システムを採用し維持する義務をデータ管理者に課すものではないので，データ管理者は，相互運用可能なフォーマットが開発できていない場合には，他のデータ管理者への直接の移転ができなくてもやむをえないし，システムの相互運用性を実現する期限が設定されているわけでもない[127]。用いられるべきフォーマットは，技術の進展に伴い変化することになり，最新の技術水準に照らして判断されるべきことになる[128]。相互運用性に係る最適のフォーマットは，分野ごとに異なりうる。GDPR 前文(68)においては，フォーマットの標準化が強く推奨されているが[129]，既存の大事業者がカ

242 rev. 01), at 3. 相互運用性のある EIM なしに GDPR20 条 1 項の義務を履行できるか疑問であるとする意見もある。Scudiero, *supra* note **84**, at 119.

124) Article 29 Data Protection Working Party, Guidelines on the right to data portability (Adopted on 13 December 2016, as last revised and adopted on 5 April 2017), 16/EN (WP 242 rev. 01), at 17.

125) GDPR Recital 68.

126) Van der Auwermeulen, *supra* note **2**, at 71.

127) 欧州委員会草案においては，欧州委員会が実効性ある相互運用システムに向けて具体的な努力目標を掲げた監視することも可能であったが，企業の懸念に応えて，欧州委員会への授権規定（18 条 3 項）は削除された。De Hert et al., *supra* note **2**, at 201.

128) Rücker & Kugler, *supra* note **49**, at 145.

129) 欧州委員会が資金を提供している Create-IoT という研究プロジェクトにおいて，データ・ポータビリティ権を実現するための標準化についての研究が行われており，欧州標準化

ルテルを結成するなど不適切な影響力を行使して中小事業者や潜在的な競争者に不利益を与える可能性があること[130]，標準化により，経済的に効率的な期間を超えて，ある技術が使用されるリスク（フォーマットのロック・イン）があることにも留意する必要があろう[131]。また，標準化は，プライバシー・バイ・デザインの原則を体現したものでなければならない[132]。

14　手　続

　データ管理者は，データ主体と関連する個人データを当該データ主体から直接取得する場合には，当該個人データを取得する時点において，データ主体に対し，データ・ポータビリティの権利が存在することを教示する義務を負う（GDPR13条2項b号）。データ・ポータビリティ権の行使も，GDPR12条が定めるデータ主体の権利の行使についての一般的要件に従うことになる。したがって，データ管理者は，データ主体に対し，簡潔で，透明性があり，理解しやすく，容易にアクセス可能な方法により，明確かつ平易な文言を用いて教示しなければならず，特に，子どもに対する教示の場合には，一層，その点に留意する必要がある。

　データ管理者は，データ主体の同一性を識別する立場にはないということを証明しない限り，データ・ポータビリティ権に基づく請求を拒否することができない（GDPR12条2項）。データ管理者がデータ主体の本人確認ができないことをデータ主体に通知した場合，データ主体は，本人確認のための追加情報を提出することができる（GDPR11条2項）。また，データ管理者は，データ主体が本人であることについて合理的な疑いを有する場合には，データ主体に追加情報の提出を求めることができる（GDPR12条6項）。具体的にいかに本人確認

に関する規則 No 1025/2012 に従ったデータ・ポータビリティ権の標準化を欧州委員会から欧州標準化協会に対して求めることにつながるかもしれない。Scudiero, *supra* note **84**, at 127.

130）　中小企業も標準化のプロセスに参加できるようにすべきとするものとして，*Ibid.* at 122.

131）　Lynskey, *supra* note **8**, at 807.

132）　Scudiero, *supra* note **84**, at 122.

を行うかの手続については，GDPR に規定はないが，実際には，オンライン・サービスにおけるユーザー登録の段階で本人確認が行われているので，改めて本人確認の必要が生ずることは稀と思われる[133]。

　請求を受けてから 1 か月以内に，当該データを提供しなければならない。ただし，請求の複雑性および数を考慮して，必要があれば，さらに 2 か月まで延長することができる。延長を行う場合には，請求を受けてから 1 か月以内に，遅延の理由とともに，延長の通知を行わなければならない（同条 3 項）。データ管理者が請求に対して何らの行為もしない場合には，データ管理者は，遅滞なく，そして請求を受けてから遅くとも 1 か月以内に，何らの行為をしない理由ならびに監督機関に異議を申し立てることができることおよび司法上の救済を求めることができることを教示しなければならない（同条 4 項）。WP29 は，データ管理者が，標準処理期間を定めて，データ主体に通知する運用を推奨している[134]。

　請求に基づくデータの提供は無償で行われるのが原則であるが，請求が明らかに根拠がなかったり，過剰である場合には，データ管理者は，実費を勘案して合理的な費用を課したり，または，請求を拒否したりすることができる。その場合，請求が明らかに根拠がなかったり，過剰であることの証明責任は，データ管理者が負う（同条 5 項）。WP29 は，オンライン・サービス事業者が，API（application programming interface）を使用すること等によって，データ・ポータビリティ権に基づく請求に応ずる負担を軽減できるので，大量の請求がなされたとしても，データ管理者が過剰であるとして請求を拒否しうるのは，稀な場合に限られると考えている[135]。

　データ・ポータビリティ権を行使するデータ主体についての大量の情報をデータ管理者が保有する場合には，データ管理者は，請求対象となる情報を特定するように求めることがありうる[136]。もっとも，データ管理者への請求を行

---

133)　Article 29 Data Protection Working Party, Guidelines on the right to data portability（Adopted on 13 December 2016, as last revised and adopted on 5 April 2017), 16/EN（WP 242 rev. 01), at 14.

134)　*Ibid.* at 14.

135)　*Ibid.* at 15.

136)　Voigt & Bussche, *supra* note **49** at 169.

うことなく，データ主体がデータ・ポータビリティ権を行使できるようにする
ことも技術的に可能である。たとえば，データ主体が自己データを直接にダウ
ンロードし，API を用いて他のデータ管理者に直接移転できるようにしたり，
信頼できる第三者（trusted third party）が個人データを保有し，要求に応じて
アクセスを認めたりする方法であり，WP29 は，これらの方法を推奨してい
る[137]。また，GDPR が義務付けているわけではないが，データ主体がアカウ
ントを閉鎖する前に，データ管理者が，データ主体にデータ・ポータビリティ
権について教示する運用も推奨している[138]。

15　アクセス権との関係

　旧 EU 個人データ保護指令の下においても，自己データへのアクセス権は認
められていた。欧州委員会草案は，データ・ポータビリティ権を個人データへ
のアクセスを一層強化するものと位置付けていた[139]。また，欧州議会は，デ
ータ・ポータビリティ権をアクセス権と融合し，「データ主体のアクセスおよ
びデータを取得する権利」として一本化する修正を提案した[140]。さらに，欧
州議会と同様，データ・ポータビリティ権をアクセス権の延長線上に位置付け
る見解が存在する[141]。確かに，データ・ポータビリティ権には，自分の個人
データをデータ管理者から受け取る権利が含まれており，この権利は，アクセ

137）　Article 29 Data Protection Working Party, Guidelines on the right to data portability
（Adopted on 13 December 2016, as last revised and adopted on 5 April 2017), 16/EN（WP
242 rev. 01), at 18-19.

138）　*Ibid.* at 13.

139）　European Commission, Proposal for a Regulation of the European Parliament and of
the Council of the Protection of Individuals with regard to the Processing of Personal
Data and on the Free Movement of such Data（General Protection Regulation)/
COM/2012/011 final-2012/0011（COD)/ Recital 55.

140）　European Parliament legislative resolution on the proposal for a regulation of the Eu-
ropean Parliament and of the Council on the protection of individuals with regard to the
processing of personal data and on the free movement of such data（General Data Protec-
tion Regulation)（COM（2012）0011-C7-0025/2012-2012/0011), art. 15.

141）　Anita Bapat, 'The new right to data portability' 13 *Privacy and Data Protection* 3
（2013), Vanberg & Ünver, *supra* note **32**, at 2, Scudiero, *supra* note **84**, at 119.

ス権を補完し，データ管理者が自己データを管理し，再利用することを容易に
する手段でもある[142]。

　しかし，データ・ポータビリティ権は，既存のアクセス権を大幅に超えるも
のである。すなわち，GDPR15 条 1 項が定めるアクセス権は，「理解しやすく，
容易にアクセスできる方式で」（GDPR12 条 1 項）の開示をデータ管理者に義務
付けるにとどまるが，データ・ポータビリティ権は，自分に関する個人データ
を，構造化され，一般に利用され，機械可読なフォーマットで受け取る権利，
さらに，技術的に可能な場合には，当該個人データを直接にデータ管理者間で
移転することを請求する権利である。また，アクセス権の場合には，開示請求
を受けた場合，請求者と協議して，開示請求の範囲を狭めるように求めること
が可能であり，また，開示請求に自動的に応答するコンピュータ・システムを
作成することを義務付けられていなかったことに鑑みても，データ・ポータビ
リティ権とは大きく異なるといえる。GDPR が，アクセス権とデータ・ポータ
ビリティ権を別の条文で異なる名称を付けて規定していること自体，データ・
ポータビリティ権が単なるアクセス権の強化とは異なることの証拠といえ
る[143]。

　データ・ポータビリティ権とアクセス権は，以下の点でも相違する。アクセ
ス権は，データ・ポータビリティ権と異なり，データ主体に限られず誰でも請
求可能である一方，公的機関が保有するもののみが対象である点でもデータ・
ポータビリティ権と異なる。また，アクセス権は，政府の透明性を確保し，説
明責任を全うするためのものであるのに対し，データ・ポータビリティ権は，
自己データに対するコントロールを強化することが最大の目的であり，両者の
目的も異なる[144]。さらに，アクセス権は「知識」の権利であり，その対象は，

142）　　Article 29 Data Protection Working Party, Guidelines on the right to data portability
（Adopted on 13 December 2016, as last revised and adopted on 5 April 2017）, 16/EN（WP
242 rev. 01）, at 4.

143）　　Swire and Lagos, *supra* note **3**, at 369-371. Article 29 Data Protection Working Party,
Guidelines on the right to data portability（Adopted on 13 December 2016, as last revised
and adopted on 5 April 2017）, 16/EN（WP 242 rev. 01）, at 3 も，データ・ポータビリティ
権は，アクセス権と密接に関連するが，多くの点で異なると指摘している。

144）　　Lynskey, *supra* note **8**, at 811.

データ・ポータビリティ権の対象よりも広く，データ・ポータビリティ権と異なり，本人が同意または契約に基づきデータ管理者に提供した個人データに限られない。これに対し，データ・ポータビリティ権は，「コントロール」の権利であり，権利の奥行はより深い。単にアクセスするだけでなく，再利用を前提としているので，機械可読なフォーマットで権利行使に対応しなければならない[145]。したがって，データ・ポータビリティ権は，既存のアクセス権の単なるデジタル化ではなく，よりラディカルな権利といえる[146]。

　なお，データ・ポータビリティ権を行使して自己のデータの写しの交付を受けたところ，他にも自己の個人データがあるのではないかという疑問を持った場合には，GDPR15条の規定に基づく開示請求を行うことは可能である[147]。WP29は，アクセス権により開示されるデータとデータ・ポータビリティ権により取得されるデータの相違をデータ管理者が明確に説明することを推奨している[148]。

16　消去権との関係

　次に，データ・ポータビリティ権と消去権（GDPR17条）との関係は，以下のように説明できる。欧州委員会のGDPR草案においては，データ・ポータビリティ権と消去権（忘れられる権利）を別個独立のものとして位置付けていたが，EDPSは，両者を関連付けてとらえていた[149]。しかし，GDPR20条3項は，データ・ポータビリティ権がGDPR17条の消去権に支障を与えるものではないとしており，両者を別個のものとしてとらえている。消去権との関係につい

---

145)　De Hert et al., *supra* note **2**, at 201.

146)　Lynskey, *supra* note **8**, at 811.

147)　Article 29 Data Protection Working Party, Guidelines on the right to data portability (Adopted on 13 December 2016, as last revised and adopted on 5 April 2017), 16/EN (WP 242 rev. 01), at 7.

148)　*Ibid.* at 13.

149)　European Data Protection Supervisor, Opinion of the European Data Protection Supervisor on the Communication from the Commission to the European Parliament, the Council, the Economic and Social Committee of the Regions, "A comprehensive approach on personal data protection in the European Union", at 18.

ては，データ・ポータビリティ権の行使を受けたデータ管理者は，当該データは消去しなければならないという考え方と，データ・ポータビリティ権の行使を受けたデータ管理者は当該データを消去する義務を負うわけではなく，当該データ管理者のデータを消去したい場合には，別の権利である消去権を行使すべきとする考え方がありうる。GDPR 前文(68)では，データ・ポータビリティ権は，契約の履行に必要な限りにおいて，自己データの消去を意味しないと記載されており，このことは，欧州委員会草案にあった「取り戻す（withdraw）」という文言を使用しなくなったことからも窺える[150]。したがって，当該データの移転は，当初の保存期間を短縮するものではなく，移転する当該データ管理者による自動的な消去を意味するものではないし[151]，データ主体と当該データを移転するデータ管理者の契約関係の終結を意味するものでもない。当該データを移転するデータ管理者は，当該データ主体に係るデータセットを喪失するわけではない。データ主体は，データ・ポータビリティ権を行使した後でも，当該権利行使の名宛人であるデータ管理者のサービスを使用することができる。しかし，もはや処理に必要でなくなった場合には，GDPR5 条 1 項 c 号のデータ最小化原則に従い，消去する必要が生ずるかもしれない。もちろん，データ主体から GDPR17 条の消去権の行使があった場合には，消去権が優先し，データ管理者は，データ・ポータビリティを口実にして，請求への対応を遅延させたり，請求を拒否したりすることはできない[152]。

17 他の分野における法令に基づくポータビリティ権との関係

GDPR20 条の規定に基づくデータ・ポータビリティ権の行使ではなく，EU や加盟国の他の分野における法令に基づくポータビリティ権の行使であることが明確な場合には，GDPR20 条の規定は適用されない。たとえば，データ主体

---

150) De Hert et al., *supra* note **2**, at 202.
151) Zanifer, *supra* note **29**, at 158, Scudiero, *supra* note **84**, at 125.
152) Article 29 Data Protection Working Party, Guidelines on the right to data portability（Adopted on 13 December 2016, as last revised and adopted on 5 April 2017), 16/EN（WP 242 rev. 01), at 7, Voigt & Busche, *supra* note **49**, at 175.

が自己の銀行口座記録へのアクセスを口座情報サービス提供者に認める請求を
支払サービス指令2（Payment Service Directive 2）に基づいて行っている場合
には，GDPR は適用されない[153]。

18　データ・ポータビリティ権の制限

(1)　公益のための任務の遂行

　データ・ポータビリティ権の制限については，GDPR20 条3 項，4 項に規定
されている。これらの規定では，同条1 項の規定の適用の制限のみについて明
記しているが，同条1 項および2 項の双方に制限が及ぶと解される[154]。

　GDPR20 条3 項は，データ・ポータビリティ権の行使は，公益のための任務
の遂行，データ管理者に課された公的権限の行使のために必要な個人データの
処理には適用されるべきではないと定めている[155]。したがって，データ管理
者が犯罪の抑止・捜査，諜報などの法執行目的や行政目的で公的義務の遂行の
ために個人データを処理していたり，法令を遵守するために個人データを処理
している場合には，データ・ポータビリティ権は行使できない。ただし，他の
法的根拠（公益のための処理等）に基づく処理の場合においては，WP29 は，任
意で，データをポータブルにすることを勧奨している[156]。

(2)　他者の権利および自由

　ナンバー・ポータビリティの場合には，電話番号は，通常は，単一の者（当
該顧客）に帰属するので，知的財産権やプライバシー権等の他者の権利侵害の
問題は生じないが，データ・ポータビリティの場合には，A と B の2 人が写

---

153)　Article 29 Data Protection Working Party, Guidelines on the right to data portability
（Adopted on 13 December 2016, as last revised and adopted on 5 April 2017), 16/EN（WP
242 rev. 01), at 7-8.

154)　Rücker & Kugler, *supra* note **49**, at 146.

155)　データ管理者が部分的にデータ・ポータビリティの義務を免除される他の例としては，
GDPR89 条が定めるアーカイブの目的の場合がある。Scudiero, *supra* note **84**, at 126.

156)　Article 29 Data Protection Working Party, Guidelines on the right to data portability
（Adopted on 13 December 2016, as last revised and adopted on 5 April 2017), 16/EN（WP
242 rev. 01), at 8, note16.

っている写真を A が一つの SNS から他の SNS に移転する場合，B の同意な
しにこれを行えば，B のプライバシー権を侵害しないかが問題になるし，デー
タ管理者のソフトウェアを保護する著作権等の知的財産権の侵害も生じうる。
そこで，GDPR20 条 4 項は，データ・ポータビリティ権は，他者の権利および
自由を侵害してはならないと定めている[157]。かかる規定は欧州委員会草案 18
条にはなく，そのため，当該データに他者が著作権等の知的財産権を有する場
合や，他者のプライバシーが問題になる場合への配慮がされていないことが批
判を受けていた[158]。欧州議会の修正案 15 条 2 項も，これらの問題に対処しな
かったが，欧州連合理事会は，当該問題について考慮し，その修正案 15 条 2a
項で，データ主体がデータ管理者から個人データの写しを取得する権利は，①
他のデータ主体の個人データを開示することになるとき，もしくはデータ管理
者の秘密データを開示することになるとき，または②個人データの開示が個人
データの処理と関連する知的財産権を侵害することになるときは，認められな
いとした。GDPR20 条 4 項は，欧州委員会草案に対する上記の批判に応えたも
のであるが，欧州連合理事会修正案 15 条 2a 項の規定が承継されず，GDPR20
条 4 項が「他者の権利及び自由に影響を与えてはならない」という抽象的な規
定にとどまったことには批判もある[159]。

　もし，データ・ポータビリティ権が EU 基本権憲章の 7 条，8 条が定める基
本権であるならば，Google Spain 事件における EU 司法裁判所の判例の論理

---

[157]　GDPR の前文(63)は，営業上の秘密や知的財産権を含む他者の権利や自由に不利益な
　　影響を与える場合には，15 条のアクセス権は制限されるとするので，データ・ポータビリ
　　ティ権をアクセス権の延長線上に位置付ける立場からすれば，GDPR の前文(63)は，デー
　　タ・ポータビリティ権にも妥当すると解すべきことになるが，GDPR の 20 条においてもそ
　　の前文(68)においても，営業上の秘密や知的財産権に不利益な影響を与える場合には，デー
　　タ・ポータビリティ権が制限される旨は明記されていない。

[158]　Swire and Lagos, *supra* note **3**, at 348. もっとも，データ・ポータビリティ権を行使す
　　るに当たり，第三者のデータも含まれる場合には，GDPR20 条では，「自己に係るデータ」
　　のみを対象としているので，第三者の同意が得られない限り，もっぱら自己のみに係るデー
　　タがデータ・ポータビリティ権の対象になるという解釈も存在する。De Hert et al., *supra*
　　note **2**, at 198. ソーシャル・ネットワーク分野では，データ・ポータビリティ権が認められ
　　ても，友人が一緒にスイッチしない場合，やはり，元のソーシャル・ネットワーク事業者か
　　ら離れにくいという問題が残ることも指摘されている。Graef, *supra* note **4**, at 512.

[159]　Van der Auwermeulen, *supra* note **2**, at 72.

に従えば，データ・ポータビリティ権は他者の経済的利益に優越することになるが，GDPR20条4項の文理に従えば，データ・ポータビリティ権は，他者の権利および自由よりも下位に位置付けられる[160]。もっとも，WP29は，潜在的なビジネスのリスクは，データ・ポータビリティの請求を拒否する理由にはならないとする[161]。

　他者のプライバシーが問題になるのは，たとえば，SNSで自己のプロファイルにアップロードした写真に他者が写っていたり，他者のコメントやチャットの記録が掲載されていたりする場合，電話，電子メール，VoIPにおける第三者の送受信の記録である。しかし，他者に関する情報が含まれている場合にはすべて，この制限が及ぶと解すると，データ・ポータビリティ権の対象が限定されすぎてしまう[162]。したがって，GDPR20条4項は，他者の権利および自由がデータ・ポータビリティ権に完全に優位することまで意味するのではなく，データ・ポータビリティ権が技術の発展段階にあり，他者に対する影響がなお予見しがたい面が大きいので，将来の技術や実務上の問題を踏まえて，裁判官がケース・バイ・ケースで判断しうる余地を残したと考えられるという意見が有力である[163]。WP29も，かかる場合には，第三者の情報も含めてデータ・ポータビリティ権の対象として移転することができるが，移転を受けたデータ管理者は，当該第三者の不利益になるような目的で当該データを保有してはならないという趣旨に解すべきとしている[164]。したがって，銀行の預金者がその口座取引情報をデータ・ポータビリティ権により移転したりすることは認められるが，移転を受けたデータ管理者は，第三者の同意がない限り，従前と同じ目的で第三者情報を利用しなければならず，第三者のプロファイリング

---

[160]　Scudiero, *supra* note **84**, at 126.

[161]　Article 29 Data Protection Working Party, Guidelines on the right to data portability（Adopted on 13 December 2016, as last revised and adopted on 5 April 2017）, 16/EN（WP 242 rev. 01）, at 12.

[162]　Vanberg & Ünver, *supra* note **32**, at 3.

[163]　De Hert et al., *supra* note **2**, at 198.

[164]　Article 29 Data Protection Working Party, Guidelines on the right to data portability（Adopted on 13 December 2016, as last revised and adopted on 5 April 2017）, 16/EN（WP 242 rev. 01）, at 9-12.

の作成に利用したりすることは許されない[165]。

　データ・ポータビリティ権の対象となる個人データに係る「本人から提供された」という限定は，複雑なアルゴリズムを用いて消費者について「推論されたデータ」が無償で競合他社に移転することを防止し，データ主体の知的財産権を保護するためといわれているが[166]，WP29 のガイドラインは，GDPR20 条4 項の比較衡量テストにおいて，データ管理者の知的財産権や営業の秘密すら含めている[167]。したがって，潜在的なビジネス上のリスクがあるからといって，データ・ポータビリティの請求を全面的に拒否すべきではなく，一部のデータセットのみを移転したり，暗号化して提供したりするべきである[168]。

　要するに，データ管理者は，当該データの移転が他者の権利および自由（データ管理者の経済的・財産的利益，第三者のデータ保護の利益等）を侵害するかをケース・バイ・ケースで判断する必要があることになる。この判断に当たっては，WP29, Opinion 06/2014 on the notion of legitimate interests of the data controller under Article 7 of Directive 95/46/EC が参考になる。他者の権利および自由の侵害を回避するためには，新たにデータ管理者となる者は，他者に関する情報を処理することが適法かを慎重に判断する必要がある。たとえば，電子メール・サービスの利用者 A が，データ・ポータビリティ権を行使した場合，データ管理者は，A の送信・受信メールおよびメールアドレスを移転する義務を負うが，これらの個人データには，A と電子メールの送受信をした他者の個人データが含まれる。新たにそのデータ管理者となった者は，A に電子メール・サービスを提供するために，これらの他者のデータも利用することができるが，マーケティング目的で利用することはできないと解される。また，新たなデータ管理者となる者は，自己の提供するサービスにとって不要な

165）　*Ibid.* at 11-12.

166）　Malgieri, *supra* note **93**, at 129.

167）　Article 29 Data Protection Working Party, Guidelines on the right to data portability（Adopted on 13 December 2016, as last revised and adopted on 5 April 2017), 16/EN（WP 242 rev. 01), at 12.

168）　Article 29 Data Protection Working Party, Guidelines on the right to data portability（Adopted on 13 December 2016, as last revised and adopted on 5 April 2017), 16/EN（WP 242 rev. 01), at 12, Voigt & Bussche, *supra* note **49**, at 173.

データを受領し処理する義務を負うわけではない。不必要に他者の個人データが移転されないように，移転する側のデータ管理者も，移転を受ける側のデータ管理者も，データ主体が必要な個人データのみを選択し，不要な他者のデータを除外することができるような方法を用いるべきである[169]。なお，データ管理者は，他のデータ管理者への移転が支障なく行われるようにしなければならない。したがって，移転を複雑にする技術的措置を講ずることは違法である。しかし，契約でデータ・ポータビリティを排除することが可能かについては議論がある[170]。

19　制　裁

　GDPR83条5項の規定に基づき，GDPR20条の規定に違反すると，違反事業者は，2000万ユーロまたは前年の世界中における総売上高の4パーセントのいずれか高い額の課徴金を課される[171]。わが国では，そもそもデータ・ポータビリティ権は定められていないが，仮に「個人情報の保護に関する法律」を改正して，データ・ポータビリティ権を定めたとしても，それについて直罰制が採用されることは考えにくく，開示請求権，訂正等請求権，利用停止等請求権と同様，間接罰制が採用されることになると考えられる[172]。その場合，命令に違反した場合に限り，6月以下の懲役または30万円以下の罰金に処せられることになる（同法84条）。懲役刑も定められていること，わが国では課徴金ではなく罰金であることを考慮しても，経済的制裁の軽重の差は歴然としており，EUと日本における個人情報保護についての社会意識の差異の反映とい

---

[169]　Article 29 Data Protection Working Party, Guidelines on the right to data portability (Adopted on 13 December 2016, as last revised and adopted on 5 April 2017), 16/EN（WP 242 rev. 01), at 6-7, 12, Voigt & Bussche, *supra* note **49**, at 172-173. データ管理者は，個人データを個人単位で収集して処理し，まとめて処理しないような技術的・組織的措置を講ずることが奨励されると指摘するものとして，De Hert et al., *supra* note **2**, at 198。

[170]　Voigt & Bussche, *supra* note **49**, at 175-176.

[171]　他方，TFEU102条違反の場合には，前年の世界中における総売上額の10パーセントまでの課徴金が課され，GDPR違反よりも重い制裁が課されうることになる。

[172]　宇賀克也・個人情報保護法の逐条解説〔第6版〕（有斐閣，2018年）362頁以下参照。

えるかもしれない。

　ここで問題になるのが，事業者の定義であるが，GDPR前文(150)において，TFEU 101条および102条の事業者と理解されるべきと述べられている。TFEU 101条および102条の事業者は，法人格を基準とするわけではなく，商業的または経済的活動を行う経済単位であり，単一経済主体の理論により，ある企業が他の企業に対して決定的な影響力を有している場合には，それらの企業が単一の事業者とみなされることに留意する必要がある[173]。いかなる制裁が科されるかは，監督機関が，①違反行為の性質，重大性および継続期間，その結果として発生した事態ならびに②GDPRに基づく義務の遵守を確保し，違反行為による結果の発生を防止または軽減するために講じられた措置を特に考慮し，当該事案における関連するすべての事情を考慮して決定することになる。

20　課　題

(1)　なりすまし対策

　データ・ポータビリティ権に対しては，個人データのセキュリティへの重大な脅威になりうるという懸念が示されている。アクセス権の行使の場合には，通常，特定の情報を求める1回限りのものであり，開示される個人データの範囲も限定されたデータのみが対象であるのが一般的であり，開示の方法も，データ主体が電子的手段で開示請求をしたときに，データ主体から特段の求めがなければ，一般に利用される電子的フォーマットで開示すれば足りる(GDPR15条3項)。これに対し，データ・ポータビリティ権の行使の場合には，一般的に利用される電子フォーマットであるのみでは足りず，構造化され，機械可読なフォーマットでなければならない(GDPR20条1項)。また，データ・ポータビリティ権の場合には，ある個人の生涯のデータが，一括して移転可能になるので，なりすましが1回成功してしまえば，生涯にわたる個人データを瞬時に騙取されてしまうおそれがあるのである[174]。認証が不十分でなりすま

---

173)　詳しくは太田洋 = 石川智也「制裁金」ジュリ1521号41〜42頁参照。

174)　Swire and Lagos, *supra* note **3**, at 339, Van der Auwermeulen, *supra* note **2**, at 6, Scudiero, *supra* note **84**, at 124, Stefan Weiss, "Privacy threat model for data portability in

しが蔓延している社会において，データ・ポータビリティがもたらすセキュリティ上のリスクは，データ・ポータビリティの便益を上回るという批判すらなされている[175]。したがって，なりすましを防止する万全のセキュリティ対策を講ずる必要がある[176]。この点について，GDPR92 条の規定に基づき，最小限の安全管理措置を欧州委員会に委任しておくべきであったし，明示的な委任がなくても，データ保護機関（DPA）が，GDPR57 条 1 項 V 号が定める職務を遂行するために，安全管理措置について規制を行う可能性を否定するものではなく，GDPR64 条 2 項の規定により，EU 全体でこの問題が検討される可能性を否定するものでもないとの指摘がある[177]。GDPR32 条 1 項は，データ管理者や委託業者に，仮名化や暗号化等の個人データに係る安全管理措置を講ずる義務を課す一方，データ・ポータビリティ権については，他のデータ管理者に個人データを妨げられることなく移転することができるようにしなければならないとされており，両者の義務は一見すると矛盾するとの指摘もある[178]。しかし，GDPR20 条 1 項の「妨げられることなく」の要件は，データのセキュリティを危険にさらすものであってはならないし，請求者の本人確認を慎重に行うことを禁ずるものでもないので，慎重な本人確認が行われるべきである[179]。ただし，かかるセキュリティの措置によって，データ主体がデータ・ポータビリティ権を行使することを妨げてはならない[180]。

social network applications", 29 *International Journal of Information Management* 249, 251 (2009).

175)　Swire and Lagos, *supra* note **3**, at 366. データ・ポータビリティ権により，なりすましの大きな危険が生じ，セキュリティ・コストが高まるが，WP29 は，これを軽視しているとする批判として，Lynskey, *supra* note **8**, at 808-809.

176)　GDPR20 条 1 項が，データ主体への個人データの提供を「支障なく」行わなければならないと定めているため，データ主体にとって時間と手間のかかる認証手続が困難になるおそれを指摘するものとして，Swire and Lagos, *supra* note **3**, at 374.

177)　Scudiero, *supra* note **84**, at 124.

178)　*Ibid.* at 124-125. データ管理者が GDPR20 条の義務を遵守する計画は GDPR35 条のデータ保護影響評価の対象とされるべきであろう。

179)　*Ibid.* at 125.

180)　Article 29 Data Protection Working Party, Guidelines on the right to data portability (Adopted on 13 December 2016, as last revised and adopted on 5 April 2017), 16/EN (WP 242 rev. 01), at 19.

(2)　サイバー攻撃

　セキュリティに関する第 2 の主要なリスクは，電子的環境下で保存されているか，電子的ネットワークを移転中の個人データに対する攻撃であり，とりわけ，GDPR20 条 2 項が定める直接移転の場合に問題となる。GDPR32 条を遵守するために，GDPR20 条 2 項の直接移転に当たっては，強度の暗号化が最小限の安全確保措置として講じられるべきである[181]。なお，データ管理者からデータ主体に個人データの写しが交付された場合，データ主体の下での個人データの安全管理は，当該データ主体の責任である。しかし，一般に，データ管理者からデータ主体に個人データが移転することにより，セキュリティが低下するので，WP29 は，データ管理者が，適切なフォーマット，暗号化のツール等のセキュリティ対策を助言することを推奨している[182]。

(3)　ロック・インが不可能になることによる投資へのディスインセンティブ

　ナンバー・ポータビリティは，公的機関から電話会社に割り当てられた電話番号の問題であり，電話会社は，電話番号に投資していない。したがって，どれだけ早期に，またいかなる価格でポータビリティを実現するかのみが問題であった。他方，ソーシャル・ネットワーク事業者は，データを収集し，整理し，保存することに投資している[183]。データ・ポータビリティ権は，データ主体のスイッチング・コストを極小化することを意図したものであるが，競争法の観点からは，ある程度のスイッチング・コストは，新たな製品やサービスへの投資を促進するという指摘がある。この立場からすれば，データ・ポータビリティ権は，データ管理者による新たな投資へのディスインセンティブとなり，

---

181)　Article 29 Data Protection Working Party, Guidelines on the right to data portability （Adopted on 13 December 2016, as last revised and adopted on 5 April 2017）, 16/EN （WP 242 rev. 01）, at 19, Scudiero, *supra* note **84**, at 125.

182)　Article 29 Data Protection Working Party, Guidelines on the right to data portability （Adopted on 13 December 2016, as last revised and adopted on 5 April 2017）, 16/EN （WP 242 rev. 01）, at 19-20.

183)　Graef, *supra* note **4**, at 507.

長期的には消費者福祉を減少させるおそれがあることになる[184]。確かに，ユーザーがある期間固定していれば，一定の需要を計算することができるので，当該ユーザー向けに新たな製品やサービスの開発のための投資を行うインセンティブが生ずるが，現在のユーザーも，いつ他のデータ管理者に個人データを移転するか定かでなければ，過剰投資になることを恐れて，投資を躊躇することは想定しうる。データ・ポータビリティ権は，他のデータ管理者から自分へ個人データを移転してもらうために，セキュリティが高く魅力的なサービスを提供するインセンティブを高めるが，他方において，データ・ポータビリティ制度を遵守するコストに加えて，ロック・インができないことにより，リスクを冒して投資をすることを躊躇するおそれがあるという複雑なトレードオフの関係にある[185]。さらに，データ・ポータビリティを実現するために，「構造化され，一般に利用されるフォーマット」で利用できるようにすることが，データ・フォーマットを統一化させ，ある技術が経済的に効率的な期間を超えて使用され，イノベーションを阻害するおそれも指摘されている[186]。したがって，画一的規制を回避しうる競争法上の合理の原則（rule of reason）のアプローチのほうが，当然違法（per se illegal）のアプローチよりも望ましいという指摘もなされている[187]。

　また，GDPR20条4項が，データ・ポータビリティ権が他者の権利および自由を侵害するものであってはならないと定めたことにより，データ管理者の知的財産権を侵害する場合には，データ・ポータビリティ権の対象とならないが，

---

184)　Swire and Lagos, *supra* note **3**, at 340. データ・ポータビリティの義務化により，新規参入業者が利用者を維持して投資を回収することが困難になり，新規参入が阻害されるおそれがあるという指摘について，Lynskey, *supra* note **8**, at 809, Engels, *supra* note **13**, at 4. 2 (platforms offering complements).

185)　Engels も，データ・ポータビリティは，代替市場で支配的地位が濫用されている場合には，消費者のロック・インのリスクを減少させるが，他方，濫用的，反競争的な行為がない場合には，データ・ポータビリティにより，投資から得る利益が減少する可能性があるので，追加投資のインセンティブが減少するおそれがあるし，データ・ポータビリティを実現する高額のコストのために，新規参入が困難になり，競争阻害の効果を持ちうるとする。Engels, *supra* note **13**, at 4. 1 (platforms offering substitutes).

186)　*Ibid.*

187)　Swire and Lagos, *supra* note **3**, at 357-359.

それでも，顧客の個人データを利用して最適の商品を紹介するオンライン・サービスを提供している会社が，データ・ポータビリティ権により，その成果が競合他社に移転するリスクを恐れて，かかるサービスを提供するインセンティブを低下させるおそれも指摘されている[188]。プラットフォームが相互補完的なサービスを提供する市場では，データ・ポータビリティを義務付けることは推奨されるか，少なくとも，競争を阻害しないし，代替的なサービスを提供する市場においても，反競争的な行為の結果，ある事業者が支配的地位を得ている場合には，データ・ポータビリティは推奨されうるものの，反競争的な行為による市場支配が存在しない場合には，データ・ポータビリティは義務化されるべきではなく，必要に応じて，競争法の執行により対処されるべきとの意見もある[189]。データ・ポータビリティの制度が，データ管理者による投資にいかなる影響を与えるかについて，同制度の施行後の状況を注視し，仮にマイナスの影響が顕著になるのであれば，改善策を検討する必要があろう。

(4)　データ・ポータビリティを遵守するための負担の増大

　データ・ポータビリティ権は，消費者保護を重視した結果，データ管理者には多大な努力を要するものとなり，この権利の範囲についての解釈によっては，企業の秘密保護やデータ管理者の実務に支障をもたらしうるという指摘がある[190]。GDPR20条1項において，データ主体は，データ管理者に「妨げられることなく」個人データを移転しなければならないが，「妨げられることなく」の意味についての定義規定は置かれていない。欧州委員会草案18条では，この文言は，同条2項の直接移転について用いられていた。「妨げられることなく」を広義に解釈すれば，欧州eガバメント・イニシアティブの相互運用性の要件を充足するEIMを作成することをデータ管理者に義務付けることを意味し，EU内のすべての消費者向けオンライン・サービスについてEIMを開発しなければならないとなると相当な負担になるが，狭義に解釈すれば，データ

---

188)　Van der Auwermeulen, *supra* note **2**, at 60.

189)　Engels, *supra* note **13**, at 4. 2 (Platforms offering complements).

190)　Voigt & Bussche, *supra* note **49**, at 169, Engels, *supra* note **13**, at 3 (Data and data portability).

管理者が他のデータ管理者へのデータ移転を技術的に妨害しないことのみを義
務付けるにすぎず，EIM を作成する必要はないので，データ管理者の負担は
小さいといえるという指摘があった[191]。しかし，GDPR20 条は，「妨げられる
ことなく」という文言を直接移転についての同条 2 項ではなく，データ主体へ
の移転についての同条 1 項で用いている。したがって，この文言が EIM の作
成を義務付けるとはいえないであろう。そして，直接移転についての同条 2 項
は，技術的に可能な場合にこれを行えば足りるとしている。もっとも，同条 1
項の移転については，自動処理システムを用いるすべてのデータ管理者に，技
術的な可能性の如何にかかわらず適用される。データ・ポータビリティを可能
にするため，プラットフォーム事業者は，構造化され，一般に利用され，機械
可読なフォーマットとテンプレートを使用する必要性が生ずる。そのために，
どの程度のコストがデータ管理者に発生するかは定かではなく[192]，データ管
理者の負担が多大となるおそれもある。特に，データ・ポータビリティ権は，
小規模な新規参入企業にも独占企業にも同様に適用されるので，競争法の観点
から，中小のデータ管理者にデータ・ポータビリティ権を適用することに対し
ては，①中小企業が市場力を有することは稀であること，②中小企業にとって，
データ・ポータビリティの規制を遵守するコストに見合う便益がないことが指
摘されており，中小企業が，データ・ポータビリティの規制を遵守するために，
弁護士を雇用して規制内容を正確に理解したり，必要なソフトウェアを作成し
たりするコストを負担しなければならないとすると，新規参入が困難になり，
資金力のある大企業への寡占化が生じ，かえって消費者福祉を阻害する事態に
なることも懸念されている[193]。

　GDPR 影響評価では，データ・ポータビリティの遵守コストはごくわずかと
されているが，多くの変数（対応するスピード，ポータビリティの要求の対象期間，

191）　Swire and Lagos, *supra* note **3**, at 344-345.

192）　Christensen らの計算によると，GDPR の遵守コストは業界ごとに異なるが，約 3000
〜7200 ユーロで，年間支出の 16〜40 パーセントに当たるとされる（Lauritis R. Chris-
tensen, Andrea Colciago, Federico Etro, Greg Rafert, 'The Impact of the Data Protection
Regulation in the EU' June-July 2013 *European Financial Review* 72 (2013)）。このうち，
データ・ポータビリティのためのコストの割合は定かでない。

193）　Swire and Lagos, *supra* note **3**, at 352.

遡及的義務か否か，すでにデータ・ポータビリティを可能にする IT インフラと能力を有するか等）がコストに影響するので，簡単に遵守コストはごくわずかとはいえず，データ・ポータビリティ権を可能にするために必要なコストが中小企業にとっては便益を上回る可能性があり，データ・ポータビリティが参入障壁になるリスクは否定できないと指摘されている[194]。中小企業にとっては，特に，制裁の重さを考えると，このコストは軽視できず，中小企業の新規参入を躊躇させ，イノベーションや競争を阻害するおそれが懸念されている[195]。もし，そのような事態になれば，法改正の検討の必要が生じよう。実際，データ・ポータビリティが中小企業に不利益な影響を与えるおそれに対処するためには，市場占有率が低かったり，売上高がわずかな企業については，データ・ポータビリティの適用除外とすることが考えられるとの指摘がなされている[196]。

(5)　データ主体へのコストの転嫁

　データ管理者は，データ・ポータビリティを遵守するコストを負担しなければならないが，それを利用者に転嫁することは原則としてできない。ただし，GDPR12 条 5 項によれば，データ主体の請求が明らかに根拠がなかったり，過剰であることを証明した場合に，合理的な費用を課したり，請求を拒否できる。このように，原則として，データ・ポータビリティ権は無償で行使できるが，データ・ポータビリティ権に対応するためには，データ管理者にコストが発生する。データ・ポータビリティ権に応ずるためのシステム改修等の全体的なコストをデータ・ポータビリティ権を行使したデータ主体に手数料として負担させることはできない[197]。しかし，このコストが競争による効率化の結果，データ主体にオンライン・サービスの価格として転嫁されないことになるのか，全部または一部がオンライン・サービスの価格としてデータ主体に転嫁されても，データ・ポータビリティ権がデータ主体にもたらす便益が費用を上回り，

---

194)　Lynskey, *supra* note **8**, at 807–808.
195)　Vanberg & Ünver, *supra* note **32**, at 3.
196)　*Ibid*. at 11.
197)　Article 29 Data Protection Working Party, Guidelines on the right to data portability（Adopted on 13 December 2016, as last revised and adopted on 5 April 2017）, 16/EN（WP 242 rev. 01）, at 15.

消費者福祉を向上させることになるのかは定かではない。この点については，今後の動向を注視し，もし，データ・ポータビリティ権のもたらす便益を超える費用がデータ主体に発生する状態になれば，規制の見直しが必要になろう。

(6)　データ・ポータビリティ権の対象の不明確性

　データ主体が提供したデータか否かの判断基準は，WP29 によって示されているが，WP29 は，データ・ポータビリティ権の範囲を画するに当たり，制限的な解釈をとるべきでないとしている。データ主体とデータ管理者が共同で作成したといえるデータの場合等において，他者の権利および自由を侵害しないようにというデータ・ポータビリティの制限の範囲は必ずしも明確ではない[198]。当該データをデータ・ポータビリティ権の対象とすることが，データ管理者の著作権等の知的財産権の侵害になるなど，データ管理者の権利および自由の侵害といえる場合には，データ・ポータビリティ権が制限されることは明らかであるが，そのようにいえるかの判断が困難な場合がありうると思われる。この点について，より明確なガイドラインを示さなければ，運用の不統一やそれに起因する紛争は避けがたいと考えられる。この点について，House of Fraser のようなオンラインの洋服小売業者の利用者を支援するオンライン・サービス事業者である True Fit が，データ・ポータビリティにより，自分が支援のために提供したデータを他の事業者に移転しなければならないのであれば，True Fit のビジネス・モデルは，成立しなくなるであろうという指摘がなされている。そして，もし，True Fit のような会社が，個人データに基づく貴重なサービスを提供することを停止することになれば，消費者は，選択の機会と有益なサービスを受ける機会を喪失する不利益を受けることになるので，WP29 や各国のデータ保護機関は，データ・ポータビリティ権の内容，その行使の仕方，不服申立ての方法について，わかりやすく説明すべきであり，不服申立ての方法は簡素で廉価であるべきと主張されている[199]。
　さらに，直接移転は技術的に可能な場合のみ認められるが，GDPR は，技術

---

198)　Lynskey, *supra* note **8**, at 813.
199)　Vanberg & Ünver, *supra* note **32**, at 4.

的に移転可能であることの意味を明らかにしていないので，直接移転を望まないデータ管理者が技術的に不可能と解釈する余地をかなり残している[200]。この点においても，データ・ポータビリティ権の射程は明確ではない。

(7)　オール・オア・ナッシング的なデータ・ポータビリティの再検討

　競合的なサービスではなく，相互補完的なサービスを提供するプラットフォーム間では，データ・ポータビリティは，双方のプラットフォームのサービスの魅力を増すことになる。このように競合的なプラットフォームもあれば相互補完的なプラットフォームも存在することに鑑みると，GDPR が定めるようなオール・オア・ナッシング的なデータ・ポータビリティではなく，適切に競争を促進するようなバランスをとった制度にすべきとの主張もある[201]。また，GDPR のデータ・ポータビリティ権は，オンライン・サービス事業の種類を問わず，一律に定められているが，それでよいのかという問題もある。さらに，一般の利用者であるか，広告事業者であるか，コンテンツ・プロバイダであるか等，立場によってもデータ・ポータビリティの影響は一律ではない。たとえば，検索エンジン市場では，スイッチング・コストは相対的に低い。実際，検索を行う者は，複数の検索エンジンを同時に利用することは比較的容易である。もっとも，検索履歴は一般にポータブルではないが，よりカスタマイズされた結果を得るのに役立ちうるので，同一の検索エンジンを反復して利用することが利益になる。広告業者にとっては，検索エンジン間のスイッチング・コストは高い。検索エンジン事業者が排他的契約を強制したり，広告のポータビリティを制限する技術的制約を課すことが少なくないからである。コンテンツ・プロバイダにとっては，マルチ・ホーミングは容易なので，スイッチング・コストは高くない。オンライン市場においては，とりわけセラーにとって，スイッチング・コストが存在する。セラーの評価は，セラーがすでにあるネットワークで行った多数の取引に依存するからである。バイヤーにとっては，スイッチング・コストは比較的低い。ソーシャル・ネットワークにおいては，スイッチ

---

200)　*Ibid.* at 2.
201)　Engels, *supra* note **13**, at 3（Data and data portability）.

ング・コストは高い。ある種のデータのコピーを得ることは可能であっても，プロファイルを競合するサービスに移転することは困難なフォーマットであるため，移転に時間と労力を要するからである。利用者が，プラットフォーム間で通信を行うことができない場合，できる限り多くの利用者とコミュニケートできるように，最大のネットワークに参加するインセンティブが働くことになる。データ・ポータビリティは，一般的に，プラットフォームが相互補完的なサービスを提供する場合および代替的なサービスを提供する場合であって反競争的な行為が行われるリスクが大きい場合に推奨され，反競争的な行為のリスクは，検索エンジンサービス市場のように，市場の集中度が高い場合に特に高くなるので，検索エンジンがデータ・ポータビリティ規制の中心になるべきとの指摘がなされている。このように，オンライン・サービス事業の種類を問わず，画一的な規制を行うことが，真に望ましいかについては，慎重な検証が必要であろう[202]。

(8)　執行管轄権

データ・ポータビリティ権の規定は域外適用されるが，その実効性を確保する対策を講じないと，域外に会社を設立することによって，実際上，規制を潜脱しうることも懸念されている。電気通信会社であれば，通常，域内に支社を設置するが，オンライン・サービス事業者の場合は，必ずしもそうではないので，域内に支社がない場合，立法管轄権を及ぼしても，執行管轄権は及ばないので[203]，執行の欠缺が生じかねないという懸念である[204]。

(9)　データ・ポータビリティ権についての啓発

midata の影響評価では，データ・ポータビリティによる便益を享受することへの障壁は，ネットに習熟しておらず，あまり利用しない者の間で最も高く，低所得の消費者が最もデータ・ポータビリティを利用しない傾向が指摘されて

---

202)　*Ibid.* at 4.3 (Detecting anti-competitive behavior), 5 (Policy recommendations)).
203)　個人データ保護の分野での EU の立法管轄権および執行管轄権については，本書4章参照。
204)　Graef, *supra* note **4**, at 510.

いる[205]。しかし，短期的には，不平等を悪化させても，長期的には，より平等な機会を保障することにつながると評価されている[206]。データ・ポータビリティ権についても，個人がデータ・ポータビリティの意義を理解していなければ，結局，権利が行使されない可能性が高いという懸念がある。IoT やビッグデータ処理技術に象徴されるような個人データ処理が複雑化した時代にあっては，データ・ポータビリティ権行使の名宛人となるデータ管理者を特定することすら困難でありうるので，GDPR は，個人中心の体系から，データ保護規制モデル（データ管理者のアカウンタビリティの強化，法執行の実効性の向上，集団訴訟の促進等）に移行すべきかもしれないが，データ・ポータビリティ権を行使するか否かは，本人に委ねられていることに変わりはないので，データ・ポータビリティについての啓発が，この制度の成功に不可欠であるといえる[207]。

205）　BIS, midata: impact assessment for midata（17 October 2012), at 21.
206）　*Ibid.*
207）　Lynskey, *supra* note **8**, at 813.

第3章

教育と個人情報保護

1　いじめと体罰

　わが国の初等中等教育における最大の闇の部分は，学校におけるいじめと体罰であろう[1]。いじめの程度は多様であるものの，深刻ないじめは，被害者に身体的・精神的に深刻な障害を与えたり，長期間にわたる不登校を余儀なくさせたり，さらには自殺に追い込むことすらある。そのようなものは，「いじめ」という軽い言葉で片付けられるべきものではなく，中には刑事責任を問われるべき場合も存在する。学校におけるいじめは，教師も積極的または消極的に加担する例もあるものの，基本的に生徒間で行われるものであるが，体罰は教師により生徒に対して行われる。学校教育法 11 条ただし書が体罰を明示的に禁止しており，また，体罰は，暴行罪，傷害罪に該当する行為であるにもかかわらず，特別権力関係論がいまだに妥当しているかのように，学校における生徒の人権が蔑ろにされ，体罰が横行する状況は容易に改善されない。バスケット部の顧問の教師による体罰で高校生が自殺に追い込まれた桜宮高校事件では，加害教師は起訴され有罪判決（大阪地判平成 25・9・26 判例集不登載）を受けたが，高校生が自殺に追い込まれたにもかかわらず，わずか懲役 1 年であり，かつ，

---

1)　いじめ裁判，体罰裁判の全体像については，市川須美子・学校教育裁判と教育法（三省堂，2007 年）13 頁以下参照。

執行猶予が付されている。大多数の体罰事件では，起訴すらされない。そもそも「体罰」という表現自体，生徒側に非があることを前提としており，実際，そのような例もあろうが，桜宮高校事件のように，まったく理不尽な暴力が「体罰」という名の下で放置されている場合もある。いじめや体罰により自殺という最悪の結果が発生してしまった場合に，真相究明のために情報公開条例または個人情報保護条例に基づく開示請求をしても，個人情報保護の要請が情報公開の隘路になることがある。

　いじめにより生徒が自殺をした場合，学校や教育委員会が十分な調査をせずに，いじめの存在を否定する態度をとり，それが隠蔽体質として社会の厳しい批判を受け，2013年の「いじめ防止対策推進法」の制定につながった。しかし，同法制定により，学校の設置者またはその設置する学校に対して，自殺等の重大事態に対処し，および当該重大事態と同種の事態の発生の防止に資するため，速やかに，当該学校の設置者またはその設置する学校の下に組織を設け，質問票の使用その他の適切な方法により当該重大事態に係る事実関係を明確にするための調査を行う義務（同法28条1項），当該調査に係るいじめを受けた児童等およびその保護者に対し，当該調査に係る重大事態の事実関係等その他の必要な情報を適切に提供する義務（同条2項）が明文化された後も，隠蔽体質が改まっていない例があることは，2015年11月の取手市立中学校の生徒の自殺事件でも明らかになった。生徒が自殺した場合，全校生徒にアンケート調査を行ったり，作文を書かせたりすることが少なくない。また，調査委員会が設けられ，報告書がまとめられることもある。自分の子供の自殺の原因を知りたい保護者が，アンケート調査結果，作文，調査委員会報告書の開示が十分に行われないことを不服として，個人情報保護条例等に基づき開示請求をすることがある。いじめ事件では，通常は，当該生徒が通学していた学校の生徒が加害者であり，未成年者であるため，加害生徒の個人情報の開示がなされるべきか，なされるべきであるとして，それは遺族に対してのみか，一般に公表されるべきかが重要な論点となる。市川教授[2]は，いじめ情報の本人・遺族への開示については，アンケートの場合など，回答者の個人情報保護に留意しつつ，

2）市川須美子「体罰・いじめ調査と個人情報保護」論究ジュリ22号91頁以下参照。

第三者提供の禁止など一定の条件を付すことで，原則として，加害者名を含め，全部開示されるべきという立場を明らかにしている。また，モザイクアプローチにおける一般人基準と特定人基準について，何人でも開示請求できる情報公開請求においては，憶測による加害者情報が氾濫するネット上でのマニアックな加害者探索や回答者探索の可能性も否定できないので，特定人基準の採用も，加害者・関係生徒の個人情報保護の観点から例外的に許容しうるとする。さらに，遺族への開示と一般公開は次元が異なり，一般公開には，アンケート回答者への事前の説明と回答者からの承諾が必要であることを指摘している。

　体罰事件については，情報公開条例，個人情報保護条例に基づく開示請求に係る答申・裁判例が蓄積され，また，体罰報告書については，加害教師の供述が事実に反するとして，訂正請求がなされることも稀でない。体罰行為を行った加害教師の職および職務遂行の内容は，「職務の遂行に係る情報」であり，特定個人識別情報型の情報公開条例にあっても開示が義務付けられる。職務の遂行に係る公務員の氏名の開示についての定め方は，特定個人識別情報型の情報公開条例においても一様ではないが，原則として不開示情報に当たらないと解すべきである[3]。プライバシー情報型の情報公開条例においても，プライバシー情報には当たらないといえよう。他方，体罰の被害者の個人情報は，情報公開条例に基づく開示請求においては，不開示情報となることから，加害教師の氏名情報も，被害生徒の特定につながるとして不開示とされることが少なくない。「被害者保護を目的として加害教師の匿名性が確保されるというパラドックス」[4]と指摘される問題である。被害生徒の特定可能性については，モザイクアプローチの一般人基準をとるか，特定人基準をとるかが重要なポイントになる。また，体罰を行った教師に対する懲戒処分情報については「職務の遂行に係る情報」ではないので，体罰自体の情報と区別する必要がある[5]。

3)　「各行政機関における公務員の氏名の取扱いについて」（平成17年8月3日情報公開に関する連絡会議申合せ）について，宇賀克也・新・情報公開法の逐条解説〔第8版〕（有斐閣，2018年）89頁参照。
4)　市川・前掲注2)87頁参照。
5)　宇賀・前掲注3)88頁参照。

2　生徒に関する情報の共有，連携

　生徒の非行，いじめ，不登校等の問題は学校のみで対応できるとは限らず，関係機関との情報の共有，連携が必要であることが多い。学外で行われた非行等については，学校は警察からの情報提供がないと，問題の存在自体，認知できないこともある。生徒を巻き込む悲惨な事件が明らかになるたびに，関係者間での情報共有，連携が不十分であったことが指摘され，その改善の必要性が強調される。生徒に関する情報を関係者間で共有することの障壁として，個人情報保護法制が挙げられることが少なくないが，個人情報保護法制は，個人情報保護を図りつつ，個人情報の取得，利用，提供等を行う場合のルールを定めているのであり[6]，そのルールの下で，何が許容され，何が許容されないのかを明確にすることが重要である[7]。個人情報保護条例の下で，一般に，個人情報の取得については，本人収集原則，要配慮個人情報の取得の原則禁止が定められ，取得した個人情報の利用・提供については，目的外利用・提供禁止原則が定められているが，法令等に定めがある場合には，例外が認められている。その法令等に定めがある場合として，児童福祉法に基づく要保護児童対策地域協議会による情報連携がある。すなわち，同法は，「地方公共団体は，単独で又は共同して，要保護児童……の適切な保護又は要支援児童……への適切な支援を図るため，関係機関，関係団体及び児童の福祉に関連する職務に従事する者その他の関係者（以下「関係機関等」という。）により構成される要保護児童対策地域協議会（以下「協議会」という。）を置くように努めなければならない」と定め（同法25条の2第1項），「協議会は，要保護児童若しくは要支援児童及びその保護者……に関する情報その他要保護児童の適切な保護又は要支援児童……への適切な支援を図るために必要な情報の交換を行うとともに，支

6）　わが国の個人情報保護法制に多大な影響を与えた「プライバシー保護と個人データの国際流通についてのガイドラインに関するOECD理事会勧告」（1980年9月）も，プライバシーと情報の自由な流通という競合する価値を調和させることを目的としている。
7）　野村武司「学校と地域・関係機関の子どもの安全にかかる連携と情報共有」論究ジュリ22号97頁，100頁参照。

援対象児童等に対する支援の内容に関する協議を行うものとする」(同条 2 項)と規定しているので、協議会の構成員である機関、団体間での情報流通に関しては法律上の根拠があることになる。さらに、「協議会は、前条第 2 項に規定する情報の交換及び協議を行うため必要があると認めるときは、関係機関等に対し、資料又は情報の提供、意見の開陳その他必要な協力を求めることができる」(同法 25 条の 3)と定められているので、協議会が関係機関等に情報提供等を求める法律上の根拠が存在することになる。また、いじめ防止対策推進法には、「学校の教職員、地方公共団体の職員その他の児童等からの相談に応じる者及び児童等の保護者は、児童等からいじめに係る相談を受けた場合において、いじめの事実があると思われるときは、いじめを受けたと思われる児童等が在籍する学校への通報その他の適切な措置をとるものとする」こと (同法 23 条 1 項)、学校は、当該「通報を受けたときその他当該学校に在籍する児童等がいじめを受けていると思われるときは、速やかに、当該児童等に係るいじめの事実の有無の確認を行うための措置を講ずるとともに、その結果を当該学校の設置者に報告するものとする」こと (同条 2 項)、「学校は、いじめが犯罪行為として取り扱われるべきものであると認めるときは所轄警察署と連携してこれに対処するものとし、当該学校に在籍する児童等の生命、身体又は財産に重大な被害が生じるおそれがあるときは直ちに所轄警察署に通報し、適切に、援助を求めなければならない」こと (同条 6 項) が定められており、いじめが犯罪に当たる場合には、学校から警察への個人情報の提供にも法的根拠があることになる。他方、警察庁および文部科学省の通知に基づく学校と警察との情報連携に係る協定は、法令上の根拠を有するものではない。本人外収集や目的外利用・提供に法令等の根拠がない場合には、緊急条項を利用できるか、それを利用できない場合に、個人情報保護に関する審議会への諮問条項を利用するか等を検討することになる[8]。

---

[8] 野村・前掲注 **7**)99 頁。神奈川県では、同県個人情報保護審議会の答申を受けて、2006 年 8 月 28 日に、神奈川県教育委員会と同県警察本部との間で、児童・生徒の非行防止、犯罪被害防止および健全育成を目的とした「学校と警察との情報連携に係る協定書」が締結され、同年 11 月 1 日に運用が開始されている。2016 年度においては、教育委員会が警察から情報提供を受けた事案が 49 件あり、いずれも、生徒が逮捕または身柄通告された事案であった。

3　試験に関する情報

　かつては，個人情報保護条例に基づく指導要録の開示請求に対する不開示決定取消訴訟が，社会的関心の高い法的論点であったが[9]，入試，国家試験等に関する情報の開示請求に対する不開示決定の取消しを求める行政上の不服申立てや取消訴訟も，少なくない。とりわけ，入試の合否判定の資料として用いられる調査書は，合否を左右する場合もありうるにもかかわらず，その記載内容が生徒本人に知らされないことへの不満・疑問から，個人情報保護条例に基づく開示請求が行われることがあり，不開示決定に対する争訟が市民や学界の関心を呼んだ。答申例や裁判例は，調査書の記載のうち，裁量の余地のないものや本人が知りうるものについては，不開示事由に当たらないとする一方，裁量の余地のあるものについては，開示を否定するものと肯定するものに分かれている。否定説をとる浦和地判平成 11・1・25 判自 189 号 68 頁は，調査書に記載された「各教科の学習の記録」の評定と中学校において生徒および保護者に対して知らせている通知表における各教科に関する評定は，その評価方法や記載の目的が異なるため，両者の記載が異なる可能性があるものの，そのことが生徒および保護者に理解されていないため，相違について説明を求められたり，苦情が述べられたりする結果，調査書を作成する中学校長らが，ありのままを記載することを避け，調査書の評定を重視する県立高校の入学者選抜事務に著しい支障が生じうるとして，不開示決定を適法とする。大阪地判平成 6・12・20 判時 1534 号 3 頁，千葉県個人情報保護審議会平成 17 年 3 月 22 日答申第 52 号も，客観的事実や本人が知りうるであろう評価[10]については不開示とする理

　他方，学校から警察に情報提供が行われた事案は 3 件であり，うち 2 件は，違法行為を繰り返している事案，1 件は犯罪被害に遭うおそれのある事案であった。学校と警察との連携について，山岸秀「学校と警察――警察と教育委員会・学校との関係」日本教育法学会編・教育法の現代的争点（法律文化社，2014 年）146 頁以下参照。

9)　市川・前掲注 1) 206 頁以下，野村武司「子どもの個人情報と開示請求権」市川須美子＝安達和志＝青木宏治編・教育法学と子どもの人権（三省堂，1998 年）158 頁以下が詳しい。

10)　本人に指導要録が開示されている事案においては，指導要録の開示に加えて調査書を開示することにより，県教育委員会と中学校との信頼関係が損なわれるとはいえず，調査書の

由はないとする一方,「総合所見」については,開示により率直な記載が困難
になることを理由として,不開示決定を支持している。他方,調査書作成者の
裁量が認められる記載事項であっても,本人に開示すべきとして注目されたの
が,大阪高判平成 11・11・25 判タ 1050 号 111 頁である。同判決は,主観的評
価の部分が開示されることにより,生徒や保護者が自尊心を傷つけられたり,
教員および学校に反感や不信感を抱くなどしてトラブルが発生することを懸念
して,調査書が形骸化して,適切な入試選抜資料としての機能を果たせなくな
ったり,生徒の自尊心を傷つけたりしうるので本人に知らせないことが正当で
あるという主張を退けている。そして,主観的評価であっても,恣意に陥るこ
となく,正確な事実・資料に基づき,本人および保護者からの批判に耐えうる
適正なものでなければならず,仮にマイナス評価が記載されるのであれば,日
頃の指導などにおいても本人または保護者に同趣旨のことが伝えられ,指導が
施されていなければならないはずであり,日頃の注意や指導等もなく,マイナ
ス評価が調査書に記載されるとすれば,そのこと自体が問題であると指摘した。
同判決は,「本人に知らせないことが正当であると認められるもの」という不
開示事由についても,教育の性質に照らすと,仮に日頃の指導等に表れない不
利益な記載等がなされているとすれば,そのこと自体に問題があり,自己の評
価等に係る記載の開示を本人が希望しているのに,当該記載を開示すれば教師
との信頼関係が破壊されるなどといって開示を拒むことはできないとする[11]。
同判決は,生徒に対する消極的評価を開示しないことにより,生徒の自尊心を
傷付けず,教師との信頼関係を維持し,苦情等のトラブルを回避し,率直な評

開示により,調査書の客観性,公正性が減殺され,入学者選抜に関する事務事業の目的が失
われるとはいえないとする千葉県個人情報保護審議会平成 14 年 5 月 16 日答申第 35 号参照。
[11]　調査票の特記事項が,「顕著な成績を上げた生徒」について一定数に限り記載される制
度の下では,特記事項に記載のないことが当該生徒に当該事項に該当する事実が存在しない
ことを意味するものではなく,他により強度に該当する生徒がいるため,人数制限の結果,
記載に至らなかったにとどまるときもあり,かかる場合には,評価者としてはその旨説明す
るとともに,他の生徒については具体的に明らかにすることはできないと説明することによ
り,評価対象者の理解を得ることも可能であること,記載事項を本人や保護者に開示し,そ
の批判にさらすことが,記載における恣意や不正を防止する唯一の方法であることを指摘し,
特記事項に係る不開示決定を取り消した東京地判平成 13・9・12 判時 1804 号 28 頁も注目に
値する。

価により調査書の形骸化を防止するという否定説の論拠に根本的な見直しを迫るものといえよう。すなわち，生徒に対する消極的評価を不開示にすることによって信頼関係を維持するのではなく，開示することにより公正な評価への信頼を維持し，消極的評価も平素から教育指導の一環として生徒に伝え，理解を得るべき教師像が措定されているのである。

　入試や各種資格試験の成績の本人開示については，近年，大きな変化がみられた。すなわち，試験成績の開示は一般的になり，大学入試センター試験や大学独自の試験成績が本人開示されていなかった時代（横浜地判平成11・3・8判時1739号33頁，東京高判平成12・3・30判時1739号26頁）とは隔世の感がある。他方，採点済みの答案については，(i)受験予備校等が対価を支払うなどして，多くの受験者の答案と得点の通知を収集することで，具体的な採点基準を探り，また，高得点の答案を分析し，かかる答案の共通点などをパターン化して，多数の受験生に示す等，受験技術の習得に特化した受験指導を行うことが十分に予想でき，その結果，受験生の中には，合格者や高得点の者の答案を無批判に暗記対象とするなどして，受験技術偏重の傾向が悪化するおそれがあること，(ii)個々の受験者の提出した答案を開示することになれば，成績通知による各科目別の得点を受験者相互間で比較検討することが可能となり，採点基準等につき分析がされると，受験生の中には，その分析結果を基に，自己の答案が低いことについて疑問を持つ者が現れ，試験実施機関に質問や照会をする者が出現することになり，試験実施機関がその対応に時間を割かれることになること，(iii)そのことへの煩わしさから，かかる質問や照会の行われにくい問題を作成し採点することになると，本来の目的である高度な専門的知見に基づく多角的視点による採点が行われなくなったり，本来の趣旨から外れた考慮を必要とする問題作成や採点に煩わしさを感じ，優秀な試験委員を確保することが困難になることを理由として，本人開示を否定する裁判例がある（大阪地判平成20・1・31判タ1267号216頁，東京高判平成16・1・21判時1859号37頁）。このような論理を前提としても，多肢選択式問題への回答の評価を記載した部分については，採点者の裁量の余地はないので，不開示とする合理的理由はないことになろう（千葉県個人情報保護審議会平成17年3月22日答申第51号参照）。採点前の答案の写しをバックアップ用に試験実施機関が保有している場合，試験成績が開示さ

れる以上，当該写しの開示であっても，上記(i)～(iii)のような事態が生ずること
は考えられるが，自分の答案のどこに不備があったかを認識するために答案を
確認したいという本人の合理的な希望も考慮すると，不開示を正当化する根拠
としては不十分なように思われる。採点済みの答案で，採点者の裁量の余地が
ある設問について，設問ごとの採点結果としての部分点が答案に記載されてい
る場合，上記(i)～(iii)は，より蓋然性の高い懸念になりうるので，まずは，バッ
クアップ用の採点前の答案の写しをとることが時間的・労力的に可能であるか
を検討し，可能な場合には，当該写しを希望者に開示する制度を設け，その運
用を踏まえて，採点済み答案の開示の是非を検討することが考えられよう。

第4章

グローバル化と個人情報保護
──立法管轄権を中心として

1 はじめに

　企業活動がグローバル化し，国境を越えて流通する個人情報は増加の一途を
たどっている。そのため，個人情報保護もグローバルな視点で考察することが
不可欠になっている。わが国の個人情報保護法制も，一方において，国内にお
ける行政情報化の進展に対応する個人情報保護の要請に応える必要から整備さ
れてきたものの，他方において，グローバル化への対応が，個人情報保護法制
の整備に当たり，絶えず念頭に置かれてきたといえる。

　すなわち，わが国の個人情報保護法制は，1980 年 9 月 23 日の「プライバシ
ー保護と個人データの国際流通についてのガイドラインに関する OECD 理事
会勧告」（以下「1980 年 OECD プライバシー・ガイドライン」という）[1] 附属文書で
示された OECD 8 原則[2] と呼ばれるプライバシー保護の基本原則に絶えず配慮

---

1) 　詳しくは，堀部政男＝新保史生＝野村至・OECD プライバシーガイドライン──30 年の
進化と未来（JIPDEC，2014 年）1 頁以下［堀部政男執筆］，榎原猛編・プライバシー権の総
合的研究（法律文化社，1991 年）233 頁以下［大石秀夫執筆］，新保史生・プライバシーの
権利の生成と展開（成文堂，2000 年）282 頁以下，小沢美治夫「個人データの国際流通とプ
ライバシー保護ガイドライン──OECD 勧告」ジュリ 742 号 264 頁以下参照。OECD 8 原則
の筆者による邦訳として，宇賀克也・解説 個人情報の保護に関する法律（第一法規，2003
年）85 頁以下参照。

2) 　1980 年 OECD プライバシー・ガイドラインは，2013 年に改正され，同年 9 月 9 日に公表

し，これへの適合を意図して整備されてきた。2003 年のいわゆる個人情報保
護関係 5 法（個人情報の保護に関する法律，行政機関の保有する個人情報の保護に関
する法律，独立行政法人等の保有する個人情報の保護に関する法律，情報公開・個人情
報保護審査会設置法，行政機関の保有する個人情報の保護に関する法律等の施行に伴う
関係法律の整備等に関する法律）の制定作業においても，OECD 8 原則をベースラ
インとして設定し，それへの適合については慎重な検討が行われた。これに対
し，2015 年に行われた個人情報の保護に関する法律（以下「個人情報保護法」と
いう）の改正に当たっては，OECD 8 原則の要件充足はすでに実現していると
いう前提の下に，1995 年 10 月に公表された EU の「個人データ処理に係る個
人の保護及び当該データの自由な移動に関する欧州議会及び理事会の指令」
（以下「EU 個人データ保護指令」という）[3] 25 条 1 項の「十分な水準の保護措置」
を確保すること（以下「EU 十分性認定」という）[4] が明確に目標として設定され
たことに特色がある[5]。これは，わが国の個人情報保護法が制定されてから 10

された（改正後の OECD プライバシー・ガイドラインを，以下，「2013 年 OECD プライバ
シー・ガイドライン」という）。しかし，OECD 8 原則は変更されなかった。2013 年 OECD
プライバシー・ガイドラインについては，新保史生「OECD プライバシー・ガイドライン
（2013 年改正）の解説」NBL1017 号 17 頁以下，堀部＝新保＝野村・前掲注 1）41 頁以下〔新
保史生＝野村至執筆〕，石井夏生利・個人情報保護法の現在と未来——世界的潮流と日本の
将来像〔新版〕（勁草書房，2017 年）9 頁以下参照。
3)　堀部政男「個人情報保護——制度整備と影響」新聞研究 578 号 12 頁以下，同「EU 個人
データ保護指令と日本」ジュリ増刊『変革期のメディア』363 頁以下，藤原静雄「諸外国に
おける個人情報保護法制の動向」ひろば 54 巻 2 号 11 頁以下，村上裕章「国境を越えるデー
タ流通と個人情報保護——欧州連合個人データ保護指令の第三国条項を手がかりとして」
同・行政情報の法理論（有斐閣，2018 年）271 頁以下，庄司克宏「EU における『個人デー
タ保護指令』——個人データ保護と域外移転規制」横浜国際経済法学 7 巻 2 号 143 頁以下，
新保・前掲注 1)285 頁以下参照。同指令の検討段階の状況について，藤原静雄「国際化の中
の個人情報保護法制」公法 55 号 66 頁以下参照。EU 個人データ保護指令の著者による邦訳
については，宇賀・前掲注 1)86 頁以下参照。
4)　EU 個人データ保護指令 25 条の規定に基づく審査が，WTO 協定の規定する物やサービ
ス等の自由貿易に反しないかについては議論がある。國見真理子「国際経済法の観点からみ
た EU データ保護指令に関する検討」消費者庁・個人情報保護制度における国際的水準に関
する検討委員会・報告書（2012 年 3 月）36 頁以下とりわけ 45 頁以下参照。また，EU—米
国間で 2000 年に合意されたセーフ・ハーバーの枠組みが，GATS の最恵国待遇原則違反か
についても議論がある。國見・前掲 42 頁参照。なお，2015 年 10 月 6 日，EU 司法裁判所は，
このセーフ・ハーバーの枠組みが無効であるとする判決を下した。
5)　もっとも，2015 年の個人情報保護法改正が，EU 十分性認定の審査基準とされている事項

年以上を経過しても，EU 十分性認定が得られず，個人情報保護法の大幅な改正なしには，この認定が得られる見込みがないことが明らかになったこと[6]，EU 十分性認定が得られなかった結果，わが国の企業が EU 域内の子会社の従業者および顧客の個人データを本社に送付する場合にも手続に時間を要する等の問題が生じており，EU 十分性認定を得ることを求める経済界の要望があったことを背景としている。EU 十分性認定を得るためには，わが国の個人情報保護の水準を高める必要があり，個人情報保護に係る規律の強化が不可欠であった。このことは，グローバルな経済活動面での外国による規制を緩和させるために国内の規制強化が要請される場合があることを示すものとして興味深い。

　EU 十分性認定を得るために行われた個人情報保護法改正の内容は多岐にわたるが，その中で，グローバル化と密接に関わるのが，越境データ移転の問題である。わが国の個人情報保護の水準を向上させても，日本国民の個人情報が国外に委託等により移転し，移転先で十分な個人情報保護措置が講じられなければ，日本国民の個人情報を保護することはできない。また，わが国に国外から移転された個人情報が，わが国を経由して第三国に再移転される場合，当該第三国における個人情報保護が不十分であれば，わが国に移転された個人情報の本人の権利利益を侵害するおそれがあるし，ひいては，わが国への個人情報の移転が制限されることになる可能性がある。したがって，個人データの越境移転制限は，EU 十分性認定を得ることも目的として行われたものの，経済活動のグローバル化が必然的に要請するものであったといえる。

　経済活動のグローバル化の進展に伴う個人データの国際的流通の急激な増加は，このほかにも，以下のような問題を惹起した。

のすべてに対応しているわけではない。この点について，板倉陽一郎「『パーソナルデータの利活用に関する制度改正大綱』についての欧州十分性審査の観点からの考察」情報処理学会研究報告電子化知的財産・社会基盤（EIP）Vol. 2014-EIP-65 No. 9（2014/9/19）1 頁以下参照。

6）　2010 年に欧州委員会が公表したわが国の個人情報保護制度に対する評価では，取り扱う個人データの量が少ない事業者の適用除外，越境データ制限の不在，東京地判平成 19・6・27 判時 1978 号 27 頁による開示請求権の否定，独立の監督機関の不在，データ漏えい通知制度の不在，事業者登録制度の不在等の問題が指摘された。宮下紘「欧州委員会 EU データ保護改革と国際的水準への影響」消費者庁・個人情報保護制度における国際的水準に関する検討委員会・報告書（2012 年 1 月）100 頁以下参照。

　第1は，立法管轄権（legislative jurisdiction）ないし規律管轄権（prescriptive jurisdiction）（事物管轄権〔subject matter jurisdiction〕と呼ばれることもある）の問題である。外国事業者が国外からわが国に居住する者に物品の販売をしたりサービスを提供したりして，その個人情報を取得し，それを国外で取り扱う場合，わが国の個人情報保護法が適用できないと個人情報の本人の権利利益を保護することができなくなる。そこで，わが国の個人情報保護法のいわゆる域外適用（extraterritorial application）[7]が課題になる。第2が，執行管轄権（executive or enforcement jurisdiction）[8]の制約に伴う諸外国との執行協力の問題である。個人情報保護法の域外適用を認めたとしても，国外でわが国がその執行を行うことは原則としてできないので，諸外国との執行協力が不可欠になる。

　本章は，グローバル化への対応として個人情報保護法改正で導入された立法管轄権の拡大に焦点を当てて，理論的な検討を行うことを目的とする。

2　立法管轄権

(1)　属地主義の意義と限界

　立法管轄権ないし規律管轄権の基本は，属地主義（領域主義。territorial principle）である。したがって，日本国内に活動拠点を有する個人情報取扱事業者の日本国内における活動にわが国の個人情報保護法が適用されることは当然である。国外からインターネットを利用して日本国内でサービスを提供し，日本国内に居住する者の個人情報を取得している場合，個人情報の取得については，日本国内から個人情報が発信され国外で取得される過程全体を取得行為とみれ

---

7)　域外適用という用語は，自国の立法管轄権が国外の行為に及ぶことを意味しているが，域外適用という概念が規範的な意味を持つわけではないので，この用語を使用することに否定的な見解もある。小寺彰「国内法の『域外適用』と国際法——競争法（独禁法）等について」自正61巻5号14頁，白石忠志・独占禁止法〔第3版〕（有斐閣，2016年）178頁参照。域外適用という概念が説明概念にとどまり，道具概念でないことは，これらの主張のとおりであろう。本章で域外適用という用語を用いる場合には，説明概念としてであって，道具概念としてではない。

8)　手続管轄権と呼ばれることもある。褚代「競争法の域外適用について」西南学院大学大学院法学研究論集28号3頁参照。

ば，少なくともその重要な一部が国内で行われる。属地主義においても，行為の全部が国内で行われている必要はなく，刑法においても，構成要件の一部が国内で行われ，または構成要件の一部の結果が国内で発生すれば，遍在説により，国内犯（同法1条1項）に当たると解されている[9]。したがって，属地主義の立場から立法管轄権を肯定できるので，個人情報保護法の適用を肯定することができよう[10]。国外から行われた行為であっても，国内にある者に対してなんらかの働きかけが行われる場合には，その行為の一部が国内で行われたと解して，域外適用に関する特別の規定を置くことなく，日本法の適用があるものとして運用されている例としては，以下のものがある。

電話による詐欺的な勧誘（コールド・コーリング）が国外から行われる場合も，金融商品取引法（以下「金商法」という）の解釈では，国内における勧誘に当たるとされている。また，外国証券事業者がウェブサイトに有価証券関連業に関する広告を掲載する行為も，原則として，金商法の勧誘に当たると解されている[11]。

特定電子メールの送信の適正化等に関する法律は，その所在地を問わない概念である「送信者」に対して，原則として特定電子メールの送信を禁止している（同法3条1項）。国外から送信したとしても，国内の電気通信回線を利用し，受信は日本国内で行われ，被害も日本国内で発生するので，国内で送信行為の一部が行われたと解することができ，属地主義により，わが国の立法管轄権を基礎付けうると考えられる（また，国内で受信され，送受信上の支障を惹起することから，効果主義[12]によってもわが国の立法管轄権を基礎付けうる）。

---

9) 山口厚・刑法総論〔第3版〕（有斐閣，2016年）416頁参照。また，刑法適用法について詳しくは，森下忠・新しい国際刑法（信山社，2002年）25頁以下参照。

10) 行為主体の所在国が管轄権を行使しうるという立場を「主観的属地主義」，行為の結果発生国が管轄権を行使しうるとする立場を「客観的属地主義」と呼ぶことがあるが（小寺彰「独禁法の域外適用・域外執行をめぐる最近の動向——国際法の観点からの分析と評価」ジュリ1254号67頁参照），日本国内に所在する者からの取得の結果は，日本国内で発生しているので，客観的属地主義の立場から日本の立法管轄権が及ぶともいえる。

11) 「金融商品取引業者等向けの総合的な監督指針」（2014年9月）Ⅹ（監督上の評価項目と諸手続〔外国証券業者等〕）－1－2）参照。

12) 効果理論（effect doctrine or theory）ともいう。効果主義は，米国が競争法の域外適用の根拠として主張したもので，今日では，競争法の分野における立法管轄権の根拠として，

　国外から日本国内にある電気通信回線に接続している電子計算機（特定電子計算機）に対する不正アクセス行為が行われた場合，不正アクセスの結果は日本国内で発生しているから，属地主義により国内犯として処罰することができると解される。不正アクセス行為の禁止等に関する法律 4 条の定めるアクセス制御機能に係る他人の識別符号の取得行為が海外から行われている場合であっても，取得行為の一部は日本国内で行われており，属地主義により国内犯としての処罰が可能と解される。

　しかし，取得した個人情報の国外での取扱いについては，属地主義の下では，立法管轄権を及ぼすことに疑問が提起されうる。個人情報保護法改正過程では，かかる状態を放置できないという認識が広く共有されたといってよい。なぜならば，国外に活動拠点を有する事業者が，わが国に居住する者に向けてインターネット等を利用して物品を販売したり役務を提供し，わが国に居住する者の個人情報を取得する場合が増加しており[13]，かかる国外の事業者がわが国に居住する者から取得した個人情報の取扱いについて，わが国が適切な監督を行うことができないとすれば，わが国に居住する者の個人情報が不当に取り扱われ，個人情報の本人の権利利益が侵害されても，わが国として救済を与えることができないことになるからである。それは，わが国に居住する者の期待に背くものであろう。わが国に居住する者は，わが国の電気通信回線を通じて，わが国に居住する者にサービスを提供している事業者であれば，わが国の個人情報保護法の規定の適用を受けてしかるべきと考えると思われるからである[14]。

　国際的に広く承認されるに至っている。効果主義は，物理的な結果の発生をもって立法管轄権を根拠付けてきた属地主義のバリエーションであり，経済的な効果の発生を物理的な結果の発生と同視するものである。奥脇直也「国家管轄権概念の形成と内容」山本草二先生古稀記念・国家管轄権（勁草書房，1998 年）17 頁，小寺・前掲注 **10**）67 頁参照。

13）　2001 年から 2016 年までの 16 年間に使用された越境インターネット帯域幅の総計は，9668 ギガビット毎秒であり，この間に 426 倍に増加している（日本貿易振興機構［JETRO］が 2018 年 11 月 21 日に公表した地域・分析レポートによる）。

14）　国内で取得した情報を国外で不正に取り扱ったことを処罰する先例は，わが国に存在する（不正競争防止法 21 条 6 項）。

(2) EU における個人情報保護に係る立法管轄権

　域外適用を認める立法管轄権を定めたとしても，執行管轄権は原則として否定されるので，実際の執行は，外国の執行機関に情報提供して執行協力を依頼することになると考えられる。したがって，域外適用に係るわが国の立法管轄権が，国際的にみて理解の得られるものでなければならない。IT 総合戦略本部に設けられた「パーソナルデータに関する検討会」において，個人情報保護法改正を検討していた時点において，世界の個人情報保護法制において，最も大きな影響力を有していたのは，EU 個人データ保護指令[15]であったので，EU 個人データ保護指令の考え方を確認しておくこととする。

　EU 個人データ保護指令においては，加盟国の個人データ保護法が適用される場合について，(i)処理が加盟国の領域内に設置された管理者の活動に関して行われる場合（同一の管理者が複数の加盟国領域内に設置されたときは，当該管理者は，これらの設置のそれぞれが適用される国内法により定められた義務を遵守することを担保するために必要な措置を講じなければならない）(4 条 1 項 a 号)，(ii)管理者が加盟国の領域内には設置されていないが，国際公法によって当該加盟国の国内法が適用される場所に設置されている場合（同項 b 号)，(iii)管理者が共同体の領域内に設置されていないが，個人データの処理を目的として当該加盟国の領域内に設置された自動的設備その他の設備を利用する場合（ただし，共同体の領域内を通過する目的のためにのみ当該設備を利用する場合は，この限りではない）(同項 c 号）と定めていた。そして，「管理者は，前項 c 号の場合において，その加盟国の領域内に設置された代理人を指名しなければならない。ただし，管理者自身に対して訴訟を提起することを妨げない」(同条 2 項）と規定されていた。EU 個人データ保護指令 4 条 1 項 c 号の「当該設備を利用する場合」には，個人データの収集や処理のためにクッキーを使用している場合を含むものとして

---

15)　EU 個人データ保護指令に代わるものとして，2016 年 4 月に EU 一般個人データ保護規則（以下「GDPR」という）が制定され，同年 5 月 4 日に公布され，2018 年 5 月 25 日から施行されている。しかし，「パーソナルデータに関する検討会」における検討時において参考にされたのは EU 個人データ保護指令であるので，本章では，EU 個人データ保護指令を中心に論ずることとする。

運用されていた[16)]。したがって，EU 域外の事業者が，EU 域内に居住する者
に対してインターネットを使用してサービスを提供し，その際にクッキーを使
用し，当該サービスの利用者が，EU 域内において，パソコンを用いてあるサ
イトを閲覧し当該パソコン内にクッキーが作成されると，当該パソコンはEU
個人データ保護指令4条1項c号の「当該設備」に当たることになった。さら
に，JavaScript，バナー広告等についても，EU 個人データ保護指令29条作業
部会は，類似の解釈をとっていた[17)]。したがって，かかる場合，EU 域外の事
業者が EU 域内に事務所を設けていなくても，EU 加盟国の個人データ保護法
の規定が適用されることになった。これを受けて，フランスの情報技術・デー
タファイル及び市民の自由に関する法律（当時）5条2項においては，データ
管理者が同国または他の EU 加盟国内に所在しない場合であっても，同国の領
域内におけるデータ処理手段を使用する場合には，同国の領土または他の EU
加盟国を経由する目的での処理の場合を除き，同法の規定を適用することとし
ていた[18)]。実際，グーグル社が 2012 年初頭に，アプリケーションごとのプラ
イバシー・ポリシーを統一したことに対し，EU 個人データ保護指令29条作
業部会を構成する 27 の個人データ保護機関は連名で，グーグル社に対し，変
更後のプライバシー・ポリシーの適用の延期を要請し，フランスの情報処理及
び自由に関する国家委員会（CNIL）は，グーグル社が個人データの利用目的の
通知を十分に行っていないこと等を理由として，グーグル社に課徴金を課した
（スペインの個人データ保護機関も，同様にグーグル社に課徴金を課した）[19)]。EU 個人

---

16)　Article 29-Data Protection Working Party, Working Document: Privacy on the
Internet: An integrated EU Approach to On-line Data Protection（5063/00/EN/FINAL
WP 37），(Adopted on 21st November 2000) 28.

17)　Article 29-Data Protection Working Party, Working document on determining the in-
ternational application of EU data protection law to personal data processing on the Inter-
net by non-EU based web sites（5035/01/EN/FINAL WP 56）(Adopted on 30 May 2002)
11-12.

18)　EU 個人データ保護指令を受けて，英国のデータ保護法（当時）では，単に英国内を通
過する目的の場合を除き，「個人データの処理について英国内の装置を利用する場合」（5条
1項 b 号）に同法の規定を適用することとしていた。スウェーデンの個人データ法（当時）
4条2項も，同様の方針で国内法の適用を認めていた。

19)　オランダの個人データ保護機関がカナダのプライバシー・コミッショナーと共同で調査
を行い，カリフォルニアに本社のあるモバイルアプリ会社の WhatsApp が，当該アプリを

データ保護指令4条1項c号については，EU域内の行為の遂行手段に着目しているので，属地主義に基づくとも考えられるし，EU域内で発生する効果に着目しているとみて効果理論により説明することも可能であろう[20]。

　GDPR[21]3条2項においては，EU域内に設置されていない管理者によるEU

利用していない者の個人データも含めて収集していることが，オランダの個人データ保護法に違反していることを指摘した例もある。この事案においては，当該会社がオランダ国内の人的・技術的手段を利用していることとオランダ語の設定画面が表示され，オランダ人に意識的に向けられたサービスであったこと等を根拠に，オランダの個人データ保護機関は，オランダの国内法が適用されるという立場をとった。

20)　庄司克宏「リスボン条約後のEU個人データ保護法制における基本権保護と域外適用」消費者庁・個人情報保護制度における国際的水準に関する検討委員会・報告書（2012年1月）25頁参照。

21)　GDPRに関する文献は枚挙に暇がない。ジュリ1521号の特集，藤原静雄「EUデータ保護一般規則提案の概要」NBL975号4頁以下，同「GDPRをめぐる法的課題・特色と留意点」ジュリ1534号14頁以下，石井・前掲注2)37頁以下，同「EUデータ保護規則提案と日本の課題——欧州調査及び最新動向を踏まえて」InfoCom REVIEW60号38頁以下，同「EUデータ保護指令とEU一般データ保護規則」法の支配196-2号2頁以下，新保史生「EUの個人情報保護制度」ジュリ1464号40頁以下，宮下・前掲注6)78頁以下，同・EU一般データ保護規則（勁草書房，2018年)，小向太郎＝石井夏生利・概説GDPR——世界を揺るがす個人情報保護制度（NTT出版，2019年)，中崎尚・Q＆Aで学ぶGDPRのリスクと対応策（商事法務，2018年)，森大樹編集代表，藤原総一郎＝塚本宏達＝鈴木明美編著・日米欧 個人情報保護・データプロテクションの国際実務（商事法務，2018年)，板倉陽一郎＝寺田麻佑「欧州一般データ保護規則（GDPR）における学術目的例外規定の分析」信学技報119巻67号35頁以下，渡邉雅之・GDPR法的リスク対策と個人情報・匿名加工情報取扱規程（日本法令，2019年)，Business law journal121号の特集，127号の特集，ビジネス法務18巻12号の特集，信学技報118巻70号の特集，自由と正義70巻6号の特集，知的財産創造26巻9号の特集，柳田宗彦「EU一般データ保護規則（GDPR）および日本との相互認証について」国際商事法務46巻7号993頁以下，フレデリックルイ＝杉本武重「英国のEU離脱とデータ保護——EU一般データ保護規則コンプライアンスへの影響」国際商事法務44巻10号1560頁以下，杉本武重＝川島章裕「EU一般データ保護規則上のデータ保護責任者の選任に関する一考察(1)(2)」国際商事法務45巻11号1655頁，45巻12号1803頁，同「GDPR適用開始に向けた欧州委員会による今後の行動計画」国際商事法務46巻2号276頁，森大樹ほか「GDPRガイドラインの解説(1)～(7)」NBL1110号26頁以下，1111号64頁以下，1118号44頁以下，1120号70頁以下，1122号56頁以下，1123号70頁以下，1126号74頁以下，石川智也＝杉山侑惟「GDPR『地理的範囲についてのガイドライン』の概要と注目すべきポイント」Business law journal132号37頁以下，野呂悠登「個人情報保護委員会『補完的ルール』をふまえた十分性認定以後のGDPR・個人情報保護法対応」ビジネス法務19巻5号60頁以下，伊永大輔「プライバシー侵害は競争法違反となるか——EUにおけるデータ保護法制（GDPR）と競争法の交錯」法時91巻5号106頁以下，足立照嘉＝ヘルマン・グンプ・GDPRガイドブック——EU一般データ保護規則活用法（実業之日本

域内に居住するデータ主体の個人データ処理が，EU 域内の当該データ主体に
対する商品もしくは役務の提供または当該データ主体の EU 域内の行動の監視
に関連する場合には，同規則を適用することとしている。したがって，対価の
支払いを要するか否かにかかわりなく，EU 域内に居住するデータ主体に商品
もしくは役務を提供して，それに関連して個人データを取り扱う場合，または，
EU 域内に所在するデータ主体についての個人データを用いてプロファイリン
グを行う場合には，同規則が適用されるのである。国外の行為に対して，自国
の立法管轄権を及ぼすためには，自国との密接関連性（特別の連結）が不可欠
と考えられるが[22]，GDPR は，その点に配慮して立法管轄権の範囲を定めたも
のと思われる。

(3)　わが国の他法令における立法管轄権

　立法管轄権については，国際的ハーモナイゼーションの重要性はいうまでも
ないが[23]，国内法との整合性についても留意する必要がある。そこで，特にグ
ローバル化の影響が大きいと思われる分野に焦点を当てて，わが国の他法令に
おける立法管轄権を概観することとする。

①　刑　法

　刑法では，内乱，内乱の予備および陰謀，内乱等幇助，外患誘致，外患援助，
通貨偽造および行使，公文書偽造等，公正証書原本不実記載等，偽造公文書行
使等，電磁的記録不正作出および供用，有価証券偽造等，偽造有価証券行使等
などについて，（国家）保護主義（protective principle）[24]に基づく国外犯処罰が

社，2018 年），日経×TECH/日経コンピュータ編・欧州 GDPR 全解明（日経 BP 社，2018
年）等参照。
[22]　国外犯処罰の文脈においてであるが，Robert Jennings and Arthur Watts, *Oppenheim's
International Law*, Vol. 1, 9th edition, Introduction and Part 1 (1992), 468 では，国家があ
る事項について立法管轄権を及ぼすためには，当該国家と当該事項の間に，直接かつ実質的
な関連が必要であると述べられている。
[23]　わが国と経済的に密接な関係を有する米国，EU，英国，中国の法令のうち，域外適用
により，日本企業の経済活動に重大な影響を及ぼす可能性がある重要法令を概観するものと
して，アンダーソン・毛利・友常法律事務所監修・域外適用法令のすべて（きんざい，2013
年）参照。
[24]　狭義の域外適用と呼ばれることもある。長谷川俊明「法の域外適用と国際法務」国際商

認められている（同法2条）。また，建造物等放火，殺人，傷害等についての国民の国外犯について積極的属人主義（能動的属人主義[25]。同法3条），殺人，傷害等について国民以外の国外犯について消極的属人主義（受動的属人主義または国民保護主義ともいう。同法3条の2)[26]，公務員の国外犯について積極的属人主義ないし（国家）保護主義（同法4条），条約による国外犯について普遍主義（世界主義。universality principle）に基づく国外犯処罰が認められている（同法4条の2)[27]。

② 情報法

　行政機関の保有する個人情報の保護に関する法律（以下「行政機関個人情報保護法」という）56条は，個人情報ファイルの不正な提供（同法53条），保有個人情報の不正な提供または盗用（同法54条），職権濫用による個人の秘密に属する事項が記録された文書等の収集（同法55条）について国外犯処罰の規定を設けている。これは，積極的属人主義に基づくものと解される。

　行政手続における特定の個人を識別するための番号の利用等に関する法律（以下「マイナンバー（番号）法」という）56条は，個人の秘密に属する事項が記録された特定個人情報ファイルの不正な提供（同法48条），個人番号の不正な提供または盗用（同法49条），情報提供等事務または情報提供ネットワークシステムの運営に関する業務に関して知りえた秘密の漏えいまたは盗用（同法50条），個人番号の不正な取得（同法51条），職権濫用による個人の秘密に属する特定個人情報が記録された文書等の収集（同法52条）について国外犯処罰規定

　事法務43巻1号2頁参照。

[25]　属人主義（nationality principle）は国籍主義と呼ばれることもある。

[26]　日本国民に対して殺人，傷害，強盗，強姦（現在は強制性交）等の重罪を犯した外国人に対する消極的属人主義に基づく国外犯処罰規定は，従前，わが国の刑法に置かれていたが，国際協調主義にそぐわないという理由で一度廃止された。しかし，犯罪地国における刑罰権の執行が適切になされない例もあり，在外邦人の保護に欠けるという認識が広まり，日本国民の生命・身体を侵害する重大な犯罪を対象として，2003年の刑法改正で，消極的属人主義に基づく国外犯処罰規定が復活することになった。

[27]　森下・前掲注9)47頁，48頁，54頁，65頁，山中敬一・刑法総論〔第3版〕（成文堂，2015年）101〜105頁参照。森下・前掲注9)47頁は，刑法4条は，行為者の身分によって限定された特殊な属人主義とする。普遍主義の例として，海賊行為の処罰（国連海洋法条約に基づく），ハイジャックの処罰（航空機の不法な奪取の防止に関する条約）がある。

を設けている。これは，基本的に積極的属人主義によるものと解されるが，同法51条1項の規定に基づく犯罪は外国人も国外犯処罰の対象になると解されるので，純粋な積極的属人主義ではなく，被害が日本で発生することに着目した属地主義も考慮したものと思われる。

③ 競争法

わが国の法令で域外適用を認める例として挙げられることが多かったのは，私的独占の禁止及び公正取引の確保に関する法律（以下「独禁法」という）である。すなわち，独禁法2条1項が定義する事業者は，その所在地を問わない概念であり，事業者全体に対して，私的独占または不当な取引制限を禁止し（同法3条），不当な取引制限または不公正な取引方法に該当する事項を内容とする国際的協定または国際的契約の締結を禁止している（同法6条）。したがって，日本に物品を輸出する外国企業が，日本国外で市場分割の合意を行い，それに基づき日本向けの輸出を停止し，日本市場で競争制限が生じた場合には，わが国の独禁法違反となる。また，外国会社を含む会社に対し，他の国内の会社の株式を取得し，または所有することにより国内において事業支配力が過度に集中する会社となることを禁止している（同法9条2項）。これは，競争法の分野で国際的に有力な効果主義に基づき，外国で実施された行為であっても，日本市場で競争制限的効果が発生する場合には，立法管轄権を及ぼすことができるとする立場をとったものと解することもできると思われる[28]。

不正競争防止法21条6項は，同条1項各号（9号を除く），3項1号もしくは2号または4項（1項9号に係る部分を除く）の罪は，日本国内において事業を行う営業秘密保有者の営業秘密について，日本国外においてこれらの罪を犯した

28） 根岸哲＝舟田正之・独占禁止法概説〔第5版〕（有斐閣，2015年）51〜52頁参照。根岸哲編・注釈独占禁止法（有斐閣，2009年）118頁［瀬領真悟執筆］は，客観的属地主義または効果主義により，独禁法の域外適用が可能とする。金井貴嗣＝川濱昇＝泉水文雄・独占禁止法〔第6版〕（弘文堂，2018年）433〜435頁は，日本の独禁法が効果主義を採用していると断定することはできないとしつつ，公正取引委員会の方針は，基本的に効果主義を採用する方向に大きく傾斜しつつあると評価することができるとする。もっとも，村上政博・独占禁止法〔第8版〕（弘文堂，2017年）113頁は，わが国の独禁法の立法管轄原則として効果主義が有力になったが，裁判例では，効果主義による立法管轄権を満たすかを判断するまでもなく，同法3条や4章の禁止規定を国外の行為にも適用する直接適用説が採用されるようになったとする。

者にも適用することとしている（同法21条3項3号も国外犯処罰規定である）。これは，積極的属人主義と異なり，日本国籍を有しない者の行為も対象としている。営業秘密の保護法益である財産的価値の低下および公正な競争秩序の破壊は，営業秘密の不正使用・開示が国内外のいずれで実施されても同じように発生するものであり，経済のグローバル化が一層進展する中で，国外での営業秘密侵害行為を処罰の対象としないことは均衡を欠くために，この規定が設けられた。「日本国内において事業を行う営業秘密保有者の」営業秘密に対象を限定したのは，わが国の法制とは無関係な外国で管理されている営業秘密を外国で侵害した場合を処罰対象から除外するためである[29]。

④ 金融法

　金商法は，非居住投資者がわが国の上場国内会社の発行する株券を日本国内の流通市場で売買する場合には，公開買付規制，大量保有報告規制，売買報告書提出規制，インサイダー取引規制等が及ぶこととし，国外で発行された当該株券に係る権利を表示する預託証券を国外で売買する場合にも同様の規制が適用されることとしている（同法27条の2第1項・27条の23第1項・163条・166条1項，同法施行令6条1項5号・14条の4の2第3号・27条の4第4号）。また，外国の法令に準拠し，外国において有価証券関連事業を行う外国証券業者（同法58条）に対し，国内にある者を相手方として有価証券関連業に当たる行為を行うことを禁止している（同法58条の2）。さらに，外国ファンドの自己運用行為も規制されている（同法2条8項15号ハ・2項6号）。それに加えて，外国において投資助言業務または投資運用業を行う者は，内閣総理大臣の登録（同法29条）を受けていない場合には，金融商品取引業者のうち投資運用業を行う者その他政令で定める者のみを相手方として投資助言業務または投資運用業を行うことができることとされている（同法61条）。また，外国の法令に準拠して設立された法人で外国において金融商品債務引受業と同種類の業務を行う者がわが国で金融商品債務引受業を行う場合には，内閣総理大臣の免許を受けることが義務付けられ（同法156条の20の2），外国金融商品取引清算機関の役員もし

---

29) 経済産業省知的財産政策室編・逐条解説不正競争防止法〔第2版〕（商事法務，2019年）288頁以下参照。

くは職員またはこれらの職にあった者には秘密保持義務が課され（同法 156 条
の 20 の 7），内閣総理大臣は，外国金融商品取引清算機関等に報告または資料
の提出を命じ，内閣府の職員に物件の検査をさせることができるとしている
（同法 156 条の 20 の 12）。これは，外国で行われる行為であっても，結果の発生
が日本国内であれば，客観的属地主義により，わが国の立法管轄権が及ぶとい
う考えによるものとも解しうる[30]。

⑤　外国為替および外国貿易

　外国為替及び外国貿易法 5 条は，(i)わが国内に主たる事務所を有する法人の
代表者，代理人，使用人その他の従業者が，外国においてその法人の財産また
は業務についてした行為，(ii)わが国内に住所を有する人またはその代理人，使
用人その他の従業者が，外国においてその人の財産または業務についてした行
為についても適用するとしている。わが国内に主たる事務所または住所を有す
ることにより，日本政府の施政権が及び，かつ，日本政府の為替管理の実効性
を確保するために不可欠と認められる範囲で，外国における行為も規制するも
のである。同条は，外国為替の管理の実効性を確保するために，国外における
行為を規制する必要がある場合が存在することから置かれたものである。

⑥　税　法

　所得税法は，非居住者，外国法人であっても，一定の国内源泉所得等につい
て課税対象としており（同法 7 条 1 項 3 号・5 号）[31]，消費税法は，外国事業者で
あっても，国内で行った課税資産の譲渡等について課税対象としている（同法
5 条 1 項）。資産の譲渡等が国内において行われたか否かの判定は，資産の譲渡
または貸付けである場合には，当該譲渡または貸付けが行われる時において当

---

30)　行為の一部が日本国内で行われている場合には，属地主義により金商法を適用すること
　が可能であるが，取引が外国の金融商品取引所で執行される場合に，効果主義により，わが
　国の金商法を適用できるかについては議論がある。山下友信＝神田秀樹編・金融商品取引法
　概説〔第 2 版〕（有斐閣，2017 年）499 頁以下［山下友信執筆］参照。金融法分野における
　域外適用の問題について，金融法務委員会「金融関連法令のクロスボーダー適用に関する中
　間論点整理——証券取引法を中心に」商事 1643 号 58 頁以下では，属地主義を基本としつつ，
　それでは法目的を十分に達成できない場合に効果主義を加味して調整するという観点から検
　討が行われている。
31)　諸外国でも一般的に採用されているソース・ルールによる。金子宏・租税法〔第 23 版〕
　（弘文堂，2019 年）577 頁参照。

該資産が所在していた場所が国内にあるか否かにより（同法 4 条 3 項 1 号），役務の提供である場合には，当該役務の提供が行われた場所が国内にあるか否かにより（同項 2 号）行うものとしている。所得税法では，日本国内において所得が発生したこと，消費税法では日本国内において課税資産の譲渡等が行われたことを要件としており，国外にある者にもわが国の法律が適用されるとはいえ，属地主義によるものと考えられる。

⑦　小　括

　以上，他法令における立法管轄権を概観したが，国外犯処罰規定を除くと，国外にある者にわが国の法令が適用される場合，属地主義（とりわけ客観的属地主義）で説明できる場合が多く，また，属地主義のバリエーションといえる効果主義で説明可能な場合もある。独禁法で採用されているとする解釈が有力な効果主義と比較すれば，以下に述べる個人情報保護法の域外適用は，より謙抑的な立法管轄権を定めたものともいえ，わが国の他法令との関係で突出した立法管轄権規定であるとはいえないと思われる。

(4)　個人情報保護法の域外適用

①　立法管轄権の根拠の比較検討

　2015 年に改正された個人情報保護法は，国内にある者に対する物品または役務の提供に関連してその者を本人とする個人情報を取得した個人情報取扱事業者が，外国において当該個人情報または当該個人情報を用いて作成した匿名加工情報を取り扱う場合についても，同法の規定の一部を適用することとしている（同法 75 条）。「外国において当該個人情報又は当該個人情報を用いて作成した匿名加工情報を取り扱う場合」と規定されているように，同条は，外国における行為について，一定の範囲でわが国の立法管轄権を及ぼすものである[32]。日本国内に本店のある事業者の海外支店・営業所における行為や日本に支店・

32）　域外適用を認めているとされるわが国の法律を概観すると，刑法や外国為替及び外国貿易法のように，明示的に域外適用を定めている例がある一方，明文の規定を置かず，解釈により域外適用を認めている例もある。個人情報保護法の場合，解釈により合理的に域外適用の範囲を画することは困難であるので，明文でわが国の立法管轄権を及ぼす範囲について定めていると考えられる。

営業所を有する事業者の海外の本店における行為であっても，もっぱら外国の領域内でなされる行為については，属地主義の原則の下では，わが国の立法管轄権を及ぼすことは困難と思われる。そこで，選択肢として考えうる(i)消極的属人主義，(ii)効果主義，(iii)標的基準（targeting criteria）[33]の優劣を検討することとする[34]。

　(i)については，国内にある者への物品または役務の提供に関連して取得した場合に限らず，いかなるルートで取得した場合であっても，個人データの不適正な取扱いの結果，国内にある者[35]の権利利益が侵害されるのであれば，わが国の立法管轄権が及ぶことになり，また，当該個人データが日本国内にある者のものであることの予見可能性も不要であるので，(i)〜(iii)の中では最も広範に国内にある者の権利利益を保護しうるという長所を有する。他方，(i)は，わが国の刑法3条の2で採用されているが，その保護法益は，国民の生命，身体の安全に限定されている。個人データ保護を基本的人権の擁護の問題として位置付けるEU加盟国においても，消極的属人主義による個人データ保護を行っていないことに鑑みると，わが国がこの分野で消極的属人主義による立法管轄権を定めることには，国際的理解が得られるか疑問がある。

　(ii)については，国内にある者に対する物品または役務の提供に関連して取得

---

33) 標的基準への移行を早期に提唱した論文として，Michael A. Geist, 'Is There a There There? Toward Greater Certainty for Internet Jurisdiction', 16 *Technology Law Journal* (2001) 1345 参照。標的基準に不明瞭さが残ることを認めつつ，GDPR において，この基準を採用することを推奨していたものとして，Christopher Kuner, 'Data Protection Law and International Jurisdiction on the Internet (Part 2)', 18 *International Journal of Law and Information Technology* (2010) 227, 240 参照。

34) 個人情報保護法は，個人の権利利益を保護することを目的とするのであるから，国家の重要な権益の侵害に対して行為者の国籍や行為地の如何にかかわらず処罰の対象とする保護主義を根拠とすることはできないし，個人情報保護の分野では，行為者の国籍や行為地にかかわらずすべての国に立法管轄権を認める普遍主義は当面成立しがたいので，これらを根拠とすることもできないと思われる。また，実行行為者が日本国籍を有する場合に限定して国外犯を処罰する積極的属人主義では，わが国の個人データが外国事業者により大量に取得され，当該外国事業者による海外での個人データの取扱いを規制しなければ，日本国民の権利利益を保護できないという状況に対応できない。したがって，これらの主義は，検討の対象外とする。

35) 被害者が自国民である場合に限らず，自国に居住する者をすべて対象とする場合も消極的属人主義と呼ばれることがある。森下・前掲注9)57頁参照。

したか否かを問わず，いかなるルートで取得した場合であっても，個人データの不適正な取扱いの結果，国民の権利利益が侵害される効果が発生すれば，わが国の立法管轄権が及ぶことになりうる点で，(i)と同様，(iii)よりも広範な域外適用が可能になりうる。また，この基準による場合，効果が及ぶことが予見できることが必要とされており，どの程度の予見可能性を要件とするかにより，適用対象が左右されることになるが，予見可能性を緩やかに解した場合，効果主義の射程は相当に広くなりうる。しかし，効果主義には，何に対する悪影響をもって「効果」と呼ぶかが判然としないという問題があり[36]，個人情報保護については，特にその問題が深刻になりうる。すなわち，「一人にしてもらう権利」という古典的な意味のプライバシー権は，安全管理措置違反で個人データが漏えいし，ウェブサイトに掲載された時点で侵害されたことは明らかであり，その時点で本人に「効果」が発生したとすることには異論はないと思われるものの，個人データが本人同意なしに目的外で利用された場合，そのことにより，直ちに古典的意味でのプライバシー権が侵害されたとはいいがたい。しかし，プライバシー権を自己情報コントロール権ととらえる立場からすれば，本人同意なしの目的外利用があれば，その時点で（漏えいがなくても）プライバシー権が侵害されたことになり，「効果」が発生したといえる。このように，個人情報保護の分野では，何をもって「効果」とみるかは，競争法の分野以上に国際的な合意を得ることが容易でないように思われ，立法管轄権を画する基準としての明確性の点で問題があるように思われる。

　これに対し，(iii)の場合，国内にある者への物品または役務の提供に関連して取得した場合に射程が限られるため，日本国内の事業者から個人データを取得した国外の事業者が国外で当該個人データを不適切に取り扱った場合等には適用できないことになり，国民の権利利益の保護という観点からは十分でないという評価はありうる。しかし，事業者が日本に居住する者の個人データを取得したことは認識可能であり，したがって，日本法が適用されることも認識可能であるから[37]，国外の個人情報取扱事業者がわが国の個人情報保護法の適用を

36）　白石忠志「自国の独禁法に違反する国際事件の範囲（上）」ジュリ1102号70頁参照。
37）　もっとも，常に容易に予見できるとまではいえないかもしれないが，すでに域外適用を認めている他の立法例においても，予見の容易性が常に必要とまでは考えられていないと思

予見することが困難であるにもかかわらず，わが国の個人情報保護法を適用することへの批判を回避できる長所があると思われる[38]。この点について敷衍すると，日本国内にある者に対する物品または役務の提供のために，日本語のウェブサイトを開設している場合や日本国内にある者に物品等の送付を行っている場合には，日本国内にある者に対する物品または役務の提供を行っていることを明確に意識していると考えられるので，日本法の適用を予見することは十分可能であると思われる。英語等の外国語でウェブサイトを開設して物品または役務の提供を行っている場合であっても，インターネットの配信地域から日本を除外せずに配信している以上[39]，日本国内にも配信していることを認識していると考えられ，したがって，日本法の適用可能性を予見できると考えられる[40]。また，従前国外犯処罰規定が置かれていた犯罪は，諸外国においても一般に犯罪とされているものであり，違法性の認識を持ちうるものであるが，個人情報保護法制は，今日，民主主義国家に広く存在しており，その内容もおおむね共通しているから，わが国の個人情報保護法違反に該当する行為についての違法性の認識を期待することも困難とはいえないと思われる。したがって，個人情報保護の分野における標的基準に基づく立法管轄権が，予見可能性の観点から国際的に批判を受けることはないと考えられる。

　さらに，標的基準は，わが国の立法管轄権を行使するために必要なわが国との密接関連性が認められる場合に射程を限定しているので，国際的にみて，過大な立法管轄権を認めるものではないから，国際的な理解は最も得られやすいと考えられる[41]。

　個人情報保護法75条において，「国内にある者に対する物品又は役務の提供に関連してその者を本人とする個人情報を取得した」ことが要件とされているのは，自国内の個人を標的とする行動がとられた場合に，自国の立法管轄権を

われる。

38)　標的基準を提唱したガイストも，立法管轄権についての予見可能性の重要性を指摘している。Geist, *supra* note **33**, at 1385.

39)　技術の進展により，配信地域を選別することが可能になったことについて，Geist, *supra* note **33**, at 1393.

40)　この点について，Geist, *supra* note **33**, at 1402.

41)　GDPR も標的基準を採用していると思われる。庄司・前掲注 **20)** 27 頁参照。

適用しうるとする標的基準の考え方を参考にしたものと考えられる[42]。すなわち，国外における行為について，日本法を域外適用するためには，一般に，わが国との密接関連性があり，わが国として保護する十分な必要性のある場合に限られるので，保護されるべき者がわが国の領域内にいる場合であり，かつ，かかる者に対して物品の提供（商品の販売や貸与等）または役務の提供（音楽や映像の配信，情報の提供等）を行い，それに関連して個人情報を取得した場合に限り，その後の取扱いについて，わが国の個人情報保護法を域外適用するという立法政策がとられたと考えられる。他方，日本国内にある者の個人情報を国外で偶然に取得したにとどまるような場合に，わが国の立法管轄権を及ぼすのは，過大な立法管轄権として国際的な摩擦が生ずるおそれがあるので，立法管轄権を及ぼさないこととしたものと思われる。「国内にある者に対する物品又は役務の提供に関連してその者を本人とする個人情報を取得した」といえる場合としては，日本国内に在住する者を顧客として想定して日本語のウェブサイトを開設して申込みを募り，日本国内に向けて物品を送付している場合や，日本も配信地域として設定してインターネットを通じて映画を配信している場合等が考えられる。日本国内を配信地域として明示的に設定していない場合であっても，自国内に制限せずに配信しており，日本を含む諸外国に配信して物品または役務を提供する意思であると客観的に認識しうるときは，「国内にある者に対する物品又は役務の提供」といえると考えられる[43]。

---

42) 板倉陽一郎「個人情報保護法制の国際的調和」自正 66 巻 9 号 34 頁，日置巴美 = 板倉陽一郎・個人情報保護法のしくみ（商事法務，2017 年）145 頁も，標的基準が参考にされたと解している。

43) 「国内にある者に対する物品又は役務の提供に関連してその者を本人とする個人情報を取得した」場合には，日本国内の個人情報取扱事業者がわが国で取得した個人情報を国外に移転して国外で取り扱う場合も含まれると解される。個人情報保護法 75 条では，域外適用を受ける者を個人情報取扱事業者に限定しているので，個人情報データベース等を事業の用に供している者（同法 2 条 5 項柱書）のみが対象になる。体系化された個人情報データベース等を有せず，散在情報としての個人情報を保有するにすぎない場合や個人情報データベース等を用いる者であっても事業のためではなく私的な目的のためにのみ用いる場合は対象外であると解される。また，同法 2 条 5 項ただし書の 1〜4 号に該当する場合，たとえば，海外の日本大使館・領事館（同項ただし書 1 号），地方公共団体が姉妹都市に置く現地事務所（同項ただし書 2 号），国立大学法人の海外支部（同項ただし書 3 号），地方独立行政法人である大学の海外支部（同項ただし書 4 号）は，個人情報取扱事業者に含まれないので，域外

② 域外適用対象となる規定

　域外適用の対象になる規定は，個人情報保護法 15 条（利用目的の特定），同法 16 条（利用目的による制限），同法 18 条（2 項を除く。取得に際しての利用目的の通知等），同法 19 条（データ内容の正確性の確保等），同法 20 条（安全管理措置），同法 21 条（従業者の監督），同法 22 条（委託先の監督），同法 23 条（第三者提供の制限），同法 24 条（外国にある第三者への提供の制限），同法 25 条（第三者提供に係る記録の作成等），同法 27 条（保有個人データに関する事項の公表等），同法 28 条（開示），同法 29 条（訂正等），同法 30 条（利用停止等），同法 31 条（理由の説明），同法 32 条（開示等の請求に応じる手続），同法 33 条（手数料），同法 34 条（事前の請求），同法 35 条（個人情報取扱事業者による苦情の処理），同法 36 条（匿名加工情報の作成等），同法 41 条（指導および助言），同法 42 条 1 項（勧告），同法 43 条（個人情報保護委員会の権限の行使の制限），同法 76 条（適用除外）である。同法 17 条（適正な取得）の規定がここに含まれていないのは，取得については，その行為の重要な一部が日本国内で行われると考えられるので，属地主義の立場からも日本法を適用できるし，同法 75 条は，「個人情報を取得した個人情報取扱事業者」の義務等を定める規定であり，取得は，同条適用の前提になっているからである。同法 18 条 2 項（本人から書面で個人情報を取得する場合の利用目的の明示）が域外適用の対象とされていないのは，同項における利用目的の明示は取得の前に行われる行為であるところ，同法 75 条は取得行為を前提として適用される規定であるからと考えられる。国外の個人情報取扱事業者が，本人から直接書面に記載された当該本人の個人情報を取得する場合，あらかじめ本人に利用目的を明示していなければ，同法 18 条 1 項の規定の適用により，取得後速やかに，その利用目的を本人に通知し，または公表しなければならないことになる。同法 26 条（第三者提供を受ける際の確認等）は，第三者から個人データの提供を受けるに際しての確認義務を定めるものであり，日本国内にある者に対する物品または役務の提供に関連してその者を本人とする個人情報を取得

適用の対象外になる。「国内にある者に対する物品又は役務の提供に関連して」という要件であるので，「国内にある者に対する物品又は役務の提供」を行っておらず，第三者提供により，日本国内にある者を本人とする個人情報を取得したにとどまる場合には，域外適用の対象外になる。

した場合の取扱いについて定めるものではない。同法75条は，日本国内にある者に対する物品または役務の提供に関連してその者を本人とする個人情報を取得した場合に限り，立法管轄権を拡大するものであり，日本を経由して国外の事業者に提供された個人データの取扱い全般について立法管轄権を拡大するものではないので，同法26条は適用しないこととされたと考えられる。同法37条（匿名加工情報の提供），同法38条（識別行為の禁止），同法39条（安全管理措置等）は，個人情報取扱事業者または匿名加工情報取扱事業者から匿名加工情報の提供を受けた匿名加工情報取扱事業者の義務等を定めるものであるので，標的基準によれば，同じく立法管轄権の対象にできないことになる。同法40条の立入検査に係る部分は，間接強制とはいえ，外国政府の同意がない限り，当該外国の執行管轄権を侵害するおそれがあるし[44]，同法40条1項の報告または資料提出の求めに係る部分，同法42条2項・3項（命令）は，外国で物理的に公権力を行使するものではないものの，名宛人に対する行政処分であるから[45]，当該外国の主権を侵害するおそれがあり，域外適用の対象とはせずに，当該外国の公的機関に情報提供を行い，執行協力を求めることにより対応することとしている。同法44条（権限の委任）は，事業者に対する権限行使について直接定める規定ではなく，行政機関間の関係について定めるものであるので，適用対象とされていない。同法45条は，事業所管大臣の請求について定めるものであるが，国外の事業者に関して，事業所管大臣の請求が必要になる場合は稀と思われることに加えて，国外の事業者に対して個人情報保護委員会が講ずることができる措置は限定されているので，事業所管大臣の請求まで認める必要はないと考えられ，適用対象とされていない。同法46条は事業所管大臣

---

44) 常設国際司法裁判所のローチュス号事件判決（PCIJ, Series A, No. 10, 1927）は，国際法により国家に課せられた制約の最も基本となる規範は，国際慣習法または条約で特に認められた場合を除き，他国の領土内で力（power）を行使することであると判示している。相手方の意思に反して物理的に公権力を行使して行われる直接強制調査が，国際法上，原則として許されないことは明確である。

45) 個人情報保護法40条1項の報告または資料提出の求めは，間接強制調査であり（同法85条1号の罰則規定参照），行政処分としての性格を有する。同法42条2項・3項の規定に基づく命令も，それに従わない場合には罰則が定められていることからも（同法84条），行政処分であることは明確である。

について定めるものであるが，同法45条の規定を適用しない以上，同法46条についても，同法75条に明記する必要はないとされたものと考えられる。同法4章4節は，民間団体による個人情報の保護の推進に関する規定であり，国外に所在する個人情報取扱事業者による個人情報の取扱いとそれに対する監督について定める同法75条に明記する必要はないことから同条において適用対象に含められなかったと考えられる。もっとも，このことは，国外に所在する個人情報取扱事業者が，認定個人情報保護団体の対象事業者となることを妨げるものではない。

③　行政処分

個人情報保護法75条は，行政処分としての性格を持つ場合には，それが国外の相手方に法的に義務を課したり，その権利を制限することから，立法管轄権を行使しないこととしている。このような場合，わが国の立法管轄権を行使することが許されないかについては，議論がありうるので，この問題について，さらに検討することとしたい。

他の法律においても，行政処分については，主権侵害が生じないような配慮が一般になされている。すなわち，電波法は，外国において無線設備の点検の事業を行う者は，総務大臣の登録を受けることができることとし（同法24条の13第1項），登録外国点検事業者に変更の届出（同法24条の13第2項・24条の5第1項）・廃止の届出（同法24条の13第2項・24条の9第1項）等を義務付け，登録外国点検事業者が総務大臣から求められた報告の懈怠，虚偽報告，検査の拒否・妨害，適合請求に応じないこと等の事由に該当する場合に登録を取り消すことができるとしている（同法24条の13第3項）。ここで注目されるのは，国内の事業者に対し適合措置を講ずることを命ずる部分（同法24条の7第1項）が，登録外国点検事業者については「請求する」と読み替えられていることである（同法24条の13第2項）。これは，国外にある事業者に対して命令という行政処分を行うことが，当該事業者の所在する国の主権を侵害するおそれがあり，また，命令の実効性を担保する罰則については，裁判管轄権（ないし司法管轄権。adjudicative or judicial jurisdiction）が及ばないため，命令の実効性が確保されないと考えられたからである。

同様に，医薬品，医療機器等の品質，有効性及び安全性の確保等に関する法

律は，外国においてわが国に輸出される医薬品，医薬部外品または化粧品を製造しようとする者（医薬品等外国製造業者）は，厚生労働大臣の認定を受けることができることとし（同法13条の3第1項），厚生労働大臣は，医薬品等外国製造事業者がその業務に関し遵守すべき事項を厚生労働省令で定めることができ（同法18条2項），厚生労働大臣から求められた報告の懈怠，虚偽報告，検査の拒否・妨害，質問に対する答弁の懈怠，虚偽答弁，改善請求に応じないこと等の事由に該当する場合に認定を取り消すことができるとしている（同法75条の4第1項）。ここで注目されるのは，国内の事業者に対し改善を命ずる部分（同法72条3項）が，医薬品等外国製造業者については「請求する」と読み替えられていることである（同法75条の4第2項）。

　電気通信事業法では，外国においてわが国内で使用されることとなる端末機器を取り扱うことを業とする者（外国取扱事業者）についても，国内の登録認定機関に対する妨害防止命令（同法54条）が妨害防止請求に読み替えられている（同法62条2項）。さらに，産業標準化法は，外国登録認証機関については，国内登録認証機関に対する適合命令（同法50条），改善命令（同法51条）を適合請求，改善請求に読み替え（同法55条2項），肥料取締法は，国内の事業者に対する表示命令（同法21条）を登録外国生産業者については表示請求に読み替えている（同法33条の2第6項）。衛星リモートセンシング記録の適正な取扱いの確保に関する法律19条3項，29条3項も，外国取扱者について，同様の読み替えを行っている。これらも，同様に，命令という行政処分を国外の事業者に対して行うことが当該外国の主権侵害になるおそれがあり，また，命令の実効性を担保する罰則については裁判管轄権が及ばないため，命令の実効性が確保されないことを懸念したものと考えられる[46]。そして，国外に所在する事業者に対する主務大臣の「命令」を明記した立法例は見当たらない[47]。

46）　もっとも，個人情報保護法75条は，国内の個人情報取扱事業者に対する命令を国外の事業者については請求に読み替える規定を置いていない。それは，命令と同じ内容のことを請求するとは，勧告（同法42条1項）にほかならず，勧告に関する規定が国外の個人情報取扱事業者にも適用されているからである。
47）　国外にある者に対して，法律で不作為義務を課す例として，資金決済に関する法律36条があるが，当該者に対する監督に関する規定も，その義務違反に対する制裁も定められていない。

　このように，従前のわが国の立法例をみると，国外に所在する事業者に対して行政処分を行うことが，外国の主権の侵害になりうることを懸念して，それを避けることが一般的であったといえよう。

　もっとも，独禁法に基づく排除措置命令という行政処分が，国外に所在する事業者に対してなされた例は皆無ではない。マリンホース・カルテル事件（公正取引委員会審決集54巻512頁）において，公正取引委員会は，不当な取引制限を行った5社に対し，2008年2月20日に排除措置命令を行っているが，うち4社は，国外に所在する事業者であった。これは国外の事業者を含む国際カルテルに対し，公正取引委員会が排除措置を命じた初の例である[48]。この事案においては，文書受領権限を有する国内の代理人に送達されたが，国内にかかる代理人がいない場合には，独禁法70条の7の規定により準用される民事訴訟法108条の規定により領事送達が行われることになる。しかし，行政処分の領事送達は，主権侵害の問題を生じさせるので，当該国の同意が必要と解され，外交ルートを通じて相手国の同意を取り付けてから，日本の在外領事館等を通じて，国外の事業者に書類の送達を実施する運用がなされている[49]。

　なお，「金融商品取引業者向けの総合的な監督指針」（2014年9月）X（監督上の評価項目と諸手続〔外国証券業者等〕）─2─1(3)，X─2─2(3)においては，「重大・悪質な法令等違反行為が認められる等の場合には，金商法第60条の8第1項の規定に基づく業務改善命令や業務停止命令等の発出も含め，必要な対応を検討するものとする」と記載されているが，これが国外における行為まで射程に入れた記述か否かは定かでない（実際には，国外における行為を対象として業務改善命令や業務停止命令等が発出された例は，公表資料を見る限り存在しないようである）。

　以上のように，国外に所在する事業者に対して，わが国の行政庁が行政処分

---

48)　同事件については，松下満雄「競争政策／競争法における国際協力」公正取引717号50頁，大川進＝平山賢太郎「マリンホースの製造事業者に対する排除措置命令及び課徴金納付命令について」公正取引693号69頁以下参照。テレビ用ブラウン管国際カルテル事件（平成21年10月7日公取委審決等データベース）においては，国外の事業者に対し，排除措置命令のみならず課徴金納付命令も出されている。

49)　根岸＝舟田・前掲注**28**)53頁，村上政博編・条解独占禁止法（弘文堂，2014年）763頁参照。

を行うことが，当該外国の主権を侵害するかについては，議論はありうるところである。しかし，個人情報保護法は，この点について謙抑的立場をとり，かかるおそれがある以上，行政処分に係る規定の適用を避けたものと考えられる[50]。

④　立法管轄権の重複

　国外の事業者に，わが国の個人情報保護法を域外適用した場合，国外の事業者に対して，わが国の個人情報保護法と国外の事業者が所在する国の個人情報保護法が二重に適用される場合が生じうる[51]。他の分野では，この問題に対処するため，多国間での条約（租税条約，サイバー犯罪条約等）または二国間の協定（独禁法分野における日米協定[52]，日加協定等）により，重畳的適用を回避するための調整がなされている例があるが，かかる調整を行う条約または協定がない限り，域外適用が認められないというわけではない[53]。実際には，二国間の協議により，執行段階で調整が図られると考えられるからである。すなわち，立法管轄権が競合した場合であっても，個人情報取扱事業者が国外にいる場合，わが国は執行管轄権を有しないため，外国の執行機関に情報提供を行い，法執行を依頼することになるが，外国の執行機関は，二重の制裁を科すことにより比例原則に反するということがないように配慮した法執行を行うと想定される[54]。

---

50)　第189回国会参議院内閣委員会，財政金融委員会連合審査会会議録第1号（2015年6月2日）5頁［山口俊一国務大臣答弁］参照。なお，裁判例の中にも，国家主権に由来する「対他国家不干渉義務」により，国外の医療機関には，原子爆弾被爆者に対する援護に関する法律に基づく法的拘束力のある監督権限は行使できないと判示したものがある（大阪高判平成26・6・20民集69巻6号1689頁，大阪地判平成25・10・24民集69巻6号1640頁）。

51)　管轄権重複の問題について，小寺彰「国家管轄権の構造——立法管轄権の重複とその調整」法教254号117頁参照。

52)　外務省北米局北米第二課編・解説 日米独禁協力協定（日本国際問題研究所，2000年）参照。

53)　特定電子メールの送信の適正化に関する法律に係る条約または協定は存在しないし，金商法関係でも，証券に関する条約は存在するものの，金融商品全体についての立法管轄権の調整のための条約または協定は存在しない。

54)　立法管轄権の重複となる場合において，わが国の個人情報保護法と当該外国の個人情報保護法の内容が根本的に矛盾している場合には，わが国の法執行に対する協力は期待しえないが，諸外国の個人情報保護法も，わが国と同様，OECD8原則を基礎としており，内容面での根本的な矛盾は存在しないと思われる。

3　おわりに

　本章においては，個人情報保護の分野における国家管轄権のうち，立法管轄
権を中心とした検討を行った。しかし，立法管轄権が及んでいても，わが国の
個人情報保護法に違反した国外の事業者に対する執行管轄権，裁判管轄権をわ
が国が有するわけでは原則としてない。そこで，法執行の実効性を確保するた
め，外国執行当局に個人情報を提供して法執行を依頼することができるように
しておく必要がある。また，外国執行当局に個人情報の提供を求めるためには，
相互主義の観点から，わが国も，外国執行当局の求めに応じて，個人情報を提
供できるようにしておく必要がある。このような執行協力の進展は，域外適用
の必要性を減少させる面も有することに留意する必要がある[55]。

　2015年改正前の個人情報保護法には，外国執行当局への個人情報の提供に
関する規定は存在しなかったため，わが国の行政機関が外国執行当局へ個人情
報を提供する場合，かかる情報提供自体を目的として特定していなければ，目
的外提供になった。そして，行政機関個人情報保護法8条2項のうち，外国執
行当局への情報提供の根拠となりえたのは，同項1号の「本人の同意があると
き」，同項4号の「本人以外の者に提供することが明らかに本人の利益になる
とき，その他保有個人情報を提供することについて特別の理由のあるとき」に
限られていた。そこで，個人情報保護法に相当する外国の法令を執行する外国
執行当局に対し，わが国の個人情報保護委員会の職務に相当する職務の遂行に
資すると認める情報を提供する権限をわが国の個人情報保護委員会に付与し，
外国で漏えいや不正利用等が発生した場合等に日本に居住する者の個人情報を
提供する根拠規定を設けることにより，行政機関個人情報保護法8条1項の
「法令に基づく場合」として，個人情報の目的外提供を可能としたのである
（個人情報保護法78条1項）[56]。このように，域外適用の問題と越境個人データに

---

55)　小寺彰「競争法執行の国際協力──日米独禁協力協定の性格」公正取引590号19頁参照。
56)　外国執行当局への情報提供規定の先例として，独禁法43条の2第1項，金商法189条1
　　項，関税法108条の2第1項，特定電子メールの送信の適正化等に関する法律30条1項，
　　犯罪による収益の移転防止に関する法律14条1項参照。

係る執行協力の問題は，密接に関係していることに留意が必要である[57]。

57） 越境執行協力については，宇賀克也・個人情報保護法制（有斐閣，2019 年）170 頁以下
参照。

第**5**章

検索サービス

第1節 「忘れられる権利」について
―― 検索サービス事業者の削除義務に焦点を当てて

---

1 はじめに

　近年，「忘れられる権利」をめぐる議論が，グローバルな規模で盛んに行われている。もっとも，「忘れられる権利」とは何かについて合意ができているわけではない。そもそも，検索サービスとの関連で語られる「忘れられる権利」における忘却は，日常用語における忘却とはかなり意味が異なり，情報の拡散の防止を目的としている[1]。また，全く新しい権利ではなく，わが国にお

---

1)　壁谷彰慶「電子的想起と〈忘れられること〉の情報倫理」信学技報 115 巻 57 号 11 頁以下参照。2012 年 11 月に正式に公表された欧州ネットワーク情報セキュリティ機関の「忘れられる権利」に関する報告書では，「忘れられる」の解釈について，(i)いかなる技術をもってしても復元できないように削除する，(ii)権限のない第三者により不正に解読されない限り，暗号化された個人データの保有を認める，(iii)公表された索引や検索サービスによる検索結果に表示されない限り，個人データの保有を認めるという選択肢を示している。European Network and Information Security Agency, The right to be forgotten: between expectations and practice, 3.3 (November 2012). 「忘れられる権利」をめぐる議論は，過去の犯罪歴，滞納歴などの事実を第三者が公表し，それが検索サービスにより検索される場合を念頭に置いてなされることが多いが，ブログや Twitter への軽率な書込みが，インターネット上

いても，名誉毀損，プライバシー侵害，侮辱に該当する情報について，人格権に基づく個人情報の削除請求に関する議論は，従前から行われてきており[2]，その延長線上に位置付けることができる問題である[3]。にもかかわらず，「忘れられる権利」が，個人情報保護・プライバシー保護の重要問題として，近年，先進国において広く議論されるようになった背景には，インターネット上の情報検索に不可欠なインフラとなった検索サービスとの関連で，検索結果の削除義務という新しい問題が発生したことがある。そこで，本節においては，検索サービス事業者の削除義務に焦点を当てて[4]，「忘れられる権利」について検討することとする。

2　検索結果の削除に関する国際的動向

最初に，検索結果の削除に関する国際的動向を概観しておくこととしたい。米国では，Parker v. Google, Inc., 422 F. Supp. 2d 492 (2006) において，検索サービス事業者が通信品位法による双方向コンピュータサービス事業者に該当することとされたため，広範な免責を受け，検索結果として表示される情報に

で「炎上」し，本人が当該書込みを削除しても，当該記載者を批判する検索結果が膨大な数にのぼり，本人にとって過酷な社会的制裁になる事例も少なくない。杉谷眞「忘れてもらう権利——人間の『愚かさ』の上に築く権利」Law & Practice 7 号 166 頁以下においては，かかる実情を踏まえて，人権論が人間の非理性的な側面を掬い上げる必要性は決して低くないと主張されている。

2) 神田知宏「インターネット上の人権侵害——忘れられる権利とは」国民生活 40 号 11 頁参照。

3) 石井夏生利「『忘れられる権利』をめぐる論議の意義」情報管理 58 巻 4 号 272 頁，石井夏生利＝神田知宏＝森亮二「検索結果削除の仮処分決定のとらえ方と企業を含むネット情報の削除実務」NBL1044 号 24 頁［石井発言］参照。

4) 検索エンジンに関する法的問題は，検索結果の削除に限らず，著作権等多岐にわたる。それらについては，高田寛「検索エンジンの社会的影響と法的問題——Google を例に」産業能率大学紀要 29 巻 1 号 55 頁以下，同「Web 検索サービスの法的諸問題」情報管理 52 巻 5 号 267 頁以下，上沼紫野「検索サービスに関する米国・欧州における争訟事例に関する考察」法とコンピュータ 28 号 29 頁以下等参照。また，ストリートビュー・サービスを含むインターネット地図情報サービスとプライバシー保護について，堀部政男＝宇賀克也編・地理空間情報の活用とプライバシー保護——インターネット地図情報サービス等の法制と課題・対応策（地域科学研究会，2009 年）参照。

ついて出版または表現を行った者としての責任は問われず，猥褻な情報，過度
に暴力的な情報等を善意で任意に削除したことに対しても免責されている[5]。

　「忘れられる権利」の母国はフランスであるといわれることが少なくない
が[6]，同国では，2009 年 11 月 6 日に上院に提出されたプライバシー権の強化
を目的とする法案の解説において，デジタル世界でデータ主体が自己情報を簡
単な方法で削除することを可能にする「忘れられる権利（droit à l'oubli）」につ
いて言及された[7]。

　アルゼンチンでは，有名なタレントがグーグル社とヤフー社を相手取り，検
索結果により人格権，著作権が侵害されているとして検索結果の削除および損
害賠償請求をした訴訟において，一審裁判所は削除請求を認容し，損害賠償請
求も一部認容した。しかし，控訴審裁判所は，検索サービス事業者は単に情報
の所在を示しているにすぎず，情報の内容についてまで責任を負わないのが原
則（ただし，検索結果として表示された情報が個人の名誉を毀損している等の権利侵害
を発生させていることを認識しながら削除しない場合には責任を免れないとする）であ

---

5)　小向太郎「『忘れられる権利』と米国通信品位法」情報処理学会研究報告（IPSJ SIG
　Technical Report, Vol. 2015-DPS-164, No. 15, Vol. 2015-EIP-69 No. 15, 2015/9/11）4 頁参照。
　EU 電子商取引指令においても，電子商取引の分野に限ってではあるが，プロバイダについ
　ての広範な免責規定を設けており，また，サービスの受領者から提供される情報を蓄積する
　サービスの提供者であっても，違法な行為または情報を実際に認識していない場合や認識後
　に迅速に削除措置を講じた場合には免責され（14 条 1 項），恒常的に違法行為を監視する義
　務をプロバイダに課してはならないとされている（15 条 1 項）。

6)　フランスにおける「忘れられる権利」の起源は，1881 年制定のプレスの自由に関する法
　律に遡り，また，1983 年 4 月 20 日のパリ大審裁判所の判決でも「忘れられる権利」に言及
　されていることについては，村田健介「『忘れられる権利』の位置付けに関する一考察」岡
　山大学法学会雑誌 65 巻 3・4 号 496 頁以下参照。

7)　野澤正充「『忘れられる権利』（droit à l'oubli）とプライバシーの保護」Law & Technolo-
　gy 70 号 51 頁，宮下紘「忘れられる権利——プライバシー権の未来」時法 1906 号 44 頁以
　下参照。フランスの「忘れられる権利」については，伊藤英一「情報社会と忘却権——忘れ
　ることを忘れたネット上の記憶」法学研究 84 巻 6 号 183 頁以下，石川裕一郎「フランスの
　『忘れられる権利』」奥田喜道編著・ネット社会と忘れられる権利——個人データ削除の裁判
　例とその法理（現代人文社，2015 年）140 頁以下，村田・前掲注 **6**)496 頁以下も参照。ドイ
　ツ，イギリス，カナダ，スイス，韓国の「忘れられる権利」については，それぞれ，實原隆
　志「ドイツの『忘れられる権利』」奥田編著・前掲 154 頁以下，江島晶子「イギリスの『忘
　れられる権利』」同書 70 頁以下，榎澤幸広「カナダの『忘れられる権利』」同書 194 頁以下，
　奥田喜道「スイスの『忘れられる権利』」同書 212 頁以下，水島玲央「韓国の『忘れられる
　権利』」同書 228 頁以下参照。

るとして，削除請求は認められないとした。もっとも，1名の裁判官が反対意見を付しており，検索サービス事業者は，単に情報を媒介する消極的機能を果たすにとどまらず，検索する者の関心を惹起するように情報を表示するという積極的機能を果たし，さらに，検索結果として表示された個人に損害が発生することを助長しているとして，一審判決を支持した。また，控訴審判決では，別の裁判官が補足意見で「忘れられる権利」という言葉を使用したため，この事件は，「忘れられる権利」に関する裁判として個人情報保護に関する専門家の間で広く知られることになった[8]。

　「忘れられる権利」という言葉が，国際的に大きな注目を集める契機になったのは，2010年11月4日，欧州委員会が公表した「EUにおける個人データ保護のための包括的アプローチ」において，収集された目的に照らして不要となった個人データを消去させる権利としての「忘れられる権利」について言及されたことであった[9][10]。そして，2012年1月25日に公表されたEU個人データ保護規則提案（以下「委員会提案」という）[11]17条に，「忘れられる権利及び削除権（right to be forgotten and to erasure）」という見出しの条項が設けられた。

---

8)　上机美穂「忘れられる権利とプライバシー」札幌法学25巻2号64頁以下，同「不法行為法と『忘れられる権利』」奥田編著・前掲注7)42頁以下参照。

9)　この時期，検索結果の削除を求める訴訟が，EU加盟国の国内裁判所に多数提起されていた（アントニオ・デルガド「EU主導で『忘れられる権利』を議論」エコノミスト90巻18号89頁参照）ことが背景にある。

10)　欧州委員会における「忘れられる権利」に関する議論を主導したレディング副委員長については，伊藤英一「『記憶する義務』から『忘れられる権利』の時代へ」Journalism & Media 5号231頁参照。

11)　委員会提案について，藤原静雄「EUデータ保護一般規則提案の概要」NBL975号4頁以下，新保史生「EUの個人情報保護制度」ジュリ1464号38頁以下，石井夏生利「EU一般データ保護規則提案の動向(1)～(3)」NBL1025号30頁以下，1029号30頁以下，1031号18頁以下，同「EU一般データ保護規則提案と日本の課題──欧州調査及び最新動向を踏まえて」InfoCom REVIEW60号38頁以下，石井夏生利＝牧山嘉道「海外の個人情報・プライバシー保護に関する法制度──最新の国際的動向(2)」国際商事法務42巻6号901頁以下，宮下紘「忘れられる権利──プライバシー権の未来」時法1906号44頁以下参照。委員会提案の欧州議会および欧州理事会における修正をめぐる議論については，中西優美子「EUにおける個人データ保護権と『忘れられる権利』」奥田編著・前掲注7)29頁以下，石井夏生利・個人情報保護法の現在と未来──世界の潮流と日本の将来像〔初版〕（勁草書房，2014年）123頁以下，同・前掲InfoCom REVIEW60号46頁以下，岩村浩之「欧州個人情報保護規則への備え」ビジネス法務14巻2号104頁以下参照。

すでに，EU 個人データ保護指令 12 条に削除権に関する規定が置かれていたが，委員会提案 17 条は，利用目的の制限を強化し，本人同意[12]をより重視する等，従前の削除権を強化し，データ管理者が個人データを公開した場合について，本人が当該個人データへのリンク等の削除を要求していることを当該データを処理する第三者に通知するあらゆる合理的措置を講ずることを義務付けることにより，個人データの削除にとどまらず，その拡散も防止することを意図したものともいえよう[13]。かかる権利を認めることに対しては，インターネット上で自分にとって都合の悪い情報を削除して，過去を恣意的に編集することを可能にし，「知る権利」を侵害しないか，検索サービス事業者による検閲を認めることになるのではないか等の批判があり，表現の自由，「知る権利」との緊張関係をもたらしうる[14]。そこで，委員会提案 17 条も，表現の自由，歴史・科学の研究目的等による適用除外を定めている。

　2014 年 3 月 12 日，欧州議会は，委員会提案の修正案を第 1 読会で可決したが，17 条の見出しについては，「忘れられる権利」という文言は削除され，「削除権（right to erasure）」に修正された。しかし，内容的には，委員会提案 17 条との間に大きな相違はなく，むしろ，第三者に対しても削除を請求する権利を認める点で，データ主体の権利を強化している面がある。最終的に確定した EU 一般データ保護規則（以下「GDPR」という）は，2016 年 5 月 4 日に公布され，2018 年 5 月 25 日から施行された。その 17 条には，「削除権（忘れられる権利）」（Right to erasure〔right to be forgotten〕）という見出しが付された。

---

12)　インターネット時代において，本人同意を重視する個人情報保護法制については疑問も提起されていた。宮下紘『『忘れられる権利』をめぐる攻防」比較法雑誌 47 巻 4 号 52 頁以下，同・プライバシー権の復権——自由と尊厳の衝突（中央大学出版部，2015 年）239 頁以下参照。同意の射程の不明確化について，藤原静雄「国家による個人の把握と行政法理論」公法 75 号 27 頁参照。

13)　石井・前掲注 11)（個人情報保護法の現在と未来）70 頁参照。

14)　宍戸常寿「インターネット上の名誉毀損・プライバシー保護」松井茂記＝鈴木秀美＝山口いつ子編・インターネット法（有斐閣，2015 年）84 頁，宮下紘「プライバシー・イヤー 2012——ビッグ・データ時代におけるプライバシー・個人情報保護の国際動向と日本の課題」Nextcom 12 号 38 頁，同「ビッグデータ時代の『忘れられる権利』プライバシー保護に日本なりの哲学を」Jornalism 290 号 97 頁以下，同「ネット社会と『忘れられる権利』の意義と課題——アメリカとヨーロッパの議論を手がかりに」奥田編著・前掲注 7)6 頁，同「ビッグデータの活用とプライバシー保護」法セ 707 号 11 頁参照。

その内容は，データ主体は自己の個人データの削除を遅滞なく行うことをデータ管理者に請求する権利を，①個人データの収集またはその他の方法による保有の目的に照らして，当該データがもはや必要ないとき，②特定の目的のために自己の個人データを処理することへの同意が撤回され，処理のための他の法的根拠が存在しないとき，③データ主体が自己の個人データの処理に不服を申し立てた場合であって，処理を正当化する理由が存在しないとき（ダイレクト・マーケティング目的の個人データの処理の場合には，データ主体から不服が申し立てられれば，例外なく削除が必要），④個人データが違法に保有されているとき，⑤データ管理者が遵守すべき EU または加盟国の法により，個人データの削除が義務付けられているとき等に有することとしている。

　2013 年 9 月には，カリフォルニア州で 18 歳未満の未成年者がインターネット上に投稿した文章等の削除権を認める条項が，Business and Professions Code に設けられた（22.1 章 22580 条以下）[15]。インターネット上の情報の拡散やその消去の困難性を十分には認識していないことが多い未成年者を保護することを目的とするものであり，「オンライン消しゴム法」とも呼ばれる。

　また，EU 司法裁判所は，2014 年 5 月 13 日の先決裁定において，「忘れられる権利」という文言は用いていないものの，グーグル社とグーグル・スペイン社がグーグルの検索結果リストから当該ページの内容表示とリンクを削除する義務を負うと判示して，世界的な注目を集めた。この事案において，原告が社会保険料の滞納のために不動産を差し押さえられ，その競売手続を公示する新聞記事の電子版がグーグルの検索結果に表示されたところ，原告は，滞納した社会保険料はすでに完済しており，現在の自分とは無関係であるとしてスペインの個人データ保護機関（AEPD）に救済の申立てをした。AEPD は，新聞社は法に従い適法に公示したことから，新聞社にはその削除を命ずることはしなかったが，グーグル社とグーグル・スペイン社に対しては，その削除を命じたため，グーグル社とグーグル・スペイン社は，スペインの裁判所に提訴し，スペインの裁判所が EU 司法裁判所に先決裁定を求めたものである。本事案にお

---

15)　なお，フロリダ州では，一定の要件を満たす証明書を添えて過去の刑事事件の記録の削除を求める手続が法定されている。しかし，これは削除請求権を付与するものではなく，削除を認めるか否かは，裁判所の裁量に全面的に委ねられている。Fla. Stat. §943. 0585.

いて，2013 年 6 月 25 日に，法務官は，検索サービス事業者が新聞社のウェブページの内容を管理することはできないから，データ管理者には当たらず，また，委員会提案 17 条が定める権利は，現行の EU 個人データ保護指令に読み込むことはできないという意見を述べたのに対し，EU 司法裁判所は，EU 基本権憲章 7 条（私生活及び家庭の尊重）および 8 条（個人データ保護の権利）に照らした解釈を行い，EU 個人データ保護指令 12 条 b 号の訂正・削除事由は例示であるとして，データ主体の利益とデータ管理者・情報利用者の利益を比較衡量し，本件においては，データ主体の利益は，検索サービス事業者の経済的利益や当該情報にアクセスする利益に優越すると判断したのである。その際，当該情報を新聞社が自発的に削除したり，監督機関または裁判所に削除を命じられなくても，検索結果の削除を命じうるとしたこと，すなわち，検索サービス事業者の義務は，リンク先のウェブページを公表した新聞社の義務とは独立であるとした点，検索結果の表示が，データ主体に損害を惹起していることは，検索結果の削除を求める権利を認める必要条件ではないとした点が注目される[16]。同裁定の背景には，検索結果の表示は，インターネットの利用者による当該情報へのアクセスを容易にし，情報の伝播という点において決定的な意味を有しうるので，リンク先のウェブページの公表よりも，プライバシー権への重大な侵害になるという認識がある。

　これを受けて，グーグル社は，削除申請様式を作成し，2014 年 5 月 30 日から，EU 域内からの請求であり，かつ，EU ドメインの検索サイトに限定はさ

[16]　同先決裁定については，山口いつ子「EU 法における『忘れられる権利』と検索エンジン事業者の個人データ削除義務——グーグル・スペイン社事件 EU 司法裁判所 2014 年 5 月 13 日先決裁定を手掛かりにして」堀部政男編・情報通信法制の論点分析（商事法務，2015 年）181 頁以下，中西優美子「Google と『忘れられる権利（削除権）』」自治研究 90 巻 9 号 96 頁以下（同・EU 権限の判例研究〔信山社，2015 年〕321 頁以下に所収），中村民雄「忘れられる権利事件」法時 87 巻 5 号 132 頁以下，羽賀由利子「『忘れられる権利』——忘れることを忘れた世界の新たな権利」コピライト 655 号 46 頁以下，村田・前掲注 **6**)506 頁以下，宮下紘「『忘れられる権利』を認めた EU——検索サイトからの情報削除」事例で学ぶプライバシー（朝陽会，2016 年）47 頁，平野晋「Google Spain SL and Google Inc. v. AEPD and Gonzalez——欧州司法裁判所が『忘れられる権利』を認めたとされる事例」国際商事法務 42 巻 6 号 984 頁以下，今岡直子「『忘れられる権利』と消去権をめぐる EU 司法裁判所の裁定」カレントアウェアネス-E　No. 261 E1572 参照。

れているものの，削除請求を受け付けることになった。この先決裁定に対して
は，EU 加盟国内でも賛否両論があったが，欧州委員会は，2014 年 9 月 18 日，
批判論についての反論を公表している。また，EU 第 29 条作業部会は，同年
11 月 26 日，上記先決裁定の実施のための指針を公表している[17]。その後，
2015 年 2 月 6 日，グーグル社の諮問委員会が，上記先決裁定に関する意見
書[18]を公表している。さらに，わが国では，ヤフー社が，2015 年 3 月 30 日，
「検索結果とプライバシーに関する有識者会議」の報告書を公表し，これを受
けて，同社は，「検索結果の非表示措置の申告を受けた場合のヤフー株式会社
の対応方針について」[19]を公表している。このように前記先決裁定は，検索サ
ービス事業者に検索結果の削除基準を再検討させる契機となった[20]。また，
EU ドメイン内でのみ削除義務を負うと解すべきか[21]，表現の自由との調整の
ために削除を行った事実をウェブサイトの管理者に通知すべきか[22]等に関する
議論を活性化することにもつながった。

---

17)　詳しくは，石井・前掲注 **3)**276 頁以下，今岡直子「『忘れられる権利』をめぐる動向」
　　調査と情報 854 号 12 頁以下参照。

18)　詳しくは，石井・前掲注 **3)**277 頁以下，今岡・前掲注 **17)**8 頁以下参照。

19)　詳しくは，石井・前掲注 **3)**280 頁以下参照。

20)　グーグル社とヤフー社の削除基準の比較について，宮下・前掲注 **16)**65 頁以下参照。

21)　グーグル社は，欧州ドメイン内でのみ削除する方針をとったため，EU 域外のグーグル
　　サイトでは，削除されていない状態での検索が可能である。この問題に対する EU とグーグ
　　ル社の見解について，今岡直子「『忘れられる権利』の適用範囲——EU と Google の見解」
　　カレントアウェアネス-E　No. 276 E1655，成原慧「『忘れられる権利』をめぐる日米欧の議
　　論状況」行政＆情報システム 2015 年 12 月号 55 頁参照。グーグル社は，2016 年 2 月より，
　　欧州域内からの削除請求であれば，すべてのドメインについて欧州域内からの検索ができな
　　くなるような措置を講じたが，同年 3 月，フランスの CNIL は世界中で検索ができないよう
　　にすべきとしてグーグル社に課徴金を科す決定を行い，同年 5 月，グーグル社は，これを不
　　服として訴訟を提起した。

22)　グーグル社が，削除を行った旨をウェブサイトの管理者に通知する方針をとったため，
　　通知を受けた管理者が当該事実を公表することにより，削除前よりもむしろ情報が伝播した
　　例について，インターネット法律研究部「ネット社会の法的諸問題（忘れられる権利・マ
　　イナンバー法・電子出版権について）」法律実務研究 30 号 307 頁 ［楠本雅之執筆］参照。この
　　問題に対するグーグル社の対応について，今岡直子「『忘れられる権利』をめぐる EU の裁
　　定と Google の対応」カレントアウェアネス-E　No. 263 E1585 参照。

3　わが国の裁判例

　東京地決平成 24・3・19 判例集不登載は，サジェスト（関連検索）機能によ
る権利侵害を理由として，表示差止めの仮処分決定を行ったが[23]，その本案に
おいて，東京地判平成 25・4・15 判例集不登載は，サジェスト機能によるプラ
イバシー侵害と名誉毀損を理由として，表示の差止めを命じ，さらに，仮処分
決定に従わず精神的苦痛を与えたとして慰謝料請求も認めている。しかし，サ
ジェスト機能による表示で就職が困難になったという主張については相当因果
関係を否定した。同判決では，検索結果の表示ではなく，サジェスト表示の差
止めを認めるにすぎず，サジェスト表示がなくても検索が不可能になるわけで
はないから，表現の自由や「知る権利」が重大な制約を受けるとはいえないと
判示されている。しかし，控訴審の東京高判平成 26・1・15 判例集不登載は，
サジェスト機能が原告の人格権を侵害する記事を閲覧しやすくしていることは
認めたものの，権利侵害の程度は大きくなく，検索サービスの重要性等を考慮
し，差止めまで認めるのが相当とはいえないと判示した。また，損害賠償請求
についても，当該表示はウェブページの抜粋にとどまり，それ自体で名誉を毀
損したりプライバシーを侵害しているとはいえないと判示した[24]。東京地判平
成 25・5・30 判例集不登載は，サジェスト機能による表示自体からは，ウェブ
ページの内容が名誉やプライバシーを侵害し社会通念上容認できないかが一見
して明らかとはいえないと判示した[25]。

23)　富田寛之＝髙橋未紗「Google 仮処分命令申立事件にみるインターネット案件の法的課題
　　と忘れられる権利」Law & Technology 58 号 58 頁以下参照。
24)　詳しくは，富田寛之＝髙橋未紗「グーグルサジェスト削除請求等事件――サジェスト機
　　能と『忘れられる権利』」奥田編著・前掲注 7)72 頁以下参照。
25)　サジェスト機能に関する外国の裁判例については，中島美香「Google の検索サジェスト
　　機能をめぐる訴訟の動向と影響について」InfoCom REVIEW63 号 60 頁以下参照。ドイツの
　　通常裁判所は，グーグル社のサジェスト機能による関連検索キーワードは，グーグル社が自
　　ら提供している情報であって，当該検索キーワードによる他者の人格権侵害をグーグル社が
　　知った後，当該侵害を回避するために十分な措置を講じていなかった場合には，グーグル社
　　は損害賠償責任を負うというノーティス・アンド・テイクダウンの原則による判決を下した。
　　詳しくは，鈴木秀美「『忘れられる権利』と表現の自由」メディア・コミュニケーション 66

　東京地判平成 22・2・18 Westlaw2010WLJPCA02188010 は，検索サービス事業者は，自ら違法な表現を行っているわけでもなく違法な表現を含むウェブページの管理を行っているわけでもないから，被害者は，第1次的には，自ら違法な表現を行っている者や違法な表現を含むウェブページの管理を行っている者に対する削除請求をすべきであって，また，検索サービスの公益性に照らすと，検索サービス事業者に削除を請求することができるのは，(i)当該ウェブページ自体からその違法性が明らかであり，かつ，(ii)ウェブページの全体か，少なくとも大部分が違法性を有している場合に，(iii)申出等を受けることにより，検索サービス事業者がその違法性を認識できたにもかかわらず，これを放置したような場合に限られると判示し，当該事案については，(i)(ii)の要件を満たさないとして，請求を棄却した。

　東京地判平成 23・12・21 LEX/DB25490019 は，検索サービス事業者が，検索結果の表示によって違法な表現がされたウェブページが表示されるとしてその削除をすべき義務があるのは，(i)表現の名宛人と当該ウェブページの管理者との間の解決に任せておくだけではもはやすまない場合，すなわち，違法性の程度が強度で社会通念上到底容認できないものであることが当該ウェブページ自体から明らかであり，かつ，(ii)検索結果の削除等の申出を受けることによって検索サービス事業者がその違法性を容易に認識できたにもかかわらず放置していた場合に限られるという判断基準を示し，当該事案では，この基準を満たさないとして請求を棄却した。同判決も，検索サービスの公益性を重視し，また，検索サービス事業者は，ウェブページに到達するための手段を提供しているにすぎないことを重視している点で，前掲東京地判平成 22・2・18 と共通している。東京地判平成 25・5・20 判例集不登載，その控訴審の東京高判平成 25・10・30 判例集不登載も，検索サービス事業者による名誉毀損・プライバシー侵害の責任を否定している。

　グーグル社の検索サービスで自分の氏名を入力して検索すると，申立人が過去に不良グループの一員であった記事が表示されたため，検索結果の削除を求める仮処分申請を行った事案において，東京地決平成 26・10・9 判例集不登

　号22頁以下参照。

載[26]は，検索結果のタイトルおよびスニペット自体から債権者の人格権を侵害していることは明らかである一方，その削除義務を債務者（グーグル社）に課しても，債務者に不当な不利益を課すとはいえず，また，他者の人格権を侵害していることが明白な記載を含むウェブページを検索できることが，本件サイトを利用する者の正当な利益ともいいがたいとして，グーグル社[27]に削除を命じた。わが国において，掲示板管理者に対する削除請求を認容する判決・仮処分決定は少なくないが[28]，検索結果の削除を（仮処分とはいえ）裁判所が認めた初めての例として，大きな社会的注目を集めた。もっとも，EU 司法裁判所の前記先決裁定が，リンク先の情報が本人の不利益であるから検索結果の削除を命じたのに対し，前掲東京地決平成 26・10・9 は，リンク先のタイトルとスニペットの情報が人格権侵害であるから削除を命じた点で異なる[29]。

---

26)　石井夏生利 = 神田知宏 = 森亮二「検索結果削除の仮処分決定のとらえ方と企業を含むネット情報の削除義務」NBL1044 号 7 頁以下，神田知宏「グーグル検索結果削除仮処分命令申立事件——検索サイト管理者の検索結果の削除義務の有無など」奥田編著・前掲注 7)111 頁以下，同・ネット検索が怖い——『忘れられる権利』の現状と活用（ポプラ社，2015 年）29 頁以下参照。

27)　この事案では，米国のグーグル本社を債務者とする申立てがなされたが，東京地判平成 25・10・21 LEX/DB25515460，京都地判平成 26・9・17（LEX/DB25505069。その控訴審の大阪高判平成 27・6・5 LEX/DB25540592 も同旨）は，グーグル社の日本子会社を相手取った訴訟において，検索サイトの管理運営を親会社たる米国のグーグル本社が行っているという理由で，請求を退けている。このような判断を批判し，グーグル等の検索サービス事業者の各国の子会社に対しても削除請求が可能であり，また，子会社が共同不法行為責任を負う場合もあるとするものとして，小倉秀夫「自動収集された違法コンテンツについての検索サービス提供者の義務および責任」法とコンピュータ 28 号 45 頁以下参照。この問題について，西口博之「インターネットを通じたプライバシー侵害——最近のグーグル検索被害事件に関連して」知財ぷりずむ 123 号 20 頁以下も参照。なお，検索結果の削除請求における國際私法の問題については，羽賀由利子「国際私法から見る『忘れられる権利』」金沢法学 58 巻 1 号 61 頁以下（特に 71 頁以下）参照。

28)　西口・前掲注 27)8 頁以下参照。侵害情報を送信しているウェブページの管理者に対する差止請求，損害賠償請求の方法については，久保健一郎「インターネット上のトラブルの解決手段」ひろば 2015 年 3 月号 12 頁以下参照。

29)　東京高判平成 24・4・18（平成 24 年(ネ)127 号）は，投稿者が意図的にハイパーリンクの設定表示をした場合，リンク先の記事を取り込んでいると認めることができるとして発信者情報の開示請求を認容した（この問題についてのカナダの判例について，松井茂記・表現の自由と名誉毀損〔有斐閣，2013 年〕366 頁以下参照）。意図的にリンクを張る行為と機械的に検索結果を表示することは異なるが，差止請求において，両者を截然と区別できるかに

　グーグルの検索結果として表示される過去の逮捕の事実の表示および当該事実が記載されているウェブページへのリンクの表示の差止めと損害賠償が請求された事案において，京都地判平成 26・8・7 判時 2264 号 79 頁は，本件検索結果の表示のうちリンク部分は，リンク先ページの存在を示すものにすぎず，検索サービス事業者自身がリンク先ページに記載されている逮捕事実を摘示したものとみることはできないし，スニペット部分は，リンク先ページの記載内容のうち検索ワードを含む部分を自動的かつ機械的に抜粋して表示するものであることからすれば，検索サービス事業者自身が当該事実の摘示を行っているとみるべきでないとする。また，仮に，スニペット部分における逮捕事実の記載が検索サービス事業者自身による摘示であると解したとしても，名誉毀損についてもプライバシー侵害についても違法性が阻却され，不法行為は成立しないし，人格権が違法に侵害されているとは認められないから，差止請求も理由がないと判示した。この判決の基本的立場は，そもそも検索サービスによる名誉毀損の成立を全面的に否定するものであり（違法性阻却の判断は念のためなされたにすぎない），きわめて例外的にではあるものの名誉毀損の可能性を肯定する前掲東京地判平成 22・2・18，前掲東京地判平成 23・12・21 よりも，検索サービス事業者の検索サービスに伴う法的責任を消極的に解するものであった。

　その控訴審の大阪高判平成 27・2・18（平成 26 年(ネ)2415 号）は，スニペットの表示方法如何によっては，人の社会的評価を低下させる事実が表示される可能性があることを予見したうえで現行のシステムが採用されたものと推認されるから，本件検索結果は，検索サービス事業者の意思に基づいて表示されたものであり，一般公衆の普通の注意と読み方でスニペット部分を読んだ場合は，そこに記載された内容に即した事実があるとの印象を与えるから，スニペット部分にある本件逮捕事実の表示は，原則として，原告の名誉を毀損するものであって違法であるとした。しかし，公共の利害に関する事実であり，逮捕および執行猶予判決から経過した期間も長くはないので，名誉毀損，プライバシー侵害の違法性が阻却されるとした[30]。この判決は，スニペットの記載に限って

ついては疑問が提起されている。森亮二「検索とプライバシー侵害・名誉毀損に関する近時の判例」ひろば 2015 年 3 月号 56 頁参照。

ではあるが，そこに記載された事実が名誉毀損に当たる場合，検索サービス事業者も基本的に名誉毀損の責任を負うことを前提としたうえで，違法性阻却事由の有無を審理している。この判決は，検索サービス事業者が媒介者として行ったアーキテクチャの設計を根拠に媒介者の責任を認めるものともいえる[31]。

　検索結果に逮捕歴が示されることにより更生を妨げられない利益が受忍限度を超えて侵害されているとして，人格権に基づく妨害排除または妨害予防の請求権を被保全権利とする仮の地位を定める仮処分が申請された事案において，検索サービス事業者に対し，本件検索結果を仮に削除することを命ずる仮処分を行った原審決定に対し，債務者（検索サービス事業者）がその取消しを求めて保全異議を申し立てた事案において，さいたま地決平成27・12・22判時2282号78頁は，検索結果として，どのようなウェブページを上位に表示するか，どのような手順でスニペットを作成して表示するかなどの仕組みそのものは，検索サービス事業者が自らの事業方針に基づいて構成していることは明らかであり，それは機械的であっても編集作業であり，債務者が検索エンジンの管理者として検索結果に明らかな違法があると判断した場合に自らその検索結果を削除するなどの対応を行っていることは債務者自身も認めているので，検索結果の表示が検索サービス事業者を主体とする表現であることは否定できないと判示する。そして，一度は逮捕歴を報道され社会に知られてしまった犯罪者といえども「忘れられる権利」を有するとして，受忍限度論に従って削除請求を認容する仮処分命令を認可した。この決定は，「忘れられる権利」という文言を用いている点，検索サービス事業者による検索結果の表示を当該事業者自身の「表現」であると明言した点で，きわめて注目されるものである[32]。

　前掲東京地決平成26・10・9の事案と同じ申立人が，ヤフー社を債務者として検索結果の削除を求めた仮処分申請において，東京地決平成27・12・1判例集不登載は，申立人が現在も不良グループの一員であるとの印象を与える記述

30)　詳しくは，島崎哲朗「ヤフー検索結果削除請求事件——名誉毀損，プライバシー侵害の法的責任を問う」奥田編著・前掲注**7**)93頁以下，中川敏弘「判批」法セ734号110頁参照。
31)　成原・前掲注**21**)57頁参照。
32)　東京地決平成27・5・8判例集不登載，札幌地決平成27・12・7 Westlaw2015WLJPCA12076001も検索結果の削除を命ずる仮処分命令を出している。

については，人格権を侵害するとして削除を命じたが，申立人が約10年前に複数の雑誌のインタビューで自ら不良グループに所属していたことを公表していた証拠が提出されたことから，自ら公表していた過去の事実についてはプライバシー権で保護される法的利益を放棄したとして，請求を退けた。また，前掲さいたま地決平成27・12・22の保全抗告審である東京高決平成28・7・12判時2318号24頁は，「忘れられる権利」の要件および効果について，現代的な状況を踏まえた検討が必要になるとしても，人格権の一内容としての名誉権ないしプライバシー権に基づく差止請求権と異ならないとしているが，検索サービス事業者が単なる情報の媒介者であるという抗告人の主張は退け，検索結果のタイトルおよびスニペットが独立した表現として機能することが通常であるとし，北方ジャーナル事件の最大判昭和61・6・11民集40巻4号872頁，ノンフィクション『逆転』事件の最判平成6・2・8民集48巻2号149頁，『石に泳ぐ魚』事件の最判平成14・9・24判時1802号60頁を引用して削除の是非を判断している。リンク先ウェブページの削除を先行すべきとする補充責任説は採用していないと考えられる。他方，検索結果の非表示措置が，公衆のアクセスを事実上不可能にするものと評価でき，多数の者の表現の自由および知る権利を侵害する結果を生じさせることを重視して，原決定を取り消している。原決定と結論を異にした最大の理由は，本件で問題となった犯罪歴が，なお公共の利害に関わり，本人の更生の利益よりも，当該情報にアクセスする公衆の利益のほうが優越するかの価値判断の相違であろう。

4　解釈上の論点

　検索サービス事業者に対する検索結果の削除請求は，わが国では，人格権に基づくものとして行われてきた[33]。人格権に基づく削除請求・損害賠償請求については，わが国でも学説・判例の蓄積があり，検索結果の削除請求・損害賠償請求の問題を考えるに当たっても，従前の議論の蓄積を踏まえて考察を行う

---

[33]　「忘れられる権利」の憲法的基礎について考察を行うものとして，飯島滋明「『忘れられる権利』の憲法的基礎としての『個人の尊厳』『幸福追求権』」奥田編著・前掲注7)58頁以下参照。

ことが必要である。他方，検索サービスがネット社会における情報の伝播に決定的役割を果たしていることを踏まえた検討が必要になると思われる。一方において，検索サービスは，ネット社会における表現の自由，「知る権利」を実効あるものとする上で，きわめて重要なインフラになっており，そのことを踏まえた慎重な検討が必要である[34]。国民が知るべき公益性のある情報が，本人にとり不都合であるというのみで削除されるべきではない。他方において，ネット上の名誉毀損やプライバシー侵害情報の拡散に検索サービスが果たしている役割も非常に大きく，検索サービス事業者が当該情報を発信したり管理したりしていないという理由で検索結果の削除義務を一律に否定することも妥当でない[35]。

　検索サービス事業者の検索結果に対する法的責任を論ずる場合，以下の二つの場合に分けて考えるべきであろう。第1は，検索結果のタイトルやスニペット，サムネイル自身が名誉を毀損したりプライバシーを侵害したりする場合である。この場合には，リンク先のウェブページを閲覧しなくても，当該タイトルやスニペットの記載，サムネイル自体で被害が発生することになる。このケースでは，検索結果として表示されるデータは検索サービス事業者の検索用サーバの外部記憶装置に保存され，検索サービスの利用者に送信される。スニペットやサムネイルのアーキテクチャを作成したのは検索サービス事業者であり，リンク先のウェブサイトの情報削除後もある程度の期間，スニペットやサムネイルに当該情報が掲載され続けることがあることも考慮すると，検索サービス事業者を単なる情報の媒介者とみることには疑問が残る。確かに，情報の発信源への削除請求を優先し検索サービス事業者の責任は補充的にのみ認める補充責任説は，名誉毀損やプライバシー侵害となる情報の第1次的発信源に第1次的責任があり，ある検索サービス事業者のリンクを削除しても，発信源の情報は存続し，別の検索エンジンで検索されたり，投稿された電子掲示板等の

---

34)　ヘンリー・ファーレル＝アブラハム・ニューマン「ネットプライバシーと『忘れられる権利』」フォーリン・アフェアーズ・リポート7号105頁参照。
35)　検索結果の削除をめぐる表現の自由とプライバシーの関係については，宍戸常寿＝門口正人＝山口いつ子「インターネットにおける表現の自由とプライバシー——検索エンジンを中心として」ジュリ1484号69頁以下参照。

URL を入力することにより，引き続き閲覧可能であることに鑑みると，一応の合理性を有するとはいえる。他方，発信者情報を開示させることは現実にはかなりの時間と費用を要すること，電子掲示板等の開設者の名称・所在地を把握することが困難な例が増加傾向にあること，電子掲示板等の投稿記事を削除させてもミラーサイトが複数存在し，そのすべてを相手取って訴訟を提起することは困難なこと，削除させることに成功しても，すぐに同内容の投稿が行われることが多いこと，その一方で，インターネット上に情報が存在しても，検索サービスにより検索されなければ，実際には，当該情報へのアクセスはきわめて限定されるであろうし，検索サービス事業者は寡占状態にあるから，シェアの高いグーグル社やヤフー社の検索エンジンで検索されなくなれば，当該情報にアクセスされる可能性は非常に低くなると考えられることに照らすと，補充責任説が検索サービスによる情報拡散の実態に適合するかが問題とされざるを得ないように思われる[36)37)]。

　第2は，リンク先のウェブページに名誉毀損やプライバシー侵害となる情報が含まれている場合，リンクを削除する責任を負うかという問題である。この場合には，検索サービス事業者は，単に情報の所在を示しているのみで，情報の媒介者にすぎないともみうる。大阪高判平成 21・10・23 判時 2166 号 142 頁は，他人がウェブページに掲載した児童ポルノの URL を明らかにする情報を他のウェブページに掲載する行為が，新たな法益侵害の危険性という点と，行為態様の類似性という点からみて，自らウェブページに児童ポルノを掲載したのと同視できる場合には，そのような行為は，児童ポルノ公然陳列罪としての

---

36)　小倉・前掲注 27)39 頁以下参照。なお，検索サービス事業者が，本人と無関係の情報を紐付けて検索結果として表示することにより，本人の権利利益を侵害する場合もあり，かかる場合には，検索サービス事業者自身が第 1 次的責任を負うべきことは明らかである。具体例について，小倉・前掲注 27)40 頁以下参照。

37)　なお，損害賠償責任については，検索サービス事業者が，「特定電気通信役務提供者の損害賠償責任の制限及び発信者情報の開示に関する法律」（プロバイダ責任制限法）3 条 1 項本文の規定により責任を制限されるのか，それとも同項柱書ただし書の「発信者」に該当し，同項による責任制限の対象外になるかが重要な問題になる。もっとも，「発信者」に該当すると解したとしても，人格権に基づく削除請求の場合とは異なり，不法行為責任が成立するためには，故意または過失が認められなければならない。小倉・前掲注 27)44 頁，同「インターネット上の名誉毀損──最近の 2 つの事件について」法セ 707 号 23 頁参照。

実質的な当罰性を備えており，また，それを罰することによって国民の権利を不当に侵害することもないと考えられるから，そのような行為を児童ポルノ公然陳列罪として処罰することには十分な合理性が認められるとした。他方，グーグル社やヤフー社の検索エンジンが児童ポルノへのハイパーリンクを設定することがあることについては，そのような児童ポルノへのハイパーリンクは，検索エンジンの利用者が児童ポルノに関連する検索語句を入力して実行すること等によってはじめて設定されるものであるから，検索エンジンを開設・運営する等の行為が児童ポルノ公然陳列罪の正犯に該当することはなく，幇助に該当するかが問題になるにすぎないが，通常は，前記のような積極的な誘因性を欠くと考えられるから，幇助にも該当しないと判示している。これは，刑事事件についての判決であるが，検索結果のリンク先の情報について，検索サービス事業者自身の表現とみることは困難であり，情報の媒介者として位置付けるべきと思われる。グーグル社やヤフー社で使用されているロボット型全文検索エンジンにより，自動的かつ機械的に URL が表示されることも[38]，リンク先のウェブページとの関係で検索サービス事業者を発信者ととらえることを困難にする。

　しかし，検索サービスが，インターネット上の情報の拡散に決定的な役割を果たしており，かつ，前述したように，リンク先の削除を優先すべきとする補充責任説が実効的権利救済を困難にすることに鑑みると，検索サービス事業者が情報の媒介者にとどまるとしても，リンク先のウェブページの情報が名誉毀損やプライバシー侵害に当たる場合，人格権侵害を理由として，リンクの削除を請求することは認められるべきと思われる。その場合，司法の判断に従い削除することは当然としても，それのみでは不十分であるので，検索サービス事業者自身が，請求を受け付けて削除する運用は歓迎される。他方，検索サービス事業者による自主的な削除が，私的な「検閲」とならないか，このような重

---

38)　もっとも，検索サービス事業者が用いるアルゴリズムが，本当に人為的な操作のない自動的なものといえるかについては，疑問が提起されている。中島・前掲注 **25**)65 頁，名和小太郎「サーチエンジンと表現の自由」情報管理 51 巻 4 号 294 頁以下参照。サーチバイアスについては，市川芳治「インターネット上の情報流通と法規制――根底への問い：憲法・競争法からのアプローチ」法セ 707 号 4 頁も参照。

要な判断を検索サービス事業者に委ねることが妥当かという問題はある[39]。したがって，大手の検索サービス事業者が行ったように，外部の有識者に諮問して，また，裁判例を踏まえて，削除の判断基準を作成して，それを公表することが望ましい。さらに，検索サービス事業者による自主規制については，その透明性を確保する必要があり，グーグル社の「透明性レポート」は，この観点から評価できる。

　最後に，歴史研究等と「忘れられる権利」について述べておくこととする。「忘れられる権利」は，図書館や公文書館の関係者の間でも大きな関心を呼んでいる。国際図書館連盟（IFLA）は，2008年12月3日，「歴史的記録における個人情報へのアクセスに関する声明」を公表し，個人情報を必要とする研究者を全力で支援することを宣言し，2016年2月25日には，「忘れられる権利に関する声明」を公表し，歴史的・統計的そして研究目的に必要な場合，公益上の必要がある場合，表現の自由の行使のために検索サービスのリンクが必要な場合には，「忘れられる権利」は適用されるべきでないこと，公人の氏名による検索結果を削除すべきでないこと，検索サービス事業者による検索結果の削除の基準と過程を透明にすること等の意見を明らかにしている[40]。GDPR17条においても，歴史公文書等の保存・管理，歴史研究のために必要な個人データについては，削除権（忘れられる権利）の対象外とされているように（同条3項d号），歴史研究が「忘れられる権利」の名の下に困難になることは避けられなければならない。公文書館等に移管された歴史公文書等に含まれる個人情報の場合には，「時の経過」は，非歴史公文書等の場合とは逆に，個人情報としての要保護性を減少させる点[41]は，今後も変わらないと考えられる。

---

39)　大谷卓史「『ディジタルパーソン』概念とプライバシー侵害——情報倫理学とドラマトゥルギー理論による理解」信学技報114巻118号212頁参照。宮下・前掲注**16)**66頁は，表現の自由とプライバシー権という健全な民主社会の根幹をなす価値の調整を検索サイト会社に委ねるのではなく，立法による手当と司法による具体的な判断枠組みの蓄積が求められているとする。

40)　わが国でも，図書館関係者からは，「忘れられる権利」が歴史研究を阻害することへの懸念が示されている。井上靖代「『忘れられる権利』と図書館」みんなの図書館81号56頁以下，前川敦子「『忘れられる権利』をめぐる雑感」図書館界66巻4号253頁参照。

41)　宇賀克也・逐条解説 公文書等の管理に関する法律〔第3版〕（第一法規，2015年）160頁参照。

第 2 節　検索サービス事業者の削除義務
──最高裁平成 29 年 1 月 31 日決定を契機に

1　はじめに

　検索サービスは，インターネット社会における不可欠なインフラとなっている。個人がインターネット上に発信した情報が本人と無関係な他者により発見されうるのは，通常は，検索サービスの利用が可能であるからであり，検索サービスは，インターネット社会における表現の自由を支えている。また，インターネット上に存在する膨大な情報の中から自分に関心のある情報を抽出する上で最も便利なのが検索サービスであることも多言を要しないであろう。検索サービスは，国民の知る権利にも多大な貢献をしているのである。

　このような検索サービスの高度の公益性の反面，検索サービスは，新たな社会問題を惹起することになった。かつては，過ちを犯しても，「人の噂も 75日」であり，時の経過とともに忘却され，社会復帰が可能であったところ，ひとたびインターネット上に蓄積された情報は，容易に拡散され，かつ，検索サービスを利用することによって，永久に検索され続けるのである。人間は忘却しても，インターネットは忘却しない。インターネット社会は，忘れることを忘れた社会ともいえる。

　時の経過によりプライバシーとしての保護が必要になった情報を削除するためには，リンク先のウェブサイト自体を削除することが抜本的な解決策ということはいえる。しかし，多数にのぼるウェブサイトの管理者や発信者を特定して，個別に削除請求を行うことは実際には容易でなく，新たにミラーサイトが作成されることには対応できない。そこで，実効的な権利救済方法として考案されたのが，検索サービス事業者に対する削除請求である。すなわち，当該ウェブサイトの URL を知っているような例外的場合を除き，検索サービスにより検索されなければ，実際には，一般人が，当該ウェブサイトにたどりつくことはないので，実際上，プライバシー侵害を防止できるのである。このように

検索結果の削除を請求する権利が「忘れられる権利」[1]の問題として，国際的
な議論になっている。わが国においても，検索結果の削除を請求する仮処分の
申立ては多数行われている。そして，検索結果の削除を命ずることを求める仮
処分の申立てを「忘れられる権利」という文言を用いて認容した決定（さいた
ま地決平成 27・12・22 判時 2282 号 78 頁）の許可抗告事件で最高裁の判断基準が
示された（最決平成 29・1・31 民集 71 巻 1 号 63 頁）。そこで，以下において，こ
の事件について検討し，今後の課題についても述べることとしたい。

2　事案の概要

(1)　債権者の主張

　グーグル社（債務者）は，インターネットの検索エンジン「Google」（http://
www.google.co.jp）のウェブサイト（グーグル検索）を管理・運営する米国法人で
ある。債務者の提供する検索サービスでは，利用者が任意の文字列（クエリ）
を入力すると，当該文字列と関連性が高いと判断されたウェブサイトへのリン
クが，検索結果一覧として表示され，各リンクには，当該ウェブサイトの表題
（タイトル），URL と内容の抜粋（スニペット）が表示される仕組みになっている。
債権者は，児童買春をしたとの被疑事実に基づき 2011 年 11 月に逮捕され，翌
月に，簡易裁判所の略式命令により，児童買春，児童ポルノに係る行為等の処
罰及び児童の保護等に関する法律（平成 26 年法律第 79 号による改正前のもの。以
下同じ）4 条に違反した罪で，罰金 50 万円に処せられ，即時に罰金を納付した。
債権者が前記容疑で逮捕された事実（以下「本件事実」という）は逮捕翌日に報
道され，その内容の全部または一部について，ウェブサイトの電子掲示板への
書込みが多数回なされた。債務者の提供する検索サービスで債権者の氏名およ
び居住する県の名称を検索ワードとして入力すると，一定のウェブサイトの
URL ならびに当該ウェブサイトのタイトルおよびスニペットが提供されると

---

1)　「忘れられる権利」という用語は，国際的にも多様な意味で用いられることがある。たと
　えば，笠木映里「フランスの医療制度の近年の動向——2016 年改正法の概要と『（既往症
　を）忘れられる権利』週刊社会保障 2923 号 48 頁以下で使用されている「忘れられる権利」
　は，検索結果の削除権とは大きく異なる内容を意味する。

ころ，そのうち 49 個の検索結果（以下「本件検索結果」という）には，タイトルまたはスニペットに，本件事実が記載された記事が表示される状態であった。そこで，債権者は，2015 年 1 月 29 日に，さいたま地方裁判所に，民事保全法23 条 2 項の定める仮の地位を定める仮処分として，検索結果の削除を求める仮処分の申立てを行った。そして，事件からは 3 年半，略式命令からも 3 年以上が経過しており，また，債権者は事件を反省して新しい生活をしていることから当該記事は公益性は喪失していると述べ，最判平成 6・2・8 民集 48 巻 2号 149 頁（以下「ノンフィクション『逆転』事件最高裁判決」という）を引用して，「更生を妨げられない利益」が違法に侵害されているので，人格権ないし人格的利益に基づく妨害排除または妨害予防の請求として検索結果の削除請求権を有すると主張した。差止請求の考慮要素については，最判平成 14・9・24 判時1802 号 60 頁（以下「『石に泳ぐ魚』事件最高裁判決」という）を引用し，(i)侵害対象者の社会的地位，(ii)侵害行為の性質，(iii)被害者の不利益，(iv)差止めによる侵害者の不利益，(v)侵害行為が明らかに予想されること，(vi)被害の重大性，(vii)回復困難性，であるとし，公衆の正当な関心の希薄化という点では，公訴時効期間（刑事訴訟法 250 条）や不法行為の時効期間（民法 724 条）が一つの基準になると指摘した。時の経過以外の考慮要素について債権者は，債権者が政治活動や公益的活動をしていないこと，本件事件自体は，社会に重大な影響を与えたものではないこと，本件記事を今なお債権者の知人に知らしめる必要性はそれほど高くないこと，債権者は更生して家族と一般的な生活をしていること，本件ウェブサイトに過去の犯罪情報を実名で掲載しておくことの公益性はさほど高くないこと，債務者は任意削除依頼の手続を用意しており，債務者に削除手続を求めたとしても債務者にはそれほど負担にならないことを主張した。また，債権者は，比較衡量の判断基準については，最大判昭和 56・12・16 民集 35 巻10 号 1369 頁（大阪国際空港事件大法廷判決）および最判平成 7・7・7 民集 49 巻7 号 2599 頁（国道 43 号線事件最高裁判決）を引用して，上記要素を中心に，受忍限度論によるべきとの主張を行った。保全の必要性については，本件検索結果がインターネットで常に公開されており，本案判決前に債権者の知人に過去の逮捕歴が閲覧されることになれば，重大にして回復困難な事態となるので，知人に閲覧される前に，一刻も早く検索結果を削除しておく必要があると述べ

た。

(2)　債務者の主張

　他方，債務者は，本件サイトはいわゆる検索エンジンであり，サイトの利用者が入力した任意の文字列に応じて，一定のアルゴリズムに従い機械的かつ自動的に関連性のある既存のウェブサイトへのリンクのリストを生成し，検索結果として表示するサービスを提供するものであることを説明する。そして，検索サービスは，インターネット上の膨大な情報を効率的に利用するために不可欠なものとして，いわば知る権利に資する積極的かつ公益的な重要な役割を担っており，検索サービスの果たす公共的役割は，検索結果の表示に人為的な操作が介在しないことによって基礎付けられるとする。そして，このような検索サービスの公共的役割を前提とすれば，検索サービス事業者への削除請求における違法性の判断において削除義務が認められるためには，表現の自由や知る権利と，人格権に対する不利益との比較衡量が必要であり，具体的事案において削除義務が認められるためには，当該内容に接する機会を有することによるユーザーの利益，その他の表現の自由や知る権利という公共の利益と，問題となっている検索結果に含まれる内容による権利侵害の程度等を総合考慮すべきとする。以上の一般論を踏まえて，債務者は，本件検索結果を削除することは，社会一般の知る権利を著しく損なうものであり，他方，その内容が検索結果に表示されることによる債権者の権利侵害は認められないかきわめて軽微であるから，被保全権利たる債権者の債務者に対する人格権に基づく削除請求は認められないと主張した。すなわち，本件においては，債務者の検索サービスが，公益性の高い児童買春に関する情報の発信者とそれを知ることを欲する者との「媒介者」としての役割を果たしており，一見して検索結果に表示される内容により債権者の権利が社会的に許容されないほど大きく侵害されている事案ではなく，さらに検索結果のリンク先のウェブサイトの管理者に対する請求も可能と考えられる事案であるから，仮に債権者の人格権の侵害が軽微ながら認められたとしても，なお受忍限度の範囲内といえるというのである。さらに，債権者の求める削除は，債務者に検閲にも等しい役割を行わせて，リンク先のウェブサイトの管理者の表現の自由やインターネット利用者の知る権利を侵害す

る危険の高いものであり，安易に（とりわけリンク先のウェブサイト管理者への削除請求もしていないような場合に）削除義務が認められてはならず，債権者の救済手段としては，検索結果に表示されるリンク先のウェブサイト管理者への削除請求を原則とすべきであり，かかる救済手段が何らかの理由で困難である場合に限り，かつ，一見して検索結果に表示される内容により債権者の権利が社会的に許容されないほど大きく侵害されている場合にのみ，債務者に対する請求が認められるべきであると主張する（検索サービス事業者の削除義務をこのように限定する説を，以下「補充責任説」という）。

　そして，本件検索結果は，いずれも債権者が過去に児童買春・ポルノ処罰法違反の疑いで逮捕された事実に関するものであり，当該事実は刑事裁判において公的に確定されていること，未成年者に対する性犯罪は，未成熟で判断能力に乏しい児童を，自己の性的欲求を満たすため利用する悪質な犯罪であり，国内のみならず国際的にも社会的批判のきわめて大きいものであること，かかる犯歴は，潜在的な被害者となりうる子を持つ親など，社会一般の関心の高い事実であり，そのような情報に接する機会を有する公共の利益（知る権利）はきわめて大きいこと，特に，本件の事件の処罰根拠法である児童買春，児童ポルノに係る行為等の処罰及び児童の保護等に関する法律4条の公訴時効は5年（刑事訴訟法250条2項5号）であり，公訴時効期間は，法が定める時の経過によって犯罪に対する社会の応報・必罰感情が沈静し，刑の威嚇力や特別予防力が微弱になる期間であるという趣旨であるところ，本件では事件からも略式命令からも3年余りしか経過していないため，本件の事件に関する情報に接する機会を有するという公共の利益は特に大きいことを指摘する。また，債権者は，略式命令から3年以上が経過しており，事件を反省し新しい生活をしていることから，事件を公表したままにすることは違法であると主張するが，本件検索結果の全部（または一部）が表示されていることをもって更生が妨げられている具体的な事実の主張はなく，むしろ，債権者は現在平穏な日常生活を送っているため，具体的な人格権侵害は生じていないこと，債権者の氏名のみで検索した場合には，本件検索結果のうち，ごく限られた件数しか表示されず，債権者の主張する検索結果のほとんどは，「債権者の住所地」＋「債権者の氏名」という意図的に限定された検索条件によってのみ表示されるので，かかる検索

結果にアクセスする者はかなり限定されることになり，債権者の人格権（更生を妨げられない利益）に対する不利益は，生じているとしてもきわめて軽微であること等も指摘している。

　債務者は，保全の必要性についても，債権者が具体的な不利益について何ら主張しておらず，仮に不利益が発生していたとしても，抽象的な不利益は受忍すべき範疇と考えられるため，人格権侵害はきわめて軽微であるから，そもそも損害の発生および差し迫った回避すべき危険の存在が疎明されているとはいえず，民事保全法23条2項の「著しい損害」または「急迫の危険」による保全の必要性はないと主張した。さらに，グーグル検索は検索エンジンであり，投稿記事はインターネット上の別のウェブサイトにあるので，仮に本件検索結果を削除したとしても，投稿記事を含むリンク先のウェブサイトはインターネット上に存在し続けるため，誰でも閲覧可能な状態にあり続けること，債権者は，投稿記事を含むリンク先のウェブサイトの管理者に対して削除を求めることが可能であり，かかる削除が行われればそもそも問題となっている投稿記事はインターネット上に存在しなくなり，グーグル検索の検索結果としても表示されなくなること，リンク先のウェブサイトの管理者に対する削除請求もしていない状況で債務者に削除させる必要性はないこと，わが国で利用される検索サービスには，債務者のサイトの他にも，「Yahoo！」（http://www.yahoo.co.jp/）等，多数存在しており，その多数のサービスの一つにすぎないグーグル検索を管理している債務者に対して検索結果の削除を求めても，権利侵害の発生を阻止することはできないことも指摘している。

　それに加えて，本件では，債権者の主張する人格権と，潜在的な被害者となりうる子を持つ親など，社会一般の知る権利が対立するものであるところ，本来は，本案での綿密な審理手続になじむものであり，迅速性を重視する保全手続において争うべき事案ではないにもかかわらず，本件のように保全手続が選択されると，債務者にとっては本案で争う機会が実質的に奪われるに等しく，安易な事実認定や命令が発せられることによる弊害は著しく大きいから，かかる事案においては債権者に本案で争う機会が保障されていれば十分であり，保全手続を不当に利用することを許すべきではないとも主張している。

3　さいたま地裁平成 27 年 6 月 25 日決定

(1)　更生を妨げられない利益

　さいたま地決平成 27・6・25 判時 2282 号 83 頁（以下，「仮処分決定」という）[2]
は，刑事事件の被疑者として逮捕されたという事実は，逮捕された者の名誉あ
るいは信用に直接関わる事項であるから，その者は，みだりに当該事実を公表
されないことにつき法的保護に値する利益を有するところ，債権者は，すでに
罰金刑による処罰を受けており，一市民として社会に復帰することが期待され
るから，過去に逮捕されたという事実の公表によって新しく形成している社会
生活の平穏を害されない利益を有するが，グーグル検索を利用すれば債権者の
逮捕歴に関する記事をインターネット上で誰でも簡単に閲覧することができ，
債権者の知人が検索結果として表示されるタイトルやスニペットを読むだけで，
逮捕された者が債権者であることも知られてしまうという事実を認定する。そ
して，今日，インターネットを通じた情報の取得は社会生活において重要な位
置を占め，インターネット上の膨大な情報の中から利用者が自ら欲する情報を
取得するためには，検索サービスが不可欠であり，このことは債務者の自認す
るところであること，数ある検索サービスの中でも債務者が提供するグーグル
検索は，一般に有用性が認められ日常生活で広く利用されていることを指摘し，
日常的に利用される検索サービスで，債権者の氏名および住所を入力して検索
するだけで，3 年余り前の逮捕歴が，インターネット利用者にいつでも簡単に
閲覧されてしまう状況にあれば，債権者にとって，社会生活の平穏を害され，
更生を妨げられない利益が著しく侵害され，あるいは容易に侵害されるおそれ
があると判示する。本件検索結果が表示されていることをもって債権者の更生
が妨げられているという具体的な事実はなく，むしろ債権者は現在平穏な日常
生活を送っているため，具体的な人格権侵害は生じていないという債務者の主
張に対しては，過去の逮捕歴などは最も他人に知られたくないプライバシーで

---

2)　宇賀克也・IP（『情報公開の実務』『個人情報保護の実務』〔第一法規，加除式〕別冊）38
　　号 1 頁以下，濱口晶子・法セ 742 号 124 頁参照。

あり，債権者が，幼い子や妻などの家族と共に社会生活を送っていくためには，必然的に新たな知人と人間関係を結び広げていく必要があり，そのような知人が，日常的に簡単に利用できるインターネットのグーグル検索で，債権者の氏名および住所を入力して情報を検索する可能性は決して小さいとはいえないこと，知人がグーグル検索で債権者の逮捕歴を一度知ってしまえば記憶を消すことはできず，その知人と円滑な人間関係を結ぶことは，もはやきわめて困難となるであろうし，いまだそのような事態が現実化していなくても，グーグル検索の検索結果で逮捕歴が公表されないようにすることは，社会の一員として復帰して平穏な生活を送り続けるためにきわめて重要であるといえるので，債権者には，更生を妨げられない利益について，回復困難かつ重大な侵害が生ずるおそれがあることを指摘する。また，債権者の氏名のみでは，逮捕歴を含む検索結果がそれほど多数表示されないとしても，茫漠とした検索結果を絞り込むために検索キーワードを追加することは日常頻繁にされることであり，利用者が債権者の住所を加えて検索する可能性を小さいとみることはできず，その検索結果が意図的に限定された検索条件によってのみ表示されるものと評価することはできないし，検索結果にアクセスする者がかなり限定されると推論するのも相当でないとする。そして，氏名および住所という債権者の周囲の者であれば入力することが十分に想定される検索キーワードでグーグル検索を利用したときに本件検索結果を表示し閲覧可能な状態にしていること自体が，債権者が新たに形成している社会生活の平穏をまさに害しているのであり，債権者の周囲の者との関係でこそ深刻な人格権侵害が生ずるのであるから，具体的な人格権侵害が生じていないとか，人格権の侵害が軽微であるとは到底いえないとして，債務者の主張を退けている。

(2)　検索サービスの公益性

　仮処分決定も，債務者が提供する検索サービスが，インターネット上の情報流通において重要な役割を果たし，インターネット上の膨大な情報を効率的に利用するために不可欠なものとして，知る権利に資する公益的，公共的役割を果たしており，また，このような検索サービスの果たす公共的役割が，検索結果の表示になるべく人為的な操作が介在しないことによって基礎付けられると

いう債務者の主張については，一般論としては肯定している。しかし本件で問題となるのは，債権者が過去 3 年余り前に児童買春の罪で逮捕されたという逮捕歴に関する記事を，グーグル検索の結果として，今後も表示し続けることに，どれだけの公益性があるかということであるとする。そして，児童買春のような未成年者に対する性犯罪は，未成熟で判断能力に乏しい児童を自己の性的欲求を満たすために利用する悪質な犯罪であって，国内のみならず国際的にも社会的批判がきわめて大きく，かかる犯罪の犯歴は，潜在的な被害者となりうる子を持つ親など，社会一般の関心が高いことも認め，そのような情報に接することを可能とするという公共の利益に寄与する検索サービスの機能にも配慮が必要であり，債権者の逮捕歴についても，インターネット上の無数のウェブサイトに点在する情報を収集して検索結果として表示することに，社会一般の知る権利に資する面があり，公益性がないとはいえないと判示する。

(3)　本件検索結果を表示し続けることの公益性の稀薄さ

　他方において，債権者は，罰金刑を受けてから 3 年以上罪を犯すことなく妻子と共に平穏な生活を送っていること，債権者が犯した罪そのものは，略式命令手続で 50 万円の罰金刑で処理されるような類型的に比較的軽微なものであり，検索結果を見ても，債権者が逮捕された事実を記述した当時の記事があるのみで，逮捕後の事件の経過を伝えるものは全く見あたらないこと，債権者は，逮捕の当時も現在も社会に特段の影響を与えるような活動をしておらず，事件の背景に債権者の社会的地位が影響したものでもないことに鑑みると，債権者が逮捕された事実を今後とも検索結果として表示し続けることに歴史的または社会的な意義があるとは考えられないこと，とりわけ，債権者が過去に逮捕された事実を実名で逮捕当時の債権者の住所や年齢と併せて公表し続ける公益的な意義ないし必要性は，きわめて乏しいと考えられることを指摘する。

　児童買春の罪については，潜在的に被害者となりうる子を持つ親など社会一般の関心が高く，また，公訴時効期間（5 年）も経過していない本件の事件に関する情報に接する機会を有するという公共の利益は特に大きいという債務者の主張に対しては，犯罪類型としてその情報を公表することに公益性が高いということが一般論としていえるとしても，具体的な本件事件は，一定の判断能

力を有する年代である女子高校生に金銭を渡してわいせつな行為を行ったとい
う児童買春の事案であって，粗暴な要素はなく，特殊な事案でもなく，簡易な
略式命令手続で罰金刑に処せられた比較的軽微な事案であって，一般的・抽象的
に犯罪の種類やその犯罪の公訴時効期間のみをもって，その情報の公益性を高
く評価すべきものではないと判示している。

(4)　受忍限度論

　仮処分決定は，本件のような削除請求の可否は，受忍限度論により決せられ
るべきであり，侵害行為の態様と程度，被侵害利益の性質と内容，侵害行為の
公共性の内容と程度，被害の防止または軽減のため加害者が講じた措置の内容
と程度についての全体的な総合考慮を必要とすると述べている。仮処分決定は，
この点を敷衍して，逮捕歴に関する事実は，それが刑事事件という社会一般の
関心あるいは批判の対象となるべき事項に関わるものであるから，事件自体を
公表することに歴史的または社会的な意義が認められるような場合には，事件
の当事者についても，その実名を明らかにすることが許されないとはいえない
し，また，その者の社会的活動の性質あるいはこれを通じて社会に及ぼす影響
力の程度等のいかんによっては，その社会的活動に対する批判あるいは評価の
一資料として，逮捕歴に関わる事実が公表されることを受忍しなければならな
い場合もあり，その者が選挙によって選出される公職にある者またはその候補
者など，社会一般の正当な関心の対象となる公的立場にある人物である場合に，
その者が公職にあることの適否等の判断の一資料として事実が公表されること
を受忍しなければならないこともあるとする。そして，インターネットの検索
サービスの検索結果として逮捕歴に関する事実が実名等の個人情報と共に表示
されている場合に，以上の諸点を判断するためには，その検索サービスの目的，
性格等に照らし，実名等の個人情報まで表示されることの意義および必要性を
併せ考えることを要し，刑事事件に関する社会一般の関心は，犯人の逮捕後，
起訴，有罪判決による処罰と各段階を経ることによって次第に希薄になるのが
通常であるから，このような時の経過も考慮する必要があるとする。
　以上の一般論を踏まえて，仮処分決定は，本件について，具体的に受忍限度
論を適用する。そして，グーグル検索で債権者の氏名および住所を検索キーワ

ードとして検索すると債権者の逮捕歴に関する記事が検索結果として表示されることにより，債権者は，すでに罰金刑に処せられて罪を償ってから3年余り経過した過去の児童買春の罪での逮捕歴について，インターネット利用者であれば何人にも簡単に閲覧されるおそれがあり，そのため知人にも逮捕歴を知られ，平穏な社会生活が著しく阻害され，更生を妨げられない利益が侵害されるおそれがあって，その不利益は回復困難かつ重大なものであると認められるとする。他方，検索結果を表示する意義および必要性についてみると，逮捕歴は，一般的には社会一般の関心事である刑事事件に関わる事実であるものの，本件の事件自体に歴史的または社会的意義があるわけでもなく，債権者に社会的活動等からみた重要性や影響力等が認められるものでもなく，債権者が公職等の公的活動を営んでいるものでもないし，児童買春という犯罪に対する社会的関心を考慮したとしても，すでに罪を償って3年余り経過した過去の債権者の逮捕歴を債権者の氏名等の個人情報と共にインターネットの検索サービスで検索結果として表示し続けることの公益性は，それほど大きいとはいえないとする。そして，本件事件に対する社会一般の関心が，逮捕歴に関する記事がインターネット上に掲載された後も続いているとはいえないことは検索結果の内容からも明らかであり，債権者が逮捕され刑の執行を終えてから3年以上の時が経過した現在において，本件検索結果を今後とも表示すべき意義や必要性は特段認められないとする。以上の検討を踏まえ，仮処分決定は，本件検索結果が表示されることにより家族と共に平穏な社会生活を営むことが阻害され，更生を妨げられない利益が侵害されるという債権者が受ける不利益の程度は，児童買春の罪への社会的関心や知る権利に寄与する検索サービスの公益性を考慮したとしても，受忍すべきものとはいえないと評価するのが相当であると判示している。

(5)　私的検閲論

（i）検索サービスの公共的役割は，検索結果の表示に人為的な操作が介在しないことによって基礎付けられるところ，検索結果の削除は，検索サービス事業者に検閲にも等しい役割を行わせて，ウェブサイト管理者の表現の自由やインターネット利用者の知る権利を侵害する危険が高く，安易に削除義務が認めら

れてはならないという債務者の主張，(ii)一見して人格権侵害が受忍限度を超えることが明らかな検索結果以外の削除義務を裁判所が認めることになれば，検索サービス事業者は，以後，差止請求および損害賠償請求等において違法と判断されることを事前に回避するため，検索結果の内容を積極的に判断しなければならなくなり，その結果，検索結果に対する自己検閲の危険が生じ，情報発信者の表現の自由や公衆の知る権利にも制約が生じることとなるという債務者の主張に対しても，仮処分決定は，以下のように反論している。すなわち，検索サービスは，インターネット上の膨大な情報を収集し，あらかじめ一定の方法を定めて自動的に検索結果として表示するようにしているのであるから，そのような検索サービスを管理運営するに当たっては，検索結果として個人情報が表示されることで必然的に権利侵害を受ける可能性がある個人の権利保護にも配慮すべきは当然であり，受忍限度を超える権利侵害に当たる一部の検索結果のみを削除することにより検索結果の中立性が損なわれ，情報発信者の表現の自由や公衆の知る権利が著しく損なわれるとはいえないとする。また，その限度で，すでに表示されている検索結果について事後的に削除請求を受け，裁判所の判断により削除が命じられたからといって，検索サービス事業者に検閲にも等しい役割を行わせるものともいえず，直ちに検索サービス事業者に対する萎縮的な効果が生じ，自己検閲の危険が生ずるというものではないとする。さらに，世界中で広く利用される検索サービスを運営している債務者の事業規模の大きさ等から考えれば，権利侵害を理由とする個人等からの削除請求が多数寄せられたとしても，必要に応じて裁判所等の第三者の判断を経るなどして，事案に応じた適切な対応をすることが困難とは考えられず，これによる萎縮的な効果や自己検閲の危険が生ずる具体的なおそれは認められないと述べている。

(6)　補充責任説

　仮処分決定は，インターネット上の情報は，複写が簡単に一瞬でできるため，同内容の情報が多数のウェブサイトに転載され，掲載されるウェブサイトの管理者が多数に上ることがしばしばであり，本件検索結果についても，元となる4つの記事が転写されているにすぎないにもかかわらず合計49個ものリンク先のウェブサイトがあり，債権者がその管理者を特定した上で個別にウェブサ

イトの記載の削除を請求しなければならないとすると，早期に実効性のある権利救済を得ることが困難であるのに対し，検索サービスを利用しなければ，膨大なインターネット上の情報に接することは容易ではなく，リンク先のウェブサイトが削除されなくても，検索結果が表示されないようにすることで実効的な権利救済が図られる面もあることを指摘する。そして，検索サービス事業者に対する削除請求よりも，リンク先のウェブサイト管理者への削除請求を原則とすべきであると一概にいうことはできないし，検索サービス事業者に対する削除請求について，一見して検索結果に表示される内容により債権者の権利が社会的に許容されないほど大きく侵害されている場合に限るべきであるともいえないと述べている。他方，本件検索結果を削除することは，債務者において情報処理システム上の対処が必要なだけであって，仮処分命令によって債務者に実質的な損害を生じさせるものではないことを指摘し，本件の仮処分によって，検索結果の削除を命ずることは，当事者双方の負担も少なく，迅速かつ効果的な権利救済に資するものといえるとする。以上を踏まえて，仮処分決定は，債権者がグーグル検索で自己の逮捕歴に関する記事を含む本件検索結果が表示されることによって，更生を妨げられない利益が受忍限度を超えて侵害されているといえるから，債務者に対し，人格権に基づく妨害排除または妨害予防の請求として，検索結果の削除を求めることができると判示したのである。

(7)　複数の検索サービスの存在

　インターネット上に，債務者が提供するグーグル検索以外にも，多数の検索サービスが存在することについても，仮処分決定は，数ある検索サービスの中でも，債務者が提供するグーグル検索が，今日のインターネット利用者から主たる検索サービスとして広く利用されていることは，検索エンジンの公益性を主張する債務者が自認するところであろうし，そうであれば，グーグル検索の検索結果から削除されるだけでも，債権者の権利侵害を未然に防ぐために相当高い効果があると認められるとする。

(8)　保全の必要性

　本件検索結果は，グーグル検索において債権者の氏名および住所を検索キー

ワードとして検索しさえすれば，インターネット上に表示されて常に閲覧可能
な状態であるところ，それを閲覧した者との関係では，後にいかなる方法によ
っても閲覧しなかった状態に戻すことができないから，いったん生じた損害の
回復はきわめて困難である上，時の経過により債権者の周囲の者がこれを閲覧
する可能性は高まり，生じうる損害はむしろ拡大するといえるところ，本案訴
訟となれば，米国法人である債務者に対する訴状送達の手続だけでも相当の時
間を要することは明らかであり，他方，本件の仮処分手続は，審尋期日を3回
経るなど，すでに双方の主張立証を尽くし慎重な審理を経ているので，本件検
索結果の削除請求権の有無という争いがある権利関係について，債権者に生ず
るおそれがある上記のような回復困難で著しい損害を避けるために，仮の地位
を定める仮処分により，検索結果の削除を命ずる必要があると認められると判
示した。

4　さいたま地裁平成 27 年 12 月 22 日決定

(1)　基本的な判断枠組み

　債務者が仮処分決定の取消しを求めて保全異議の申立てを行ったところ，さ
いたま地決平成 27・12・22 判時 2282 号 78 頁（以下「原々決定」という）[3] は，
債権者の申立てには理由があり，これを認容した仮処分決定は相当であるから
認可すべきものと判示した。原々決定も，検索サービス事業者に対する削除請
求であるという理由のみで，債務者が主張するような制約的な判断枠組みをと
るべき理由はないという立場をとった。原々決定も，債務者の主張する検索サ
ービスの公益性も十分斟酌すべきことは否定していないが，そのような検討を
経てもなお受忍限度を超える権利侵害と判断される場合に限り，その検索結果
を削除させることが，直ちに検索サービスの公益性を損なわせるものとはいえ
ないと判示している。検索結果の表示により他人の人格権が侵害され，それが
検索サービスの公益性を踏まえても受忍限度を超える権利侵害と判断される場

3)　宇賀・前掲注 2)8 頁以下，栗田昌裕・判評 693（判時 2305）号 148 頁以下，上机美穂・
　私法判例リマークス 54 号 54 頁以下，濱口・前掲注 2)124 頁，神田知宏・Law & Technolo-
　gy 72 号 41 頁以下参照。

合には，その情報が表示され続ける利益をもって保護すべき法的利益とはいえ
ず，かかる利益衡量をした上で，権利侵害への個別的対応として権利侵害に当
たる一部の検索結果のみを削除することは，それによりリンク先のウェブサイ
トの情報発信者に対して何らの手続的な保護を与えることなく検索サービスか
らの削除を認めることになったとしても，その情報発信者の表現の自由ないし
公開の情報流通の場に置かれる利益を著しく害するとはいえないというのであ
る。

(2)　検索結果の表現としての性格

　原々決定は，債務者の提供する検索サービスの検索結果として，いかなるウ
ェブサイトを上位に表示するか，いかなる手順でスニペットを作成して表示す
るか等の仕組み自体は，債務者が自己の事業方針に基づいて構成していること
は明らかであり，それは機械的であっても編集作業であり，債務者が検索結果
に明らかな違法があると判断した場合に自主的にその検索結果を削除する等の
対応を行っていることは債務者自身も認めているので，検索結果の表示が検索
サービス事業者を主体とする表現であることは否定できないとする。

(3)　受忍限度論

　原々決定も，検索サービス事業者に対する検索結果の削除請求を認めるべき
か否かは，検索サービスの公益性にも配慮する一方で，検索結果の表示により
人格権を侵害されると主張する者の実効的な権利救済の観点も勘案しつつ，諸
般の事情を総合考慮して，更生を妨げられない利益について受忍限度を超える
権利侵害があるといえるか否かによって判断すべきであるとし，検索サービス
の公益性を踏まえても受忍限度を超える権利侵害と判断される場合に検索結果
の削除を認めても，それにより直ちに検索サービスの公益性を損なわせるとは
いえないという立場をとっている。

　したがって，債務者の主張するように一概に，検索結果における表示内容が
明らかに社会相当性を逸脱することが明らかで，リンク先のウェブサイトの管
理者等に当該ウェブサイトに含まれる表現の削除を求めていては回復しがたい
重大な損害が生じる等の特段の事情があるときしか債務者に対する削除請求は

認められないというべきではないし，リンク先のウェブサイトの管理者等への
削除請求を原則とすべきで，かかる救済手段が何らかの理由で困難で，かつ，
一見して検索結果に表示される内容により債権者の権利が社会的に許容されな
いほど大きく侵害されている場合でなければ削除請求が認められないというべ
きものでもないという見解を示している。

⑷　検索結果の具体的内容の評価

　以上の一般論を踏まえて，原々決定は，個々の検索結果として表示されてい
る具体的な内容の評価を行っている。この点について，債務者は，検索結果に
より人格権が侵害されているか否かは，当該検索結果の内容や検索結果の表示
される状況等を個々具体的に検討しなければ判断しえないはずであるにもかか
わらず，仮処分決定はそのような個別具体的な判断を一切懈怠しており不当で
あると批判する。そして，本件検索結果は，単に児童買春の罪で逮捕されたと
して具体的な行為態様の記載がないもの，そもそも児童買春の罪で逮捕された
か否かが明らかでないもの等，表示されている内容も一様でなく，また，検索
結果の表示される状況も，特殊なキーワードの入力（債権者の氏名に加え住所も
検索キーワードに加えること）が必要な上，無数に表示される検索結果の下位の
方に表示され，およそ人目に触れる可能性が低い態様であるものなど一様でな
いため，本件検索結果によって人格権が侵害されるというのであれば，個々の
表示内容がなぜいかなる人格権を侵害するといえるのか，各検索結果の内容，
表示される状況等により，個別に判断しなければならないと主張した。

　しかし，原々決定は，検索サービスによる検索結果の表示により人格権が侵
害されるか否かは，検索サービスの一般的な利用方法や，検索結果の表示内容
に即した利用者の読み方など，インターネット検索の特性に照らした利用者の
普通の利用方法や読み方を基準として，どのように検索結果が読まれ解釈され
るかという意味内容に従って判断すべきであるとする。そして，この点からみ
ると，本件検索結果の個々のスニペットの表示の中には，債務者の主張するよ
うに，具体的な行為態様の記載がないとか，そもそも児童買春の罪で逮捕され
たか否かが明らかでないとか，検索結果の末尾の方に表示されるにすぎないも
のもあることは，原々決定も認めている。しかし，原々決定は，検索サービス

を利用する者は，無数のインターネットの情報の中から，検索結果として表示されるウェブサイトのタイトルやスニペットの断片的な情報を頼りに検索結果を前後参照するなどして，利用者が探している目的の検索結果を見つけようと努力するのが普通の利用方法であり，グーグル社による検索サービスにおいても，多数の検索結果がある場合，検索結果表示の各ページの末尾に，前後の検索結果を簡単に参照できるようにするリンクが表示されていることを指摘する。そして，本件検索結果は，49 個の検索結果のどれを見てもスニペットの中に債権者の氏名が表示され，さらに，債権者が逮捕された旨の表示がされ，あるいは逮捕の表示はなくとも債権者に児童買春・ポルノ禁止法違反（買春）の疑いがある旨の表示がされているので，個々の検索結果の表示に具体的な行為態様の記載がなかったり，そもそも児童買春の罪で逮捕されたか否かが明らかでないようなものがあったりしたとしても，検索結果を前後参照しながら目的とする検索結果を見つけようとする一般的な検索結果の利用方法を前提とするとき，普通の検索エンジンの利用者が本件検索結果における債権者の氏名と逮捕または児童買春容疑の事実とが表示された個々の検索結果の表示内容を見れば，これを前後の検索結果も参照しながら読むことにより，各検索結果がいずれも債権者が児童買春の罪で逮捕された事実を表示しているものと解釈すると考えられるとする。また，検索結果の表示は前後参照しながら利用され，前後のページを簡単に参照するためのリンクも表示されていることからすれば，検索結果の下位の方に表示されるからといって，およそ人目に触れる可能性が低いともいえないと指摘する。以上を踏まえて，原々決定は，個々の検索結果を見ても，本件検索結果はいずれも，児童買春の罪により債権者が逮捕されたという過去の逮捕歴を知ることができるものと判示している。

(5)　更生を妨げられない利益

　債務者は，逮捕歴が表示されていることによってどのように更生が妨げられるのか明らかでなく，更生とは，まずもって同種犯罪を繰り返さないことであろうが，かかる表示によって債権者が同種犯罪を繰り返すおそれが高まるはずがなく，むしろ逮捕歴の表示によって将来のそのような犯罪が抑制される意義も考えられるとも主張した。しかし，原々決定は，罪を犯した者が，有罪判決

を受けた後，あるいは服役を終えた後，一市民として社会に復帰し，平穏な生活を送ること自体が，その者が犯罪を繰り返さずに更生することそのものなのであり，更生の意義をこのように考えれば，犯罪を繰り返すことなく一定期間を経た者については，その逮捕歴の表示は，事件当初の犯罪報道とは異なり，更生を妨げられない利益を侵害するおそれが大きいと指摘する。そして，一度は逮捕歴を報道され社会に知られてしまった犯罪者といえども，人格権として私生活を尊重されるべき権利を有し，更生を妨げられない利益を有するので，犯罪の性質等にもよるが，ある程度の期間が経過した後は過去の犯罪を社会から「忘れられる権利」を有すると判示する。

(6) 削除義務

　いかなる場合に検索結果から逮捕歴の抹消を求めることができるかについて，原々決定は，公的機関であっても前科に関する情報を一般に提供するような仕組みをとっていないわが国の刑事政策を踏まえつつ，インターネットが広く普及した現代社会においては，ひとたびインターネット上に情報が表示されてしまうと，その情報を抹消し，社会から忘れられることによって平穏な生活を送ることが著しく困難になっていることも考慮して判断する必要があるとする。以上を踏まえて，原々決定は，債権者が既に罰金刑に処せられて罪を償ってから3年余り経過した過去の児童買春の罪での逮捕歴がインターネット利用者によって簡単に閲覧されるおそれがあり，そのため知人にも逮捕歴を知られ，平穏な社会生活が著しく阻害され，更生を妨げられない利益が侵害されるおそれがあって，その不利益は回復困難かつ重大であると認められ，検索サービスの公益性を考慮しても，更生を妨げられない利益が社会生活において受忍すべき限度を超えて侵害されていると認められると判示した。

(7) 手続的保護

　債務者は，検索結果を削除するに当たり，表現主体に手続的保護が与えられるべきと主張したが，原々決定は，リンク先のウェブサイトの情報発信者に対する事前手続なしに検索結果の削除を認めることになったとしても，その情報発信者の表現の自由ないし公開の情報流通の場に置かれる利益を著しく害する

とはいえないと判示しており，この点も注目される。

(8)　保全の必要性

　原々決定は，本件検索結果の表示が債権者の更生を妨げられない利益を侵害するものであると評価されるのは，時の経過をも考慮した結果であるので，当初の情報が 3 年以上前から発信されたものであり，検索結果としても相当長期間表示されてきたものであるからといって，保全処分による必要性や緊急性が否定されると考えるのは背理であるとする。他方，本件検索結果を削除することは，債務者において日頃行っている削除依頼に対する任意の対応と大きな違いはなく，情報処理システム上の対処が必要なだけで，債務者に実質的な損害を生じさせるものではないと述べている。

5　保全抗告審における当事者の主張

(1)　債権者の主張

　債権者は，保全抗告審において，被保全権利について，㋐本件検索結果が自動的かつ機械的に生成されるものであるとしても，必要な情報を収集し，本件検索結果を構成するタイトル，URL およびスニペットを表示するのは，債務者が作成したプログラムであるから，結局本件検索結果は債務者が発行するコンテンツであって，債務者は，コンテンツプロバイダとしての責任を負うこと，㋑債務者は，特定電気通信役務提供者の損害賠償責任の制限及び発信者情報の開示に関する法律（以下「プロバイダ責任制限法」という）における特定電気通信役務提供者であるから，同法に基づく削除義務を負い，また，人格権に基づく妨害排除請求権として，削除請求権が認められること（最大判昭和 61・6・11 民集 40 巻 4 号 872 頁〔以下「北方ジャーナル事件大法廷判決」という〕）を主張した。そして，㋒「人の噂も 75 日」という言葉にあるように，人が何らかのミスをしても，一定期間を経過すれば他者の記憶から消失し，そのことにより社会生活を円滑に営むことができるが，インターネットにおいては，人の氏名等で検索をすれば，その者に関する古い情報も新しい情報も同様に表示されるのであり，これでは社会生活を円滑に営むことは到底期待できず，相当でないという

ことが,「忘れられる権利」の基本思想であり, それは人格的生存に必要不可
欠な権利 (憲法13条) と把握され, 名誉権やプライバシー権と並び, 人格権の
一内容として理解でき, 本件の被保全権利は,「忘れられる権利を一内容とす
る人格権に基づく妨害排除請求権としての差止請求権」であること, (エ)時の経
過, 当事者の社会的地位および事件の性質等を総合考慮すると, 本件では知る
権利より「忘れられる権利」が優先することを指摘した。また, (オ)プライバシ
ー権侵害に基づく差止請求権について, 本件では非公知性の点が問題となるが,
誰でも知っている情報と, 誰でも知りうる情報とでは性格が異なるから, 本件
では非公知でないとはいえず, 長期間の経過に加え, 債権者の社会的地位や本
件犯行後の生活状況等を総合考慮すると, 犯罪報道といえども公共性がなくな
ると考えられるので, プライバシー権の侵害に基づく差止請求権が認められる
こと, (カ)本件犯行に係る事実は名誉 (人の品性, 徳行, 名声, 信用等の人格的価値
について社会から受ける客観的な社会的評価) に関する事実であって, 相手方の社
会的評価を低下させるから, その公表は名誉権の侵害に当たり, 事実摘示型の
名誉権侵害については, ①公共の利害に関する事実であり, ②専ら公益を図る
目的に出たものであり, ③摘示された事実が真実である場合には, 違法性が阻
却され, また, 行為者において事実を真実と信じるについて相当の理由がある
ときは, 故意が阻却されるが (責任阻却事由), 本件では, 公訴時効期間と同程
度の時間が経過すれば, 公衆の正当な関心は希薄化し, 公共性がなくなる (す
なわち, 違法性阻却事由がなくなる) と考えられ, 本件検索結果の表示は違法と
なるので, 名誉権侵害に基づく差止請求権が認められることも主張した。さら
に, (キ)債務者は, 本件の判断基準は,「社会的相当性を逸脱する違法なもので
あることが明らか」であることであると主張するが, 病歴や犯罪歴等配慮を要
する個人情報についても, 本人の同意に基づいて掲載されている可能性があり,
違法であることが明らかか否かはにわかに判断できず, 名誉権侵害について,
事実無根の犯罪歴を公表された場合であっても, 事実の真実性は一見して明ら
かであるとはいえないし, そもそも, 検索結果に係るウェブサイトに記載され
た者との同定にも疑問が残るのであるから, 債務者の主張する判断基準は不完
全なものであって採用できないこと, (ク)発信者情報の開示請求等に係るプロバ
イダ責任制限法4条1項1号は「侵害情報の流通によって当該開示の請求をす

る者の権利が侵害されたことが明らかであるとき」としており，これは，違法
性阻却事由の不存在を意味すると解されているところ，債務者の主張する判断
基準も同様に解すると，債権者は，本件検索結果に係るウェブサイトの内容や
スニペットの記載についての違法性阻却事由の不存在を立証すれば足り，これ
は，従前債権者が主張している判断基準と同じであると述べた。それに加えて，
㈷図書館における図書の閲覧とインターネット上での検索とでは，利便性が大
きく異なり，後者の方が受忍限度は低いこと，㈶本件検索結果は，特定のキー
ワードにより検索されたものが一覧表示されるのであり，スニペットの内容に
共通性があれば，一般の読者の普通の注意と読み方をもってすると，相互に関
連する記事についての検索結果であると理解できるので，本件検索結果におけ
る個々の記載がいずれも違法であるとした仮処分決定および原々決定の判断は
相当であること，㈸検索結果の有用性ないし公益性は，検索結果の違法性の判
断ではなく，差止請求における総合衡量的な受忍限度の判断の一要素として考
慮されるべきであることを主張し，保全の必要性についての債務者の主張も争
った。

(2)　債務者の主張

　保全抗告審において，債務者は，被保全権利について，(ⅰ)人格権に基づく差
止請求は，救済の必要が著しく高い場合に解釈上認められることはあるが，法
律の明文により定められているものではないから，広範に請求を認めることが
あってはならないこと，(ⅱ)原々決定は，「忘れられる権利」について言及して
いるが，この「忘れられる権利」は，EU 一般データ保護規則 17 条の規定に
基づく権利のようなものを想定して論じられていると思われるものの，日本に
は対応する法律がなく，「忘れられる権利」の要件も効果も不明であるから，
これを認めると，インターネット上の検索サービス事業者が，差止請求および
損害賠償請求を受けることを避けようとして，萎縮的効果が生じることを主張
した。また，(ⅲ)債務者は，図書館と同様に，インターネット上の情報流通の媒
介者として，表現者の思想や意見等を伝達する中立的な存在であるから，萎縮
的効果に便乗した，自己にとって都合が悪いからという理由だけの情報削除請
求がされ，それが認められると，検索結果の表示の中立性および信頼性が失わ

れることになること，(iv)媒介者にすぎない債務者は，表現の内容やその背景事情について十分な反論ができないこと，(v)「忘れられる権利」に関する 2014年 5 月の欧州連合司法裁判所の事例は，当該事件の原告が所有する不動産の競売手続に関する公告の消去に係るものであり，本件とは事案が異なること，(vi)そもそも債務者は，検索結果を自動的かつ機械的に生成するプログラムを管理して検索サービスを提供しているのであり，検索結果の内容やそこに表示されたリンク先のウェブサイトの内容を認識しておらず，編集行為も行っていないから，いわば，媒介者として情報提供行為をしているにすぎないことを指摘した。さらに，(vii)犯罪報道は，公衆に対し社会的な規範意識と遵法精神を喚起させ，犯罪を犯した本人にとっても再犯を防止する機能を有しているから，表現の自由ないし知る権利にとって非常に重要であり，本件犯行も，その被害者となりうる児童の親等の関心事であり，それについて知る権利が認められること，(viii)公訴時効期間は公共性の有無についての一律の基準となるものではなく，これが経過しても当然に公共性が失われるものではないが，本件では，児童買春行為の公訴時効期間である 5 年（刑事訴訟法 250 条 2 項 5 号）を経過していないから，本件犯行に関する情報に接する機会を有する公共の利益はいまだ失われていないこと，(ix)本件検索結果を削除することは，それが必ずしも違法ではない内容を含むウェブサイトに係る表現の自由や知る権利を著しく制限する結果を生じさせることに照らすと，検索サービスを提供する者への検索結果の削除請求が認められるのは，検索結果における表示内容が社会的相当性を逸脱することが明らかであって，検索結果に係るリンク先のウェブサイトの管理者等に当該ウェブサイトに含まれる表現の削除を求めていては，削除請求者に回復し難い重大な損害が生じるなどの特段の事情がある場合に限られる（東京高決平成 27・7・7 判例集未登載）と述べた。そして，(x)本件では，債権者に具体的な人格権侵害が生じていないか，生じていたとしてもきわめて軽微であり，債権者が指摘する，学校の授業等で親である債権者の名前が検索されて本件犯行が発覚するおそれは，抽象的な将来の可能性をいうものにすぎないこと，(xi)債権者は，もともと本件犯行を知られることを前提とする社会的制裁を相当程度受忍すべき立場にあること，(xii)本件検索結果の削除の可否は，個々の検索結果ごとに判断されるべきであるが，仮処分決定および原々決定はそれをしていない

ことを指摘し，債権者に人格権等の侵害はなく，本件検索結果の削除請求権（非表示措置請求権）があるとはいえないと補充的に主張した。

　また，債務者は，保全の必要性についても，①債権者の権利が，本件検索結果の表示により社会的に許容されないほど大きく侵害されたとはいえないこと，②本件検索結果およびそれに表示されたリンク先のウェブサイトは，すでに3年間以上表示されてきており，その削除ないし非表示措置について，保全処分によらなければならないほどの必要性および緊急性はないこと，③債権者は，本件検索結果に表示されたリンク先のウェブサイトから，本件犯行および債権者の逮捕歴に係る記載を削除すれば，問題の抜本的な解決が図られるのに，それをした形跡がなく，逆に，本件検索結果を削除しても，リンク先のウェブサイトが存続する限り，それによる情報発信は継続することを主張した。そして，④本件は，債権者の主張する人格権等と，公衆の表現の自由および知る権利とが対立するものであり，非公開の保全手続で審理することは透明性を欠き相当でなく，本案訴訟での緻密な審理手続になじむこと，⑤債務者は，あくまで検索結果を自動的かつ機械的に生成するプログラムを管理して検索サービスを提供しているにすぎず，実際に表示される検索結果の内容や，そのリンク先のウェブサイトの内容については何らの認識もしておらず，編集行為もしていないから，検索結果から除外することの適否の判断に必要な情報を有していないこと，⑥債務者は情報伝達の媒介者にとどまるところ，媒介者を通じてインターネット上でアクセスできる情報を操作することは，検閲に該当しうるものであること，⑦リンク先のウェブサイトの表現主体は手続に関与して資料や情報を提供することができないばかりか，自己の表現の自由が制限されること自体を知りえない可能性もあることを指摘し，保全手続で本件検索結果の削除を命じることには慎重であるべきであると主張した。

6　東京高裁平成28年7月12日決定

　東京高決平成28・7・12判時2318号24頁（以下「原決定」という）[4]は，本件

4）　松本和彦・法教434号161頁，宮下紘・法セ741号1頁以下，奥田喜道・新・判例解説

において，被保全権利および保全の必要性のいずれも疎明があるとは認められないとして，原々決定および仮処分決定を取り消し，債権者の本件申立ては却下すべきであると判断した。その理由は，以下のとおりである。

(1)　被保全権利

　原決定は，人の品性，徳行，名声，信用等の人格的価値について社会から受ける客観的評価である名誉を違法に侵害された者は，損害賠償（民法710条）または名誉回復のための処分（同法723条）を求めることができるほか，人格権としての名誉権に基づき，加害者に対し，現に行われている侵害行為を排除し，または将来生ずべき侵害を予防するため，侵害行為の差止めを求めることができるものと解するのが相当であるから（北方ジャーナル事件大法廷判決），本件の被保全権利として，まず，人格権としての名誉権に基づく侵害行為差止請求権が考えられること，また，公共の利益に関わらない者のプライバシーにわたる事項を公表することにより，公的立場にない当該人物の名誉，プライバシー，名誉感情等の人格的価値が侵害され，それにより重大で回復困難な損害を被らせるおそれがある場合は，人格権に基づきその公表を差し止めることができるから（『石に泳ぐ魚』事件最高裁判決），本件の被保全権利として，人格権としてのプライバシー権に基づく差止請求権も考えられることを指摘する。

　他方，債権者が，本件の被保全権利の一つとして主張した「忘れられる権利」は，そもそもわが国において法律上の明文の根拠がなく，その要件および効果が明らかではないところ，債権者は，インターネットおよびそれにおいて債務者が提供するような利便性の高い検索サービスが普及する以前は，人の社会的評価を低下させる事項あるいは他人に知られると不都合があると評価されるような私的な事項について，一旦それらが世間に広く知られても，時の経過により忘れ去られ，後にその具体的な内容を調べることも困難となることにより，社会生活を安んじて円滑に営むことができたという社会的事実があったことを考慮すると，現代においても，人の名誉またはプライバシーに関する事項が世間に広く知られ，または他者が容易に調べることができる状態が永続する

Watch 20号35頁以下，上机美穂・新・判例解説 Watch 20号115頁以下参照。

ことにより生じる社会生活上の不利益を防止ないし消滅させるため，当該事項
を事実上知られないようにする措置（本件に即していえば，本件検索結果を削除し，
または非表示とする措置）を講じることを求めることができると主張しているが，
その要件および効果について，現代的な状況も踏まえた検討が必要になるとし
ても，その実体は，人格権の一内容としての名誉権ないしプライバシー権に基
づく差止請求権と異ならないとする。そして，債権者も，「忘れられる権利」
の成否の判断として，時間の経過のみならず，当事者の身分や社会的地位，公
表に係る事項の性質等を総合考慮して決すべき旨主張しており，これは，人格
権の一内容としての名誉権ないしプライバシー権に基づく差止請求権の要件の
判断と実質的に同じものであるので，人格権の一内容としての名誉権ないしプ
ライバシー権に基づく差止請求の存否とは別に，「忘れられる権利」を一内容
とする人格権に基づく妨害排除請求権として差止請求権の存否について独立し
て判断する必要はないと指摘する。

(2)　プロバイダ責任制限法

　債権者が，プロバイダ責任制限法から削除義務が導かれる旨主張したことに
対しては，そのような明文の根拠はなく，同法は文字どおり特定電気通信役務
提供者の損害賠償責任の制限および発信者情報の開示に関する法律であって，
その解釈により本件検索結果の削除義務を導き出すことはできないと述べてい
る。

(3)　名誉権，プライバシー権に基づく差止めの一般的判断基準

　原決定は，以上を前提に，本件における人格権としての名誉権ないしプライ
バシー権に基づく差止請求権の存否について判断している。そして，北方ジャ
ーナル事件大法廷判決が，人格権としての名誉権に基づく出版物の頒布等の事
前差止めについて，その対象が公務員または公職選挙の候補者に対する評価，
批判等，それ自体から一般に公共の利害に関する事項であるといえる場合は，
事前差止めは原則として許されないが，そのような場合においても，その表現
内容が真実でなく，またはそれが専ら公益を図る目的のものでないことが明白
であって，かつ，被害者が重大にして著しく回復困難な損害を被るおそれがあ

るときに限り，差止めが例外的に許される旨判示していること，『石に泳ぐ魚』事件最高裁判決が，「侵害行為の対象となった人物の社会的地位や侵害行為の性質に留意しつつ，予想される侵害行為によって受ける被害者側の不利益と侵害行為を差し止めることによって受ける侵害者側の不利益とを比較衡量して決すべきである」とした上で，「侵害行為が明らかに予想され，その侵害行為によって被害者が重大な損失を受けるおそれがあり，かつ，その回復を事後に図るのが不可能ないし著しく困難になると認められるときは侵害行為の差止めを肯認すべきである」としていることを確認する。

　原決定は，本件が，一旦公知となり，現在も債務者の提供する検索サービスを利用することによりインターネット上で閲覧可能な状態に置かれている事実に対する削除請求であるところ，人のプライバシーに関する事項について，一旦は公知の状態になったとしても，時の経過によりそれが事実上世間に知られていない状態（非公知の状態）となり，当該人の社会的地位や当該事項の内容等も考慮すると公共の利害に関する事項といえなくなり，さらに，上記非公知の状態に基づき，当該人を取り巻く平穏かつ安定した生活状況が形成され，当該人の生活態度等を考慮するとそれを尊重すべきものといえる場合等は，事実上復活した非公知の状態を維持するために必要な措置を求めうる場合もあると解されることを一般論として肯定する。

⑷　前科に関わる事実の場合の判断基準

　他方，本件犯行に係る事実は，債権者の前科に関わる事実でもあるところ，ノンフィクション『逆転』事件最高裁判決が，「前科等にかかわる事実については，これを公表されない利益が法的保護に値する場合があると同時に，その公表が許されるべき場合もあるのであって，ある者の前科等にかかわる事実を実名を使用して著作物で公表したことが不法行為を構成するか否かは，その者のその後の生活状況のみならず，事件それ自体の歴史的又は社会的な意義，その当事者の重要性，その者の社会的活動及びその影響力について，その著作物の目的，性格等に照らした実名使用の意義及び必要性をも併せて判断すべき」と判示していることを指摘する。

(5)　インターネットおよび検索サービスの重要性の考慮

　そして，現在，インターネットは，情報および意見等の流通において，その量の膨大さおよび内容の多様さに加え，随時に双方向的な流通も可能であることから，単に既存の情報流通手段を補完するのみならず，それ自体が重要な社会的基盤の一つとなっていること，また，膨大な情報の中から必要なものにたどり着くためには，債務者が提供するようなロボット型全文検索エンジンによる検索サービスは必須のものであって，それが表現の自由および知る権利にとって大きな役割を果たしていることは公知の事実であることを指摘し，このようなインターネットをめぐる現代的な社会状況を考慮すると，本件において，名誉権ないしプライバシー権の侵害に基づく差止請求（本件検索結果の削除等請求）の可否を決するに当たっては，削除等を求める事項の性質（公共の利害に関わるものであるか否か等），公表の目的およびその社会的意義，差止めを求める者の社会的地位や影響力，公表により差止請求者に生じる損害発生の明白性，重大性および回復困難性等だけでなく，上記のようなインターネットという情報公表ないし伝達手段の性格や重要性，さらには検索サービスの重要性等も総合考慮して決するのが相当であると解されるとする。

(6)　名誉権侵害の有無

　次いで，上記の判断基準に基づき具体的検討がなされ，本件犯行に係る事実は，債権者の品性や徳行に関するもので，それを公表することは，債権者の社会的評価を低下させるから，名誉権の侵害に当たりうるものであること，本件検索結果は，一般の読者の普通の注意と読み方を前提にすると，それ自体（タイトルおよびスニペット）から，本件犯行の内容およびその行為者が債権者であることが分かるものであり，債権者の名誉権を侵害しうるものであることを肯定する。この点について，債務者は，本件検索結果は自動的かつ機械的に生成されるものであり，債務者は原則として編集を行っていないから，情報伝達の媒介者にすぎず，名誉権侵害の責任を負うものではない旨主張したことに対して，原決定は，本件検索結果は，リンク先のウェブサイトを参照するまでもなく債権者の社会的評価を低下させるものであり，本件検索結果が自動的かつ機

械的に生成されるものであるとしても，それは債務者が決めたアルゴリズムを備えたプログラムによるものであり，また，債務者は，その提供する検索サービスの魅力（一覧性，信頼性，検索語との関連性等）を高めるため，検索語に関連する部分を正確かつ端的に抜き出してタイトルおよびスニペットを生成するようプログラムを作成し作動させていると認められるから，債務者は，たとえば人の氏名により検索した場合には，その者に関する情報であればそれがその者に有利であろうと不利であろうと正確かつ端的に抜き出し表示されることを当然に認識していることは明らかであるとする。そして，債務者が，その提供する検索サービスにおいてタイトルおよびスニペットを表示することについて，リンク先のウェブサイトを参照するか否かの利用者の判断に資する意味もあると認められるから，実際の利用態様からは，タイトルおよびスニペットが独立した表現として機能することが通常であるということができるとして，債務者は単なる媒介者で，名誉権侵害の責任を負うものではないという債務者の主張を退けている。

　しかし，原決定は，本件犯行は，児童買春行為という，子の健全な育成等の観点から，その防止および取締りの徹底について社会的関心の高い行為であり，特に女子の児童を養育する親にとって重大な関心事であることは明らかであり，このような本件犯行の性質からは，その発生からすでに5年程度の期間が経過しているとしても，また，債権者が一市民であるとしても，罰金の納付を終えてから5年を経過せず刑の言渡しの効力が失われていないこと（刑法34条の2第1項）も考慮すると，本件犯行は，いまだ公共の利害に関する事項であるというべきであるし，本件犯行は真実であり，本件検索結果の表示が公益目的でないことが明らかであるとはいえないから，名誉権の侵害に基づく差止請求は認められないと判示する。

(7)　プライバシー権侵害の有無

　また，本件犯行は，その発生からすでに5年が経過しているものの，相手方の名前および住所地の県名により検索しうるものであり，そもそも現状非公知の事実としてプライバシーといえるか否かに疑問を提起する。そして，本件犯行は検索サービスにより調べられる状態にあるにとどまり，現実には広くは知

られていないことから事実上非公知といえる状態にあると仮定して，一私人として平穏な生活を送っている債権者の周囲の者に本件犯行について知られないようにするために，債権者が本件検索結果の削除を請求することが認められる余地があること，本件検索結果の数は49であり，個々のリンク先のウェブサイトに対する削除請求には相当の手間がかかること等の事情が認められるとしても，前記のとおり本件犯行はいまだ公共性を失っていないことに加え，本件検索結果を削除することは，そこに表示されたリンク先のウェブサイト上の本件犯行に係る記載を個別に削除するのとは異なり，当該ウェブサイト全体の閲覧をきわめて困難ないし事実上不可能にして多数の者の表現の自由および知る権利を大きく侵害しうるものであること，本件犯行を知られること自体が回復不可能な損害であるとしても，そのことにより債権者に直ちに社会生活上または私生活上の受忍限度を超える重大な支障が生じるとは認められないこと等を考慮すると，表現の自由および知る権利の保護が優越するというべきであり，債権者のプライバシー権に基づく本件検索結果の削除等請求を認めることはできないと判示する。

(8)　表現の自由および知る権利への影響

　原決定は，本件検索結果の削除等請求を認めることによる表現の自由ないし知る権利の侵害について敷衍し，本件検索結果に記載されたリンク先のウェブサイトは，タイトルおよびスニペットの記載自体ならびにそのURLから，インターネット上のいわゆる電子掲示板であると認められることから，本件犯行とは関係のない事実の摘示ないし意見が多数記載されているものと推認され，したがって，リンク先のウェブサイトの管理者に対して個別の書込みの削除を求めるのではなく，本件検索結果に係るリンク先のウェブサイトを検索結果から削除し，または非表示の措置をすることは，検索サービス事業において債務者が大きなシェアを有していることや，ウェブサイトのURLを直接発見することがきわめて困難であることに照らせば，それらに対する公衆のアクセスを事実上不可能にするものと評価することができ，看過できない多数の者の表現の自由および知る権利を侵害する結果を生じさせるものと認められることを指摘している。そして，以上の検討を踏まえて，本件においては，人格権の一内

容としての名誉権ないしプライバシー権に基づく差止請求権としての，本件検索結果の削除（非表示措置）請求権の存在の疎明があるとはいえず，被保全権利の疎明があるとは認められないと結論付けている。

(9)　保全の必要性

　原決定は，次いで，保全の必要性についても検討し，債権者の氏名と住所地である県名とで検索することにより，本件犯行が知人等に知られる蓋然性の程度が明らかでないことを指摘する。すなわち，債権者の氏名での検索結果は，合計約2400件であり，同姓同名の者に関するもの等で関係のないウェブサイトが上位を占め，本件検索結果が49件であることも考慮すると，相当程度注意深い人間か，一定の意図をもって入念に探すのでないと，本件検索結果にたどり着くこと自体容易でなく，そうなったとしても，それと債権者とを結び付け，これを周囲に吹聴するとは限らないし，債権者は学校において親の名前をネットで検索するという授業があるというが，真実そのような授業があるという立証がないことを指摘する。

　また，仮に本件犯行に係る事実が周囲に知られた場合には，債権者およびその家族の心情としてはつらいものがあることは事実であり，また，知った者の記憶を消すことは困難であることもそのとおりであるが，本件犯行に係る事実が周囲に知られること自体は債権者が社会的な制裁としてある程度受忍すべきものであるところ，そのことにより債権者の社会生活上または私生活上具体的な不利益が生じるとの疎明が十分ではなく，以上からは，債権者が回復不可能で重大な損害を被ることが明白であるとまではいえないと述べている。

　他方，前記のとおり，本件犯行が公共の利益に関するものであり，特に児童の親にとっては重大な関心事であることに加え，本件検索結果を非表示とすることは，本件と関係のない情報も記載されていると推認されるリンク先のウェブサイト全体の閲覧を直ちに事実上不可能にしうるものであり，表現の自由および知る権利への影響が大きいところ，それらのウェブサイトの作成者ないし書込みをした者は，検索結果から削除されることについて反論の機会が与えられていない（そもそも削除されたことに相当期間気付かない可能性がある）ため，その回復が容易ではないという事情があることも指摘し，これらを総合考慮する

と，現時点において，本件検索結果の削除または非表示措置を求める保全の必
要性があるとは認められないとする。

7　許可抗告審における債権者の主張

(1)　更生を妨げられない利益

　債権者は，自己が主張した「更生を妨げられない利益」の侵害を理由とする
差止請求権について，原決定が何ら判断していないことを批判する。

(2)　リンク先のウェブサイト全体の削除

　原決定が，リンク先のウェブサイトの管理者に対して個別の書込みの削除を
求めるのではなく，本件検索結果に係るリンク先のウェブサイトを検索結果か
ら削除し，または非表示の措置をすることは，検索サービス事業において債務
者が大きなシェアを有していることや，ウェブサイトの URL を直接発見する
ことがきわめて困難であることに照らせば，それらに対する公衆のアクセスを
事実上不可能にするものと評価することができ，看過できない多数の者の表現
の自由および知る権利を侵害する結果を生じさせるものと認められると指摘し
たことに対して，債権者は，著作権侵害の例を挙げて，以下のように反論する。
すなわち，著作権法（平成30年法律第30号による改正前のもの）47条の6ただし
書は，「当該検索結果提供用記録に係る著作物に係る送信可能化が著作権を侵
害するものであること（国外で行われた送信可能化にあつては，国内で行われ
たとしたならば著作権の侵害となるべきものであること）を知つたときは，そ
の後は，当該検索結果提供用記録を用いた自動公衆送信（送信可能化を含む。）
を行つてはならない」と定めており，著作権侵害の記事が含まれているウェブ
サイトについては，検索結果の表示（自動公衆送信）は禁止され，キャッシュ
サーバにキャッシュを保存すること（送信可能化）も禁止されているので，電
子掲示板のウェブサイトの中に一つでも著作権侵害の投稿があれば，たとえ著
作権侵害と関係のない記事が多数掲載されていても，また，多数の者のアクセ
スが事実上不可能になるとしても，当該電子掲示板のウェブサイトは検索結果
に表示してはならないとされていることを指摘する。そして，北方ジャーナル

事件大法廷判決が，民法上の物権にさえ妨害排除請求権が認められるのである
から物権と同様に排他的支配性のある人格権にも妨害排除請求権が認められる
と解したのと同様に，財産権たる著作権の侵害でさえ第三者の知る権利ないし
表現の自由が制限される結果になっても，検索結果の削除義務が認められるの
であるから，著作権と同様に排他的支配性のある人格権の侵害に検索結果の削
除義務が認められることは当然であると論ずる。

(3)　第三者の反論の機会

　原決定が，リンク先のウェブサイトの作成者ないし書込みをした者は，検索
結果から削除されることについて反論の機会が与えられていない（そもそも削
除されたことに相当期間気付かない可能性がある）ため，その回復が容易ではない
という事情があると指摘したことに対して，債権者は，著作権侵害であれば，
かかる事態を法が容認しているのであり，北方ジャーナル事件大法廷判決に照
らせば，人格権侵害のケースにおいても，かかる事態は法が容認していると反
論する。さらに，原決定は，一方でタイトルおよびスニペットを債務者自身の
表現ないし表現行為と判断し，債務者の媒介者論を排斥しているのであるから，
債務者の表現の自由と個人の人格権が対立利益であり，債務者に反論の機会を
与えれば債務者の表現の自由規制に対する手続保障としては十分なはずであっ
て，オリジナルの投稿者の手続保障は不要であると述べている。

(4)　検索キーワードの限定

　債権者は，仮処分命令申立書別紙投稿記事目録が，検索キーワードを限定し
ている点について，原決定が，看過しているか過小評価しているものと考えら
れると批判する。すなわち，東京地決平成28・7・14判例集不登載が，「当該
リンク先ウェブページの違法な表現部分以外の表現部分へのアクセスも絶たれ
てしまう旨主張するが，技術的には，ほかの検索ワードによる検索結果として
は表示されるように対応することもできるのであるから，知る権利への制約等
も相応に抑制されるというべきである」と判示しているとおり，申立書に指定
している検索キーワード以外の検索キーワードで検索すれば，当該ウェブサイ
トへ到達できるよう設定できるのであるから，表現の自由および知る権利への

影響は小さいと主張している。

(5)　他の検索サービスの利用

　債権者は，東京高判平成 26・1・15 判例集不登載が，「本件検索サービスではない他のインターネット検索サービスにおいても，被控訴人の氏名で検索することによって上記ウェブページが検索結果の 1 頁目に表示される。したがって，被控訴人の氏名に関心のある者は，サジェスト表示にかかわらず容易に違法な記事を閲覧し得る状況にある」と判示していることを引用し，債務者以外の検索サービスによってもリンク先のウェブサイトを表示することは可能であって，この点でも表現の自由および知る権利への影響は小さいと主張している。

(6)　表現媒体やサービスの重要性の考慮

　債権者は，ノンフィクション『逆転』事件最高裁判決が「著作物の目的，性格等に照らした実名使用の意義及び必要性」を考慮要素としているが，原決定は，「インターネットという情報公表ないし伝達手段の性格や重要性，更には検索サービスの重要性等も総合考慮して決するのが相当」として表現媒体の性質やサービスの重要性も考慮要素として追加しており，ノンフィクション『逆転』事件最高裁判決に違反すると批判する。さらに，最判平成 9・5・27 民集 51 巻 5 号 2009 頁，東京高判平成 26・4・24 判例集不登載，福岡高那覇支判平成 20・10・28 判時 2035 号 48 頁，東京高判平成 19・8・22 判タ 1253 号 183 頁も，表現媒体やサービスの重要性を考慮事項としていないので，原決定は，これらの裁判例にも違反すると指摘する。そして，グーグルの検索サービスの重要性を考慮すると，他の要件を検討するまでもなく，すべての請求が認められないという結論になりかねないという懸念を示している。

(7)　知る権利

　原決定が知る権利という文言を使用したことに対して，債権者は，本件で問題になっている利用者のニーズは，雑多な知的好奇心を満たす要求であり，知る権利という文言を使用すべきでないとする。そして，単なる知的好奇心を満たすための要求であれば，正当な権利行使とはいえないケースも多々あり，本

件のように，人格権を侵害するウェブサイトへアクセスする欲求は，正当な権
利行使とはいえないと主張する。

(8)　外国法人の表現の自由

　債務者は外国法人であり，外国法人の表現の自由を十分に保障することによ
り，国民の知る権利が保障されるとの考え方は，最大判昭和 53・10・4 民集
32 巻 7 号 1223 頁（マクリーン事件最高裁判決）に照らして問題であるという主
張も，債権者は行っている。

(9)　「具体的な不利益」の疎明

　債権者は，原決定が，債権者に生ずる具体的な不利益の疎明を求めているこ
とへの批判も行っている。すなわち，大阪高判平成 16・4・22 判タ 1169 号
316 頁が判示するように，名誉毀損罪は抽象的危険犯であり，また，最判平成
22・3・15 刑集 64 巻 2 号 3 頁，前掲福岡高那覇支判平成 20・10・28 も，具体
的な不利益の立証を要求していないことを指摘する。そして，原決定が，平穏
かつ安定した生活状況が形成されて，更生を妨げられない利益が生じたならば
これを保護するとしながら，他方で「具体的な不利益」の発生により平穏かつ
安定した生活状態が破壊されたことの疎明を求めることは，不可能を強いるも
のであると批判する。

(10)　時の経過

　原決定は，時の経過によるプライバシーとしての要保護性の発生のための時
の経過について，刑法 34 条の 2 第 1 項による刑の言渡しの効力の喪失の期間
を参考にしている。債権者は，この基準を用いると，執行猶予判決においては，
執行猶予期間の満了により刑の言渡しが効力を失う（刑法 27 条）ことと不均衡
が生じるとする。すなわち，刑法 34 条の 2 第 1 項では，実刑の場合，期間の
長短にかかわらず，執行が終了してから 10 年経過しないと削除請求できない
ことになり，懲役 1 年の実刑判決なら 11 年間は削除が不可能になるのに対し，
懲役 3 年執行猶予 5 年の判決なら 5 年間で削除請求できる結果となるので，刑
の軽重と判決後の不利益期間・制裁期間に逆転現象が生じてしまうことを指摘

する。そして，ノンフィクション『逆転』事件最高裁判決は，「その者が有罪
判決を受けた後あるいは服役を終えた後においては，一市民として社会に復帰
することが期待されるのであるから，その者は前科等にかかわる事実の公表に
よって，新しく形成している社会生活の平穏を害されその更生を妨げられない
利益を有する」と判示しており，服役を終えた後には，前科等の公表による社
会的制裁を受けるべきでないという立場をとっており，原決定は，この最高裁
判決に違反すると主張する。そして，削除までに要する時の経過については，
公訴時効期間程度の経過を目安にすべきとする。

8　最高裁平成 29 年 1 月 31 日決定

(1)　被保全権利

　原決定に対し，債権者は，憲法 13 条違反を主張して特別抗告を行ったが，
最決平成 29・1・31 民集 71 巻 1 号 63 頁（以下「本決定」という）[5]は，本件抗告
の理由は違憲をいうが，その実質は単なる法令違反を主張するもの，またはそ
の前提を欠くものであって，特別抗告の理由に該当しないとして，特別抗告を

---

[5]　棟居快行・法教 441 号 46 頁以下，鈴木秀美・ジュリ 1507 号 101 頁以下，宍戸常寿「検
索結果の削除をめぐる裁判例と今後の課題」情報法制研究 1 号 45 頁以下，曽我部真裕・新
聞研究 789 号 56 頁以下，宮下紘・判時 2318 号 3 頁以下，同・ビジネス法務 17 巻 6 号 81 頁
以下，木下昌彦・平成 28 年度重判解（ジュリ 1505 号）14 頁以下，石井夏生利・判評 708
（判時 2353）号 148 頁，中島美香「検索結果の削除と忘れられる権利——最決平成 29・1・
31 を契機とした学説の議論状況について」東海法学 56 号 136 頁以下，野々村和喜・私法判
例リマークス 56 号 6 頁，根本尚徳・民商 154 巻 1 号 150 頁，村田健介・平成 29 年度重判解
（ジュリ 1518 号）79 頁，同・岡山大学法学会雑誌 67 巻 2 号 374 頁以下，髙橋和広・論究ジ
ュリ 29 号 65 頁以下，土平英俊・創価ロージャーナル 12 号 135 頁以下，安藤均・旭川大学
経済学部紀要 76 号 101 頁以下，Libra17 巻 10 号の特集，安達敏男 = 吉川樹士・戸籍時報
754 号 49 頁以下，神田知宏・法セ 758 号 42 頁以下，同・判時 2328 号 19 頁以下，高原知
明・ジュリ 1507 号 119 頁以下，同・ひろば 70 巻 6 号 47 頁，同・Law & Technology 76 号
81 頁，佐々木雅寿・法教 440 号 147 頁，秋山靖浩・法教 441 号 124 頁，中山茂樹・新・判例
解説 Watch 21 号 17 頁，上机美穂・新・判例解説 Watch 21 号 97 頁，中川敏宏・法セ 749 号
94 頁，早川真崇・会社法務 A2Z 121 号 32 頁以下，高部眞規子・法の支配 187 号 67 頁，同・
金判 1512 号 1 頁，松尾剛行「ウェブ連載版『最新判例にみるインターネット上の名誉毀損
の理論と実務』第 36 回」（http://keisobiblio.com/2017/02/23/matsuo36/），上村哲史・企業
会計 69 巻 6 号 139 頁以下参照。

棄却した。また，債権者の許可抗告の申立ては許可されたが，この許可抗告について，本決定は，個人のプライバシーに属する事実をみだりに公表されない利益は，法的保護の対象となるというべきであるとして，最判昭和56・4・14民集35巻3号620頁（前科照会事件最高裁判決），ノンフィクション『逆転』事件最高裁判決，『石に泳ぐ魚』事件最高裁判決，最判平成15・3・14民集57巻3号229頁（以下「長良川事件最高裁判決」という），最判平成15・9・12民集57巻8号973頁（早稲田大学江沢民講演事件最高裁判決）を引用する。

(2)　表現行為

　検索サービス事業者は，インターネット上のウェブサイトに掲載されている情報を網羅的に収集してその複製を保存し，同複製を基にした索引を作成するなどして情報を整理し，利用者から示された一定の条件に対応する情報を同索引に基づいて検索結果として提供するのであるが，この情報の収集，整理および提供はプログラムにより自動的に行われるものの，同プログラムは検索結果の提供に関する検索サービス事業者の方針に沿った結果を得ることができるように作成されたものであるから，検索結果の提供は検索サービス事業者自身による表現行為という側面を有することを認めている。

(3)　インターネット上の情報流通の基盤

　検索サービス事業者による検索結果の提供は，公衆が，インターネット上に情報を発信したり，インターネット上の膨大な量の情報の中から必要なものを入手したりすることを支援するものであり，現代社会においてインターネット上の情報流通の基盤として大きな役割を果たしていること，検索サービス事業者による特定の検索結果の提供行為が違法とされ，その削除を余儀なくされるということは，上記方針に沿った一貫性を有する表現行為の制約であることはもとより，検索結果の提供を通じて果たされている上記役割に対する制約でもあるといえることも指摘する。

(4)　違法性判断基準

　以上のような検索サービス事業者による検索結果の提供行為の性質等を踏ま

えると，検索サービス事業者が，ある者に関する条件による検索の求めに応じ，その者のプライバシーに属する事実を含む記事等が掲載されたウェブサイトのURL 等情報を検索結果の一部として提供する行為が違法となるか否かは，当該事実の性質および内容，当該 URL 等情報が提供されることによってその者のプライバシーに属する事実が伝達される範囲とその者が被る具体的被害の程度，その者の社会的地位や影響力，上記記事等の目的や意義，上記記事等が掲載された時の社会的状況とその後の変化，上記記事等において当該事実を記載する必要性など，当該事実を公表されない法的利益と当該 URL 等情報を検索結果として提供する理由に関する諸事情を比較衡量して判断すべきもので，その結果，当該事実を公表されない法的利益が優越することが明らかな場合には，検索事業者に対し，当該 URL 等情報を検索結果から削除することを求めることができるという判断基準を示す。

(5)　基準の当てはめ

　そして，この判断基準を本件に当てはめ，債権者は，本件検索結果に含まれる URL で識別されるウェブサイトに本件事実の全部または一部を含む記事等が掲載されているとして本件検索結果の削除を求めているところ，児童買春をしたとの被疑事実に基づき逮捕されたという本件事実は，他人にみだりに知られたくない債権者のプライバシーに属する事実ではあるが，児童買春が児童に対する性的搾取および性的虐待と位置付けられており，社会的に強い非難の対象とされ，罰則をもって禁止されていることに照らし，今なお公共の利害に関する事項であるといえるとする。また，本件検索結果は債権者の居住する県の名称および債権者の氏名を条件とした場合の検索結果の一部であること等からすると，本件事実が伝達される範囲はある程度限られたものであるといえることも指摘する。

　本決定は，以上の諸事情に照らし，債権者が妻子と共に生活し，本件罰金刑に処せられた後は一定期間犯罪を犯すことなく民間企業で稼働していることが窺われることなどの事情を考慮しても，本件事実を公表されない法的利益が優越することが明らかであるとはいえないとして，債権者の申立てを却下した原決定の判断は，是認することができると判示した。

9　法的論点

(1)　被保全権利

　本件において，債権者は，名誉権，プライバシー権，「忘れられる権利」を内容とする人格権に基づく削除請求をしており[6]，原々決定はノンフィクション『逆転』事件最高裁判決が用いた「更生を妨げられない利益」という文言を使用し，この利益に基づく削除請求を認めた。そこでは，ある程度の期間が経過した後は，過去の犯罪を社会から「忘れられる権利」を有すると述べられており，「忘れられる権利」という言葉が，おそらく初めて，わが国の裁判例で用いられたため，社会的に大きな注目を集めたが，「更生を妨げられない利益」について受忍限度を超える権利侵害があるか否かを判断する一般的な判断基準は，プライバシー権に基づく削除請求のそれと異なることはなく，プライバシー権と区別される独立の権利として「忘れられる権利」を位置付けたものとはいえないように思われる。原決定は，「忘れられる権利」の要件および効果について，現代的な状況を踏まえた検討が必要になるとしても，人格権の一内容としての名誉権ないしプライバシー権に基づく差止請求権と異ならないとし，「忘れられる権利」を名誉権，プライバシー権と区別される独立の法益として位置付けることを明確に否定し，名誉権，プライバシー権に基づく削除請求の成否について検討している[7]。本決定は，「忘れられる権利」にはまったく言及せずに，もっぱら「個人のプライバシーに属する事実をみだりに公表されな

---

6)　それぞれの理論構成と要件の比較について，神田・前掲注3)43頁以下参照。奥田・前掲注4)3頁は，本件では，名誉権やプライバシー権の侵害に係る違法性阻却事由があったとしても，「忘れられる権利」の侵害については受忍限度を超え違法性が認定されるとする。

7)　名誉権侵害，プライバシー権侵害の双方について違法性阻却事由が認められないとして，検索結果削除の仮処分の申立てを認容したものとして，札幌地決平成27・12・7 Westlaw 2015WLJPCA12076001がある。棟居・前掲注5)51頁は，犯罪報道を受忍しなければならない時点からの時の経過によりいずれ回復され，あるいは新たに形成される社会生活の平穏という利益につき，その達成された状態をそのまま保護法益と考えれば名誉権ないしプライバシー権と同一に帰するが，そうした状態への移行それ自体を法益として取り上げれば，「更生を妨げられない利益」の保障としての「忘れられる権利」という概念を独立に論じる意味が肯定されるとする。

い利益」[8]に基づく削除請求の成否について検討している[9]。このことは，本決定が，検索エンジンの検索結果の削除義務の存否も，基本的には，伝統的なプライバシー権侵害に基づく削除請求の問題として処理しうるという前提に立つことを示すものと思われる[10]。原決定においては，本件犯行は，その発生から既に 5 年が経過しているものの，相手方の名前および住所地の県名により検索しうるものであり，そもそも現状非公知の事実としてプライバシーといえるか否かについての疑問も示されていたが，本決定には，そのような記述はない。原決定が名誉権の侵害の有無についてもかなり詳細に判示したのに対し，本決定は，名誉毀損に基づく削除請求の成否については論じていない。本件でかかる請求が成り立たないことは，原決定の述べる通りであるという認識の下に，特に付言することはないと考えたのかもしれないが，理由は定かではない。『石に泳ぐ魚』事件最高裁判決は，名誉，プライバシー，名誉感情の侵害を理由とする差止めを認めたものであるので，本決定は，プライバシー権侵害単独で差止めを認めうることを判示した最初の最高裁判例として位置付けうる。

(2)　情報の媒介者と情報の表現者

　検索サービス事業者を情報の媒介者としてみるか，情報の表現者としてみるかという論点[11]について，債務者は前者の立場を主張した。この点について，米国の連邦通信品位法[12]は，双方向コンピュータサービス事業者は，検索結果

---

8)　原決定と異なり，本決定は，プライバシー権という文言は用いていない。
9)　検索結果の削除請求をプライバシー侵害に対する差止めの問題としてとらえるものとして，上机美穂「新たな名誉・プライバシー侵害様態とその保護」月報司法書士 519 号 19 頁参照。
10)　宮下・前掲注 5)ビジネス法務 17 巻 6 号 84 頁は，本決定は，「忘れられる権利」を否定するものではなく，この権利に関する将来の議論の芽を摘むような判断を避けたとみるべきとする。
11)　検索サービス事業者が，本人と無関係の情報を紐付けて検索結果として表示することにより，本人の権利利益を侵害する場合もあり，かかる場合には，検索サービス事業者自身が第 1 次的責任を負うべきことは明らかである。具体例について，小倉秀夫「自動収集された違法コンテンツについての検索サービス提供者の義務および責任」法とコンピュータ 28 号 40 頁以下参照。
12)　小向太郎「『忘れられる権利』と米国通信品位法」情報処理学会研究報告（IPSJ SIG Technical Report, Vol. 2015-DPS-164, No. 15, Vol. 2015-EIP-69 No. 15, 2015/9/11, 4 頁）参照。

として表示される情報について出版または表現を行った者としての責任は問われないとしており，Parker v. Google, Inc., 422 F. Supp. 2d 492 (2006) において，検索サービス事業者は，同法による双方向コンピュータサービス事業者に該当すると判示された。他方，わが国では，この問題に焦点を当てた立法的対応はなされていない。この問題を考えるに当たっては，検索結果として表示されたタイトル，スニペットまたはサムネイル自身に名誉毀損またはプライバシー侵害となる記述が含まれている場合と，名誉毀損またはプライバシー侵害の記述を含むリンク先のウェブサイトにリンクを張る行為を区別する必要があると思われる。後者に関して，参考になる裁判例をみることとする。大阪高判平成21・10・23判時2166号142頁は，他人がウェブサイトに掲載した児童ポルノのURLを明らかにする情報を他のウェブサイトに掲載する行為が，新たな法益侵害の危険性という点と，行為態様の類似性という点からみて，自らウェブサイトに児童ポルノを掲載したのと同視できる場合には，そのような行為は，児童ポルノ公然陳列罪としての実質的な当罰性を備えており，また，それを罰することによって国民の権利を不当に侵害することもないと考えられるから，そのような行為を児童ポルノ公然陳列罪として処罰することには十分な合理性が認められるとした。他方，グーグル社やヤフー社の検索サービスによる児童ポルノへのリンクは，検索サービスの利用者が児童ポルノに関連する検索語句を入力して実行すること等によってはじめて設定されるのであるから，検索サービスを開設・運営する等の行為が児童ポルノ公然陳列罪の正犯に該当することはなく，通常は，積極的な誘因性を欠くと考えられるから，幇助にも該当しないと判示している。グーグル社やヤフー社で使用されているロボット型全文検索エンジンにより，自動的かつ機械的にURLが表示されることも[13]，リンク先のウェブサイトとの関係で検索サービス事業者を発信者ととらえることを

---

13)　検索サービス事業者が用いるアルゴリズムが，本当に人為的な操作のない自動的なものといえるかについては，疑問が提起されている。中島美香「Googleの検索サジェスト機能をめぐる訴訟の動向と影響について」InfoCom REVIEW63号65頁，名和小太郎「サーチエンジンと表現の自由」情報管理51巻4号294頁以下参照。サーチバイアスについては，市川芳治「インターネット上の情報流通と法規制——根底への問い：憲法・競争法からのアプローチ」法セ707号4頁も参照。

困難にする。

　これに対し，検索結果として表示されたタイトル，スニペットまたはサムネイル自身に名誉毀損またはプライバシー侵害となる記述が含まれている場合には，同様には考えられず，検索結果として表示されたタイトル，スニペットの記述自身を検索サービス事業者の表現行為とみて，それによるプライバシー侵害を問題にしうると考えられる。この点について，東京地判平成 22・2・18 Westlaw2010WLJPCA02188010 は，検索サービス事業者は，自ら違法な表現を行っているわけではないとし，京都地判平成 26・8・7 判時 2264 号 79 頁は，スニペット部分は，リンク先のウェブサイトの記載内容のうち検索ワードを含む部分を自動的かつ機械的に抜粋して表示するものであることからすれば，検索サービス事業者自身が当該事実の摘示を行っているとみるべきでないとしている[14]。他方，前掲京都地判平成 26・8・7 の控訴審の大阪高判平成 27・2・18 判例集不登載[15]は，スニペットの表示方法如何によっては，人の社会的評価を低下させる事実が表示される可能性があることを予見した上で現行のシステムが採用されたものと推認されるから，当該検索結果は，検索サービス事業者の意思に基づいて表示されたものとしている[16][17]。原々決定も，グーグル検索の検索結果として，いかなるウェブサイトを上位に表示するか，いかなる手順でスニペットを作成して表示するか等の仕組み自体は，債務者が自らの事業方針に基づいて構成しており，それは機械的であっても編集作業[18]であり，検索結果の表示が債務者の表現であることは否定できないと述べ，債務者を表現者として位置付けている。原決定も，本件検索結果が自動的かつ機械的に生成

[14]　検索結果が検索サービス事業者の表現であることを否定するものとして，東京地判平成 25・12・16 Westlaw2013WLJPCA12168020 等も参照。

[15]　中川敏宏「検索結果の表示に対する検索サイト運営者の責任」法セ 734 号 110 頁参照。

[16]　東京地決平成 26・10・9 判例集不登載，福岡地決平成 28・10・7 判時 2331 号 67 頁，札幌高決平成 28・10・21 判タ 1434 号 93 頁等も参照。

[17]　裁判例について，野々村和喜「民事救済としての〈忘れられる権利〉について」同志社法学 68 巻 7 号 1009 頁，内山浩人「『忘れられる権利』と近時の裁判例の動向」神奈川県弁護士会専門実務研究 11 号 86 頁以下，松尾・前掲注 **5**）5（最高裁決定以前の裁判例の動き）等参照。

[18]　編集者としての責任について，東京高判昭和 32・10・16 下民集 8 巻 10 号 1923 頁，大阪高判平成 18・4・25 Westlaw2006WLJPCA04250007 等参照。

されるものであるとしても，それは債務者が決めたアルゴリズムを備えたプログラムによるものであり，また，債務者は，その提供する検索サービスの魅力（一覧性，信頼性，検索語との関連性等）を高めるため，検索語に関連する部分を正確かつ端的に抜き出してタイトルおよびスニペットを生成するようなプログラムを作成し作動させており，たとえば人の氏名により検索した場合には，その者に関する情報であればそれがその者に有利であろうと不利であろうと正確かつ端的に抜き出して表示されることを当然に認識していることは明らかなこと，債務者が提供する検索サービスにおいてタイトルおよびスニペットを表示することについて，リンク先のウェブサイトを参照するか否かの利用者の判断に資する意味もあると認められることを指摘して，実際の利用態様からは，タイトルおよびスニペットが独立した表現として機能することが通常であると判示している。本決定も，インターネット上のウェブサイトに掲載されている情報を網羅的に収集してその複製を保存し，同複製を基にした索引を作成するなどして情報を整理し，利用者から示された一定の条件に対応する情報を同索引に基づいて検索結果として提供する場合，この情報の収集，整理および提供はプログラムにより自動的に行われるものの，同プログラムは検索結果の提供に関する検索サービス事業者の方針に沿った結果を得ることができるように作成されたものであるから，検索結果の提供は検索サービス事業者自身による表現行為という側面を有することを認めている[19]。すなわち，検索サービス事業者が，ロボット型全文検索方式により自動的に検索結果を表示しているとしても，表示結果を左右するアルゴリズムは，債務者が決定したものであり，債務者の表現行為といえるというのである。本決定が指摘するように，債務者は自己の事業方針に基づき，検索サービスのアーキテクチャを決定しており，編集作業を行っているといえるので，単なる情報の媒介者とみることは疑問である[20]。

---

[19]　クローリング（収集）→インデキシング（整理）→結果表示という検索エンジンの仕組みについては，別所直哉「インターネット検索の諸相——サービス，技術，ビジネス」法とコンピュータ28号22頁以下参照。

[20]　検索サービス事業者が提供するサジェスト機能については，検索結果自体とは異なる考慮が必要である。サジェスト機能に関する裁判例として，東京地決平成24・3・19判例集不登載，東京地判平成25・4・15判例集不登載，東京高判平成26・1・15判例集不登載（最決平成29・1・31判例集不登載により上告棄却・不受理），東京地判平成25・5・30判例集不

この点については，本決定により，判例法上は決着が付いたといえよう。

　もっとも，債務者が表現者であるということは，債務者の削除義務を肯定する方向にも否定する方向にも作用しうる点に留意が必要であろう。債務者が単なる媒介者ではなく表現者であるということは，表現者であるリンク先のウェブサイトの管理者やそこへの記述を行った者に削除を求めるべきとして債務者の削除義務を否定する論拠を崩すことになり，債務者固有の削除義務を肯定する方向に働くといえる。他面において，債務者が表現主体であるということは，債務者に削除義務を課すことが債務者自身の表現行為の制約という面を持つことになるので，債務者の表現の自由と債権者の更生を妨げられない利益との比較衡量の問題が生ずることになる。しかし，債務者の表現の自由は，リンク先のウェブサイトへの記述者の表現の自由と同質のものではないと思われる。債務者による表現は，検索結果をいかに表示するかというアルゴリズムの決定に基づくものにすぎないからである[21]。過去に社会保険料を滞納したことを示す新聞記事自体の削除義務は認めず，検索結果の削除義務のみを認めた欧州司法裁判所判決は，検索サービス事業者の利益として経済的利益のみを考慮していたことも，このことを裏付ける[22]。

　登載等参照。

21)　検索結果の削除義務の判断基準とオリジナルの報道機関の報道の削除基準とは異なると考える余地があることを指摘するものとして，宮下・前掲注 **5)** 判時 2318 号 11 頁，松尾剛行「ウェブ連載版『最新判例にみるインターネット上の名誉毀損の理論と実務』第 27 回」（http://keisobiblio.com/2016/10/13/matsuo27/）3（従来の削除請求（削除権）との違い）参照。検索サービス事業者が表現者（発信者）であるといっても，媒介者との共通点が多いので，表現者（発信者）と媒介者の二分法の有効性への疑問も示されている。曽我部真裕「日本における『忘れられる権利』に関する裁判例および議論の状況」江原法学（Kangwon Law Review）49 号 10 頁参照。本決定が「表現行為という側面を有する」という表現を用いたのも，媒介者としての側面も有するからであろう。また，検索サービス事業者は，営利私企業（広告宣伝業）であり，検索エンジンサイトが広告宣伝の場なのであり，そこへ人を誘因するための道具として検索エンジンを利用するのであるから，プライバシーを侵害し，人の名誉を毀損し，誹謗中傷する検索結果を表示することで人を誘引することは条理上からも許されないとするものとして，水野正「個人情報保護の為の検索結果に対する削除権」日本法学 82 巻 1 号 81 頁参照。

22)　報道機関が確実な資料，根拠に照らし，公共の利害に関する事項を「公表」する場合と，単にその報道または報道内容に基づく事項を掲示板等に複製したり編集後転送したりして，その情報が検索エンジンで「再公表」される場合では，インターネットによる情報流通ないし伝達手段の性格や重要性が異なることを指摘するものとして，宮下・前掲注 **5)** 判時 2318

　むしろ重視されるべきは，検索サービス事業者による検索サービスが，インターネット上における情報流通の基盤であり，社会インフラともいえるほど重要な役割を果たしていること，検索結果の削除は，公衆の情報へのアクセスを制約することであろう。前述の欧州司法裁判所判決も，削除を求める者のプライバシーの利益と公衆の情報アクセスの利益との比較衡量を行っている。前掲東京地判平成22・2・18や原決定，本決定も，この点を重視していると思われる[23]。

(3)　補充責任説

　前掲東京地判平成22・2・18は，検索サービス事業者は，自ら違法な表現を行っているわけでも違法な表現を含むウェブサイトの管理を行っているわけでもないから，被害者は，第1次的には，自ら違法な表現を行っている者や違法な表現を含むウェブサイト管理者に対する削除請求をすべきであって，また，検索サービスの公益性に照らすと，検索サービス事業者に削除を請求できるのは，(i)当該ウェブサイト自体からその違法性が明らかであり，かつ，(ii)ウェブサイトの全体か，少なくとも大部分が違法性を有している場合に，(iii)申出等を受けることにより，検索サービス事業者がその違法性を認識できたにもかかわらず，これを放置したような場合に限られると判示した。東京地判平成23・12・21 LEX/DB25490019も，検索サービス事業者が，検索結果の表示によって違法な表現がされたウェブサイトが表示されるとしてその削除義務が生ずるのは，(i)表現の名宛人と当該ウェブサイト管理者との間の解決に任せておくだけではもはやすまない場合，すなわち，違法性の程度が強度で社会通念上到底容認できないものであることが当該ウェブサイト自体から明らかであり，かつ，(ii)検索結果の削除等の申出を受けることによって検索サービス事業者がその違

　号4頁参照。プライバシーを侵害する表現（情報）が一旦，インターネット上に掲示・漏えいされると，その被害はリアルスペース上で同様の被害が生じた場合と比較して質量ともに甚大となるので，プライバシー該当性・違法性阻却事由・慰謝料額等の判断について，インターネット独自の理論を検討する余地があることを指摘するものとして，小倉一志「インターネット上のプライバシー侵害に関する一考察」高見勝利先生古稀記念・憲法の基底と憲法論（信山社，2015年）941頁参照。

23)　栗田・前掲注**3)**152頁も，この点を指摘する。

法性を容易に認識できたにもかかわらず放置していた場合に限られるという判断基準を示した。前掲札幌高決平成 28・10・21 も，他人の名誉権やプライバシー権を侵害するウェブサイトの記載を削除すべき義務を負うのは，原則として，当該ウェブサイトの管理者であることからすれば，検索サービス事業者が削除義務を負うのは，名誉権またはプライバシー権を侵害されたと主張する者が当該ウェブサイトの管理者に対して記載の削除を求めていては回復し難い重大な損害が生じるなどの特段の事情が存在することが必要となると解するのが相当であると判示する。これらの判決は，違法なウェブサイトの削除請求は，第 1 次的には，当該ウェブサイト管理者に対して行うべきという（検索サービス事業者）補充責任説をとるものと思われる。これに対し，原々決定は，補充責任説を明確に否定している。他方，本決定は，検索サービス事業者が単なる情報の媒介者であるという債務者の主張は退け，検索結果のタイトルおよびスニペットが独立した表現として機能することが通常であるとし，北方ジャーナル事件大法廷判決，ノンフィクション『逆転』事件最高裁判決，『石に泳ぐ魚』事件最高裁判決を引用して削除の是非を判断している。したがって，本決定は，リンク先のウェブサイトの削除を先に求めるべきという補充責任説[24]には触れていないものの，かかる考え方はとらないものと思われる。

　名誉毀損やプライバシー侵害となる情報の第 1 次的発信源に第 1 次的責任があり，ある検索サービス事業者のリンクを削除しても，発信源の情報は存続し，別の検索サービスで検索されたり，投稿された電子掲示板等の URL を入力することにより，引き続き閲覧可能であることに鑑みると，補充責任説にも首肯しうる面は確かにある。他方，発信者情報を開示させることは現実にはかなり

---

[24]　代表的な検索サービス事業者であるヤフー社は，当該ウェブサイト自体からその違法性が明らかであり，かつ，ウェブサイトの全体か，大部分が違法性を有している場合に，申出等を受けることにより，検索サービス事業者が違法性を認識することができたにもかかわらず，これを放置しているような場合に限り，当該ウェブサイトの管理者に対してその削除等を求めることなく，例外的に，法的な請求として，検索サービス事業者に削除等を請求できるとする立場をとる。その論拠として，検索サービス事業者の過剰な負担のほか，リンク先のウェブサイトの管理者やそこに記述を行った者と検索サービス事業者の間には，契約関係はなく，意見聴取や証拠の収集が困難なこと等が挙げられている。田中芳樹「事業者代理人からみた検索結果削除判例の分析と現状」Law & Technology 72 号 48 頁以下参照。

の時間と費用を要すること，プロバイダでも電子掲示板等の開設者の名称・所在地を把握することが困難な例が増加傾向にあること，電子掲示板等の投稿記事を削除させてもミラーサイトが多数存在する場合，任意の削除に応じない者すべてを相手取って訴訟を提起することは困難なこと，削除させることに成功しても，すぐに同内容の投稿が行われることが多いこと，ウェブサイトが外国にある場合には，わが国の執行管轄権が及ばないこと，その一方で，インターネット上に情報が存在しても，検索サービスにより検索されなければ，実際には，当該情報へのアクセスはきわめて限定されるであろうし，検索サービス事業者は寡占状態にあるから，シェアの高いグーグル社やヤフー社の検索エンジンで検索されなくなれば，当該情報にアクセスされる可能性は非常に低くなると考えられることに照らすと，本決定は，補充責任説が検索サービスによる情報拡散の実態に適合するかに疑問を抱き，実効的権利救済の観点から補充責任説を採用しなかったのではないかと推測される。

　また，2014 年 5 月 13 日の EU 司法裁判所の先決裁定は，リンク先のウェブサイト管理者が自発的に削除したり，監督機関または裁判所に削除を命じられなくても，検索サービス事業者に検索結果の削除を命じうること，すなわち，検索サービス事業者の削除義務は，リンク先のウェブサイトの管理者の義務とは独立であることを前提としており，補充責任説を採用していないことにも留意する必要がある。たとえば，リンク先のウェブサイトの管理者が新聞社であり，報道の自由との関係から新聞社に削除を命ずることは妥当ではない場合であっても，検索サービス事業者には削除義務が生ずることがありうるというのが同裁定の立場であり，検索サービス事業者を情報の表現者として位置付けるとしても，検索サービスのアーキテクチャの構成という意味での表現と報道機関による報道では，総合考慮における表現の自由の比重に差異が生じ，補充責任説が妥当しない場合がありうるということであろう。

(4)　削除義務の判断基準

　検索結果の削除義務については，前掲東京地判平成 22・2・18，東京地判平成 25・5・30 判例集不登載のように，社会通念上容認できないものであることが一見して明らかであり，かつ，原告から検索結果の削除等の申出等を受ける

ことなどによって，被告において，当該ウェブサイトの内容が原告の名誉また
はプライバシーを侵害し違法であることを認識したにもかかわらず放置したこ
とを要するとしたもの等，被害の重大性，明白性，回復困難性等も考慮する裁
判例（前掲東京高判平成 26・1・15〔最決平成 29・1・31 により上告棄却・不受理〕等）
もあるが[25]，比較衡量の結果，プライバシーに属する事実を公表されない利益
が優越する場合には，原則として検索結果の削除義務を肯定する裁判例（前掲
大阪高判平成 27・2・18〔最決平成 29・1・31 により上告棄却・不受理〕，東京高決平成
29・1・12 判例集不登載等）もある。

　本決定は，比較衡量の要素として，(i)当該事実の性質および内容，(ii)当該
URL 等情報が提供されることによってその者のプライバシーに属する事実が
伝達される範囲とその者が被る具体的被害の程度，(iii)その者の社会的地位や影
響力，(iv)当該記事等の目的や意義，(v)当該記事等が掲載された時の社会的状況
とその後の変化，(vi)当該記事等において当該事実を記載する必要性等を挙げて
いる。長良川事件最高裁判決は，(ア)当該記事が週刊誌に掲載された当時の原告
の年齢や社会的地位，(イ)当該犯罪行為の内容，(ウ)これらが公表されることによ
って原告のプライバシーに属する情報が伝達される範囲と原告が被る具体的被
害の程度，(エ)当該記事の目的や意義，(オ)公表時の社会的状況，(カ)当該記事を公
表する必要性等，その事実を公表されない法的利益とこれを公表する理由に関
する諸事情を個別具体的に審理し，これらを比較衡量して判断することが必要
であると判示している。本決定の基準と比較すると，(i)が(イ)，(ii)が(ウ)，(iii)が(ア)，
(iv)が(エ)，(v)が(オ)，(vi)が(カ)にほぼ対応する[26]。時の経過は考慮事由として明示
されてはいないものの，(v)と(オ)を比較すると，(v)では，「その後の変化」が追加

---

25)　前掲東京高決平成 27・7・7 も，同様の立場をとる。この立場を支持するものとして，
曽我部・前掲注 21)13 頁参照。
26)　前科を公表されない利益という意味で本件と共通する点が問題になったノンフィクショ
ン『逆転』事件最高裁判決において，最高裁は，ある者の前科等にかかわる事実を実名を使
用して著作物で公表したことが不法行為を構成するか否かは，(ア)前科等の事実を公表されな
い利益，(イ)その者のその後の生活状況，(ウ)事件それ自体の歴史的または社会的な意義，(エ)そ
の当事者の重要性，(オ)その者の社会的活動およびその影響力について，(カ)その著作物の目的，
性格等に照らした実名使用の意義および必要性をも併せて判断すべきとしている。ここで示
された基準も，本決定の基準と大きく異ならないが，本決定の基準は長良川事件最高裁判決
の基準により類似する。

されており，この部分で時の経過が考慮されるものと思われる。上記(iv)～(vi)を
考慮するためには，リンク先のウェブサイトの内容を検討する必要がある。債
務者は，ロボット型全文検索エンジンで機械的に情報を収集・整理しているに
とどまるから，リンク先のウェブサイトへの内容について認識していないと主
張していたが，本決定は，検索結果の内容から容易に推認可能なことが多いと
判断したものと思われる[27]。このように，検索サービスによるプライバシー権
侵害も，基本的には書籍によるプライバシー権侵害と同様の判断基準で利益衡
量が行われることになるが，検索サービスの特性を踏まえる必要がある[28]。

　問題は，検索サービスの特性が何であるかであるが，光の部分と陰の部分が
ある。光の部分は，何人であっても，インターネット上に掲載した自己の意見
や感想が，検索サービスを通じて世界中の者に伝達可能になり，表現の自由が
実質化すること，インターネット上に拡散している情報に容易にアクセス可能
になり，情報化社会の制度インフラとしての機能を果たしていることである。
この光の部分を重視すれば，表現の自由や情報アクセスの自由を制約すること
には慎重になり，きわめて例外的な場合に限って，検索サービス事業者の削除
義務を認める考え方が導かれやすい。この点について，原決定や本決定は，
原々決定よりも，この光の部分を重視したように思われる。

　すなわち，原々決定も，「検索エンジンの公益的性質も十分斟酌すべきであ
る」とは述べているものの，受忍限度を超える権利侵害と判断される場合に限
り，その検索結果を削除させることが，直ちに検索エンジンの公益的性質[29]を
損なわせるものとはいえないと判示している。これに対し，原決定は，検索サー
ビスは既存の情報流通手段を補完するのみならず，それ自体が重要な社会的
基盤の一つとなっており，表現の自由および知る権利にとって大きな役割を果

---

27)　もっとも，リンク先のウェブサイトの内容について個別に主張，立証することを否定す
　るものではないが，本件では，かかる主張，立証はなかったようである。高原・前掲注5)
　ジュリ1507号121頁参照。

28)　公平な第三者機関を設置して，削除基準を早急に策定すべきとするものとして，佐藤一
　明「憲法21条表現の自由と忘れられる権利」日本経大論集45巻1号94頁参照。

29)　棟居・前掲注5)48頁は，検索結果の削除を求める者のプライバシーと対立する利用者
　の利益は，インターネット上の情報に自由にアクセスし，情報を享受し場合によりそれを拡
　散させ，あるいは変容させる権利であるとする。

たしていることを強調し，検索結果に表示されたリンク先のウェブサイトの本
件犯行に係る記載を個別に削除するのと異なり，当該ウェブサイト全体の閲覧
をきわめて困難ないし事実上不可能にすれば，多数の者の表現の自由および知
る権利を大きく侵害しうると指摘している[30][31]。そして，本決定は，表現の自
由や知る権利という文言は用いていないものの，検索サービスが，現代社会に
おいてインターネット上の情報流通の基盤として大きな役割を果たしているこ
とを指摘し，検索結果の削除が，上記役割に対する制約でもあると述べている。
ただし，原決定が，検索サービスの重要性等も総合考慮すべきと明言したのに
対し，本決定は，上記(i)〜(vi)の考慮要素には，検索サービスの重要性等を含め
ていないことに留意する必要がある。これは，検索サービスの重要性等を比較
衡量の要素に含めた場合，債権者が許可抗告の理由で主張したように，人格的
な権利利益の保護範囲を狭めすぎることが懸念されたからではないかと思われ
る[32]。他方において，削除の可否に関する判断が微妙な場合に安易に検索結果
が削除されないように，長良川事件最高裁判決にはない明白性の基準を付加し
たものと考えられる[33]。

---

[30]　この点については，出版物の一部に名誉毀損に当たる表現が含まれる場合，出版社がそ
の部分を分離する手続をとらなければ全体が差し止められるのと変わりはないとする反論が
ある。大澤恒夫＝上沼紫野＝大野幸夫＝小倉秀夫＝新保史生＝平野高志＝別所直哉＝松田政
行「総括（パネルディスカッション）」法とコンピュータ28号93頁，99頁［小倉秀夫発言］
参照。債権者の許可抗告の理由においても，著作権法47条の6ただし書（平成30年法律第
30号による改正前のもの）を援用して，この点が強調されている。

[31]　前掲福岡地決平成28・10・7は，検索結果が表示されない場合，前科等の人格的価値を
侵害する箇所と併せて，侵害にかかわらない記事があれば，その箇所も表示されなくなるこ
とを一般論としては認める一方，当該事案においては，削除対象検索結果のうち当該事案の
債権者に関わる情報は，基本的にその者の前科等についてのものにすぎないと認められるこ
と等からすると，当該検索結果を削除することが過剰な措置であるとまではいえないと判示
している。

[32]　棟居・前掲注[5]51頁は，本決定は，検索サービスの表現行為性を認めながら，それが
技術的な利便性を提供する手段的な表現行為にすぎないことを強調し，原決定における検索
サービスの表現行為としての称揚に対しては意図的な留保を見せているように思われるとす
る。

[33]　高原・前掲注[5]ジュリ1507号121頁参照。曽我部・前掲注[5]58頁は，本決定が示した
考慮要素は，発信者であれば適切に把握することができても，元の記事等の作成に関わりを
持たない検索サービス事業者には知りえないものも含まれるため，明白性の要件は，検索サ
ービス事業者の情報不足を補う意味があることを指摘する。これが削除請求者に高いハード

　他方，検索サービスの陰の部分は，玉石混淆の情報が容易に検索可能となることにより，名誉毀損，プライバシー侵害，信用毀損，著作権侵害等の弊害を助長していることである。原々決定は，この陰の部分を重視していることが，「ひとたびインターネット上に情報が表示されてしまうと，その情報を抹消し，社会から忘れられることによって平穏な生活を送ることが著しく困難になっていることも，考慮して判断する必要がある」という表現から窺える。さらに，救済の実効性という観点も考慮して，削除義務を肯定したのが原々決定であったということができよう[34]。

(5)　削除の対象

　本決定は，検索結果の削除の対象をタイトル，スニペットのみならず，URL も含めて考えており，これらについて同一の判断基準[35]を用いていることが注目される。ヤフー社が 2015 年 3 月 30 日に公表した「検索結果の非表示措置の申告を受けた場合のヤフー株式会社の対応方針について」では，タイトルやスニペットの表現から権利侵害が明白に認められる場合には，当該権利侵害部分については削除するが，URL までは削除しないこととしているが，グーグル社は URL も含めて削除する運用を行ってきた。この点に関しては，東京地判平成 28・8・17 判例集不登載が，検索結果を削除するとしても，タイト

ルとなると指摘するものとして，棟居・前掲注 5)51 頁，宮下・前掲注 5)ビジネス法務 17 巻 6 号 84 頁。松尾・前掲注 5)7（試論的解釈）(2)(明白性要件）参照。なお，明白性の要件は，本決定で初めて提示されたわけではなく，札幌地決平成 28・4・25 Westlaw 2016WLJPCA04256006，前掲札幌高決平成 28・10・21，名古屋地決平成 28・7・20 Westlaw2016WLJPCA07206013 も，明白性の要件を課している。

34)　諸外国における検索サービス事業者の削除義務に係る法制度の類型について，宮下紘「忘れられる権利と検索エンジンの法的責任」比較法雑誌 50 巻 1 号 54 頁以下参照。米国では，従来の法規範に照らせば違法にみえても，直ちには規制しないという司法権による「グレーゾーン設定」型判断が，インターネット検索事業を含め，産業振興面で企業の発展を阻害してこなかったことを指摘するものとして，大野幸夫『『情報文化革命』の進展とネット検索サービス事業の諸問題」法とコンピュータ 28 号 11 頁参照。

35)　タイトルやスニペットの表示内容の場合には，それ自体が表現であり，これらが権利侵害となる場合には，リンク先のウェブサイトの違法性にかかわらず検索結果の削除を認めるべきであるが，URL の表示は，リンク先のウェブサイトの違法性を前提としつつ，その参照を容易にする行為が権利侵害と評価されるべきかを問題とすべきとするものとして，栗田昌裕「プライバシーと『忘れられる権利』」龍谷法学 49 巻 4 号 325 頁以下参照。

ル，URL，スニペットのうち，スニペット等，違法な記載部分に限定して削
除すべきというヤフー社の主張を退け，タイトルや URL も削除しなければ，
閲覧者が仮処分申請者の人格権を侵害する記事内容にきわめて容易にアクセス
できるので，人格権侵害を防止するためには，検索結果として表示される 3 項
目すべてを削除する必要があると判示していた。本決定が，タイトル，スニペ
ットと URL を一体として，その削除の是非を検討したのは，検索サービス事
業者の提供する検索結果の中心は URL であり，タイトルやスニペットはリン
ク先のウェブサイトの内容を推知させる参考情報にとどまるという認識に基づ
き，検索結果の削除が必要な場合には，リンク先のウェブサイトへの利用者の
アクセスを遮断させるべきであり，URL のみが残存した場合，かえって利用
者の好奇心を喚起して，当該リンク先のウェブサイトへのアクセスを助長する
ことになりかねないと考えたからと思われる[36]。

(6)　時の経過

　児童買春をした者は，5 年以下の懲役または 300 万円以下の罰金に処せられ
るので（児童買春，児童ポルノに係る行為等の処罰及び児童の保護等に関する法律〔平
成 26 年法律第 79 号による改正前のもの〕4 条），公訴時効は 5 年になるが（刑事訴
訟法 250 条 2 項 5 号），この期間も本決定時には経過していた。また，債権者は
罰金を 2011 年 12 月に納付しているので，本決定時には，罰金の納付から 5 年
が経過していた。したがって，本決定時に刑の言渡しの効力は失われていたこ
とになる（刑法 34 条の 2 第 1 項）。このことは，本決定は，公訴時効の成立[37]や
刑の言渡しの効力が失われたという一事をもって[38]，犯罪に係る検索結果の削

---

36)　高原・前掲注 5）ジュリ1507 号121 頁参照。
37)　前科等に関わる事実については公訴時効が，また債権債務関係においては消滅時効が時
　　間的目安となりうるとするものとして，宮下・前掲注 34）71 頁参照。
38)　刑の言渡しの効力の消滅を判断基準とすべきことを示唆するものとして，唐澤貴洋＝神
　　田知宏＝清水陽平＝中澤佑一「インターネット上における権利侵害の問題（座談会）」Law
　　& Practice 9 号 284 頁［清水陽平発言］，松尾・前掲注 21）5（「忘れられる権利」をどう考
　　えるべきか）参照。なお，前掲札幌地決平成 27・12・7 は，名誉権侵害に関して，刑の言渡
　　しの効力が失われていることにも鑑みれば，債権者が逮捕されてから 12 年以上経過した時
　　点において，本件犯罪経歴をインターネットという世界中からアクセスのできる場所におい
　　て明らかにすることが公共の利害に関する事実を摘示するものであるとはいえないとして，

除義務が生ずると考えているわけではないことを示すものといえよう。

(7)　犯罪に対する評価

　原決定，本決定と仮処分決定，原々決定が結論を異にした別の理由は，債権者の犯した本件犯罪に対する評価の相違であるように思われる。仮処分決定は，一定の判断能力を有する年代である女子高生に金銭を渡してわいせつな行為を行ったものであり粗暴な要素はなく，略式命令手続で50万円の罰金刑で処理されるような類型的に比較的軽微なものであると述べ，原々決定は単に「罰金刑」という表現をしているにとどまるのに対して，原決定は，子の健全な育成等の観点から，その防止および取締りの徹底について社会的関心の高い行為であり，特に女子の児童を養育する親にとって重大な関心事であると述べ，本決定も，社会的に強い非難の対象とされている行為であると述べている。すなわち，本件で問題となった犯罪歴が，なお公共の利害に関わり，本人の更生の利益よりも，当該情報にアクセスする公衆の利益のほうが優越するかの価値判断の相違が両者の結論を分ける要因であったと思われる。

(8)　仮処分

　本決定では論じられなかったが，検索結果の削除請求という重要な問題を仮処分で審理することには疑問も提起されている。これについては，(i)本案判決を待てない「急迫の危険」（民事保全法23条2項）が認められる場合が多いこと，(ii)書籍や新聞の場合と異なり，インターネットでは記事作成者が投稿すれば瞬時に記事がウェブサイト上に掲載され，筆者とは別の者の目を通ることによる人格権侵害の抑制が期待できないこと[39]，(iii)出版禁止の仮処分は表現行為の事前抑制であるのに対し，インターネット関係仮処分は表現行為がなされた後の事後抑制であることを踏まえ，出版禁止の仮処分との差異を考慮すべきという

違法性阻却事由はないと判示している。刑の言渡しの効力の喪失を基準とするものとして，前掲福岡地決平成28・10・7も参照。

[39]　この点につき，「グーグルリンク削除仮処分——宍戸常寿東大教授に聞く（「表現の自由」裁判所任せでいいのか）」（http://mainichi.jp/articles/20141109/mog/00m/040/004000c）も参照。

指摘がなされている[40]。また，本決定の射程については，仮処分手続で検索結果の削除を命ずることを重視するか否かにより異なりうることになる[41]。

(9)　今後の課題

　本決定は，検索結果の削除請求の場合の判断基準を示したが，名誉毀損やプライバシー侵害に当たる検索結果を提供したことが不法行為に当たるとして損害賠償請求がなされた場合の判断基準をいかに考えるべきかの問題は残された課題といえる[42]。この問題を考える場合，プロバイダ責任制限法によりプロバイダの不法行為責任が制限されていること，検索サービス事業者はプロバイダよりもリンク先のウェブサイトの発信者との関係が稀薄であることは考慮事由となろう[43]。

　また，本決定の明白性の基準は，検索サービス事業者が有するインターネット社会における情報流通の基盤的役割を踏まえたものであるので，かかる機能を有しないリンク先のウェブサイトの削除基準としては妥当しないと思われるが，ツイッター社やフェースブック社のように情報流通の基盤的役割を有する事業者について，同様の基準が用いられるべきかについては検討が必要であろう[44]。

　さらに，本決定のように，既に検索結果が表示し続けられている状態を中止させるための削除請求の要件と，プライバシー侵害を理由としてウェブサイトへの発信自体の事前差止めを申し立てる場合で，それが認められる要件に相違があるのかの検討も課題として残されている[45]。

---

[40]　関述之「平成27年度の東京地方裁判所民事第9部における民事保全事件の概況」金法2044号32頁参照。

[41]　宍戸・前掲注5)52頁は，仮処分手続で検索結果の削除を命ずることに表現行為の制約を見出すのであれば，本決定は，名誉毀損に基づき検索結果の削除を求める仮処分手続においても先例として機能することになるが，訴訟非訟の別に拘わらないのであれば，プライバシー侵害を理由とする検索結果の削除を求める訴訟においても，本決定の説くとおり明白性の要件が求められることになると指摘する。

[42]　鈴木・前掲注5)104頁参照。

[43]　田中・前掲注24)51頁参照。

[44]　木下・前掲注5)15頁参照。

[45]　松尾剛行「ウェブ連載『最新判例にみるインターネット上の名誉毀損の理論と実務』第

　最後に，より根源的な問題として，犯罪の実名報道が，本件のような問題の根底に存在するので，成人であればすべて逮捕の時点から実名で報道することが妥当なのかについても，本決定を契機に議論を深める必要があるように思われる[46]。

---

35 回」（http://keisobiblio.com/2017/02/13/matsuo35/）は，事前差止めは完全な侵害予防請求であるが，削除は（予防請求という側面もあるが）既に発生している侵害排除請求の側面もあるという意味で，オフラインのプライバシー侵害報道の差止めと，オンラインのプライバシー侵害の投稿の削除には一定程度相違があるとする。

46）　飯島滋明・憲法から考える実名犯罪報道（現代人文社，2013 年）がこの問題を多角的に論じている。

第3節　検索サービス事業者の法的責任
──大阪高裁平成 27 年 2 月 18 日判決

1　事実の概要

　X は，京都市に居住する 40 代の男性であり，2012 年 11 月にサンダルに仕
掛けた小型カメラで女性を盗撮したとして，同年 12 月に京都府迷惑行為防止
条例違反の疑いで逮捕され（以下「本件逮捕事実」という），その後，同条例違反
につき翌年 4 月に執行猶予付きの有罪判決を受けた。Y は，インターネット上
で検索サービス等を提供するウェブサイト「Yahoo！ JAPAN」（以下「本件サ
イト」という）の運営者であり，本件検索サービスは，所定のプログラムに従
ってウェブサイトを検索するロボット型全文検索エンジンを採用して行われて
おり，自動的かつ機械的にインターネット上のウェブサイトの情報が収集され，
利用者が本件サイトで検索ワードを入力すると，収集情報の中から抽出された
検索ワードに関連する検索結果を表示するものである。上記検索結果は，(i)検
索ワードをその記載内容に含むウェブサイトへのリンク，(ii)リンク先サイトの
記載内容の一部が自動的かつ機械的に抜粋されたスニペット，(iii)リンク先サイ
トの URL のセットが羅列された一覧形式で表示される。本件検索サービスを
利用し，検索ワードとして X の氏名を入力すると，X の氏名が記載されたウ
ェブサイトへのリンクとスニペット，当該サイトの URL とがセットになった
ものが複数表示されるが，その中には，本件逮捕事実が記載されたウェブサイ
トへのリンク，スニペットおよび URL が複数含まれており，スニペットのみ
で本件逮捕事実を認識しうるものも複数存在する。

　本件サイトで X の氏名を検索ワードとして検索を行うと X の逮捕に関する
事実が表示され，これにより X の名誉が毀損され，プライバシーが侵害され
不法行為に当たるとして，X は Y に対して，1100 万円の慰謝料およびこれに
対する遅延損害金の支払を訴求するとともに，人格権に基づき，本件サイトに
おいて，X が逮捕された旨の事実の表示および当該事実が記載されているウェ

ブサイトへのリンクの表示の各差止請求（以下「本件差止請求」という）を行った。

2　名誉毀損該当性についての当事者の主張

①　Xの主張

　Xは，本件検索結果の表示は，Xの社会的評価を低下させその名誉を毀損するものであり，Xが無名の一私人であること，本件逮捕事実に係る犯罪が軽微なものであること，Xが同事実により執行猶予判決を受けていること等に照らし，違法性が阻却されることもないと主張した。そして，本件検索サービスによる検索結果は，Yが，㋐ニュースまとめサイト等のサーバに保存されている情報をYのサーバに複写・保存し，㋑本件検索サービスの利用者が本件サイトで検索ワードを入力すると，Yは，検索ワードにふさわしい情報をYのサーバに保存された情報の中から検索して，該当情報の一部を利用者のパソコンに送信し，送信された情報が利用者のパソコンに表示されるという過程を経て表示されているところ，上記㋐の複写・保存，㋑の送信はYの行為であり，リンクについては，利用者が当該情報の内容の全部を認識するためにはクリックという利用者の行為が介在するが，かかる形式論でリンクの表示につきYの行為性が否定されるものではないので，Yがリンクおよびスニペットを表示する行為は，単にリンク先サイトの存在および所在（URL）を示すものではなく，事実の摘示そのものであると述べた。そして，本件検索結果の表示のうちスニペット部分には，まさに本件逮捕事実が摘示されており，リンク部分もクリック一つでリンク先サイトに記載されている本件逮捕事実が目に触れられるようにしていることからすると，社会通念上，本件逮捕事実を摘示したものと評価できると指摘した。そして，Yは，本件検索結果の表示はYの意思が何ら介在しないから，表現行為に該当しないと主張するが，本件検索結果の表示はYが採用している検索エンジンによって行われているのであるから，Yの意思に基づくものであるといえるし，そもそも，名誉毀損が成立するためには，単に特定人の社会的評価を低下させる「事実の摘示」で足りるのであり，「意思内容の反映」，「表現」である必要はないと主張した。

　また，リンク先サイトの存在によって，Yの行為が免責されることはなく，リンク先サイトにおいて本件逮捕事実に関する情報が表示された時点では名誉毀損が成立しなかったとしても，これとは別の時点で，別の方法で本件逮捕事実を表示する行為については，独自に当該表示行為そのものについても名誉毀損の成否が検討されるべきであると述べた。

　さらに，同種被害の防止の観点から犯行に対する注意を喚起する社会的必要性が高いとしても，軽微な犯罪について，執行猶予判決の言渡時以降においてまで犯人の実名を公衆に認知させる必要はないから，Xの実名を含む本件逮捕事実は公共の利害に関する事実とはいえないし，本件検索結果の表示に係るYの行為は，自動的かつ機械的になされているのであるから，一片の公益目的も認められず，違法性は阻却はされないと主張した。

②　Yの主張

　Yは，本件検索結果の表示は，本件逮捕事実の記載があるウェブサイトの存在および所在を示すものにすぎず，本件逮捕事実を摘示しているわけではないから，名誉毀損の要件としての事実の摘示を欠いていること，本件検索サービスは，単なる情報へのアクセス手段としての機能を有するにすぎないものであり，Yの意思内容の反映とはいえず，表現行為とはいえない検索結果の表示によって名誉毀損が成立する余地はなく，本件逮捕事実が記載されているリンク先サイト（新聞記事等）につき名誉毀損が成立しないのに，本件検索サービス等の上記記事へのアクセス手段が違法となるというのは，常識にも反すること，本件検索結果の表示のうちスニペット部分についても，自動的かつ機械的にリンク先サイトの情報を一部抜粋して表示しているにすぎないことに照らすと，Yが表現行為として自らの意思内容を表示したものとはいえないから，事実の摘示には当たらず，名誉毀損の要件に該当しないとする。

　また，仮に，本件検索結果の表示が「本件逮捕事実の記載があるウェブサイトの存在および所在（URL）」という事実の摘示（表現行為）に当たると解されたとしても，本件逮捕事実の記載があるウェブサイトがインターネット上に存在するという事実は真実であり，また，現代の人々の生活にとってインターネットからの情報収集が不可欠であり，検索サービスがそのための必須のツールになっていることに照らせば，上記ウェブサイトを含め，あるウェブサイトの

存在という事実には公共性があり，かつ，そのような情報を提示する行為に公
益目的が認められることは明らかであるので，本件検索結果の表示については
違法性が阻却されると述べた。

　さらに，インターネット上には無数の言論が存在するところ，あらゆる言論
に自由にアクセスできることは表現の自由の根本的要請であり，本件検索サー
ビスによる特定の検索結果につき名誉毀損が成立するとなると，Ｙは，当該検
索結果において表示されたリンク先サイトへのアクセス制限を強制されること
になるが，これは表現の自由の根幹を揺るがすものといわざるをえないと主張
した。

3　プライバシー権侵害該当性についての当事者の主張

①　Ｘの主張
　本件検索結果の表示がＸのプライバシー権を侵害する理由について，Ｘは，
名誉毀損に係る上記2と同様の主張をした。

②　Ｙの主張
　Ｙは，本件逮捕事実については，その発生からまだ短期間しか経過しておら
ず，みだりに公開されない利益としてのプライバシーの保護の対象となるもの
ではないし，Ｙは，本件検索結果の表示により，単に本件逮捕事実の記載があ
るウェブサイトの存在および所在を示しているにすぎず，本件逮捕事実を公表
しているものではないから，プライバシー権侵害は生じえないと主張した。ま
た，仮に，プライバシー権侵害の問題が生じうるとしても，上記ウェブサイト
の存在および所在という情報には公共性があり，かつ，そのような情報を提示
する検索結果の表示という行為の目的および方法に相当性が認められることは
明らかであるから，違法性はないと述べた。

4　損害及び因果関係についての当事者の主張

①　Ｘの主張
　Ｘは，本件逮捕事実により勤務先を懲戒解雇となった後，2013年4月に執

行猶予判決を受け，心機一転して再就職のための活動をしようと考えていたが，本件サイトで X の氏名を検索すると，検索結果として，X が逮捕された旨の記事が多数表示されたことから，企業等の採用担当者がインターネットで X の氏名を検索すると本件逮捕事実を知ることになり，X を採用することはないであろうと，将来を絶望するに至ったこと，潜在顧客が X の氏名を検索することを考えると，個人事業を営む道も絶たれたといえること，X が名乗った相手がインターネットで X の氏名を検索することで，本件逮捕事実を知られるのではないかとの不安から，X は通常の社会生活を送ることができない状態であることからすると，Y の名誉毀損行為およびプライバシー権侵害行為によって X が被った精神的損害は，1000 万円を下回ることはなく，また，弁護士費用としては 100 万円が相当であると主張した。

　そして，一般公衆は，インターネット上に多数存在する本件逮捕事実に関するウェブサイトの存在も所在も知らないのであり，Y の本件検索サービスによって初めて，本件逮捕事実に関するウェブサイトを目にし，そのため，X に多大な精神的損害が生じるのであるから，Y の行為と X の精神的損害との間の因果関係は明白であり，また，Y 以外の他社の検索サービスがあるからといって，上記因果関係が否定されるものではないと述べた。

② **Y の主張**

　Y は，X が主張する損害については立証がなされていないとし，また，仮に本件検索結果の表示がされなかったとしても，本件逮捕事実が記載されているウェブサイト（リンク先サイト）はこれが削除されるまで存在し続け，誰でも閲覧できる状態にあるし，Y 以外の他社の検索サービスも存在するのであるから，本件検索結果の表示と X が主張する損害との間には相当因果関係が認められないと主張した。

5　本件差止請求についての当事者の主張

① **X の主張**

　X は，2014 年 5 月に，欧州連合司法裁判所において，検索サービス最大手の会社に対し，他人に知られたくない情報が掲載されているサイトへのリンク

を削除することを命じる判決が言い渡された事実を指摘し，本件においても，憲法上の幸福追求権に由来する個人の名誉，プライバシー保護の観点から，本件差止請求が認められるべきであると主張した。

②　Yの主張

　Yは，Xの主張を争った。

6　一審判決

(1)　名誉毀損該当性

　一審の京都地判平成26・8・7判時2264号79頁（以下「一審判決」という）は，名誉毀損該当性について，以下のように判示した。

　本件検索サービスの仕組みはYが構築したものであるから，これによる検索結果の表示は，Yの意思に基づくものというべきであるが，本件検索サービスの目的（検索ワードがその記載内容に含まれているウェブサイト〔リンク先サイト〕の存在および所在を利用者に知らせること）や，表示される検索結果が，基本的には，Yが左右することのできない複数の条件（利用者が入力する検索ワードの内容，検索ワードを含むウェブサイト〔リンク先サイト〕の存在およびその記載内容等）の組合せによって自動的かつ機械的に定まること等に鑑みれば，Yが検索結果の表示によって本件検索サービスの利用者に摘示する事実とは，検索ワードがその記載内容に含まれているウェブサイト（リンク先サイト）の存在および所在（URL）ならびにその記載内容の一部（スニペットとして表示される，当該サイトの記載内容のうち検索ワードを含む部分）という事実にとどまるものと認めるのが相当であり，それが本件検索サービスの一般的な利用者の通常の認識にも合致するといえるとする。そして，本件検索結果の表示は，Xの氏名を検索ワードとして本件検索サービスにより検索を行った結果の一部であり，ロボット型全文検索エンジンによって自動的かつ機械的に抽出された，Xの氏名の記載のある複数のウェブサイトへのリンク，スニペット（本件逮捕事実が記載されたもの）およびURLであるから，これによってYが摘示する事実は，「Xの氏名が記載されているウェブサイトとして，上記の複数のウェブサイト（リンク先サイト）が存在していること」および「その所在（URL）」ならびに「上記の複数

のウェブサイト中のXの氏名を含む部分の記載内容」という事実であると認めるのが相当であり，かかる解釈が本件検索サービスの一般的な利用者の通常の認識にも合致するといえるとする。

　また，Xは，本件検索結果の表示はまさに本件逮捕事実の摘示である旨主張したが，本件検索結果の表示のうちリンク部分は，リンク先サイトの存在を示すものにすぎず，本件検索サービスの利用者がリンク部分をクリックすることでリンク先サイトを開くことができるからといって，Y自身がリンク先サイトに記載されている本件逮捕事実を摘示したものとみることはできないし，スニペット部分に本件逮捕事実を認識できる記載があるとしても，スニペット部分は，利用者の検索の便宜を図るため，リンク先サイトの記載内容のうち検索ワードを含む部分を自動的かつ機械的に抜粋して表示するものであることからすれば，Yがスニペット部分の表示によって当該部分に記載されている事実自体の摘示を行っていると認めるのは，本件検索サービスの一般的な利用者の通常の認識とも合致せず，相当ではないとする。さらに，本件逮捕事実も，検索ワード（Xの氏名）を含んでいたことから検索ワード（Xの氏名）に付随して，無数のウェブサイトの情報の中から抽出され，スニペット部分に表示されたにすぎないのであるから，Yがスニペット部分の表示によって本件逮捕事実を自ら摘示したとみることはできないとし，YがXの名誉を毀損したとはいえないから，Xに対するYの不法行為が成立するとはいえないと判示した。

　もっとも，本件検索結果の表示のうちスニペット部分（当該サイトの記載内容の一部）には本件逮捕事実を認識できる記載が含まれていることから，Yが本件検索結果の表示によって本件逮捕事実を自ら摘示したと解する余地がないではないし，また，Yが本件検索結果の表示をもってした事実の摘示（検索ワードであるXの氏名を含む本件逮捕事実が記載されている複数のウェブサイトの存在および所在ならびに当該サイトの記載内容の一部という事実の摘示）は，本件逮捕事実自体の摘示のようにXの社会的評価の低下に直結するとはいえないものの，そのような記載内容のウェブサイトが存在するということ自体がXの社会的評価に悪影響を及ぼすという意味合いにおいて，Xの社会的評価を低下させる可能性がありうることを一審判決は認めている。そこで，仮に，Yに本件検索結果の表示によるXへの名誉毀損が成立すると解する場合，その違法性が阻却

されるかどうかについても検討している。

　一審判決は，民事上の不法行為たる名誉毀損については，(i)その行為が公共の利害に関する事実に係り，(ii)もっぱら公益を図る目的に出た場合には，(iii)摘示された事実が真実であることが証明されたときは，上記行為には違法性がなく，不法行為は成立しないとする最判昭和 41・6・23 民集 20 巻 5 号 1118 頁の基準に沿って，本件検索結果の表示による事実の摘示につき上記(i)ないし(iii)が認められるかにつき検討している。

　まず，(i)については，本件逮捕事実は，X が，サンダルに仕掛けた小型カメラで女性を盗撮したという特殊な行為態様の犯罪事実に係るものであり，社会的な関心が高い事柄であるといえること，X の逮捕からいまだ 1 年半程度しか経過していないことに照らせば，本件逮捕事実の摘示はもちろんのこと，本件逮捕事実が記載されているリンク先サイトの存在および所在ならびに当該サイトの記載内容の一部という事実の摘示についても，公共の利害に関する事実に係る行為であると認められるとする。

　次に，(ii)については，本件検索結果の表示は，本件検索サービスの利用者が検索ワードとして X の氏名を入力することにより，自動的かつ機械的に表示されるものであると認められるから，その表示自体には Y の目的を観念しがたいものの，Y が本件検索サービスを提供する目的には，一般公衆が，本件逮捕事実のような公共の利害に関する事実の情報にアクセスしやすくするという目的が含まれていると認められるから，公益を図る目的が含まれているといえ，本件検索結果の表示は，このような公益を図る目的を含む本件検索サービスの提供の結果であるから，公益を図る目的によるものといえるとする。

　続いて，(iii)については，本件逮捕事実は真実であり，また，本件検索結果の表示は，本件検索サービスにおいて採用されたロボット型全文検索エンジンが，自動的かつ機械的に収集したインターネット上のウェブサイトの情報に基づき表示されたものであることに照らせば，本件逮捕事実が記載されているリンク先サイトの存在および所在ならびにその記載内容の一部は真実であると認められると述べている（リンク先サイトが削除されていたとしても，同サイトが存在していたことについての真実性は認められるとする）。

　したがって，仮に，Y が本件検索結果の表示をもって本件逮捕事実を摘示し

ていると認められるとしても，または，Ｙが本件検索結果の表示をもって，本
件逮捕事実が記載されているリンク先サイトの存在および所在ならびにその記
載内容の一部という事実を摘示したことによって，Ｘの社会的評価が低下する
と認められるとしても，その名誉毀損については，違法性が阻却され，不法行
為は成立しないと判示した。

(2)　プライバシー権侵害該当性

　一審判決は，Ｙが本件検索結果の表示によってＸのプライバシー権を侵害
したかどうかは，本件検索結果の表示によってＹが摘示した事実が何であっ
たかにより異なりうるが，仮に本件検索結果の表示によるＹの事実の摘示に
よってＸのプライバシー権が侵害されたとしても，(i)摘示されている事実が
社会の正当な関心事であり，(ii)その摘示内容・摘示方法が不当なものでない場
合には，違法性が阻却されると解するのが相当であるとする。

　そして，名誉毀損における違法性阻却につき判示したのと同様の理由により，
本件逮捕事実の摘示はもとより，本件逮捕事実が記載されているリンク先サイ
トの存在および所在ならびにその記載内容の一部という事実の摘示も，社会の
正当な関心事ということができ，その摘示内容・摘示方法も，本件検索サービ
スによる検索の結果として，リンク先サイトの存在および所在ならびにその記
載内容の一部を表示しているにすぎない以上，その摘示内容・摘示方法が不当
なものともいえないので，本件検索結果の表示による上記事実の摘示に係るＸ
のプライバシー権侵害については，違法性が阻却され，不法行為は成立しない
と判示した。

(3)　損害および因果関係

　一審判決は，本件検索結果の表示によるＹのＸに対する名誉毀損およびプ
ライバシー権の侵害については，成立しないか，またはその違法性が阻却され
るから，損害および因果関係については判断の必要がないとした。

(4)　本件差止請求の可否

　一審判決は，本件検索結果の表示によってＸの人格権が違法に侵害されて

いるとも認められないから，Xの本件差止請求については理由がないと判示した。

7　本判決

(1)　控訴審におけるXの追加主張

①　名誉毀損該当性

　Xは，控訴審において，一般公衆のうち相当数は，メディアリテラシー（情報の意味を批判的に理解する能力）に乏しく，検索ソフトウェアによる検索結果として示される情報を見ると，その情報に該当する事実が存在すると理解することからすれば，これらの人々との関係では，本件検索結果の表示は，YがXの逮捕の事実を摘示したとみるほかないとする。

　そして，本件逮捕事実は特殊な行為態様ではない上，特殊な行為態様であったとしても被疑者の実名に対する社会的関心が高いとはいえず，また，社会的な関心が高い事柄が，必ずしも公共の利害に関する事実に当たるとはいえないので，Xの実名は，公共の利害に関する事実とはいえないこと，Xが逮捕されてからすでに長期間が経過している上，Xは執行猶予判決を受け社会内での更生を期待されているが，Xの氏名でネット検索すると逮捕歴を含む記事が表示されるのであり，このような社会内でのXの更生を妨げる本件検索結果の表示（Xの実名を含む本件逮捕事実の記載）に違法性を阻却する正当な公共の利害は存在しないと主張した。

②　プライバシー権侵害該当性

　著作物における他人の前科等の公表に関する最判平成6・2・8民集48巻2号149頁（ノンフィクション『逆転』事件最高裁判決）の示す判断基準に即してみると，(i)Xは執行猶予判決を受けて社会内での更生を試みており，すでに判決後1年半を経過していること，(ii)本件逮捕事実自体は，現代社会で日常的に起きている類型のものであり，同事実に歴史的または社会的な意義はないこと，(iii)本件逮捕事実における被逮捕者がXであることに特別の重要性はないこと，(iv)Xは社会的活動をしておらず影響力がないことからすれば，本件において，本件逮捕事実および実名を公表されないというXの法的利益が，これを公表

することの必要性および意義に優越するので，Y のプライバシー権侵害による不法行為が成立すると X は主張した。

(2) 本判決の概要

　控訴審の大阪高判平成 27・2・18 判例集不登載（以下「本判決」という）は，名誉毀損の成否について，Y が本件検索結果の表示によって摘示した事実は，検索ワードである X の氏名が含まれている複数のウェブサイトの存在および所在ならびにスニペットとして表示される記載内容の一部であり，Y が，スニペット部分の表示に含まれている本件逮捕事実自体を摘示したものということはできないとした。しかし，本件検索結果の表示のうちスニペット部分には，本件逮捕事実を認識できる記載が含まれるところ，Y の提供する本件検索サービスによる検索結果が Y において左右できない複数の条件の組合せによって自動的かつ機械的に定まるとしても，その提供すべき検索サービスの内容（ウェブサイトの存在および所在にとどめるか，スニペットを表示するにしてもどのように表示するか等）を決定するのは Y であり，スニペットの表示方法如何によっては，人の社会的評価を低下させる事実が表示される可能性があることをも予見した上で現行のシステムを採用したものと推認されることからすると，本件検索結果は，Y の意思に基づいて表示されたものというべきであるとする。そして，インターネット上の情報は広く一般公衆の閲覧に供されている（公知の事実）ところ，一般公衆の普通の注意と読み方で検索結果に係るスニペット部分を読んだ場合には，スニペット部分は，検索結果に係るウェブサイトの内容の特定方法の一つにとどまらず，そこに記載された内容に即した事実があるとの印象を閲覧者である一般公衆に与えるものというべきであると述べている。したがって，本件検索結果に係るスニペット部分に記載された本件逮捕事実は，一般公衆に，そこに記載された本件逮捕事実があるとの印象を与えるものであるから，Y がその事実を摘示したものではないとしても，Y がインターネット上に本件検索結果を表示することにより広く一般公衆の閲覧に供したものであり，かつ，X の社会的評価を低下させる事実であるから，本件検索結果に係るスニペット部分にある本件逮捕事実の表示は，原則として，X の名誉を毀損するものであって違法であると評価されると判示した。

　本判決は，続けて，本件検索結果に係るスニペット部分にある本件逮捕事実の表示によるXに対する名誉毀損に係る違法性が阻却されるか否かについて検討し，本件においては，Yが名誉毀損に係る事実の摘示（表現行為）を行ったものではなく，Yが提供する検索サービスによって表示された記載内容によりXの社会的評価が低下したことについての違法性が問題となるものではあるが，表示された事実が逮捕事実に関するものであることからすれば，事実の摘示（表現行為）による名誉毀損の違法性阻却の判断基準に準じて判断するのが相当であると述べている。

　そして，基本的に一審判決と同様に違法性阻却に関する判断を示し，控訴審におけるXの追加主張については，本件逮捕事実が特殊な行為態様に係るものであり，このことは，Xが控訴審で主張するように類似の事案が複数報道されていることによっても左右されないこと，本件逮捕事実が盗撮という類型の犯罪に係るものであることからすれば，その内容（Xの実名を含む）に対する社会的関心は高く，再発防止等の観点からしても，公共の利害に関する事実に当たるとした。また，Xが逮捕されたのは2012年12月であって現在まで約2年が経過したにとどまること，2013年4月になされた有罪判決の執行猶予期間がすでに満了したとしてもその後長期間は経過していないと推認されることからすれば，Xの実名を含む本件逮捕事実が，公共の利害に関する事実としての性質を失うことはないというべきであるとして，違法性阻却を認めた。

　次に，プライバシー権侵害該当性については，Yの行った本件検索結果に係るスニペット部分にある本件逮捕事実の表示は，他人にみだりに知られたくないXのプライバシーに属する情報であるが，この表示によりYに不法行為が成立するのは，その事実を公表されない法的利益とこれを公表する理由とを比較衡量して，前者が後者に優越する場合であるとする（最判平成15・3・14民集57巻3号229頁参照）。そして，本件検索結果により表示される本件逮捕事実は，Xが盗撮により逮捕されたという事実であるところ，これは，本件検索サービスを利用し，検索ワードとしてXの氏名を入力することにより表示されるものであり，その伝播される機会は限定的なものではあるが，これがインターネット上に表示される情報であることからすれば，本件検索サービスを利用してXに関する情報を得ようとする閲覧者にとっては容易にこの情報に接すること

が可能となり，執行猶予判決を受け，社会内で更生を試みている X にとって
一定程度の被害を与えると認められるとする。他方，これを公表する理由につ
いてみると，本件逮捕事実は盗撮という類型の犯罪に係るものであり，その内
容（X の実名を含む）に対する社会的関心は高く，これに加え，本件逮捕事実か
ら約 2 年，執行猶予判決を受けてから約 1 年 8 か月という短期間しか経過して
いないこと，また，本件逮捕事実の表示は，本件検索サービスによる検索の結
果として，リンク先サイトの存在および所在ならびにスニペットとして表示さ
れる記載内容の一部であり，その表示方法がことさら不当なものとはいえない
ので，X の実名を含む本件逮捕事実が表示されることにより被る X の不利益
とこれを公表する理由とを比較すると，後者が前者に優越するものと認められ
るから，本件検索結果の表示によるプライバシー権侵害については，違法性が
阻却され，不法行為は成立しないと判示した。

8　解　説

(1)　東京地裁平成 22 年 2 月 18 日判決

　検索サービス事業者に対する名誉毀損等を理由とする損害賠償請求ならびに
人格権に基づく差止請求が行われた例は他にもあり，東京地判平成 22・2・18
Westlaw2010WLJPCA02188010 は，本件検索サービスの検索結果から特定の
ウェブページを削除することが可能であることや，被告が特定のウェブページ
の表示の削除などの一定の措置を講じた実績があることをもって，被告が当該
ウェブページが検索結果として表示されること自体の違法性を認めたと評価す
ることはできず，本件検索サービスの結果として違法なウェブページが表示さ
れる場合に，それによって権利を侵害される者による検索結果の削除請求権が
当然に発生するものと認めることはできないという前提に立つ。そして，(i)検
索サービスが現代社会において重要な機能を有していること，(ii)被告の運営す
る本件検索サービスの利用者数がきわめて多いこと，(iii)仮に特定のウェブペー
ジの表現に違法な部分があったとしても，検索サービスはそのウェブページに
到達するための手段に過ぎないのであって，検索サービスの検索結果自体が違
法な表現というわけでも，検索サービス事業者自身が違法な表現を含むウェブ

ページの管理を行っているわけでもないこと，(iv)特定のウェブページに違法な
表現があるのであれば，発信者情報開示の手続をとった上で，その表現を行っ
た者に対して法的な責任を追及するという手続が存在するし[1]，ウェブページ上
の掲示板等については，仮に事実上困難な場合があるとしても，書込みを削除
する権限を有する掲示板等の管理者に対し，特定の書込みの削除を求めるため
の手続が別途存在することも少なくないこと，(v)本件検索サービスのようなロ
ボット型全文検索エンジンによる検索サービスについては，その性質上，検索
結果として表示されるウェブページ上の表現について，検索サービス事業者が
個々の内容の信憑性の確認をすることはほぼ不可能であり，当該事業者に対し
てそのようなことを要求することも相当ではないこと，(vi)現に被告も，ウェブ
ページの内容を確認した上で，検索結果として表示しているわけではないこと，
(vii)結果的に，本件検索サービスの利用者が違法なウェブサイトに到達すること
ができたとしても，被告が特定の者に対して特定の違法な情報を意図的に提供
したと評価することはできないから，児童ポルノ画像を掲載したインターネッ
ト上のサイトの URL が違法情報であることを認識・認容しつつ，URL を紹介
する行為が処罰されることとは，その性質が異なること，(viii)ウェブページの表
現の一部に違法な部分がある場合に，検索サービスの検索結果から当該ウェブ
ページ自体が削除されてしまうと，違法でない部分の表現を広く社会に発信し，
またはこれに接する機会を事実上相当程度狭めることになることを指摘する。

　前掲東京地判平成 22・2・18 は，以上の理由に基づき，ウェブページ上の違
法な表現によって人格権等を侵害される者が，当該表現の表現者に対してその
削除等を求めることなく，例外的に，法的な請求として，検索サービス事業者
に対して検索サービスの検索結果から当該ウェブページを削除することを求め
ることができるのは，当該ウェブページ自体からその違法性が明らかであり，
かつ，ウェブページの全体か，少なくとも大部分が違法性を有しているという
場合に，申出等を受けることにより，検索サービス事業者がその違法性を認識

---

1)　電子掲示板への投稿によって権利を侵害されたとする原告が，特定電気通信役務提供者
　の損害賠償責任の制限及び発信者情報の開示に関する法律 4 条 1 項の規定に基づく発信者情
　報の開示を求めた事案において，発信者の氏名，住所，電子メールアドレスの開示が認めら
　れた例として，東京地判平成 23・12・21LEX/DB25490019 等参照。

することができたにもかかわらず，これを放置しているような場合に限られると判示した。そして，このように解すると，実際上，真実性等の違法性阻却が問題とならざるをえない社会的評価を低下させるような表現を含むウェブページや，様々な表現が混在する掲示板のスレッドに係るウェブページについては，検索サービスの検索結果からの削除を求めることができる場合がきわめて限定されたものとなることは確かであるが，そもそも，ウェブページ上の表現によって自らの権利が侵害されたと主張する者は，本来は発信者情報開示を求めた上で，問題となる表現を行った者に対して法的責任を追及するのが原則であって，例外的にそれ自体が違法な表現を行っているわけではない検索サービス事業者に対して検索結果の削除等を求める場合が制限されることは，やむをえないというべきであると述べている。

　結論として，本件各ウェブページの書込みの一部が原告の社会的評価を低下させるようなものであったとしても，本件各ウェブページ自体から，それらが違法性阻却事由を欠く違法なものであることが明らかであるとはいえないし，また，原告の主張を前提としても，本件各ウェブページにおいて原告の社会的評価を低下させるような書込みは，本件ウェブページ1では全体の30パーセント程度，本件ウェブページ2では全体の15パーセント程度にすぎないことからすると，原告は，被告に対し，人格権に基づき，本件検索サービスの検索結果から本件各ウェブページを削除するように求めることはできないと判示した。また，原告は，被告に対し，本件検索サービスの検索結果から本件各ウェブページを削除するように求める権利を有していない上，仮に本件各ウェブページの書込みによって原告の名誉権が毀損されるとしても，それは，本件各ウェブページの，しかも，そのうちの特定の書込みによって発生しているものであり，被告は，当該書込みを行った者でも，本件各ウェブページを管理する者でもないこと，本件各ウェブページに到達するための手段として，他にも様々な検索サービスが存在することなどからすると，本件各ウェブページの書込みによって名誉を毀損されたことを理由とする被告に対する損害賠償請求も理由がないというべきであると判示した。

　この判決においては，検索サービス事業者は，自ら違法な表現を行っているわけでも違法な表現を含むウェブページの管理を行っているわけでもないから，

被害者は，第 1 次的には，自ら違法な表現を行っている者や違法な表現を含む
ウェブページの管理を行っている者に対する削除請求をすべきであって，また，
検索サービスの公益性に照らすと，検索サービス事業者による削除義務が生ず
るのはきわめて例外的な場合に限られるとしている点に特色がある。

(2)　東京地裁平成 23 年 12 月 21 日判決

　東京地判平成 23・12・21 LEX/DB25490019 は，利用者が入力した検索キー
ワードに関連するウェブページを，独自の算法に基づく順序により，機械的か
つ自動的にウェブ検索結果として一覧の形式で表示するロボット型全文検索エ
ンジンを採用している本件 Yahoo！検索サービスにおいては，結果として，
他人の名誉を毀損したり，侮辱したりする記載のあるウェブページが検索され
て表示されてしまう場合があることを防ぐことは事実上不可能であるとする。
また，そうであるからといって，ロボット型全文検索エンジンの採用を取りや
めるなどし，個々のウェブページの内容について一つ一つ確認し，名誉毀損や
侮辱に当たる可能性のあるウェブページについてはすべて検索による表示の対
象から外す作業をすることを被告ヤフー社に求めることは，物理的・経済的に
不可能を強いるものであると述べる。そして，仮に表示された中から抽出した
一部や関係者から要求のあったものについてはそのような作業を求めるとして
も，これは，被告ヤフー社に当該ウェブページの記載に係る違法性の有無等と
いう場合によっては困難な判断を求めることになるものである上に，本件 Ya-
hoo！検索サービスが国民の知る権利にも資するわが国において重要な役割を
果たしているものであることに照らすと，被告ヤフー社において，関係者から
要求のあったウェブページの検索結果の表示については原則削除との扱いとす
ることを求めることも，かえって利用者が多様な情報に接する機会を制限され
る結果となるおそれがあり，相当ではないと判示した。
　そして，仮に特定のウェブページの表現内容に違法な部分があったとしても，
本件 Yahoo！検索サービスはそのウェブページに到達するための手段にすぎず，
同サービスの検索結果自体が違法な表現を行っているものではないこと，本件
Yahoo！検索サービス事業者である被告ヤフー社自身が違法な表現を含むウェ
ブページの作成・管理を行っているのではなく，被告ヤフー社がロボット型全

文検索エンジンを採用した結果，機械的かつ自動的にたまたま当該ウェブペー
ジが検索結果として表示されるものであること，特定のウェブページに違法な
表現がある場合には，発信者情報開示の手続をとった上でその表現を行った者
に対して責任を追及するという手続が存在していること，本件書込みに係るウ
ェブサイト上の掲示板である「2 ちゃんねる」およびそのログ保存サイトであ
る「みみずん検索」においても，当該掲示板等の管理者の任意の運用によるも
のではあるものの，管理者に対して特定の書込みの削除を求める手続が存在し
ていること，被告ヤフー社は，本件 Yahoo！検索サービスにおいて，ウェブ
ページの管理者から同サービスにおいて検索されないようにする手続を用意し
ていることを指摘する。以上の考察に基づき，被告ヤフー社が，本件 Yahoo！
検索サービスの検索結果の表示によって違法な表現がされたウェブページが表
示されるとしてその削除をすべき義務があるのは，表現の名宛人と当該ウェブ
ページの管理者との間の解決に任せておくだけではもはやすまない場合，すな
わち，その表示の違法性の程度が強度で社会通念上到底容認できないものであ
ることが当該ウェブページ自体から明らかであり，かつ，検索結果の削除等の
申出等を受けることによって被告ヤフー社がその違法性を容易に認識できたに
もかかわらず放置していた場合に限られるものと解されるという判断基準を示
した。そして，本件全証拠によっても，本件書込みがそのようなものとまでは
認めることができないから，被告ヤフー社に対する本件 Yahoo！検索サービ
スにおいて本件サイトが検索できないようにすることを求める原告の請求は理
由がないと判示した。

　同判決も，検索サービスの公共性を重視し，また，検索サービス事業者は，
ウェブサービスに到達するための手段を提供しているにすぎないことを重視し
ている点で，前掲東京地判平成 22・2・18 と共通している。

(3)　一審判決と本判決

　一審判決と本判決は，結論を同じくし，理由付けについても共通する部分が
多いが，以下の点で理由付けに相違がみられる。
　一審判決は，本件検索サービスの目的や表示される検索結果が，基本的には，
Y が左右することのできない複数の条件の組合せによって自動的かつ機械的に

定まること等に鑑みれば，Yが本件検索結果の表示によって摘示する事実は，検索ワードであるXの氏名が含まれている複数のウェブサイトの存在および所在ならびに当該サイトの記載内容の一部という事実であって，Yがスニペット部分の表示に含まれている本件逮捕事実自体を摘示しているとはいえないという立場を前提とした上で，仮に，名誉毀損に当たる場合に違法性が阻却されるかを検討するという立場をとっている。一審判決の基本的立場は，そもそも検索サービスによる名誉毀損を全面的に否定するものであり，きわめて例外的にではあるものの名誉毀損の可能性を肯定する前掲東京地判平成22・2・18，前掲東京地判平成23・12・21よりも，検索サービス事業者による検索サービスに伴う法的責任を消極的に解するものであった。

　これに対し，本判決は，Yの提供する本件検索サービスによる検索結果がYにおいて左右できない複数の条件の組合せによって自動的かつ機械的に定まるとしても，その提供すべき検索サービスの内容を決定するのはYであり，スニペットの表示方法如何によっては，人の社会的評価を低下させる事実が表示される可能性があることをも予見した上で現行のシステムを採用したものと推認されるから，本件検索結果は，Yの意思に基づいて表示されたものと認定している。そして，本件検索結果に係るスニペット部分に記載された本件逮捕事実は，一般公衆に，そこに記載された本件逮捕事実があるとの印象を与えるものであるから，Yがその事実を摘示したものではないとしても，Yがインターネット上に本件検索結果を表示することにより広く一般公衆の閲覧に供したものであり，かつ，Xの社会的評価を低下させる事実であるから，本件検索結果に係るスニペット部分にある本件逮捕事実の表示は，原則として，Xの名誉を毀損するものであって違法であると評価した上で，違法性阻却事由を認定した。すなわち，両判決ともに違法性阻却事由に該当するという判断を示しているが，一審判決においては，そもそも名誉毀損に該当しないという判断を前提とした上で，念のために，名誉毀損に該当しても違法性阻却事由に該当すると判示したのに対して，本判決は，基本的に名誉毀損に当たることを前提とした上で，違法性阻却事由該当性を審理している点が異なる。両判決が，この点について異なる理由付けをしたのは，一審判決が，本件表示結果がYが左右することのできない複数の条件の組合せによって自動的かつ機械的に定まることを重視

したのに対し，本判決は，提供すべき検索サービスの内容を決定するのはY
であり，スニペットの表示方法如何によっては，人の社会的評価を低下させる
事実が表示される可能性があることをも予見した上で現行のシステムを採用し
たものと推認されることを重視したからである。

　検索サービス事業者を情報の表現者の側に引き寄せて考えるか，情報の媒介
者の側に引き寄せて考えるかについて，下級審裁判例は分かれているが，一審
判決が，検索結果が基本的にはYが左右できない複数の条件の組合せによっ
て自動的かつ機械的に定まることに着眼し，情報の媒介者の側に引き寄せた位
置付けをしているのに対し，本判決は，提供すべき検索サービスの内容をY
自身が決定できる点に着眼し，情報の表現者の側に引き寄せた位置付けを行っ
たと考えることができるように思われる[2]。本判決のような立場をとる場合，
検索サービス事業者は，名誉毀損に当たる内容がスニペットに表示されるとき
には，違法性阻却事由に該当しない限り，法的責任を問われることになる。本
件においては，違法性阻却事由が認められたが，逮捕された事実についていえ
ば，犯罪の内容，社会の関心，再発防止の必要性，時の経過等を考慮して，違
法性阻却事由に該当するかという困難な判断を強いられることになる。また，
プライバシー権侵害については，一審判決も本判決も，比較衡量の手法によっ
て違法性阻却の有無を判断しているので，やはり，場合によっては，プライバ
シー権侵害に基づく不法行為責任を免れないことになる。実際，すでに，ヤフ
ー社やグーグル社は，自主規制を開始している[3]。

---

[2]　宍戸常寿＝門口正人＝山口いつ子「インターネットにおける表現の自由とプライバシー
　　──検索エンジンを中心として（鼎談）」ジュリ1484号76頁［門口発言］参照。

[3]　ヤフー社が設けた有識者会議の「検索結果とプライバシーに関する有識者会議　報告書」
　　参照。そこでは，(i)検索結果の表示自体によるプライバシー権侵害については，検索結果の
　　表示内容自体（検索結果に表示されるタイトル，スニペット等の記載自体）から権利侵害が
　　明白な場合に限って非表示措置を講じ，非表示措置は，プライバシー侵害情報が掲載されて
　　いる部分について講ずること，(ii)検索結果にプライバシー侵害サイトへのリンクが掲載され
　　ていることによるプライバシー権侵害については，原則として，リンク先ページに対して対
　　応を求めるべきであるから，リンク先ページへの削除を求める裁判所の判断がある場合に限
　　って検索結果の非表示措置を講ずるべきであり，プライバシー権侵害の被害救済の観点から，
　　例外として，①権利侵害がリンク先ページの表示自体から明白で，かつ，②権利侵害に重大
　　性または非表示とする緊急性が認められる場合にも非表示措置を講ずるべきとする結論が示
　　されている。

⑷　東京地裁平成 26 年 10 月 9 日判決

　本判決は差止請求を認めなかったが，東京地決平成 26・10・9 判例集不登載
は，グーグル・インク[4]に対して，検索結果の削除を命ずる仮処分を行った。
本判決が出される前は，裁判所は，掲示板の書込みと検索結果の表示を区別し
て判断する傾向が強かったが[5]，本判決以降，両者の差異を相対化する傾向が
強まったように思われる。また，本判決の事案では争われなかったが，サジェ
スト機能についても同様の問題があり[6]，本判決の射程が及ぶのではないかと
思われる。

---

4)　グーグル社を被告として，その親会社であるグーグル・インクに対して，他人の名誉を
　　毀損する表示がなされないように事前に監督し，または，仮に表示された場合には速やかに
　　当該表示を削除できるように監督する権限を留保すべき義務，遅くとも訴状送達の時点で，
　　グーグル・インクに対して，原告の名誉を毀損する表示がなされないように求め，または，
　　本件ドメイン名の契約を中止して，グーグル・インクによる名誉毀損行為を中止すべき義務
　　を懈怠したとして，名誉毀損行為による精神的損害の賠償請求および人格権に基づく名誉毀
　　損行為差止請求がされた事案において，京都地判平成 26・9・17 判例集不登載は，グーグル
　　社ではなくグーグル・インクが本件サイトを管理，運営していると認められ，グーグル社に
　　本件サイトでの検索結果監督義務および本件検索結果の表示阻止義務を生じさせる法律上の
　　根拠を認めることはできないとして，請求を棄却した。本文 8 ⑵で説明した前掲東京地判平
　　成 23・12・21 も，この点について同旨。
5)　石井夏生利＝神田知宏＝森亮二「検索結果削除の仮処分決定のとらえ方と企業を含むネ
　　ット情報の削除実務（鼎談）」NBL1044 号 8 頁［神田発言］，森亮二「検索とプライバシー
　　侵害・名誉毀損に関する近時の判例」ひろば 68 巻 3 号 54 頁参照。
6)　久保健一郎「インターネット上のトラブルの解決手段」ひろば 68 巻 3 号 18 頁，森・前
　　掲注 5)56 頁参照。

第4節　検索サービス事業者に検索結果の削除の仮処分が命じられた裁判例
——福岡地裁平成28年10月7日決定

1　はじめに

　本節では，自己の逮捕歴や起訴歴が検索結果として表示されることによる人格権侵害を理由として，人格権に基づき，検索結果の削除を求める仮処分申請が一部認容された福岡地決平成28・10・7判時2331号67頁（以下「本決定」という）を取り上げる（なお，本決定は確定している）。この事案において，債務者であるグーグル・インクは，本件検索結果の削除請求権（被保全権利）が認められないとする主張を多岐にわたり展開しており，検索結果の削除請求を否定する論拠をほぼ網羅しているのではないかと思われる。そして，裁判所は，これに対して詳細に考え方を説明しているので，本決定は，「忘れられる権利」とも称される検索結果の削除の要否の問題を考える好個の素材を提供していると考えられる。

2　事案の概要

　本件は，インターネット上で債務者が提供する検索サービスにおいて，債権者の氏名等の文字列（クエリ）を入力して検索をすると，検索結果表題（タイトル）または内容の抜粋（スニペット）に，債権者が逮捕や起訴されたこと等が表示されるため，債権者が，債務者に対し，人格権等に基づく差止請求権に基づき，上記検索結果を仮に削除するよう求めた事案である。債権者は元教諭であるが，逮捕等を経て起訴され，懲役の実刑判決を受け，すでに刑の執行を終えている。債権者は，福岡地方裁判所に対し，本件の本案訴訟も提起した。

3　債権者の主張

(1)　被保全権利の有無

　債権者は，刑の執行後，新たに罪を犯すことなく，平穏な生活を送ってきた
ものの，グーグル検索により本件検索結果が表示されることにより，婚約が破
談となるなど，生活への支障が具体的に生じているのみならず，現在も，周囲
の者が自分を検索することにより現在の生活環境を失うことに対し強い不安感
を有しながら生活し，本件検索結果が削除されない限り，この状態が永続する
こと，債権者は，現在，公的な地位にあるとはいえないことを述べた。そして，
前科，犯罪歴は，人の名誉，信用に関わるものであり，前科のある者もこれを
みだりに公開されないという法律上の保護に値する利益を有すること，前科を
有する者は，有罪判決後または服役後において，一市民として社会に復帰する
ことが期待されており，その者は，前科等に関わる事実の公表によって，新し
く形成している社会生活の平穏を害され，その更生を妨げられない利益を有す
ることを「ノンフィクション『逆転』事件最高裁判決」（最判平成6・2・8民集
48巻2号149頁）を引用して主張した。また，グーグル検索では，名誉毀損等
に対し，報告を行うウェブサイトはあるが，実際のところ，これが機能してい
るとはいえないことも付言した。そして，以上からすると，債権者の人格権
（更生を妨げられない権利）に基づき，侵害行為の差止請求ができ，その際の考
慮要素は「『石に泳ぐ魚』事件最高裁判決」（最判平成14・9・24判時1802号60
頁）の判示する基準に従うべきであり，利益衡量の基準は，「国道43号線事件
最高裁判決」（最判平成7・7・7民集49巻7号1870頁）の受忍限度論によるべき
と論じた。結論として，本件では，債権者の前科等に係る刑の執行終了時より
10年以上経過し，刑の言渡しの効力は喪失し，教育職員免許についても，刑
の消滅により，再取得可能であるので，前科前歴についての公益性は喪失して
いるし，債権者の仕事内容等種々の事情を考慮しても，債権者に本件検索結果
が表示された状態を受忍させるべき理由は存せず，被保全権利が認められると
主張した。

(2)　保全の必要性の有無

　債権者は，本案訴訟事件の判決までは相当の時間を要し，その間も，本件検索結果はインターネット上に公開され，知人に債権者の犯罪歴が閲覧されるおそれがあり，その危険が具体化すれば，重大にして回復困難な事態に陥るから，保全の必要性があると主張した。

4　債務者の主張

(1)　被保全権利の有無

　債務者は，まず，検索サービスの公益性を指摘した。すなわち，検索エンジンの利用により，素早く容易に目的の情報に到達することができ，情報発信者も，情報を適切な情報需要者に届けることができるのであるから，検索エンジンは，表現の自由や知る権利を実質化するものであり，現代社会にとって不可欠であると述べ，検索エンジンの公益的な役割については，2009年に著作権法47条の6（平成30年法律第30号による改正前のもの）が新設され，著作物の複製物として，検索エンジンの行うウェブサイトの情報の記録，表示データの作成および検索結果の表示が認められたことからも窺われるように，社会的に認知されていると述べた。

　次に，債務者は，自らが情報の発信者ではなく媒介者であることを強調した。すなわち，債務者が管理するものは，任意の文字列に応じて検索結果を生成するプログラム（およびそれによるサービスを提供する本件サイト）であり，検索結果で表示される各ウェブサイトの内容は，債務者が管理や表現をするものでもなく，債務者は，情報の発信者と情報を必要とする者とをつなげる媒介者にすぎないこと，債務者は各ウェブサイトの内容について何ら認識しておらず，一定のキーワードによる検索結果の内容は，実際に検索しない限り債務者にも分からないこと，債務者は，債務者のウェブサイト上に申請フォームを設けて，利用者から債務者提供のサービスに含まれる違法なコンテンツの削除申請（検索結果の削除申請を含む）を受け付けているが，債務者は媒介者（第三者）にすぎず，個々のウェブサイトの内容を正確に判断できる情報を有しないのが通常

であることを主張した。

　続けて，債務者は，表現の自由や知る権利との関係で，検索結果の削除をすべきでないという論陣を張った。すなわち，表現の自由等との関係では，検索エンジンの管理者の意思が介在しないということ（人為性が排除されること）から導かれる価値中立性が重要であり，これがあるから公益性があるといえるのであり，仮に債務者が恣意的に一定の情報を内容に応じて削除すれば，表現者の自由が害されるばかりか，一般のユーザーが接する情報に偏向が生じ，知る権利が害されること，媒介者が裁判所の命令に従って検索結果を除外する場合でも同様であり，国家権力が媒介者をしてインターネット利用者がアクセスできる情報を操作させることは，「検閲」に相当しうるものであり，憲法21条，世界人権宣言19条，市民的及び政治的権利に関する国際規約19条において保障される公衆の表現の自由や知る権利を著しく損なう可能性がきわめて高いことを指摘した。

　債務者は，さらに，本件のように，検索サービス事業者に対する検索結果削除請求の裁判では，当該ウェブサイトにおける表示内容の表現者は，裁判手続を知らされることなく，裁判に参加できないところ，表現者に裁判への関与の機会が与えられることなく，債務者が検索結果を削除した場合，債務者は，表現者から表現の自由の侵害を理由に損害賠償を受ける可能性があることも述べた。

　それに加えて，債務者は，債務者による検索結果削除の補充性を以下のように論じた。すなわち，債権者にとっては，リンク先のウェブサイトに対する請求で問題が解決するし，本件検索結果が表示されないとしても，インターネット上に上記ウェブサイトが存在する限り，他の検索エンジン等によりそこにアクセスする機会が存続するので，検索エンジンの管理者ではなく，リンク先のウェブサイトに対する請求を原則とし，検索結果の削除は例外的なものとすべきであるというのである。

　また，債務者は，事前に名誉毀損やプライバシー権侵害に当たる検索結果を削除することの困難性を強調した。すなわち，仮に，検索結果に表示される内容が名誉毀損やプライバシー権侵害等を理由として，ウェブサイトの管理者に対する法的判断なくして，検索結果の削除を命じられたとなると，債務者は，

第4節　検索サービス事業者に検索結果の削除の仮処分が命じられた裁判例　　239

以後，削除請求等の裁判手続において，検索結果の表示が違法であると判断されることを避けるため，検索結果の内容を積極的に検討して表示すべきか否かの判断を要することになり，そうすると，インターネット上に存する無数のウェブサイトの内容のすべてを，適用されるあらゆる法令に照らして予め確認することを要することになるが，そのような作業はほぼ不可能であるし，媒介者にすぎない検索サービス事業者は，検索結果の内容を認識していない上，その違法性の材料となる背景事情について認識しておらず，検索結果の適否について適切な判断ができないことも述べた。

　債務者は，それに加えて，検索結果の削除により，インターネットの利用者は，債権者が違法とするスニペット上の表現のほか，適法な表現を含む当該ウェブサイトにおけるすべての情報にアクセスすることができなくなるが，これは過剰な措置であることも付言した。

　以上の点を踏まえて，債務者は，検索サービス事業者に対する検索結果の削除請求が認められるためには，検索結果に表示される内容により，一見して債権者の権利が社会的に許容されないほど大きく侵害される場合に限られるという判断基準を提示した。そして，具体的には，㈠債権者の前科等の内容は非常に悪質な犯罪事実であり，高い倫理性が求められる教員という職業上の性質からしても，本件検索結果に表示される前科等の内容は，現在においても社会的に強く批判を受けるものであること，本件の犯罪事実の重大性や債権者の資質に関する判断材料からすれば，10年以上経過したとしても，なお公益性が高いというべきであること，㈡本件検索結果に係る情報は，新聞等で適法に報道された事実であり，新聞記事のデータベースサイトで容易に閲覧できる上，現在もインターネット上に情報が多数存在し，債務者以外の多数の検索エンジン等で債権者の情報に接することができるから，非公知の事実とはいえないこと，債権者の不利益は，その前科等を知らない他者に，債権者が逮捕，起訴されたとの事実が知られるという抽象的な危険性があるにとどまるし，そこでいう他者の範囲は限定的であること，債権者が用いたキーワードは恣意的に選択したものであり，一般の利用者がこのようなキーワードによる検索を行うとは考えられず，一般人が本件検索結果に触れる可能性は低く，債務者の不利益は限定的であること，㈢仮に上記㈡のような抽象的危険が現実化したとしても，自ら

した行為の結果として債権者が受忍すべきであり，婚約の破談は，自己の行為が原因であるし，配偶者となる者の情報を得た上で婚姻について選択する自由があることを考えれば，情報を秘匿して婚姻することが法的に保護する利益とはいえないことを指摘した。

　最後に，本件検索結果に表示される事実について，表現の自由や知る権利といった公共の利益に関わる程度は今なお高く，他方，債権者が受けている不利益は，限定的かつ抽象的であるので，比較衡量上，債権者の不利益が優越するとはいえず，本件検索結果の削除請求権（被保全権利）は認められないという結論が述べられた。

(2)　保全の必要性の有無

　債務者は，債権者がウェブサイトの管理者に対する削除請求もしていない状態で，債務者に本件検索結果について削除させるべき必要性などないし，本件検索結果のリンク先のウェブサイトの情報は，10年以上前から発信され，かつ，検索エンジンの検索結果としても長期間表示されてきたものと考えられるから，保全の緊急性もないので，保全の必要性を基礎づける「著しい損害」や「急迫の危険」はないと主張した。

5　本決定

　本決定は，およそ人格的価値（人格的利益）が侵害された場合，人格権に基づき，加害者に対し，現に行われている侵害行為を排除し，または将来生ずべき侵害を予防するため，侵害行為の差止めを求めることができると解するのが相当であり，どのような場合に侵害行為の差止めが認められるか否かは，侵害行為の対象となった人物の社会的地位や侵害行為の性質に留意しつつ，予想される侵害行為によって受ける被害者側の不利益と侵害行為を差し止めることによって生じる不利益とを比較衡量して決すべきとする。そして，侵害行為が明らかに予想され，その侵害行為によって被害者が重大な損失を受けるおそれがあり，かつ，事後的にその回復を図ることが不可能または著しく困難になると認められるときは，差止めを認めるべきであるという一般論を述べる。

　次いで，ある者が前科を有することや逮捕または起訴されたこと（以下「前科等」という）は，同人のプライバシーの範疇に含まれ，その存在は同人の社会的評価を低減させるものであって，人格的価値（プライバシー，名誉権等）に大きく影響し，その者の生活の平穏等に関わるものであるから，前科等をみだりに公表されないことは，法的保護の対象となる利益であるが，他方で，前科等に関わる事実は，刑事事件または刑事裁判という社会一般の関心または批判の対象となるべき事項に関わるものであるから，その者が上記の公表について受忍することを要する場合もありうるとする。そして，その場合に当たるか否かは，その者のその後の生活状況のみならず，社会一般の正当な関心の対象となるような公的立場にあるか否か，事件の歴史的または社会的な意義，著作物等の目的，性格等に照らした前科等を公表する意義および必要性をも併せ考慮し，前科等に関わる事実を公表されない法的利益が優越するか否かについて判断すべきであるとする。

　次いで，現在，インターネットを通じた情報の取得は社会生活において重要な位置を占めるが，検索サービスは，膨大なインターネット上の情報の中から利用者が自ら欲する情報を取得する上で，不可欠であり，グーグル検索は，2015年8月現在，検索エンジンにおける日本でのシェアが61.2%であり，最も広く日常的に利用され，これによって利用者は随時，容易に必要な情報を取得することが可能となっていることを指摘する。そして，このような検索サービスは，その利用者に対しその求める情報を提供する意味において「知る権利」に資するものであるとともに，リンク先のウェブサイトの表現者にとっては，その表現内容に係る情報取得希望者に対し，これを伝達できるという意味において，表現者の「表現の自由」に資するものであるということができるので，比較衡量に際し，インターネットという情報公表または伝達の手段の性格や重要性，検索サービスの重要性等を考慮するのが相当であると述べている。

　そして，以上を踏まえて，本件において，債権者が債務者に対し，グーグル検索に際し利用者が検索目録記載の文字列を入力しても同目録記載の検索結果（本件検索結果）の表示がされない措置をとるよう求める権利（被保全権利）があるか否かについて検討している。

　具体的には，削除対象として示された検索結果の内容は，概ね事実について

のものであり，また，債権者の氏名や当時の住所，職業，年齢等が摘示される
などし，債権者の知人であれば，検索結果中に示される人物と債権者が同一人
物であると判断の上，その前科等を知ることが可能であること，債権者は，刑
の終了後，犯罪を行うことなく，平穏な社会生活を送っており，政治的，社会
的な団体に属したり，議員その他の公的立場に就任したり，または就任しよう
としたりしておらず，債権者が社会一般の正当な関心の対象となるような公的
立場にあるとはいえないことを確認する。

　そして，債権者が，その前科等について公表を要するほどの公的な立場にあ
るとはいえず，債権者の前科等について，本決定時まで，判決時から13年以
上，刑の執行終了時から10年以上が経過していること，債権者の前科等の内
容は，逮捕もしくは刑事事件判決の時点またはその近接時において，報道等に
より，公知の事実であったことが窺われるが，事案（刑期の長さから示唆される
社会的な影響等）やその後の時の経過からして，現時点（本決定時）においては
非公知の事実であるというべきとする。本決定は，この判断を行うに当たり，
禁固以上の刑の場合，刑の消滅期間を刑の執行後10年と定める刑法34条の2
の規定を参考にしており，その理由として，同期間は，一般人の当該前科等に
係る犯罪に対する関心の持続期間についても考慮するものと考えられることを
挙げている。

　本決定は，以上のほか，債権者の前科等に係る事件について，債権者が前科
等の公表について受忍することを要するに値するほどの歴史的または社会的な
意義や，著作物等の目的，性格等に照らして前科等を公表する意義および必要
性があると認めることはできないとする。

　また，本件検索結果を導くためにグーグル検索の際に入力する文字列は，債
権者の氏名または債権者の氏名と一定の大規模掲示板の著名なウェブサイト等
の表示を組み合わせたものであると認められ，後者のウェブサイト等の表示の
文字列について，債権者が恣意的に選択したものとはいえず，利用者において
入力する可能性があること，広く日常的に利用されるグーグル検索において，
利用者は，上記のとおり入力するのみで，債権者の前科等の情報を随時，容易
に取得できるのであるから，これにより，債権者のプライバシー等の人格的価
値（社会生活の平穏等を含む利益）は，著しく侵害され，または容易に侵害され

るおそれがあるといえることを指摘する。

　そして，前科等は，個人情報の中でも最も繊細に扱うべきものの一つであり，それが知人に知られると，社会生活への影響が著しく大きく，円滑な人間関係の形成が困難となるといった事態を生じさせるし，上記事態の発生が現実化していない（未だ知人に前科等を知られていない）としても，グーグル検索によって前科等について常に知人に知られる状態が継続するのであるから，その状態は，プライバシー等の人格的価値が著しく害され，または容易に侵害されるおそれがあるといいうるのであり，前科等に係る事実が知られたことによる不利益は，自らの行為の結果として，債権者が受忍すべきである旨の債務者の主張は，プライバシー等の人格的価値についての当裁判所の上記判断と異なる見解に基づくものであって，採用できないとする。

　本件検索結果に係る情報は，新聞記事のデータベースサイトで容易に閲覧できる上，現在もインターネット上に情報が多数存在し，債務者以外の多数の検索エンジン等で債権者の情報に接することができる旨を債務者が主張したことに対しても，本決定は，本件検索結果で示される情報が公表された時期は債権者の前科等に係る犯罪における逮捕，判決時期またはその周辺時期のものがほとんどであり，現時点で，インターネット上で新たに当該情報の拡散があるとはいえないほか，情報の取得希望者は，一般に，検索エンジンを利用してはじめてインターネット上にある当該情報を取得するにすぎないものであり，インターネット上に前科等の情報を記事とするウェブサイト等が現存し，これにアクセス可能であることと，当該前科等の情報が現時点において公知の事実であることとは直結しないこと，また，新聞記事のデータベースサイトによって過去の記事の内容等を知りうるとしても，同様に，同記事にある債権者の前科等の情報が公知の事実であるとはいえないこと，グーグル検索による情報取得の容易性および検索エンジンにおけるシェアに照らすと，グーグル検索によってインターネット上の情報を取得することをまず考える者が最も多いと考えられ，グーグル検索以外にも検索サービスがあるからといって，債務者に対する債権者の前科等についての検索結果の削除請求を否定することはできないことを述べている。

　債務者が管理するものは，任意の文字列に応じて検索結果を生成するプログ

ラム等であり，検索結果で表示される各ウェブサイトの内容は，債務者が管理
や表現をするものでもなく，債務者は情報の発信者と情報を必要とする者をつ
なげる媒介者にすぎないという債務者の主張に対しては，本件削除対象検索結
果として表示される内容は，債権者のプライバシー等の人格的価値を侵害する
ものであるところ，債務者が，自ら定めたアルゴリズムを備えたプログラムに
よって，自らのサイト上に表示させるものであり，債務者が債権者の上記人格
的価値を侵害していることには変わりないと判示している。

　また，債務者が恣意的に一定の情報を内容に応じて削除すれば，表現の自由
が害されるばかりか，一般のユーザーが接する情報に偏向が生じ，知る権利が
害されるし，検索結果削除請求の裁判で削除を命じることは「検閲」に相当し，
憲法 21 条，世界人権宣言 9 条等で保障される表現の自由等を著しく害する可
能性がきわめて高いという債務者の主張に対しても，本決定は，表現の自由や
知る権利も，他の者のプライバシー等の人格価値などの権利や利益との関係で
比較衡量上，一定の制限を受けるのであり（憲法 13 条後段参照），検索結果の削
除に係る裁判については，主体，適用場面，手続等からして，憲法 21 条 2 項
の「検閲」に該当せず，これと同様であるともいえないし，憲法 21 条 1 項や
世界人権宣言 9 条等は，他の人権より常に表現の自由等が優越する趣旨の規定
ではないと論じている。

　債権者にとっては，リンク先のウェブサイトに対する削除請求で問題が解決
するし，インターネット上に上記ウェブサイトが存在する限り，他の検索エン
ジン等によりそこにアクセスする機会が存続するから，リンク先のウェブサイ
トに対する削除請求を原則とし，検索結果の削除は例外的なものとすべきであ
るという債務者の主張に対しても，本決定は，インターネット上の情報は，複
写が容易で，瞬時にして可能であるため，同一内容の情報が多数のウェブサイ
トに転載され，掲載されるウェブサイトの管理者が多数になることがしばしば
あり，ウェブサイトの管理者に対する削除請求は必ずしも容易とはいえないと
する。そして，膨大なインターネット上の情報の中から求める情報に接するこ
とは容易ではなく，検索結果表示のウェブサイト自体が削除されなくとも，当
該ウェブサイトの記事によって人格的価値を侵害される者にとっては，検索結
果が表示されないことによって，実効的な権利救済が図られるという面がある

ので，検索結果に表示されるウェブサイトの管理者に対する請求を原則にすべきであると一概にいえないし，検索エンジンの管理者に対する削除請求が認められるには，一見して検索結果に表示される内容により債権者の権利が社会的に許容されないほど大きく侵害されている場合に限るともいえないと反論している。

　当該ウェブサイトにおける表示内容の表現者に裁判手続を知らせることなく，債務者が検索結果を削除した場合，債務者は，表現者から表現の自由の侵害を理由に損害賠償を受ける可能性があるという債務者の主張も，債務者のグーグル検索において，リンク先のウェブサイトの表現者等との間に契約関係があること等を示す資料はなく，債権者の人格的価値の侵害を理由に債務者が当該部分の検索結果を表示しないようにすることによって，債務者が表現者に対し損害賠償責任を負うことを認めるに足りる資料はないとして退けられている。

　仮にウェブサイトの管理者に対する法的判断なくして，検索結果の削除を命じられたとなると，債務者は，以後，削除請求等の裁判手続において，検索結果の表示が違法であると判断されることを避けるため，検索結果の内容を検討の上，表示の有無の判断を要することになるが，インターネット上に存するウェブサイトの内容のすべてをあらゆる法令に照らして予め確認することを要する作業はほぼ不可能であり，また，媒介者にすぎない検索エンジンの管理者は，検索結果の内容を認識していない上，その違法性の材料となる背景事情についても認識しておらず，検索結果の適否について適切な判断ができないとする債務者の主張に対しても，本決定は，検索エンジンの管理者としての債務者が自らのインターネットの公共性，公益性を踏まえて適切に判断すべき事項であり，プライバシー等の人格的価値が侵害されるか否かは，検索結果として表示される内容に照らして判断できる場合が多いと考えられるので，当該主張は債権者の検索結果の削除請求権を否定する理由にはならないと判示している。

　検索結果の削除により，インターネットユーザーは，債務者が違法とするスニペット上の表現ばかりでなく，その他の適法な表現を含む当該ウェブサイトにおけるすべての情報にアクセスすることができなくなるが，これは過剰な措置であるという債務者の主張も，以下の理由で退けられている。すなわち，本件では，リンク先のウェブサイトの内容そのものではなく，グーグル検索の結

果，表示される内容がプライバシー等の人格的価値を侵害しているかが問題と
なっており，本件仮処分の申立てが認容されたとしても，リンク先のウェブサ
イト自体が削除されるわけではないし，本件は，利用者がグーグル検索に際し
検索結果目録記載の文字列を入れても，検索結果として債権者の前科等の人格
的価値を侵害する記事等を表示しないよう求めるものであり，同検索結果が表
示されない場合，一般的には，上記記事等のうち前科等の人格的価値を侵害す
る箇所と併せて，侵害に関わらない記事があれば，その箇所も表示されないこ
とになるが，一件記録上，本件削除対象検索結果のうち債権者に関わる情報は，
基本的に債権者の前科等についてのものにすぎないと認められることなどから
すると，本件削除対象検索結果の削除をすることが，債務者主張のような「過
剰な措置」であるとまではいえないと反論している。

　本決定は，以上を踏まえて，本件検索結果のうち，債権者について逮捕，検
察官送致，または刑事事件に関し起訴もしくは判決を受けたことがあること，
または，債権者の前科等に係る犯罪を行ったことを読み取ることができるもの
であって，債権者との関係で特定の警察署名の記載があったり，債権者の氏名
に「容疑者」と付されたりしていること等から，債権者に逮捕歴があることな
ど，債権者の前科等に関連する事実が記載され，プライバシー等の人格的価値
を侵害するものについては，削除対象となるとする一方，債権者の前科等に関
連する事実の記載があるといえないものは，削除対象とはならないとした。そ
して，本件削除対象検索結果の表示により，債権者はプライバシー等の人格的
価値の侵害を受けることが明らかに予想され，債務者の上記侵害行為によって
債権者が重大な損失を受けるおそれがあり，かつ，上記人格的価値の性質に照
らして，その回復を事後的に図ることが不可能または著しく困難になると認め
られるところ，インターネットや検索サービスの各性格や重要性等，前科等に
係る事件の歴史的または社会的な意義等を考慮しても，債権者について前科等
を公表されない法的利益が優越し，本件削除対象検索結果が表示される現状を
維持することは債権者の受忍限度を超えるというべきであるとして，債権者の
プライバシー等の人格的価値の侵害を認定し，債権者の債務者に対する人格権
に基づく本件削除対象検索結果の削除請求権（被保全権利）が認められるとい
う結論を述べている。

　さらに，保全の必要性の有無については，債権者提起の本案訴訟事件の終了時までに相当期間を要すると考えられるところ，債権者のプライバシー等の人格的価値等を考慮すると，債権者に生じるおそれのある上記のような回復困難で著しい損害を避けるために，仮の地位を定める仮処分により，検索結果の削除を命じる必要性（保全の必要性）があると認められるとし，本件申立ては，本件削除対象検索結果の削除を仮に求める限度で理由があるとした。

6　解　説

(1)　「媒介者」v.「表現者」

　債務者が提供するグーグル検索においては，利用者が任意のクエリを入力すると，債務者が設定したアルゴリズムに基づき，自動的かつ機械的に選択されたウェブサイトへのリンクが検索結果の一覧として表示され，各リンクには，当該ウェブサイトのタイトル，当該ウェブサイトの所在を示す URL，スニペットが表示されるため，リンク先のウェブサイトに直接アクセスしなくとも，当該ウェブサイトの内容の一部を知ることが可能になる。本件で主として争われたのは，債務者がリンク先のウェブサイトへのアクセスを容易にすることの問題というよりも，検索結果として表示されるウェブサイトのタイトルやスニペット自体により，債権者の人格権が侵害されているか否かである。

　この問題を考える場合の重要論点は，検索サービス事業者は，取材や編集を行うわけではなくインターネット上の情報を収集・整理して提供する「情報の媒介者」にとどまるのか，それともどのように検索結果を表示するかについて独自にアルゴリズムを決定している以上，「情報の表現者」ともいえるのかである。アメリカでは，連邦通信品位法により，検索サービス事業者は「表現者」とは位置付けないこととしているが，わが国では，最決平成 29・1・31 民集 71 巻 1 号 63 頁（以下「最高裁決定」という）が，検索サービス事業者による情報の収集，整理および提供は，プログラムにより自動的に行われるものの，同プログラムの検索結果の提供に関する検索サービス事業者の方針に沿った結果を得ることができるように作成されたものであるから，検索結果の提供は検索サービス事業者自身による表現行為という側面を有すると判示しており，判

例法上，決着が付いている。本決定も，この点につき，最高裁決定と同じ立場をとる。

(2)　補充責任説

　検索結果の削除が問題になる場合，補充責任説の是非も重要な法的論点になる。ここでいう補充責任説とは，名誉毀損やプライバシー侵害の根源は，リンク先のウェブサイトであり，検索結果を削除しても，リンク先のウェブサイトは残存するのであるから問題の根本的解決にはならないし，検索サービス事業者は複数存在するから，1つの検索サービス事業者による検索結果を削除しても，別の検索サービス事業者による検索が可能であるので，その意味でも，リンク先のウェブサイト自体の削除を優先して求めるべきであるとする説である。この立場からすれば，検索結果の削除を請求できるのは，重大な人格権侵害が現に生じ，または切迫しており，リンク先のウェブサイトの削除請求を優先させている暇がない例外的場合に限られることになろう。

　この補充責任説は，論理的には筋の通った考え方であるが，実効的権利救済という観点からすると，補充責任説が考える例外的場合がむしろ一般的ではないかという点について検討する必要があるように思われる。すなわち，ミラーサイトが続々と作成されることが多い現状を踏まえれば，リンク先のウェブサイトの作成者を網羅的に把握すること自体が（発信者情報開示請求制度があるとはいえ）容易ではなく，仮に把握できたとしても，多数にのぼる作成者を相手取って逐一訴訟を提起することを債権者に求めるのは酷な面があることは否めないように思われる。また，検索結果を削除しても，リンク先のウェブサイト自体は残存するから抜本的解決にならないという債務者の主張は論理的には成立しうるものの，インターネット上の情報検索は検索エンジンを用いて行うのが一般であるから，検索結果として表示されなければ，実際には，当該ウェブサイトにアクセスされる可能性は乏しく，当該ウェブサイトが削除されなくても，名誉毀損やプライバシー侵害をほぼ回避しうると考えられる。検索サービス事業者が複数存在するから，1つの検索サービス事業者の検索結果を削除しても他の検索サービス事業者を利用して検索しうるという主張については，実態として，わが国の検索サービス事業は寡占状態にあり，グーグル検索の利用

率が6割を超えている以上（2015年当時），グーグル検索の結果から削除されることにより，多数の者によるアクセスを回避しうることになるので，グーグルのような寡占企業の主張としては十分な説得力を持ちえないように思われる。本決定も，以上のような点を考慮して，補充責任説を採用していない。

(3)　比較衡量

本決定は，検索結果によるプライバシー侵害の違法性判断基準について，「ノンフィクション『逆転』事件最高裁判決」の比較衡量基準を採用しているが，インターネット社会において，検索サービスが知る権利と表現の自由に資する社会インフラとして重要な役割を果たしていることを比較衡量に当たり考慮する必要性を指摘している。検索サービスの公益性を比較衡量に当たり考慮すべきことは最高裁決定も指摘していたところであり，そのことが，最高裁決定における明白性の基準につながっていると思われるが，本決定においては明白性基準はとられていない。

(4)　時の経過

本決定がプライバシー保護の利益が優越すると判断した要因は，前科等に係る情報のプライバシー性の高さ，債権者が刑の終了後，公的立場にないことに加え，本決定時までに判決時から13年以上，刑の執行終了時から10年以上が経過していることであった。いったんは公知であった前科等の情報がプライバシーとして保護されるようになるための経過期間については，公訴時効期間を参考にする裁判例も存在したが，本決定は刑の消滅期間を参考にしている点が注目される。

(5)　検閲論

債務者は，裁判所も国家機関であり，裁判所が削除を命ずることも検閲に該当し，憲法21条，世界人権宣言9条等で保障される表現の自由等を著しく害する可能性がきわめて高いとも主張したが，本決定は，裁判については，主体，適用場面，手続等からして憲法21条2項の検閲に該当しないとして，これを退けている。私人から訴訟の提起を受け，当事者主義の下で法を適用して行わ

れる裁判による表現の制約を憲法 21 条 2 項が定める検閲として一律に禁止することは，裁判を受ける権利の制約になり，妥当でないと考えられる。

第6章

統計情報

第1節　全面施行された新統計法と基本計画

1　統計法全部改正の経緯

(1)　戦　前

　1871年，大蔵省統計司が設置され，同年，太政官正院に政表課が置かれ，後者がわが国の統計行政の中心的存在になるが，1885年に内閣制度が発足すると，その下に統計局が置かれることになった。1920年には，内閣の下に国勢院が設置され，最初の国勢調査が実施された。さらに同年，内閣に中央統計委員会が置かれ，統計行政の総合調整機能，建議機能を担うことになった。中央統計委員会は，重要な建議を行い，統計行政の改善に貢献したが，戦時体制への移行に伴い1940年に廃止されてしまった。太平洋戦争中は，本格的な統計調査を行う余裕がなくなり，また，政府が正確な統計を公表する意思すら有しなくなったため，統計行政は崩壊したといわざるをえない状況であった[1]。

---

1)　戦前の統計行政について，高木貞二「統計改革と統計法の改正——今なぜ全部改正か，その背景を探る」経済147号97頁以下参照。

(2)　戦後復興期

　吉田茂内閣において，1946 年 7 月の閣議了解に基づき，「統計制度改善に関する委員会」が設置され，同委員会は，同年 10 月，内閣に統計委員会を設置し，統計制度の重要事項を審議する司令塔機能を担わせること，経済安定本部に中央統計局を設置し，統計業務を一元化すること等を内容とする答申を行った。米国のライス使節団も，この答申を高く評価し，統計の総合調整機能の強化，統計機能の一元化を勧告した。そして，同年 12 月 28 日に統計委員会官制（勅令第 619 号）の公布・施行により，統計委員会が発足した。1947 年に制定され同年 5 月 1 日に施行された統計法（以下「旧統計法」という）により，統計委員会は，法律に根拠をもつ委員会となった。しかし，旧統計法は，各省庁が統計業務を自らの責任において行う分散型統計制度を採用し，統計委員会についても，各省庁の代表が委員として参加することとしていた[2]。1951 年 8 月 14 日に吉田茂内閣総理大臣に提出された「行政制度の改革に関する答申」（いわゆる政令諮問委員会答申）において，統計委員会の廃止が提言され，翌年，統計委員会は廃止され，行政管理庁（当時）に統計審議会が設けられることとなった。また，統計報告の徴収方法，報告様式その他統計報告の徴収について必要な調整を行い，統計報告の作成に伴う負担を軽減するとともに，行政事務の能率化を図ることを目的として，1952 年に統計報告調整法が制定された[3]。

(3)　抜本的改革の動き

　旧統計法，統計報告調整法は，「行政機関の保有する電子計算機処理に係る個人情報の保護に関する法律」（以下「行政機関電算機個人情報保護法」という）の制定に伴う改正[4]等，何度か改正されてきたが，抜本的改正はされないまま，部分的な手直しがされるにとどまっていた。

---

2)　旧統計法下における統計委員会設立の経緯と意義については，伊藤正次・日本型行政委員会制度の形成——組織と制度の行政史（東京大学出版会，2003 年）91 頁以下参照。

3)　高木・前掲注 1)99 頁参照。

4)　この改正については，鈴木庸夫「行政情報と統計情報——統計法改正と『共助』概念」雄川一郎先生献呈論集・行政法の諸問題(下)（有斐閣，1990 年）621 頁以下参照。

　しかし，「統計行政の新たな展開方向」（2003 年 6 月 27 日各府省統計主管部局長
等会議申合せ）により，統計行政改革の種々の課題が提起され，また，2004 年
5 月に開かれた経済財政諮問会議において，吉川洋議員が，統計制度が時代の
進展にそぐわなくなっており[5]，改革の必要性があることを指摘したことが契
機となり，同年 6 月 4 日に閣議決定された「経済財政運営と構造改革に関する
基本方針 2004」において，既存の統計を抜本的に見直し，真に必要な分野を
重点的に整備し，統計制度の充実を図ることとされた。そして，これを受け，
同年 11 月 4 日，内閣府に経済社会統計整備推進委員会が設けられ，2005 年 6
月 10 日に「政府統計の構造改革に向けて」という報告が公表された。この報
告においては，統計整備を体系的に進めるための「司令塔」機能の強化等が提
言され，同委員会の後継組織を置いて，「司令塔」機能の強化のあり方等につ
いて，検討を継続することが要請された。

　政府は，同年 6 月 21 日に閣議決定された「経済財政運営と構造改革に関す
る基本方針 2005」において，統計整備に関する「司令塔」機能の強化等のた
めに，統計法制度を抜本的に見直すことを決定し，同年 9 月 6 日，内閣府に統
計制度改革検討委員会が発足した。同委員会は，2006 年 6 月 5 日に報告をと
りまとめている。他方，統計データの二次利用の促進および統計調査事務の民
間委託の推進その他統計法制上の課題について，法制的な観点からの専門的な
検討を行うことを目的として，2004 年 11 月 29 日，総務省に「統計法制度に
関する研究会」が置かれ，2006 年 6 月 5 日に報告をとりまとめている[6]。

　この二つの報告書を受け，同年 7 月 7 日に閣議決定された「経済財政運営と
構造改革に関する基本方針 2006」において，サービス統計の抜本的拡充を図
ること，市場化テストの導入・民間開放等により，既存の統計部門をスリム化
すること，統計整備の「司令塔」機能の中核をなす組織を内閣府に置くこと，
同組織は，基本計画の調査審議や内閣総理大臣等への建議等を行う統計委員会

---

[5]　統計行政が社会経済的諸条件の変化に十分対応できなかったことについては，平田佳嗣
「国民の財産であり，社会の情報基盤としての統計──統計法案」立法と調査 267 号 10 頁参
照。
[6]　この報告書については，河合暁「統計法制度に関する研究会報告書」統計 57 巻 8 号 27
頁以下参照。

（仮称）として設置する方向で検討すること，統計法制度を抜本的に改革するための法律案を次期通常国会に提出すること等が決定された。

　旧統計法を全部改正する統計法（以下「新統計法」という）案は，2007年2月13日に閣議決定され国会に提出された。そして，衆参両院において全会一致で可決され，同年5月23日に公布された。旧統計法と統計報告調整法は一本化され，新統計法制定附則2条により，統計報告調整法は廃止されることとなった。新統計法の1章（総則），5章（統計委員会），制定附則3条（準備行為），制定附則22条（内閣府設置法の一部改正）は，同年10月1日より施行，他の部分については，公布の日から起算して2年を超えない範囲内において政令で定める日から施行することになっていたが（制定附則1条），2009年4月1日に全部施行された。

2　新統計法の内容

　以下においては，新統計法について解説し，必要に応じて基本計画の内容についても説明することとする。なお，本節で解説する新統計法，同法施行令，同法施行規則は，次節で解説する平成30年法律第34号による改正前のものである。本節では，旧統計法から新統計法への全部改正に焦点を当てて，新統計法の成立時点の法制を解説している。本節で解説した内容の中には，平成30年法律第34号により改正されたものも含まれているが，それについては，次節を参照していただきたい。また，本節で述べる基本計画は，新統計法の制定を受けて策定された第1次の基本計画を念頭に置いている。

(1)　目　的

　旧統計法の全部改正の基礎にある理念は，「行政のための統計」から「社会の情報基盤としての統計」への転換である。すなわち，公的統計は，行政施策の決定の基礎になることはもちろんであるが，より広く，国民が合理的な意思決定を行うための基礎となる重要な情報として位置付けられるべきである。そのため，新統計法においては，公的統計の体系的かつ効率的な整備およびその有用性の確保を図ることを通じて，「国民経済の健全な発展及び国民生活の向

上に寄与すること」が同法の究極目的であると明記されている（同法 1 条）。これは，国際連合統計委員会が 1994 年に採択した「官庁統計の基本原則」の第 1 原則を踏まえたものといえる。

(2)　基本計画

分散型統計制度には個別行政目的への機動的な対応や専門知識の蓄積という長所もあるものの，複数府省にまたがるサービス活動に係る統計が個々の業種ごとにモザイク状に整備され，調整が不十分であること等の問題が繰り返し指摘されてきた[7]。このような指摘を踏まえ，新統計法は，公的統計の整備に関する施策の総合的かつ計画的な推進を図るため，政府に公的統計の整備に関する基本的な計画（以下「基本計画」という）を定めることを義務付け（同法 4 条 1 項），総務大臣は，統計委員会の意見を聴いて，基本計画の案を作成し，閣議の決定を求めなければならないとされている（同条 4 項）。2008 年 1 月 21 日に総務大臣は，統計委員会に対し，基本計画について諮問を行い，同年 12 月 22 日，統計委員会の答申が出され，基本計画の閣議決定は，2009 年 3 月 13 日に行われた。基本計画は，おおむね 5 年ごとに変更するものとされており（同条 6 項），最初の基本計画には，2009 年度からの 5 年間に取り組む具体的な措置についての工程表も含まれている。また，基本計画では，「基本計画推進会議」（仮称）を開催し，政府一体となって基本計画を推進することとされている（2009 年 4 月 23 日に設置が決定）。分散型統計制度の欠陥を是正する点で一歩前進したといえる。基本計画においては，統計の有用性を確保するために，(ⅰ)統計の体系的整備，(ⅱ)経済・社会の環境変化への対応，(ⅲ)統計データの有効活用の推進，(ⅳ)効率的な統計作成ならびに統計リソースの確保および有効活用の四つの視点が重要であるとされている。

---

7)　大友篤「統計法と分散型統計制度の問題点——利用者の視点から」統計 56 巻 1 号 39 頁以下は，集中型統計制度に転換すべきことを強調する。

(3)　公的統計の作成

①　基幹統計

　旧統計法は，政府もしくは地方公共団体が作成する統計またはその他のものに委託して作成する統計であって総務大臣が指定し，その旨を公示した統計を指定統計と称して（同法2条），政府，地方公共団体の長または教育委員会は，指定統計調査のため，人または法人に対して申告を命ずることができるとしていた（同法5条1項）。これに対し，新統計法は，(i)国勢統計[8]，(ii)国民経済計算，(iii)行政機関が作成し，または作成すべき統計であって，全国的な政策を企画立案し，またはこれを実施する上において特に重要な統計，民間における意思決定または研究活動のために広く利用されると見込まれる統計，国際条約または国際機関が作成する計画において作成が求められている統計その他国際比較を行う上において特に重要な統計を基幹統計と称して（同法2条4項），行政機関の長は，基幹統計調査を行う場合には，基幹統計作成のために必要な事項について，個人または法人その他の団体に対し報告を求めることができ，報告を求められた者は，これを拒み，または虚偽の報告をしてはならないと定めている（同法13条1項・2項）。このように，報告義務が法人格のない団体にも拡張されている。

　総務大臣は，基幹統計の指定をしようとするときは，あらかじめ，当該行政機関の長に協議するとともに，統計委員会の意見を聴かなければならない（同法7条1項）。基本計画においては，基幹統計指定に当たっての一般的判断要素として，(i)国民生活に関連する重要な構造統計または動態統計，(ii)月例経済報告で利用されている統計，(iii)結果の利用が法令上規定されている統計，(iv)人や物の国際的な流れを水際でとらえる統計，(v)国民経済計算や重要な加工統計の直接的な基礎データとなる統計，(vi)地方公共団体においても幅広く利用できる統計，(vii)国際連合で提唱された SSDS（System of Social and Demographic Statistics）を基に総務省が整理している社会・人口統計体系に掲載されているデー

---

8)　国勢調査については，廣松毅「国勢調査——歴史的経緯と平成22（2010）年国勢調査の準備状況」計画行政30巻4号11頁以下参照。

タの源泉となっている主要な統計，(viii)経済統計に関する国際条約等により作成義務のある統計，(ix)結果の利活用が調査・集計事項の一部にとどまらず，広範囲にわたっている統計，を挙げている。

　また，指定統計調査結果については，例外的に結果を非公開にすることが認められていたが（旧統計法 16 条ただし書），基幹統計については必ず公表することが義務付けられ（新統計法 8 条 1 項），行政機関の長は，国民が基幹統計に関する情報を常に容易に入手することができるよう，当該情報の長期的かつ体系的な保存その他の適切な措置を講ずるものとされている（同条 3 項）。さらに，旧統計法は，目的規定，指定統計の定義規定を除き，もっぱら統計調査を規律するものであったため，統計調査の規律の適用が問題にならない業務統計・加工統計は，国民経済計算のような重要な統計であっても，指定統計とはされなかった。新統計法においては，業務統計や加工統計であっても，基幹統計に指定することができる。実際，加工統計である国民経済計算は，基幹統計とされている。

　新統計法施行の際に旧統計法 2 条の規定により指定を受けている指定統計は，新統計法の規定により指定を受けた基幹統計とみなされており（新統計法制定附則 5 条），2019 年 5 月 24 日現在，53 の基幹統計が存在する。旧統計法の指定統計のいくつかを統合して基幹統計としたものもあり，他方，経済産業省の埋蔵鉱量統計のように，指定統計であったものであって，基幹統計から除外されたものもある。さらに，旧統計法下では指定統計でなかったものを基幹統計として位置付けたものもある。

② **国民経済計算の作成基準**

　内閣総理大臣は，中立性・客観性を確保するため，国際連合の定める国民経済計算の体系に関する基準に準拠し，統計委員会の意見を聴いて国民経済計算の作成基準を定め（新統計法 6 条 1 項・2 項），作成基準を定めたときは，これを公示しなければならないこととされた（同条 3 項）。

③ **基幹統計調査**

　行政機関の長は，基幹統計調査を実施したり変更したりしようとする場合には，総務大臣の承認を得なければならないが（同法 9 条 1 項・11 条 1 項），総務大臣は，承認を行うに当たり，軽微な場合を除き，統計委員会の意見を聴取す

る義務がある（同法9条4項・11条2項）。これは，公的統計体系の中心をなす基幹統計について，統計行政における「司令塔」機能の中核となる統計委員会の意見を反映させる必要があると考えられること，基幹統計調査については報告義務を課し立入検査（同法15条）も可能であることから，被調査者の権利利益に与える影響に鑑み第三者機関の判断を経ることが望ましいと考えられることによる。

　総務大臣は，調査対象の範囲，報告を求める事項およびその基準となる期日または期間，報告を求める者，報告を求めるために用いる方法が当該基幹統計の作成の目的に照らして必要かつ十分なものであるか，統計技術的に合理的かつ妥当なものであるか，他の基幹統計調査との間の重複が合理的と認められる範囲を超えていないかを審査する（同法10条）。これにより，基幹統計調査の質の確保を図り，他の基幹統計調査との重複を回避することとしている。さらに，2005年の国勢調査で問題になった「かたり調査」を抑止するため，何人も，国勢調査その他の基幹統計調査の報告の求めであると人を誤認させるような表示または説明をすることにより，当該求めに対する報告として，個人または法人その他の団体の情報を取得することを明示的に禁止している（同法17条）。

④　一般統計調査

　行政機関が行う統計調査のうち基幹統計調査以外のものを一般統計調査という（同法2条7項）。行政機関の長は，一般統計調査を行おうとするときは，あらかじめ総務大臣の承認を受けなければならない（同法19条1項）。しかし，総務大臣は統計委員会に諮問する必要はない。一般統計調査の場合，特定の政策を実施するための資料を得ることを目的とすることが多く，結果の公表により当該業務の適切・円滑な遂行に支障を与えるおそれもありうることから，特別の事情があるときには調査結果を公表しないことが認められている（同法23条1項ただし書）。

⑤　地方公共団体または独立行政法人等が行う統計調査

　地方公共団体，独立行政法人等が行う統計調査については，これらの自主性・自立性を尊重するため，承認制ではなく届出制としている。この届出制は，基幹統計調査の実施への影響を事前に把握し，必要があれば両者の調整を行う

ためのものである。すなわち，政令で定める地方公共団体（都道府県および政令
指定都市。新統計法施行令7条1項）の長その他の執行機関は，統計調査を行お
うとするときは，あらかじめ総務大臣に届け出なければならず（同法24条1項），
総務大臣は，届出のあった統計調査が基幹統計調査の実施に支障を及ぼすおそ
れがあると認めるときは，当該地方公共団体の長その他の執行機関に対し，当
該届出のあった統計調査の変更または中止を求めることができる（同条2項）。
政令で定める独立行政法人等（日本銀行。新統計法施行令8条1項）が統計調査を
行おうとするときも，あらかじめ，総務大臣に届け出なければならないが（同
法25条。この届出を行った独立行政法人等を，以下「届出独立行政法人」という），地
方公共団体の場合と異なり，総務大臣による変更・中止要請の規定は置かれて
いない。

⑥　統計調査以外の方法により作成される基幹統計

　旧統計法が統計調査のみを規律していたのに対し，新統計法は，行政機関の
長が，統計調査以外の方法により基幹統計を作成する場合にも，その作成の方
法について，事前に総務大臣に通知する義務を課している（同法26条1項）。
総務大臣は，通知があった基幹統計の方法を改善する必要があると認めるとき
は，あらかじめ統計委員会の意見を聴いて，当該行政機関の長に意見を述べる
ことができる（同条2項・3項）。

⑦　事業所母集団データベースの整備

　総務大臣は，基幹統計調査または一般統計調査に係る調査票情報の利用，法
人その他の団体に対する照会その他の方法により，事業所母集団データベース
を整備することとされている（同法27条1項）。基本計画においては，事業所
母集団データベースはビジネスレジスターと称されている。行政機関の長，地
方公共団体の長その他の執行機関または届出独立行政法人等は，その行う事業
所に関する統計調査の対象の抽出，事業所に関する統計の作成のため，総務大
臣から事業所母集団データベースに記録されている情報の提供を受けることが
できる（同条2項）。この制度により，統計作成の正確性・効率性を向上させ，
被調査者の負担を軽減することを目的としている。

⑧　統計基準

　分散型統計制度の欠陥を補う方策の一環として，総務大臣は，統計委員会の

意見を聴いて統計基準を定め，これを定めたときは公示する義務を負うことと
された（同法28条）。基本計画では，統計基準の設定または改定からおおむね
5年後を目途に当該基準の改定の必要性を検討することとしている。

⑨　行政記録情報の活用

　諸外国においては，統計作成に行政記録が広範に利用されているのに対し，
わが国においては，統計作成に行政記録情報が利用されることは少なかった。
しかし，統計精度を維持・向上し，国民や企業等の報告者負担を軽減し，統計
作成を簡素効率化する上で，行政記録情報の活用は有益と考えられる[9]。これ
まで，「申請負担軽減対策」（1997年2月10日閣議決定）において，行政記録の
統計化を進めるための調査に直ちに着手し，1997年度末をめどに当面の調査
結果を取りまとめ，その結果等を踏まえて，行政記録の統計への活用を推進す
ることとされ，総務庁統計局統計基準部（当時）が，「行政記録に基づき集計
された統計の印刷物等による公表状況調査」を公表している。また，「統計行
政の新中・長期構想」（1995年統計審議会答申）においても，新たな統計需要に
基づく新規統計調査等の企画・設計に当たっては，各省庁は行政記録の有無，
活用について十分検討し，可能な限り行政記録を活用すべきとされた。2003
年6月27日に公表された「統計行政の新たな展開方向」（各府省統計主管部局長
等会議申合せ）においても，登記情報，有価証券等報告書等行政記録の電子化
の動向に合わせ，その積極的な活用方法の検討を進めることとされた。「統計
調査等業務の業務・システム最適化計画」（2006年3月31日各府省情報化統轄責
任者（CIO）連絡会議決定。以下，「最適化計画」という）においては，法人の設立，
解散，商号の変更等に係る商業登記情報，町村統廃合等に伴う所在情報（住所，
郵便番号，市外局番）の変更情報等を用いて，事業所・企業データベースにおい
て整備する母集団情報の更新を毎月行うこととされている。このように，徐々
に行政記録情報の統計への活用が進みつつあるものの，なお十分とはいえなか
った。
　そこで，新統計法には，行政機関の長は，他の行政機関が保有する行政記録

---

9)　松田芳郎「世界の常識は日本の非常識・日本の常識は世界の非常識――統計法の改正の
　必要性」統計56巻1号11頁以下参照。

情報を用いることにより正確かつ効率的な統計の作成または統計調査における
被調査者の負担の軽減に相当程度寄与すると認めるときは，当該行政記録を保
有する行政機関の長に対し，その提供を求めることができる旨の明文の規定が
置かれた（同法 29 条 1 項）。この規定は，協力要請に応ずる義務まで課すもの
ではないが，かかる規定が置かれたことの意義は軽視しえないと思われる。な
ぜならば，当該行政記録情報が個人情報を含んでいる場合であっても，「行政
機関の保有する個人情報の保護に関する法律」（以下「行政機関個人情報保護法」
という）8 条 1 項が定める「法令に基づく場合」に該当し，本人または第三者
の権利利益を不当に侵害するおそれがあると認められない限り，目的外提供を
行っても，行政機関個人情報保護法違反とはならないと考えられるからである。
すなわち，行政機関個人情報保護法 8 条 1 項にいう「法令に基づく場合」とは，
調査に応ずる義務を課すものでないと一般に解されている法令の規定に基づく
場合も含むと解されるからである[10]。

　もっとも，国家公務員法 100 条 1 項は，一般職の国家公務員一般に対して，
「職務上知ることのできた秘密」について守秘義務を課しているから，もし守
秘義務規定が，法令に基づく協力要請に応ずることを禁止するものであれば，
個人情報に限らず，企業等の団体情報であっても，「職務上知ることのできた
秘密」に該当する限り，法令上の協力要請に応ずることは禁止されることにな
る。行政記録情報の多くは，「職務上知ることのできた秘密」に該当すると考
えられるので，上記のような解釈を採る限り，新統計法 29 条 1 項の意義は乏
しいことになってしまう。しかし，国家公務員法 100 条 1 項違反は犯罪とされ
ており（同法 109 条 12 号），そのため，同法 100 条 1 項は，刑罰の謙抑性の観点
からも，「漏らしてはならない」と構成要件を厳格に定めているのであるから，
法令上の協力要請に応ずることが「漏らす」という犯罪構成要件を満たすかは
疑問である。実際，名古屋地判平成 17・3・28 判例集不登載は，刑務所長が医
療法人に受刑者の診療に関する情報を提供した行為に関して，たとえその情報
が一般的には秘密であったとしても，職務の遂行上，情報の提供が必要な場合

---

10)　個人情報の保護に関する法律 23 条 1 項 1 号の「法令に基づく場合」についても同様に
　解されていることについて，宇賀克也・個人情報保護法の逐条解説〔第 6 版〕（有斐閣，
　2018 年）165 頁参照。

には，国家公務員法100条1項の守秘義務に反することはないと解すべきであり，本件資料提供行為は，所長の職務の遂行上必要かつ相当な行為であると認められるから，守秘義務違反にはならないと判示している。

守秘義務違反を取り締まる立場にある法務省と警察庁が協議し，法律改正をすることなく，明らかにセンシティブな個人の秘密に属する性犯罪者の出所情報を警察庁に提供する運用を開始したことも，かかる提供は，秘密を「漏らす」という守秘義務違反の構成要件を満たさないという解釈を前提としていると思われる。新統計法57条1項2号・3号のように，国家公務員法でなく個別法に守秘義務規定が設けられ，罰則が国家公務員法と比較して加重されている場合があるが，これは，特定の行政調査により得られた秘密については，守秘義務規定の実効性を高めるために，違反に対する制裁を強化しているのであって，かかる場合も，秘密を漏らしたり窃用したりすることを処罰するのであるから，法令に基づく協力要請に応ずることが守秘義務違反となるかという犯罪構成要件の面では，一般法である国家公務員法100条1項と同様に考えられる。

また，行政機関個人情報保護法8条2項では，法令に基づく場合でなくても，保有個人情報の目的外利用・提供ができる場合について定めているが，保有個人情報の中には，個人の秘密に該当するものもあるから，同法は，法令に守秘義務を解除する個別具体的規定がなくても，個人の秘密に当たる情報を本人同意なしに目的外利用・提供することが可能なことを前提としていると解さざるをえない（同項2号～4号）。もっとも，同条3項では，同条2項が保有個人情報の利用・提供を制限する他の法令の規定の適用を妨げるものではないと明記しているが，ここでいう「他の法令」には，国家公務員法100条1項の守秘義務規定やそれと同じく秘密を漏らしたり窃用したりすることを構成要件とする規定は含まれないと考えられる。実際，国会における政府答弁においては，「職務上知ることのできた秘密」に当たる保有個人情報が，行政機関個人情報保護法8条2項2号・3号の規定により目的外利用が可能な例として挙げられていたのである[11]。したがって，同条3項は，本人確認情報の受領者たる国の

11）　宇賀・前掲注**10**）442頁参照。

行政機関（住民基本台帳法別表第1に列記されている）が目的外に本人確認情報を
利用・提供することを禁止した住民基本台帳法30条の29，刑事訴訟記録の閲
覧を制限する刑事訴訟法53条1項・2項，特許庁長官が秘密を保持する必要
があると認めたときに特許に関する証明書の書類交付を制限する特許法186条
1項のように，明示的にその利用・提供を禁止した場合を念頭に置いたもので
あって，「漏らす」「窃用する」という構成要件に該当する行為を禁止する守秘
義務規定をも念頭に置いたものと解することには疑問を抱かざるをえない。

　地方公共団体においても，個人情報保護条例に基づき，個人情報の目的外利
用・提供が，一定の場合には，個別の法令の根拠がなくても，本人同意なしに
認められているが，個人情報の中には個人の秘密に当たるものが当然含まれて
いる。一般職の地方公務員は，地方公務員法34条の規定により一般的に守秘
義務を課されており，条例は法律に違反できないから，個人情報保護条例が定
める一定の場合（たとえば，個人情報保護審議会に諮問して目的外利用・提供を可と
する答申が出された場合）に，個人の秘密を目的外利用・提供することが地方公
務員法34条違反になるのであれば，個人情報保護条例の当該規定は違法にな
ってしまうが，そのようには解されていない。このことは，個人情報保護条例
が認める目的外利用・提供は，そもそも守秘義務規定の秘密を漏らすという構
成要件を満たさないと解するか，構成要件に該当しても正当行為として違法性
が阻却されると解さなければ，説明が困難なように思われる。

　2006年3月28日に公表された「災害時要援護者の避難支援ガイドライン」
（内閣府災害時要援護者の避難対策に関する検討会）においては，本人同意なしに，
個人情報保護条例の目的外利用・提供の例外的許容規定に基づき災害時要援護
者情報（障害者，独居の高齢者等の情報）を共有することを奨励していたが[12]，
災害時要援護者情報は明らかに個人の秘密に関する情報であるので，個人情報
保護条例で定めれば共有が可能であるという解釈は，それが秘密を漏らすこと
を禁ずる地方公務員法34条の守秘義務規定に違反しないことを前提としてい
ると解さざるをえないのではないかと思われる。同様に，2006年12月14日

---

12)　宇賀克也＝鈴木庸夫編・災害弱者の救援計画とプライバシー保護（地域科学研究会，
　2007年）226頁参照。

に公布即日施行された渋谷区震災対策総合条例改正条例[13]が，個人の秘密に属する災害時要援護者情報の行政内部での共有，民生委員・消防団等への外部提供を認めたのも，地方公務員法の守秘義務規定に違反しないことを前提としていると考えられる。

　以上のように考えると，守秘義務規定一般が新統計法 29 条 1 項の規定に基づく協力要請に応ずることを禁止するものと解すべきではないと思われる。他面，新統計法 29 条 1 項は，協力要請に応ずることを義務付けるものでもないから，統計行政における行政記録情報の活用を進めるためには，行政記録情報保有機関の不安を解消する必要がある。行政記録情報保有機関の立場に立つと，申請・届出や行政調査等により収集した情報を本来の目的以外に利用することに対し被収集者の理解を得ることが容易でなく，情報収集業務に支障を及ぼすことを懸念することになり，このことが行政記録情報の活用のための協力要請に対する消極姿勢につながっていると推測される。したがって，行政記録情報保有機関における行政記録の収集業務への支障に対する懸念を解消し，併せて被収集者の懸念を解消することが重要になる。

　基本計画においては，統計作成機関は，所管の統計調査に活用できる行政記録情報を具体的に調査し，新統計法に規定する行政記録情報の提供要請等の法的仕組みも活用した上で，積極的に行政記録情報を活用していくことが必要であるとされている。具体的には，統計調査の実施計画の策定に当たっては，当該統計の整備に活用できる行政記録情報の有無について事前に調査・検討することを原則とするとされている。そして，総務大臣による統計調査の承認の審査や統計委員会における基幹統計調査の審議に当たっては，行政記録情報に係る事前審査状況を確認し，必要に応じ，行政記録情報保有機関に対する協力要請を行うこととされている。また，行政記録情報保有機関が行政記録情報を提供することを困難とする合理的な理由が存在する場合，費用等を原則として統計作成機関が負担した上で行政記録情報保有機関が統計作成機関からの要望に応じたオーダーメード集計を作成することを原則とするとしている。かかる方式は，上記のような懸念を解消する一つの有効な方法と思われる。

---

13)　宇賀＝鈴木編・前掲注 12) 29 頁以下［柳澤信司］参照。

(4)　調査票情報等の利用および提供

①　統計データの有効活用の推進

　基本計画においては，統計施策展開に当たっての基本的視点の一つとして，統計データの有効活用の推進が挙げられている。すなわち，従前は，原則として，統計調査等により収集された調査票情報は，作成者が事前に定めた統計表の形に集計し公表されるのみであったが，情報通信技術の進展に伴い統計に対するニーズが多様化・高度化するにつれて，かかる利用形態のみでは，利用者のニーズへの対応が不十分であることが認識されたのである。

②　調査票情報の二次利用・提供

　旧統計法においては，指定統計を作成するために集められた調査票を統計上の目的以外に使用することは原則禁止され，総務大臣の承認を得て使用の目的を公示したものについては例外が認められたが（同法 15 条），承認基準も厳格であった。新統計法においては，行政機関の長または届出独立行政法人等は，統計の作成または統計的研究を行う場合，統計を作成するための調査に係る名簿を作成する場合には，その行った統計調査に係る調査票情報を二次利用することができることが明確にされた（同法 32 条）。また，行政機関の長または届出独立行政法人等は，(i)行政機関等その他これに準ずる者として総務省令で定める者（会計検査院，地方独立行政法人，地方住宅供給公社，地方道路公社および土地開発公社）が，統計の作成等または統計を作成するための調査に係る名簿の作成を行う場合，(ii)行政機関等または(i)に掲げる者（以下「公的機関」という）が，これらの者以外の者に委託し，またはこれらの者以外の者と共同して調査研究に係る統計の作成等，その実施に要する費用の全部または一部を公的機関が公募の方法により補助する調査研究に係る統計の作成等，行政機関の長または地方公共団体の長その他の執行機関が，その政策の企画，立案，実施または評価に有用であると認める統計の作成等その他特別な事由があると認める統計の作成等のいずれかを行う場合であって，調査票情報を適正に管理するために必要な措置が講じられているものを行う場合には，その行った統計調査に係る調査票情報を，これらの者に提供することができることを明記している（新統計法 33 条，新統計法施行規則 8 条・9 条）。このように，新統計法においては，調査票

情報の目的外使用ができる場合を法令自身に明記することにより，総務大臣の承認を不要にしているので，調査票情報の目的外使用を認めるか否かは，調査実施者自身が判断することになる。なお，新統計法33条の規定に基づく事務処理の指針として，「統計法第33条の運用に関するガイドライン」(2008年12月24日総務省政策統括官（統計基準担当）決定）が作成されている。

③　委託による統計の作成等

　新統計法は，統計データの利用促進方策の一環として，外部に調査票自体を出さないオーダーメード集計について，明文の規定を置いた。すなわち，行政機関の長または届出独立行政法人等は，その業務の遂行に支障のない範囲内において，(i)学術研究の発展に資すると認められる場合であって，統計成果物を学術研究の用に供することを直接の目的とし，統計成果物を用いて行った学術研究の成果が公表される場合，(ii)高等教育の発展に資すると認められる場合であって，統計成果物を学校教育法1条に規定する大学または高等専門学校における教育の用に供することを直接の目的とし，統計成果物を用いて行った教育内容が公表される場合においては，一般からの委託に応じ，その行った統計調査に係る調査票情報を利用して，統計の作成等を行うことができることとしたのである（新統計法34条，新統計法施行規則10条）。オーダーメード集計の事務処理の指針として，「委託による統計の作成等に係るガイドライン」(2009年2月17日総務省政策統括官（統計基準担当）決定）が定められた。

④　匿名データの作成・提供

　被対象者の特定個人識別性を除去した匿名データを作成し，提供することは，被調査者の情報保護と統計データの有効利用の調和を図るための合理的な方策であり，新統計法は，これを正面から認めている（同法35条・36条）。匿名データの提供が認められるのは，(i)学術研究の発展に資すると認められる場合であって，匿名データを統計の作成等のみに用い，学術研究の用に供することを直接の目的とし，匿名データを用いて行った学術研究の成果が公表され，匿名データを適正に管理するために必要な措置が講じられている場合，(ii)高等教育の発展に資すると認められる場合であって，匿名データを統計の作成等のみに用い，適正に管理するために必要な措置が講じられており，匿名データを学校教育法1条に規定する大学または高等専門学校における教育の用に供すること

を直接の目的とし，匿名データを用いて行った教育内容が公表される場合とされた（新統計法施行規則 15 条）。匿名データの作成・提供の事務処理の指針として，「匿名データの作成・提供に係るガイドライン」(2009 年 2 月 17 日総務省政策統括官（統計基準担当）決定）が定められた。

⑤　事務の委託

各府省は，二次利用に係る業務に対応するための十分な統計リソースを確保することが困難なこともあるため，オーダーメード集計や匿名データの提供の事務の全部を委託することができ，全部委託を行うときは，独立行政法人統計センターに委託しなければならないこととされた（新統計法 37 条，新統計法施行令 12 条）。

⑥　手数料

オーダーメード集計や匿名データの提供サービスを受ける者は，受益者負担の観点から，手数料を納めなければならないこととされた（同法 38 条）。

⑦　二次利用の開始

基本計画においては，2009 年度から，秘密の保護に配慮しつつ二次利用を拡大し，2010 年度以降，順次，二次利用の対象となる統計調査やサービスを拡大することとされた。

⑧　オンサイト利用

利用者が行政機関等の指定する場所および機器により調査票情報を利用するオンサイト利用について，基本計画では，総務省の検討課題として位置付けられた。

⑨　統計データ・アーカイブ

アメリカ，ドイツ，イギリス，カナダ等の先進国においては，統計データ・アーカイブが整備され，学術研究等の目的で匿名データ等の利用に供されている。基本計画においては，統計データ・アーカイブは検討課題として位置付けられた。

(5)　調査票情報等の保護

旧統計法は，行政機関電算機個人情報保護法の規定の適用を除外し，同法を全部改正した行政機関個人情報保護法の規定の適用も除外した。新統計法も，

基幹統計調査および一般統計調査に係る調査票情報に含まれる個人情報，事業所母集団データベースに含まれる個人情報ならびに他の行政機関から提供を受けた行政記録情報に含まれる個人情報については，行政機関個人情報保護法の規定は適用しないこととしている（同法52条1項）。また，届出独立行政法人等であって，「独立行政法人等の保有する個人情報の保護に関する法律」の対象法人が行った統計調査に係る調査票情報に含まれる個人情報については，同法の規定は適用しないこととした（同条2項）。

　しかし，行政機関個人情報保護法は，行政機関電算機個人情報保護法と比較して，個人情報保護をかなり強化したので，旧統計法が置いていた個人情報保護規定が行政機関個人情報保護法のそれと比較して必ずしも十分とはいえないのではないかという問題も認識されていた。また，旧統計法においては，調査票情報および関係書類の適正管理義務を負う主体が必ずしも明確でないという問題もあった。そして，統計調査環境悪化の一因が，個人情報保護意識や企業の情報保護意識の高まりであるといわれており，秘密保護を強化することが，統計調査環境の改善につながるし，統計データの有効利用を図る前提としても，統計データの秘密の保護に係る規定を整備する必要があることは明確であった。

　このような背景の下，新統計法は，義務の対象となる業務，義務を負う者を明確にし，同法において新設された事業所母集団データベースや匿名データの保護も図るために，調査票情報，事業所母集団データベースに記録されている情報，他の行政機関から提供を受けた行政記録情報，匿名データの適正管理義務（同法39条），調査票情報，事業所母集団データベースに記録されている情報，他の行政機関から提供を受けた行政記録情報の利用制限（同法40条），守秘義務（同法41条）等に関する規定を整備している。そして，統計調査事務の受託者等（再受託者のように受託者以外で受託業務に携わる者も含む），調査票情報の提供を受けた者についても，同様の規律を行っている。統計情報には，個人情報のみならず企業等の団体情報も含まれるため，個人情報も団体情報も同様に保護する方針は，新統計法においても踏襲されている[14]。

---

14)　統計情報の保護について詳しくは，宇賀克也・個人情報保護の理論と実務（有斐閣，2009年）418頁以下参照。

(6)　統計委員会

　公的統計の総合的かつ体系的整備を推進するため，統計行政における「司令塔」機能の中核をなす組織として，当初内閣府（現在は総務省）に設置された統計委員会は，基本計画（同法4条4項），国民経済計算の作成基準（同法6条2項），基幹統計の指定（同法7条1項），基幹統計調査の承認（同法9条4項），基幹統計調査の変更または中止の求め（同法12条2項），基幹統計作成方法についての改善意見の申出（同法26条2項），統計基準の設定（同法28条2項），基幹統計作成のための協力要請（同法31条2項），匿名データの作成（同法35条2項）について，諮問を受けて，専門的かつ公正中立な調査審議を行うこととしている。統計委員会は当初内閣府に置かれていたものの，主として総務大臣から諮問を受ける審議会としての性格を有していた。諮問機関である点では，その前身の総務省統計審議会と変わらないものの，統計審議会は，中央省庁等改革の一環として，個々の統計調査等についての審議のみを行う審議会として位置付けられ，政策提言を行う第三者機関ではなくなってしまった。新統計法の定める統計委員会は，諮問機関であるが，(7)②で述べるように，総務大臣から施行状況の報告を受けて，施策の取組状況を評価・検証し，改善意見を述べることもでき，統計審議会に比して，その機能は大幅に拡充されている。

　なお，新統計法の下においても，総務省が統計法制を所管する省であることは変わらず，統計に関する政府横断的な総合調整を行っており，統計行政に係る基本的事項の企画・立案・推進，統計調査の審査・調整（各府省が行う統計調査の審査，予算要求時の各府省の統計事業計画の審査）等は，総務省政策統括官（統計基準担当）の所掌事務である。

(7)　罰則等

①　公的統計の所在情報の提供

　公的統計の所在情報の提供体制の充実が課題とされていたが，新統計法では，総務大臣が，公的統計を利用しようとする者の利便を図るため，インターネットその他の高度情報通信ネットワークの利用を通じて迅速に公的統計の所在に関する情報を提供できるよう必要な措置を講ずるものとされている（同法54

条)。

② 施行状況の公表等

総務大臣は,行政機関の長,地方公共団体の長その他の執行機関または届出独立行政法人等に対し,新統計法の施行状況について報告を求めることができ(同法55条1項),総務大臣は,毎年度,報告を取りまとめ,その概要を公表するとともに,統計委員会に報告しなければならないとされた(同条2項)。統計委員会は,この報告があったときは,新統計法の施行に関し,内閣総理大臣,総務大臣または関係行政機関の長に対し,意見を述べることができる(同条3項)。

③ 罰　則

「かたり調査」禁止規定違反に対しては,2年以下の懲役または100万円以下の罰金を科すこととしている(同法57条1項1号)。この罪は,未遂も処罰される(同条2項)。また秘密の漏えい(同条1項2号・3号),基幹統計の期日前の漏えい・盗用(同法58条),調査票情報等の営利目的での提供・盗用(同法59条),基幹統計調査の報告妨害(同法60条1号),基幹統計の真実性の阻害行為(同条2号),統計調査の報告拒否・虚偽報告(同法61条1号),資料提出・立入検査等の拒否・虚偽答弁(同条2号)等に関する罰則が設けられている。特に,旧統計法においては,指定統計調査に係る罰則はあったものの(同法19条の2),届出統計調査・承認統計調査に係る罰則はなかったのに対し,新統計法においては,すべての統計調査に係る守秘義務違反に対する罰則を設けていることは重要である(同法57条1項2号)。

3 効率的な統計作成ならびに統計リソースの確保および有効活用

効率的な統計作成ならびに統計リソースの確保および有効活用のために,新統計法は,行政記録情報の活用のための協力要請の根拠規定を置いたこと,秘密保護の強化も統計調査環境の悪化を防止し,効率的な統計作成に間接的に寄与することについてはすでに述べたが,以下においては,新統計法には規定されていないが,基本計画に定められている施策の中で,効率的な統計作成ならびに統計リソースの確保および有効活用に関するものに言及しておくこととす

る。

(1)　民間事業者の活用

　財政状況が厳しさを増す中で，新規の統計作成のニーズに対応していくためには，民間事業者を一層積極的かつ効果的に活用することが必要である。1999年4月に閣議決定された「国の行政組織等の減量，効率化等に関する基本的計画」において，集計，データベース作成・提供，実査等の統計事務については，包括的民間委託も含め，民間委託を進め，組織の減量化を図る方針が示され，さらに，規制改革・民間開放推進会議からは，指定統計も含めた統計業務の民間開放が求められた。他方において，統計の品質の維持，被調査者の秘密保護，信頼性の確保が重要である。そこで，基本計画においては，総務省は，「統計調査の民間委託に係るガイドライン」を改定し，統計調査の実施プロセスの管理，受託事業者への事業完了報告書の作成の明示等の措置を反映することとされている。

(2)　統計リソースの確保・有効活用

　分散型統計制度を採用しているわが国においては，各府省の定員・予算の枠内で統計リソースを確保しなければならないが，各府省における統計リソースの確保は必ずしも十分とはいえず，とりわけ最近は，財政難を背景に統計リソースの大幅な縮減が進行している。また，頻繁な人事異動のため，統計の専門家の育成が困難であることも指摘されている。そこで，基本計画においては，総務省政策統括官（統計基準担当）は，定員・予算面を含め，府省の取組状況に関する情報の共有・調整等を行うなど，政府全体の調整を図り，各府省の取組を支援することとされている。

(3)　地方の実査体制

　地方公共団体の統計部局は，地方公共団体の統計行政はもとより，国の基幹統計の実施についても，その一部が法定受託事務とされているため（新統計法施行令4条），重要な機能を果たしている。しかし，都道府県の統計主管課の職員や市町村の統計関係職員については，地方行財政改革の推進や市町村合併の

進展に伴い大幅に削減される傾向にあること，実査の現場を担当する市町村で
は，統計担当部局の職員は他の業務を兼ねていることが多く，統計調査実施時
期と他の業務の繁忙時期が重なると要員確保が困難になること，統計専任職員
の高齢化に伴い国が交付する統計調査事務地方公共団体委託費の基準単価が実
態から乖離したり，委託費の交付対象外の再任用短時間勤務職員の増加により
都道府県の負担が増大する傾向がみられること，特に大都市部を中心に調査員
の確保が困難になること等の問題が生じている。基本計画においては，地方公
共団体と連携して実査体制の機能を維持するため，地方公共団体を経由する統
計調査の見直し，業務量の平準化，調査事務の効率化など多面的な方策を計画
的に実施するとともに，統計調査事務地方公共団体委託費や統計調査員制度に
ついても実情等を踏まえた運用の見直しについて検討することとされている。

4　経済・社会の環境変化への対応

　統計の有用性を高めるためには，経済・社会の環境変化に対応していく必要
があり，そのためには，統計ニーズの継続的な把握，統計の評価を通じた見直
し，統計に対する国民の理解の促進が重要になる。すでに，1995年の統計審
議会答申において，社会・経済の変化に対応した統計調査の必要性が指摘され，
「経済財政運営と構造改革に関する基本方針2002」(2002年6月25日閣議決定)
において，総務省および関係府省は，2003年度より，ニーズの乏しい統計を
廃止するとともに，雇用や環境，新サービス産業や観光などの新成長分野等ニ
ーズのある統計を抜本的に整備することが閣議決定されていた。基本計画にお
いては，統計ニーズを的確に把握するため，統計利用者の要望等を幅広く把握
するとともに，統計利用者との意見交換の場を設け，府省横断的な統計等の整
備・改善に反映すること，統計の品質に関する自己評価や客観的な評価結果を
活用し，既存統計の見直しや統計作成方法の効率化を推進すること，個人や企
業への広報・啓発活動の具体的方策を検討するとともに，統計調査を円滑に実
施するために，業界団体等に対して要請等を行うこと，教員への研修の充実を
図るとともに，教材の提供等を適切に行うこと等が定められている。

5　政府統計共同利用システムの活用等における府省間でのデータ共有や提供の推進

　「統計調査等業務の業務・システムの見直しの方針」(2005 年 4 月 8 日各府省情報化統括責任者（CIO）連絡会議幹事会決定，各府省統計主管課長等会議了解）を受けて総務省を中心に検討が行われ，最適化計画に基づき，統計データ共有のための種々の取組が行われ，2008 年度から政府統計共同利用システムの本格的な運用が開始された。基本計画においては，最適化計画の工程表に基づく各種取組を着実に実施することにより，同計画に掲げる目標等を達成し，その効果を最大限発揮することで，府省間でのデータ共有や提供を促進すること，最適化計画に基づくフォローアップを行い，必要に応じて最適化計画の見直しを行うことが定められている。

6　統計の中立性の確保

　基本計画においては，統計の中立性を確保するため，統計作成過程の一層の透明化を図ることとされている。

7　おわりに

　旧統計法が 1947 年 5 月 1 日に施行されてから 60 年経過し，還暦を迎えた年に，初の抜本的改正が行われ，新統計法が誕生したことは意義深い。統計が社会の情報基盤として位置付けられ，公的統計の体系的整備，統計データの利用促進と秘密保護の強化が図られたことは，高く評価されるべきであろう[15]。地

---

15)　新統計法については，すでに掲げたもののほか，廣松毅「統計法の改正について」計画行政 30 巻 3 号 62 頁以下，森博美「新統計法の成立と政府統計の今後の課題」計画行政 30 巻 4 号 3 頁以下，河合晃「統計法」ジュリ 1340 号 52 頁以下，山村和也「統計法制度の抜本的改正について――『行政のための統計』から『社会の情報基盤としての統計』へ」時法 1792 号 6 頁以下，北田祐幸「日本の新統計法」統計 58 巻 11 号 2 頁以下，岸泰弘「統計法改正の概要について」厚生の指標 54 巻 8 号 8 頁以下，田村典之「統計法（平成 19 年法律第 53 号）」法令解説資料総覧 312 号 5 頁以下，菊地進「統計法改正と行政改革・地方統計」行

方公共団体も種々の統計行政を行っており，新統計法についての理解を深めておく必要がある。もっとも，残された課題も少なくない。

　とりわけ，統計行政への国民の理解を深める努力もしなければならないであろう。そのためには，統計の意義について啓蒙するとともに，統計行政における秘密保護への国民の信頼を確保することが重要になる。新統計法は，守秘義務規定の拡充，罰則の強化等を行っているが，統計行政に携わる職員1人ひとりが，秘密保護の大切さを認識し，信頼を損なうような事態が発生しないように万全の体制を敷く必要がある。

　新統計法の下で「社会の情報基盤」として位置付けられた公的統計を一層整備するためには，統計リソースの拡充が望まれるが，実態は，統計リソースの削減が進行している。サッチャー政権下での統計予算の大幅な削減が，統計精度の低下を招き大きな問題となったが，わが国でもそのような事態を招かないよう，統計リソースの充実が図られることを期待したい。

　また，都道府県の多くは統計調査条例を制定しているが，東京都のように，新統計法によるパラダイム・シフトを踏まえた統計調査条例の改正を早期に行うことを期待したい[16]。

財政研究71号2頁以下等参照。
16)　統計調査条例については，高塩純子「統計調査条例」行政管理研究122号44頁以下参照。

> # 第 2 節　統計データの利活用に向けた統計法の改正
> ## （平成 30 年法律第 34 号）

1　はじめに

　2018 年 3 月 6 日に「統計法及び独立行政法人統計センター法の一部を改正する法律案」（閣法第 34 号）が閣議決定されて国会に提出された。そして，同年 5 月 9 日に衆議院総務委員会に付託され，同月 10 日に趣旨説明が行われ，同月 17 日に質疑後採決が行われ賛成多数で可決された。同月 18 日には衆議院本会議で賛成多数で可決され，参議院に送付された。参議院では，同月 21 日に総務委員会に付託され，同月 22 日に趣旨説明と総務省統計局・独立行政法人統計センター等の視察が実施された。そして，同月 24 日に質疑後採決が行われ賛成多数で可決された。同月 25 日には参議院本会議で可決・成立し，同年 6 月 1 日に平成 30 年法律第 34 号として公布された[1]。この改正は，平成 19 年法律第 53 号による統計法全部改正後，同法の初の本格的な改正といえる。そこで，本節においては，この改正について解説することとする。

2　改正の経緯

　近年，統計の改善について，統計委員会等で議論されてきたし，2016 年 4 月 19 日には，日本経済団体連合会から「公的統計の改善に向けた提言」が出されている。同年 12 月 21 日に，経済財政諮問会議が「統計改革の基本方針」において，関係閣僚等で構成する統計改革推進会議を設け，抜本的な統計改革，一体的な統計システムの整備について検討し，具体的な方針を取りまとめ，2017 年夏の骨太方針に反映すると決定した。これを受けて，同年 1 月には，

---

1)　国会での議論については，大澤敦「統計改革と統計法等の改正——統計の精度向上・データ利活用等の推進」立法と調査 403 号 3 頁以下参照。

内閣官房長官を議長とする統計改革推進会議が設置され，同年5月に同会議による最終取りまとめが行われた。この最終とりまとめは，①「証拠に基づく政策立案（EBPM）」[2] 推進体制の構築，②GDP統計を軸にした経済統計の改善，③ユーザーの視点に立った統計システムの再構築と利活用促進，④報告者負担の軽減と統計業務・統計行政体制の見直し・業務効率化，基盤強化の4本の柱からなる。この中で，統計および統計ミクロデータのさらなる利活用とともに，新たに行政記録情報や地方公共団体・民間が保有する各種データの積極的な利活用も統計システムに組み込んで，統計等データを始めとする各種データを有機的・効果的に利活用した統計的分析などを積極的に促進するため，統計関連法制の総合的な見直しが求められた。また，官民データ活用推進基本法に基づき同月30日に閣議決定された「世界最先端IT国家創造宣言・官民データ活用推進基本計画」において，統計改革推進会議最終取りまとめに基づき着実にEBPMを推進すること，統計データのオープン化の推進・高度化等の方針が示され，2018年度中に，統計データに関する利用者ニーズを把握する仕組みの導入，匿名データ利用に係る目的制限の緩和，調査票情報の提供に係る利用要件の緩和等の制度面・運用面の見直しを行うこととされた。同年6月9日に閣議決定された「経済財政運営と改革の基本方針2017」においては，「統計改革推進会議最終取りまとめ」等に基づき，EBPMと統計の改革を車の両輪として一体的に推進し，ユーザーの視点に立った統計システムの再構築と利活用促進，報告者負担の軽減と統計行政体制の見直し・業務効率化，基盤強化などの取組を推進することとされた。これを受けて，総務省の「調査票情報等の利用，提供等に関する法制研究会」で2017年9月から検討が行われた。2018年3月6日に閣議決定された「公的統計の整備に関する基本的な計画」（第Ⅲ期基本計画）[3] においても，統計作成の効率化および報告者の負担軽減，統計の利活

---

2) EBPMについて，宇賀克也・行政法概説Ⅲ〔第5版〕（有斐閣，2019年）86頁，大山伊知郎「EBPM（Evidence-based Policymaking）の推進」行政＆情報システム53巻5号16頁以下，古矢一郎「政府における『証拠に基づく政策立案（EBPM）』への取組について」季刊行政管理研究160号76頁以下，青柳恵太郎「EBPMが継承すべきEBMの思考法」行政＆情報システム54巻5号28頁以下等参照。

3) 経済財政諮問会議が2016年12月に決定した「統計改革の基本方針」において，2014年度から2018年度までの第Ⅱ期基本計画（2014年3月閣議決定）を1年間前倒しで見直すと

用促進等，平成 30 年法律第 34 号による法改正の内容に関する事項が含まれている。

3　改正の意義

「統計改革推進会議最終取りまとめ」においては，(i) EBPM 推進体制の構築，(ii) GDP 統計を軸にした経済統計の改善，(iii)ユーザーの視点に立った統計システムの再構築と利活用促進，(iv)報告者負担の軽減，(v)統計業務・統計行政体制の見直し・業務効率化，基盤強化という課題のそれぞれについて，対策が提示された。平成 30 年法律第 34 号による統計法改正は，(i)を除く課題に対応するものであり，①学術研究目的での調査票情報の利活用を可能とすること，②公的統計の作成に当たって官民の保有する既存データを積極的に活用すること，③統計の司令塔機能を強化すること，を三本柱としている。これらは，(i)と直接関係するものではない。しかし，EBPM の推進には証拠となる統計等の整備・改善が必要であり，他方，EBPM の推進によりユーザーのニーズを反映した統計等の作成が要請され，統計の整備・改善が進展するので，EBPM と統計の改革は，車の両輪の関係にある。

平成 30 年法律第 34 号による統計法改正により，学術研究目的での調査票情報の利活用を可能としたことは，公的統計のデータを用いた研究が広範に実施され，それらの成果に基づくより的確な政策立案が可能になるという意義を有すると考えられる。また，官民の保有する既存データを積極的に活用し，統計調査を補完できるようにすることは，政策立案に必要な公的統計の効率的作成を可能とするという意義を有すると思われる。さらに，統計の司令塔機能を強化することにより，各府省の統計機構の一体性が確保されることは，統計改革の円滑な推進という意義を有するといえよう。

されたことを受けて，当初の予定より 1 年早く第 III 期基本計画が閣議決定された。

4　調査票情報の提供対象の拡大

　平成30年法律第34号による統計法改正の大きな柱の一つが，調査票情報の
提供対象の拡大である（同法33条の2第1項）。調査票情報とは，統計調査によ
って集められた情報のうち，文書，図画または電磁的記録に記録されているも
のを意味する（同法2条11項）。調査票情報は，個人または法人を特定しうる
ものであるので，提供を受けた者にとっては，調査研究に用いる価値は大きい
ものの，それによるプライバシー権侵害や営業秘密の漏えいの危険があるし，
たとえ秘密の漏えいが発生しなくても，過度に広範な提供が行われれば，統計
調査に対する国民の信頼を損ない，統計環境の悪化を招くおそれがある。その
ため，従前は，会計検査院を含む国の行政機関，地方公共団体，独立行政法人
等，地方独立行政法人，地方3公社（以下「公的機関」という）が統計の作成ま
たは統計的研究を行う場合またはこれに準ずる公益性を有する場合に限定して
認められてきた（平成30年法律第34号による改正前の同法33条，同法施行規則8条）。
これに準ずる公益性を有する場合としては，①公的機関が，これらの者以外の
者に委託し，またはこれらの者以外の者と共同して行う調査研究に係る統計の
作成等，②その実施に要する費用の全部または一部を公的機関が公募の方法に
より補助する調査研究に係る統計の作成等，③行政機関の長または地方公共団
体の長その他の執行機関が，その政策の企画，立案，実施または評価に有用で
あると認める統計の作成等その他特別な事由があると認める統計の作成等，の
いずれかであって，調査票情報を適正に管理するために必要な措置が講じられ
ているものとされていた（同法施行規則9条）。その提供件数は，2009年度が54
件であったのに対し，2016年度では324件と6倍に増加しており，調査票情
報の利活用のニーズが高まっている状況を示している。また，大学など研究機
関に所属している研究者から調査票情報の提供要件の緩和を求める意見があっ
た。
　そこで，平成30年法律第34号による統計法改正では，33条の2の規定が
新設され，一般からの求めに応じ，学術研究の発展に資する統計の作成等その
他の相当の公益性を有する統計の作成等として総務省令で定めるものを行うも

のに提供することができることとされた。調査票情報の民間への提供の門戸を開いたという点での大きな改正である。総務省令では，学術研究の発展や高等教育の発展に資する統計の作成等が認められた（同法施行規則 19 条 1 項）。すなわち，平成 19 年法律第 53 号による統計法全部改正[4]により委託による統計の作成等（オーダーメード集計。同法 34 条）および匿名データの作成・提供制度（同法 35 条・36 条）が導入されたが，その後，約 10 年，これらの制度が安定的に運用されてきたので，その提供要件であれば，調査票情報を利活用する場合の国民の統計調査への信頼を損なわないと思われる。したがって，「相当の公益性」といった概念の例示として，条文上，「学術研究の発展に資する統計の作成等」としている。また，この「相当の公益性」の内容については，総務省令で定められたが，総務省令を定めるに当たっては，客観性を担保するため，事前に統計委員会の意見が聴取された。

　提供される調査票情報の利用は利用目的に必要な範囲に限定される。また，従前より，調査票情報の提供を受けた者については，当該調査票情報の適正管理義務を果たすことが統計法上義務付けられているが（平成 30 年法律第 34 号による改正前の同法 42 条 1 項 1 号），統計法 33 条の 2 の規定により調査票情報の提供範囲が拡大されることから，より実効性のある適正管理措置が求められている。そこで，調査票情報の提供範囲の拡大に伴い，データの持出しができない仕組みや作業内容の監視システムなど，高度なセキュリティを備え，その場所限りで機密性の高いデータの活用を可能とするオンサイト施設を利用して提供を受ける方法が想定されている。また，この適正管理義務の内容について，従前はガイドラインで定めていたところ，総務省令で定めることとし（同法 39 条 1 項柱書・42 条 1 項柱書），当該総務省令を定めるに当たっては，行政手続法 6 章の規定に基づく意見公聴手続を経るとともに（行政手続法 39 条 1 項），事前に統計委員会の意見を聴くこととされた（統計法 45 条の 2 第 2 号）。

　また，統計調査への国民の信頼を確保するために，拡大された提供を受ける

4)　宇賀克也＝中島隆信＝中田睦＝廣松毅「全面施行された新統計法（座談会）」ジュリ 1381 号 4 頁以下，上田聖「新しい統計制度と総務省政策統括官（統計基準担当）の役割」ジュリ 1381 号 42 頁以下，広田茂『『司令塔』の中核としての統計委員会の役割」ジュリ 1381 号 8 頁以下，高塩純子「地方公共団体の統計法制」ジュリ 1381 号 56 頁以下参照。

者にも守秘義務を課すこと（同法43条2項）は当然として，さらに，調査票情報の利用の透明性の確保および利用の成果を社会に還元するため，調査票情報を提供したときは，調査票情報の提供を受けた者の氏名または名称および調査票情報に係る統計調査の名称等を公表し（同法33条の2第2項），調査票情報の提供を受けた者は，作成した統計または行った統計的研究の成果を遅滞なく行政機関の長または指定独立行政法人等に提出し（同項），行政機関の長または指定独立行政法人等は，提出された統計または統計的研究の成果等をインターネットの利用その他の適切な方法で公表することとされた（同項）。たとえ民間に調査票情報が提供されても，そのことが，提供を受けた者にのみ利益を与えるのではなく，成果が社会に還元されることは，調査票情報の提供の拡大に対する国民の理解を得て，統計制度への信頼を確保するために，きわめて重要なポイントである。従前，調査票情報の提供を受けることができるとされていた場合にも，同様の義務が課された（同法33条2項〜4項）ことも，透明性の向上につながる。

5　オーダーメード集計および匿名データ

　平成19年法律第53号による統計法全部改正は，行政のための統計から社会の情報基盤としての統計へのパラダイムシフトを志向したものであったが，その象徴といえるのが，委託による統計の作成等（オーダーメード集計。同法34条）および匿名データの作成・提供（同法35条・36条）に係る制度の導入といえる。
　オーダーメード集計は，委託に応じ，調査票情報を利用して集計処理を新たに行うものであるため，それを実施する機関は，データの整備や体制の構築を行う必要があり，その準備を整えた行政機関がオーダーメード集計を実施することになる。オーダーメード集計の対象となっている統計調査は，2017年3月現在，26調査，各統計調査の1年次分を一つと数えた場合，278調査になる。他方，匿名データは，調査票情報を，特定の個人または法人その他の団体の識別ができないように加工するものであり，作成に当たっては，国勢調査などの基幹統計調査の場合は統計委員会の意見を聴取することが義務付けられている（同法35条2項）。オーダーメード集計と比較して，個々のデータ整備に大きな

労力を要するので，匿名データの提供の対象となっている統計調査は，2017
年 3 月現在，7 調査，各統計調査の 1 年次分を一つと数えた場合，45 調査にな
る。オーダーメード集計と匿名データの提供件数は，2009 年度から 2016 年度
までの間の累計で，オーダーメード集計については 126 件，匿名データの提供
については 278 件となっている。

　これらの制度の場合，調査票自体を提供するわけではないので，漏えいした
場合のリスクは調査票の提供の場合より低く，そのため，調査票の提供よりも
緩和された条件である「学術研究の発展に資すると認める場合」に認められて
きた。

　平成 30 年法律第 34 号による統計法改正により，オーダーメード集計，匿名
データの提供条件についても，相当の公益性を有するものとして総務省令で定
めるものに提供可能になった（同法 34 条 1 項・36 条 1 項）。この総務省令を制定
するに当たっては，事前に統計委員会の意見を聴くことにより，客観性を担保
することとされた。両制度に関しては，経済団体から，企業の商品開発，市場
分析，地域産業の活性化等への活用をしたいとの要望があったこと，2016 年
に公布された官民データ活用推進基本法に基づき，官民データの活用の推進に
関する施策の総合的かつ効果的な推進を図るため，「官民データ活用推進基本
計画」が，2017 年 5 月 30 日に閣議決定されており，この計画では，「我が国
が集中的に対応すべき，①経済再生・財政健全化，②地域の活性化，③国民生
活の安全・安心の確保といった諸課題に対し，官民データ利活用の推進等を図
ることで，その解決が期待される 8 つの分野」として，「電子行政，健康・医
療・介護，観光，金融，農林水産，ものづくり，インフラ・防災・減災等，移
動」を指定している。かかる状況を踏まえ，これらの分野に係るものであれば，
利用者が民間企業であったとしても，国民経済の健全な発展や国民生活の向上
など広く社会一般の公益に資する統計等を作成することができるのではないか
と考えられたため，総務省令では，「官民データ活用推進基本計画」において，
わが国が対応すべき諸課題に対しデータの利活用により解決が期待できる分野
とされている八つの重点分野のいずれかに係る統計の作成等であって，委託す
る者から当該統計の作成等が国民経済の健全な発展等につながることが示され
た場合に提供可能とすることとされた（統計法施行規則 27 条 1 項 3 号，35 条 1 項

4 号)。統計データも官民データの一環をなすものであるので,「官民データ活用推進基本計画」という閣議決定により,その利活用が特に期待されている分野であれば,国民の理解も得られると考えられる。

　オーダーメード集計の場合にも,委託をした者の氏名または名称,利用する調査票情報に係る統計調査の名称等を公表し（同法 34 条 2 項）,統計の作成等を行ったときは,作成した統計または統計的研究の成果等の公表が義務付けられ,匿名データの提供についても,同様の義務が法定されたことは（同法 36 条 2 項）,重要な改善といえる。

6　調査票情報の保護

　指定統計調査,届出統計調査および報告徴収の実施者による調査票情報等の適正管理義務については,全部改正前の旧統計法にも規定されていたが（同法 15 条の 3）,2007 年に全部改正された統計法は,統計調査の実施者のみならず,調査票情報の提供を受けた者にも,調査票情報の適正管理義務を課した。すなわち,統計法 39 条では,行政機関の長等に対して調査票情報の適正な管理を義務付けており,同法 42 条では,調査票情報の提供を受けた者に対して同様の適正管理義務を課している。法律で安全確保義務が課されている場合,具体的な安全確保措置の内容を指針で定めている場合と府省令または規則で定めている場合がある。行政機関個人情報保護法 6 条は,保有個人情報の安全確保の措置について定めているが,その具体的内容は「行政機関の保有する個人情報の適切な管理のための措置に関する指針」に委ねられている。他方,行政機関非識別加工情報等の安全確保措置の内容については,個人情報保護委員会規則である「行政機関の保有する個人情報の保護に関する法律第 4 章の 2 の規定による行政機関非識別加工情報の提供に関する規則」14 条で定められている。また,「医療分野の研究開発に資するための匿名加工医療情報に関する法律」[5] 20 条では,認定匿名加工医療情報作成事業者が講ずる安全管理措置は主務省

令で定めることとし，主務省令を定め，または変更しようとするときは，あらかじめ個人情報保護委員会に協議しなければならないこととしている（同法 39 条 3 項）。平成 30 年法律第 34 号による統計法改正では，統計法 39 条，42 条の安全確保措置について，総務省令で定めることとされ，この総務省令を制定または改廃しようとするときは，総務大臣は，あらかじめ，統計委員会の意見を聴かなければならないこととされた（同法 45 条の 2 第 2 号）。かかる措置を新たに設けたのは，平成 30 年法律第 34 号による同法改正により，調査票情報の提供対象が拡大することとなるため，調査対象者の秘密保護や国民の統計調査に対する信頼確保がより一層重要になるからである。総務省令の内容としては，調査票情報の保護に係るガイドラインである「調査票情報等の管理及び情報漏えい等の対策に関するガイドライン」や調査票情報の提供に係るガイドラインである「統計法第 33 条の運用に関するガイドライン」，個人情報保護委員会規則である「行政機関の保有する個人情報の保護に関する法律第 4 章の 2 の規定による行政機関非識別加工情報の提供に関する規則」の内容を踏まえ，立入制限などの物理的保護措置，コンピュータウィルス対策などの技術的保護措置，安全管理者の設置などの組織的保護措置などのうち基本となる事項が定められている（同法施行規則 41 条）。

7　調査票情報の提供に係る手数料の徴収

　平成 30 年法律第 34 号による統計法改正で，学術研究の発展に資する統計の作成等を目的とする者等へ調査票情報を提供することになったが，この場合，オーダーメード集計や匿名データの提供の場合と同様，受益者負担の観点から手数料を徴収することとされている。すなわち，行政機関の長が作成した匿名データの提供を受ける者は，実費を勘案して政令で定める額の手数料を国に納めなければならない（同法 38 条 1 項）。政令では，提供に伴って発生する人件費等の事務費，提供するための媒体費等を実費として勘案することとし，以下の額の合計額としている（同法施行令 12 条 1 項）。

　（i）　調査票情報の提供に要する時間 1 時間までごとに 4400 円
　（ii）　調査票情報の提供に関する次のイまたはロに掲げる方法の区分に応じ，

それぞれイまたはロに定める額

イ　光ディスク（日本工業規格X 0606 およびX 6281 に適合する直径120 ミリメートルの光ディスクの再生装置で再生することが可能なものに限る）に複写したものの交付　1枚につき100 円

ロ　光ディスク（日本工業規格X 6241 に適合する直径120 ミリメートルの光ディスクの再生装置で再生することが可能なものに限る）に複写したものの交付　1枚につき120 円

(iii)　調査票情報の送付に要する費用（当該送付を求める場合に限る）

8　統計委員会の機能強化

　「審議会等の整理合理化に関する基本的計画」（1999 年 4 月 27 日閣議決定）において，「基本的政策型審議会」とは，行政の企画・立法過程における法案作成や法案作成につながる事項などの基本的な政策を審議事項に含む審議会等をいい，「法施行型審議会」とは，行政の執行過程における計画や基準の作成，不服審査，行政処分等に係る事項について，法律または政令により，審議会等が決定もしくは同意機関とされている場合または審議会等への必要的な付議が定められている場合に，当該事項のみを審議事項等とする審議会等をいうこととされた。統計法の全部改正の際に，総務省に設置されていた統計審議会と内閣府において開催されていた国民経済計算調査会議を廃止し，それらの役割を継受し，かつ，公的統計の整備に関する基本的な計画の作成に関与する審議会として，内閣府に設置された統計委員会は，統計行政の司令塔機能を担うこととされたので，「基本的政策型審議会」として位置付ける選択肢もあったかと思われるが，統計委員会の前身である統計審議会[6]が中央省庁等改革における「審議会等の整理合理化」の中で1999 年に「法施行型審議会」と位置付けられたことの影響が強く，結局，発足時の統計委員会は「法施行型審議会」として位置付けられ，その諮問事項は，現在の基幹統計の前身である指定統計の指定，

---

6)　戦後まもなく行政委員会（3 条機関）として統計委員会が設置されたが，占領終了後，審議会（8 条機関）に改組された。統計審議会は，建議機能を持つ審議会であった。3 条機関，8 条機関については，宇賀・前掲注2)169 頁，212 頁参照。

指定統計調査の承認，日本標準産業分類の設定，指定統計調査と密接に関連する統計報告の徴集の承認のみに限定され，重要な統計調査の承認等の諮問，統計法の施行状況の報告についてのみ意見を述べることができることとされた。

　しかし，「統計改革推進会議最終取りまとめ」は，統計委員会が，諮問によらず自らの判断により課題を設定して審議を行い，建議を行う仕組みやフォローアップ機能を整備するとともに，建議や各種意見の実効性を確保するため，同委員会に勧告機能を付与することを提言した。これを受けて，平成30年法律第34号による統計法改正では，統計委員会の所掌事務として，「総務大臣の諮問に応じて統計及び統計制度の発達及び改善に関する基本的事項を調査審議すること」（同法45条1号）が追加され，また，これらの事項に関して建議する権限も統計委員会に付与された（同条2号）。さらに，基本計画の実施状況を調査審議し，必要な場合には，統計および統計制度に関する基本的事項の企画立案や統計調査の審査・調整等を担う立場にある総務大臣に対し勧告し，または総務大臣を通じて関係行政機関の長に対して勧告を行う権限（同条4号・4条7項）も統計委員会に与えられ，総務大臣または関係行政機関の長は，勧告に基づいてとった措置について統計委員会に報告する義務が課されている（同法4条8項）。基本計画は，分散型統計機構の下で，公的統計の整備に関する施策を総合的に推進するために閣議決定されるものであるが，基本計画に位置付けられていても実行が伴わない場合が皆無ではなかったので，統計委員会の勧告権限とそのフォローアップの仕組みが法定されたことは意義のあることと思われる。それに加えて，(i)公的統計，統計調査，基幹統計等の定義など，公的統計の作成の基本的枠組みに関するもの，(ii)国民に向けて広く周知すべき内容に関するもの，(iii)統計調査の目的以外に調査票を用いる条件に関わるものに該当する政令または省令の制定または改廃をしようとするときは，統計委員会の意見を聴取することとされた（同法45条の2）。統計委員会は，まさに「基本的政策型審議会」に転換したのである。

　「統計改革推進会議最終取りまとめ」では，統計委員会を補佐する機関として，統計幹事および総括統計幹事を設置することが提言された。すなわち，統計幹事は，特定の府省内のすべての統計部門を総括するとともに，統計委員会に協力して，当該府省と統計委員会との間の調整・連絡を行い，統計委員会の

要請があれば，同委員会に出席義務を負うこと，総括統計幹事は，各府省を
各々担当する統計幹事を総括するとともに，統計委員会に協力して，各府省と
統計委員会との間の高度な調整・連絡を行い，政府の統計の事務責任者として
統計委員会に常時出席するとともに，統計委員会の事務局機能を総括すること
とすることが提言されていた。

　従前から，統計委員会は，その所掌事務を遂行するために必要があると認め
るときは，関係行政機関の長に対し，資料の提出，意見の開陳その他必要な協
力を求めることができるとされていたが，平成30年法律第34号による統計法
改正で，統計委員会を「基本的政策型審議会」に変更し所掌事務を追加するこ
とに伴い，統計委員会の補佐体制を強化するために，総務省および関係行政機
関の職員から非常勤の幹事を内閣総理大臣が任命し，統計委員会に設置するこ
ととされた（同法49条の2）。幹事には，各府省で統計部門を総括する部局長級
の職員を充てることが想定されている。これらの幹事が，統計委員会と各府省
との間の連絡調整を行うことにより，政府一体として統計行政を推進していく
ことが目指されている[7]。

9　EBPM との連携

　2013年3月の経済財政諮問会議において，民間議員から，結果（エビデンス）
に基づく政策評価[8]を基礎とする PDCA サイクルの確立が提唱され，政策効果
を評価するための統計の整備を2014年度から始まる公的統計整備に係る新5
か年計画に盛り込むことの検討の必要性が指摘されたことが，政府において，
EBPM が本格的に検討される契機になった。2013年6月14日には「経済財政
運営と改革の基本方針――脱デフレ・経済再生」（以下「骨太方針」という）に

---

[7]　統計委員会の機能強化に係る改正規定等，一部の規定は公布即日施行となった。その他
　　の部分は，公布の日から起算して1年を超えない範囲内において政令で定める日から施行す
　　ることとされた（改正法附則1条）。平成30年政令第345号により，2019（平成31）年5
　　月1日から施行されることになった。幹事を通じた府省間調整の他の例については，宇賀・
　　前掲注2）77頁以下参照。

[8]　政策評価に関する法制度について，宇賀克也・政策評価の法制度――政策評価法・条例
　　の解説（有斐閣，2002年）参照。

おいて，重点政策に係る課題について，エビデンスに基づく政策評価を確立するとともに，評価に必要な統計整備を進める方針が閣議決定された。そして，2014 年 3 月 25 日に改定された「公的統計の整備に関する基本的な計画」（第Ⅱ期基本計画）において，公的統計には，EBPM を推進することが要請されていること，骨太方針における実効性ある PDCA サイクルの実行に資するため，統計の作成および提供を一層推進することが明記された。

　「統計改革推進会議最終取りまとめ」では，EBPM と統計の改革は車の両輪として一体として進められていく必要があるとされている。政策の改善と統計等データの整備・改善が有機的に連動する PDCA サイクルを構築するためには，統計委員会と EBPM 推進委員会の連携が必要である。そのため，官民データ活用推進戦略会議官民データ活用推進基本計画実行委員会の下に設置された EBPM 推進委員会には，統計委員会を事務局として補佐する統計基準担当の政策統括官が，構成員として参加している。EBPM 推進委員会には，各府省に置かれる政策立案総括審議官等が構成員として参加し，各府省の EBPM の推進も担う。統計委員会の幹事は自府省との連絡調整の過程で，自府省の政策立案総括審議官等とも連携していくことになる。以上のように，統計委員会と EBPM 推進委員会との連携，各府省内における統計委員会の幹事と各府省の政策立案総括審議官等との連携という重層的な連携を通じて，EBPM と統計の改革が車の両輪として一体として進められていくことが期待される。すでに，統計委員会と EBPM 推進委員会との連携の成果として，「統計等データの提供等の判断のためのガイドライン」と「EBPM を推進するための人材の確保・育成等に関する方針」が策定され，2018 年 4 月 27 日，EBPM 推進委員会と統計委員会の連名で，各府省に提示されており，後者の人材育成方針には，統計人材の確保・育成も盛り込まれている[9]。

---

9)　宇賀克也＝三宅俊光「統計データの利活用に向けて──統計法改正と今後の課題」ジュリ 1523 号 68〜69 頁［三宅政策統括官発言］参照。

10　事業所母集団データベースに記録されている情報の提供を受ける ことができる調査の範囲等の拡大

　事業所母集団データベース（ビジネスレジスター）は，「事業所に関する情報 の集合物であって，それらの情報を電子計算機を用いて検索することができる ように体系的に構成したもの」（同法2条8項）であり，総務大臣が，正確かつ 効率的な統計の作成および統計調査における被調査者の負担の軽減に資するこ とを目的として，基幹統計調査または一般統計調査に係る調査票情報の利用， 法人その他の団体に対する照会その他の方法（行政記録情報の利用等）により， 事業所母集団データベースを整備する（同法27条1項）。事業所・企業の名称， 所在地，資本金額，従業者数，売上金額（収入）等の基本的な情報が収録され ていて，統計調査の対象の抽出に用いたり，これらの情報から統計を作成する ことに用いたりされている。平成19年法律第53号による統計法全部改正の際 には，すべての公的統計の作成主体である行政機関，地方公共団体および独立 行政法人等を事業所母集団データベース情報の提供対象とすることが適当と整 理された。しかし，公的統計に対する国民の信頼を確保する観点から，当面は， 事業所母集団データベース情報の提供の効果が大きいと見込まれる，大規模な 統計調査を実施しうる者に提供対象が限定された。具体的には，行政機関のほ か，政令で定める地方公共団体（都道府県および政令指定都市。同法施行令旧7条 1項），届出独立行政法人等（日本銀行。同法施行令旧8条1項）が提供対象とさ れた。従前は，政令指定都市以外の市や町村が，当該地方公共団体内の事業所 の実態把握のために統計調査を実施するに当たって，国の統計調査において得 られた情報から調査対象名簿を作成する場合，事業所母集団データベース情報 の提供を受けることができなかったため，統計法33条の規定に基づいて経済 センサス等の統計調査の調査票情報の提供を受けてきた。かかる場合，国の統 計調査の実施周期との関係から必ずしも最新の名簿とはならないことがあった。

　平成30年法律第34号による統計法改正で，地方公共団体および独立行政法 人等全体に提供対象が広がり，公的統計の作成主体全体が提供対象になった。 これにより，事業所母集団データベース情報の提供先が約1700増加すること になる。事業所母集団データベース情報の提供を開始してからこれまで10年

程度経過しているが，目的外利用・提供や漏えい等の問題が生じたことはない
ので，この提供対象の拡大によって公的統計に対する国民の信頼を損なうこと
はないと考えられる。また，事業所側では負担軽減効果が認識されていたので，
事業所から歓迎されるものと思われる。最新の情報に更新される事業所母集団
データベース情報の提供を受けることができるようになることは，新たに提供
対象となる団体からも歓迎される改正であるといえよう。

　平成30年法律第34号による統計法改正では，さらに，提供対象となる調査
が，事実の報告を求める統計調査のみならず，統計調査以外の統計を作成する
ための調査に拡大されている（同法27条1項）。統計法上の統計調査とは，行
政機関等が統計の作成を目的として個人または法人その他の団体に対し事実の
報告を求めることにより行う調査を意味する（同法2条5項柱書本文）。もとより，
事実の報告を求めて統計を作成することの重要性は失われないが，最近は，
人々の意識や意向を計測し，政策立案に活用するための意識調査の重要性が増
大している。また，事業所母集団データベースに関しては，統計調査の報告者
である事業所側から，統計調査のみならず，アンケート等の意識調査について
もデータベース情報を利用することにより，報告者の負担軽減を一層進めてい
くことについて要望がなされていた。かかる状況を踏まえて，統計調査以外の
統計を作成するための調査に提供対象の拡大が行われたのである。拡大対象と
して想定される意識調査の例としては，経営状況や景気感，人材の育成や確保
のための行政支援の在り方，男女共同参画やワーク・ライフ・バランスの実現
に関する実感や意見等を把握するための意識調査などが考えられる[10]。

11　責務等規定の新設

　統計法3条2項の基本理念に係る規定は，「公的統計は，適切かつ合理的な
方法により，かつ，中立性及び信頼性が確保されるように作成されなければな
らない」と定めている。平成30年法律第34号による統計法改正で，行政機関
等は，基本理念にのっとり，公的統計を作成する責務を有することが規定され

---

10)　宇賀＝三宅・前掲注9)70頁［三宅政策統括官発言］参照。

た（同法3条の2第1項）。また，公的統計を作成する行政機関等は，情報の提供その他の活動を通じて，公的統計が国民にとって合理的な意思決定を行うための基盤となる重要な情報であることに関し国民の理解を深めるとともに，公的統計の作成に関し当該公的統計を作成する行政機関等以外の行政機関等その他の関係者ならびにその他の個人および法人その他の団体の協力を得る努力義務が定められた（同条2項）。さらに，基幹統計を作成する行政機関以外の行政機関の長，地方公共団体の長その他の執行機関，独立行政法人等その他の関係者またはその他の個人もしくは法人その他の団体は，当該基幹統計を作成する行政機関の長から必要な資料の提供，調査，報告その他の協力を求められたときは，その求めに応じる努力義務が定められた（同条3項）。基幹統計を作成する行政機関の長が，他の行政機関の長，地方公共団体その他の関係者に対し，資料の提供等の協力を要請する規定（同法29条〜31条）は，これまでも置かれていたし，情報提供への協力要請規定を置く法律は少なくないが，要請を受ける側が，要請に応ずる努力義務まで定めたことは注目される。その背景には，協力要請の実績は年度によっては10件にも満たないこともあり，従前の協力要請制度が十分に機能していなかったという認識があった。

　また，平成19年法律第53号による統計法全部改正の際に想定されていた協力内容は，基幹統計調査において報告を求める企業を所管する省や企業の業界団体に対し，企業への周知を事前に依頼すること，被調査者が入居するマンションの管理団体に対してそのマンションへの立入許可を依頼すること，基幹統計を作成する過程において，地方公共団体に対して財務関係の情報提供を依頼すること等であったが，正確で効率的な統計の作成や被調査者の負担軽減のため，ネット上の情報，POS情報等のビッグデータの活用も含めて民間データの利活用が必要ではないかが課題となった。「統計改革推進会議最終取りまとめ」においても，民間の保有する各種データの積極的な利活用も統計システムに組み込んで，統計等データを始めとする各種データを有機的・効果的に利活用した統計的分析などを積極的に促進することも提言されていた。そこで，公的統計の作成に関し，民間データの利活用がより促進されるような環境づくりをすることを主眼として，公的統計を作成する側の責務や国民の理解や協力を得る努力義務，協力を要請された側の協力に応じる努力義務規定が設けられた

のである[11]。

　民間企業等が保有するビッグデータの活用は，大変有意義であるが，「公的統計の整備に関する基本的な計画」では，その活用に当たっては，偏りなどのデータ特性やデータ形式，企業等からの提供方法などに応じた個別具体的な研究を実施する必要が指摘されている。産官学連携による「ビッグデータ等の利活用推進に関する産官学協議のための連携会議」における議論が，2018年5月から開始されており，かかる場で，ビッグデータの活用に関する課題の解決を進め，民間企業に対し，その保有するビッグデータの提供の協力を要請していくことになると思われる。

　また，従前，基幹統計を作成する行政機関の長が協力の要請を行ったものの協力が得られなかったことを総務大臣が把握する仕組みがなかったため，行政機関の長の協力要請と総務大臣の協力要請が連携して機能するものとなっていないという問題が存在した。そこで，平成30年法律第34号による統計法改正により，行政機関の長による協力要請に対する協力が得られなかったときは総務大臣に通知する規定（同法29条3項・30条2項）が置かれている。

12　独立行政法人統計センターの業務の拡大

　平成30年法律第34号では，統計法のみならず，独立行政法人統計センター法も改正されている。独立行政法人統計センターは，国勢調査その他国勢の基本に関する統計調査の製表，これに必要な統計技術の研究等を一体的に行うことにより，統計の信頼性の確保および統計技術の向上に資することを目的とする行政執行法人である（同法3条・4条）[12]。平成30年法律第34号による改正で，独立行政法人統計センターは，①国の行政機関または地方公共団体の委託を受けて統計調査の製表を行うことに加えて，国の行政機関または地方公共団体の委託を受けて，統計調査を実施することもできることになり（同法10条2号），また，②国の行政機関または指定独立行政法人等の委託を受けて，調査票情報

---

11)　宇賀＝三宅・前掲注9)70頁［三宅政策統括官発言］参照。
12)　行政執行法人については，宇賀・前掲注2)275頁参照。

の提供（統計法33条の2第1項），委託による統計の作成等（同法34条1項）または匿名データの提供（同法36条1項）の規定に基づき当該国の行政機関または指定独立行政法人等が行う事務の全部を行うこと（独立行政法人統計センター法10条5号）および当該業務に附帯する業務（同条6号）を行うことができるようになった。

13　附帯決議

　衆参両院の総務委員会では，「統計法及び独立行政法人統計センター法の一部を改正する法律案」に係る附帯決議が行われている。すなわち，(i)公的統計は，国民にとって合理的な意思決定を行うための基盤となる重要な情報であることに鑑み，公的統計の作成およびその前提となる調査に当たっては，正確性・信頼性の確保に万全を期すこと，(ii)事業所母集団データベースに記録されている情報を利用できる公的統計の作成主体の範囲が拡大することを踏まえ，新たに利用できることとなる地方公共団体等に，当該データベースの利活用ならびに情報の適正管理および秘密の保護等について，必要な助言および情報提供を行うこと，(iii)調査票情報の二次的利用の拡大に当たっては，個人情報が本人の意図に反して利用されることのないよう，調査票情報の適正管理および秘密の保護等万全を期すこと，(iv)公的統計の作成のための調査に当たっては，経済社会情勢の変化に伴う統計ニーズを把握し，的確に対応するとともに，調査に対する報告者の声や各府省における先進的な取組事例等を踏まえ，報告者の負担の軽減に努めること，(v)統計の作成には専門性が不可欠であることを踏まえ，統計改革を確実に遂行するため，国・地方を通じて，必要な統計人材を育成するとともに，十分な予算と人員の確保に努めること，である。

第**7**章

弁護士会照会

┌───┐
**第1節　弁護士会照会に対する報告を受けることについて
弁護士会が有する利益**
──最高裁平成28年10月18日判決
└───┘

1　はじめに

　本節では，弁護士法23条の2の規定に基づく照会に対する回答を拒否した
ことが不法行為に当たるとして，弁護士会が照会先に損害賠償請求を行った事
案における最判平成28・10・18民集70巻7号1725頁（以下「本判決」とい
う）[1]について解説することとする。

---

1)　伊藤眞・金法2053号1頁，笠井正俊・金法2073号74頁，中務正裕・金法2067号39頁，
加藤新太郎・平成28年度重判解（ジュリ1505号）81頁，同・NBL1089号86頁，同・
NBL1109号68頁，栗田昌裕・民商153巻4号555頁，栗田隆・関西大学法学論集67巻3
号101頁，白石友行・民事判例15号102頁，安西明子・新・判例解説Watch 20号189頁，
川嶋四郎・法セ751号120頁，松浦聖子・法セ795号120頁，斉藤毅・曹時69巻8号335
頁，同・ジュリ1504号100頁，酒井一・法教437号145頁，我妻学・私法判例リマークス
55号46頁，同・金判1538号8頁，工藤敏隆・慶應義塾大学法学研究90巻10号109頁，
井上聡・金判1505号1頁，石毛和夫・銀法808号70頁，吉岡伸一・銀法809号23頁，高
橋眞・現代消費者法35号68頁，浦谷知絵・龍谷法学50巻4号2477頁以下，濵崎録・熊本
法学145号250頁等参照。

2　事実の概要

　原告 X_1 は，2010年2月8日，訴外 C ほか7名を被告として，未公開株詐欺商法による不法行為等を理由とした損害賠償請求訴訟（以下「別件訴訟」という）を提起したところ，同年9月16日，X_1 と C との間で，裁判上の和解が成立した。しかし，C は，上記和解における支払期限までに支払をせず，その後も，支払をしようとしないため，X_1 は，C につき，上記和解に基づき動産執行等の強制執行手続をとりたいと考えた。しかし，C は，住民票上の住所には居住していないため，同手続を行うために，別件訴訟で原告 X_1 の訴訟代理人であった原告弁護士会 X_2 所属の A 弁護士は，2011年9月26日，X_2 に対し，弁護士法23条の2の規定に基づく照会（以下「弁護士会照会」という）の申出書（以下「本件申出書」という）を提出した。照会事項は，(i)C 宛ての郵便物についての「転居届」の提出の有無（照会事項1），(ii)「転居届」の届出年月日（照会事項2），(iii)「転居届」記載の新住所（居所）（照会事項3），(iv)「転居届」記載の新住所（居所）の電話番号（照会事項4）であった。

　X_2 は，本件申出を相当と判断し，2011年9月27日，B（郵便事業株式会社）の晴海支店に対し，本件照会事項について報告を求める照会をした。B は，本件照会には応じかねる旨を記載した同年10月14日付け回答書を X_2 に送付した。X_2 は，当該回答書への対応を協議し，以下の内容を記載した通知書を作成し，同月27日，B（晴海支店）に対し，通知書（以下「本件通知書」という）を送付して，本件照会への回答を重ねて求めた。本件通知書の内容は，①大阪高判平成19・1・30判時1962号78頁は，弁護士会照会を受けた公務所または公私の団体は，当該照会により報告を求められた事項について，照会をした弁護士会に対して，法律上，報告する公的な義務を負うとしていること，②東京高判平成22・9・29判時2105号11頁（以下「平成22年東京高判」という）は，「転居届は，通信，信書そのものとはいえず，個々の郵便物とは離れて存在するものである。そして，転居届の情報が報告されても，個々の通信の内容は何ら推知されるものではないから，同情報は憲法21条2項後段の『通信の秘密』に該当せず，郵便法8条1項の『信書の秘密』にも該当しないと解される」と判

示した上，本件照会事項(i)ないし(iii)と同一の照会事項につき，「個々の郵便物の内容についての情報ではなく，単に住居所に関する情報である」，「住居所は，人が社会生活を営む上で一定の範囲の他者には当然開示されることが予定されている情報であり，個人の内面に関わるような秘匿性の高い情報とはいえない。したがって，その実質的な秘密性は低いと評価すべきものである」などと指摘して，これらについて報告すべき義務は，郵便法8条2項の「郵便物に関して知り得た他人の秘密」としての守秘義務に優越すると判示しており，本件照会事項(iv)が同(iii)の関連事項にすぎず郵便物とは全く別個の情報であることからすれば，本件照会に対する回答拒否に正当な理由がないことは明らかであること，③転居届の内容について回答を拒否されると，Cが占有する動産の所在場所が分からず，動産執行を行うことが不可能となり，他に代替手段もなく，本件照会は必要かつ相当なものであること，であった。しかし，B（晴海支店）は，2011年11月9日，X₂に対し，平成22年東京高判を根拠として転居届に係る本件照会に応ずることは困難と判断しているので，本件照会には応じかねる旨を回答した。

　そこで，X₁およびX₂は，Bが本件照会に回答をしなかったことは，X₁およびX₂に対する不法行為であるとし，Bに対し，X₁が1万5250円及びこれに対する2011年10月17日から支払済みまで民法所定の年5分の割合による遅延損害金の支払を，X₂が30万0380円および同日から支払済みまで民法所定の年5分の割合による遅延損害金の支払を求めて出訴した。一審の係属中，Bの地位はY（日本郵便株式会社）に承継された。

3　一審判決

　名古屋地判平成25・10・25判時2256号23頁（以下「一審判決」という）[2]は，弁護士会照会の制度は，弁護士が基本的人権を擁護し社会正義を実現することを使命とすることに鑑み，弁護士が受任している事件を処理するために必要な事実の調査および証拠の発見収集を容易にし，当該事件の適正な解決に資する

---

2)　田原洋介・銀法782号25頁，山口斉昭・民判10号102頁参照。

ことを目的として設けられたものであり，その適正な運用を確保する目的から，その照会の権限を，弁護士の指導，監督等に関する事務を行うことを目的とする公法上の法人である弁護士会に付与し，その権限の発動を個々の弁護士の申出に係らせつつ，個々の弁護士の申出が同条の制度の趣旨に照らして適切であるか否かの判断を弁護士会の自律的判断に委ねたものと解されるとする。そして，このような弁護士会照会の趣旨によれば，照会を受けた公務所または公私の団体は，当該照会により報告を求められた事項について，照会をした弁護士会に対し報告をする公法上の義務を負うものと解するのが相当であるが，他方において，弁護士会照会制度が照会の相手方の権利利益の保護に関する定めを欠いていること，最判昭和56・4・14民集35巻3号620頁（以下「昭和56年最判」という）の事案においては同照会に漫然と応じた相手方に第三者に対する損害賠償責任が認められていること等に照らせば，照会を受けた者に対してすべての照会に必ず回答すべき義務を負わせる趣旨でないことはおのずから明らかであり，報告をしないことについて正当な理由を有するときは，報告を拒絶することが許されると判示する。

　Yの負う守秘義務について，一審判決は，本件で問題となっている転居届は，通信や信書そのものではなく，個々の郵便物とは別個の存在であって，そこに記載された本件照会事項に係る情報が報告されても，個々の通信の内容が推知されるものではないから，同情報は，憲法21条2項後段（「通信の秘密は，これを侵してはならない」）の「通信の秘密」に該当せず，郵便法8条1項（「会社の取扱中に係る信書の秘密は，これを侵してはならない」）の「信書の秘密」にも該当しないとする。他方，郵便法8条2項は，Yが「郵便物に関して知り得た他人の秘密」を漏えいすることを禁じているところ，転居届は，Yが郵便業務を遂行する過程で取得するものであるから，転居届の情報は，「郵便物に関して知り得た他人の秘密」に当たるので，Yは，本件照会事項について，郵便法8条2項の規定に基づく守秘義務を負っていると指摘する。

　そして，弁護士会照会を受けた相手方が弁護士会に対して報告する法的義務を負う旨の明文の規定を欠いていること等を重視するならば，他の法律において相手方に守秘義務が明文で認められている照会事項については，一律に，または原則として，報告を拒絶することに正当な理由が認められると解する立場

もありえないではないが，同制度には，国民の権利救済の実現に資するという
司法制度の根幹に関わる公法上の重要な役割が認められ，このような役割の重
要性に鑑みれば，これに対する報告を拒む正当な理由は，相手方が法律上の守
秘義務を負っていることだけで一律に，または原則として認められると解する
ことは相当でなく，照会事項のそれぞれについて，当該事項に係る情報の秘匿
性の程度や，国民の権利救済の実現のために報告を受ける必要性の程度等を踏
まえた利益衡量によって，拒絶することに正当性が存するかどうかが判断され
るべきであるとする。

　以上の基本的考え方に基づき，一審判決は，本件における報告義務の有無に
ついて，具体的に検討する。そして，本件照会事項は，個々の郵便物の内容に
ついての情報ではなく，単に住居所や電話番号に関する情報であって，Yは，
憲法で保障されている「通信の秘密」（憲法21条2項後段）や，罰則の適用があ
る「信書の秘密」（郵便法8条1項）に基づく守秘義務を課せられているもので
はなく，また，住居所や電話番号は，人が社会生活を営む上で一定範囲の他者
には開示されることが予定されている情報であり，個人の内面に関わるような
秘匿性の高い情報とはいえないこと，他方，本件照会の主要な目的は，Cに対
して強制執行（動産執行）をするため，Cの住居所を知ることにあるが，この
目的は，国民の権利救済の実現に資するという弁護士会照会の制度の役割に沿
うものであることを指摘する。

　そして，本件照会事項(ii)及び(iii)は，C宛ての郵便物についての転居届の届出
年月日および転居届記載の新住居所について，本件照会事項(i)はその前提とし
て転居届の提出の有無についての情報の報告を求めるものであり，強制執行
（動産執行）をするための必要性が高いのに対し，本件照会事項(iv)は，Cの住居
所を知るという目的のために直接的なものとはいえず，本件照会事項(i)ないし
(iii)に対する報告に加えてこれが必要であるかについては疑問を呈する余地があ
るとする。しかし，明らかにされた電話番号に係る電話の契約者に対する請求
書または領収書の送付先についてさらに通信事業会社に照会するなどして，住
居所についての情報を取得する可能性が存することは認められるから，少なく
とも本件照会事項(i)ないし(iii)に対する報告によってもなおCの現在の住居所
が判明しないという場合については，強制執行（動産執行）をするため，本件

照会事項(iv)の報告を求める必要性があることは否定できないと述べている。

　一審判決は，以上のような検討を踏まえて，Yが本件照会事項(i)ないし(iii)について報告すべき義務は，これらについてYが負うべき守秘義務に優越すると解するのが相当であり，本件照会事項(iv)についても，少なくとも他にCの現在の住居所を知るための適切な手段が存しない場合には，これを報告すべき義務が守秘義務に優越すると解する余地があり，したがって，本件照会事項の全部について報告を拒絶したYの対応には，正当な理由を欠くところがあったといわざるをえないとする。

　一審判決は，以上のとおり，少なくとも本件照会事項の一部については，Yが本件照会に対する報告を拒絶したことには正当な理由を欠くところがあったと判断し，さらにYに故意または過失があったかについて検討し，これを否定する。その理由は，以下の通りである。

　一審判決は，Yが，郵便法上，「信書の秘密」（郵便法8条1項）および「郵便物に関して知り得た他人の秘密」（同法8条2項）についての守秘義務を負っており，「信書の秘密」を侵した場合には2年以下の懲役または100万円以下の罰金という重い罰則が科せられることとなるので，本件照会事項についての報告が「信書の秘密」に関わるものであるかどうかは，報告を拒絶する正当な理由の存否の判断に影響するものと考えられるところ，「信書の秘密」の対象範囲について，これを直接に判断した最高裁判例は存しないし，「郵便物に関して知り得た他人の秘密」を侵したにすぎない場合であっても，Yは，当該秘密に係る情報を不当に報告することで守秘義務違反を理由に利用者から法的責任の追及を受ける立場にあることを指摘する。そして，本件においては，Yに課せられた守秘義務と報告義務とが衝突しているところ，このうちいずれの義務が優越すると解すべきかの判断は，弁護士法や郵便法等の関連諸規定の趣旨を踏まえた解釈を前提とし，照会事項ごとに情報の秘匿性の程度や報告を受ける必要性の程度等を踏まえた利益衡量に基づく微妙な判断とならざるをえないから，その判断が事後的に誤りとされたからといって，直ちに過失があるとすることは酷であり，相当でないと判示する。そして，かかる場合においてありうる一つの考え方は，公的な存在である弁護士会において相当であると判断されて弁護士会照会が行われた以上，相手方はその判断を信頼して照会に応ずれ

ば過失がないとすることであろうが，漫然と弁護士会照会に応じた相手方の損害賠償責任を肯定した昭和56年最判が現に存在するのであるから，そのような考え方を採用できないことは明らかであり，したがって，弁護士会照会を受けた相手方としては，これに応ずるかについて慎重な対応をとろうとすることも無理からぬものがあると指摘する。そして，本件と同内容の照会に対して報告を拒絶することに正当な理由が認められるかについて，守秘義務との関係から判断した最高裁判例はなく，かえって，漫然と弁護士会照会に応じた相手方の損害賠償責任を認めた昭和56年最判が存するのであり，前科および犯罪経歴のような照会事項についてすら，現実に当該弁護士会が照会を行っていたことは看過できない事実であるし，昭和56年最判の事案の照会事項に比して本件照会事項がどの程度の秘匿性を有するのかについて判断した最高裁判例が存するわけでもないと述べている。また，X₁およびX₂が，平成22年東京高判の判決理由中の説示を援用して，Yに過失が認められる根拠となると主張したことに対しては，同判決は結論としては損害賠償請求を棄却しているために被告においてこれに不服を申し立てる機会はなく，上告審の判断を経ていないものであるし，同判決の判文自体から，原審は異なる見解を採っていたことが窺われることに照らしても，Yにおいて，同判決の説示に従わないときには直ちに過失が認められるとまではいえないし，X₁およびX₂が援用する総務省による解説の記載に照らしても，Yにおいて本件照会に応じないことが違法であると認識してしかるべきものであるとまではいえないと判示する。

　さらに，本件の事実関係を見ても，Yに送付された本件照会書およびそれに添付されたA弁護士による本件申出書には，動産執行等の強制執行手続を行うため，現在住民票上の住所に居住していないCの転居先等についてYの報告が必要である旨は記載されているものの，住居所に加えて電話番号まで照会することの必要性についての理由は不明であるのみならず，Cの住居所を知るための他の手段の有無等を判断するために必要な事情は明らかにされていないし，その後に送付された本件通知書も，本件の個別具体的な事情を明らかにするものではなかったことも踏まえて総合勘案すれば，本件において，郵便法8条2項の守秘義務を負っているYが本件照会に対して報告できない旨の回答をしたことに相応の事情が存したことは否定できず，Yに過失があるとまでは

いえないと判示する。

4　原判決

　X_1 と X_2 は控訴し，予備的請求として，Y の報告義務確認請求を追加した。名古屋高判平成 27・2・26 判時 2256 号 11 頁（以下「原判決」という）[3]は，弁護士会照会制度は，照会の権限を公法上の法人である弁護士会に付与し，権限の発動を個々の弁護士の申出に係らせつつ，その申出が同制度の趣旨に照らして適切であるかを判断することについて，弁護士会の自律的な判断に委ねたものと解されるので，弁護士会照会は，依頼者の私益を図る制度ではなく，事件を適正に解決することにより国民の権利を実現するという公益を図る制度であり，したがって，照会先である公務所または公私の団体は，弁護士会照会により報告を求められた事項について，照会をした弁護士会に対し報告をする公法上の義務を負うとする。

　もっとも，原判決も，弁護士会照会の対象とされた情報について，照会先において，当該情報を使用するに当たり，個人の秘密を侵害することがないよう特に慎重な取扱いをすることが要求される場合もありうるところであるから，照会先に対しすべての照会事項について必ず報告する義務を負わせるものではなく，照会先において，報告をしないことについて正当な理由があるときは，その全部または一部について報告を拒絶することが許されるとして，本件照会について，具体的検討を行う。

　原判決も，Y は，本件照会事項について，「通信の秘密」や「信書の秘密」に基づく守秘義務を負うものではないとして，郵便法 8 条 2 項の規定に基づく守秘義務が弁護士会照会に対する報告義務に優越するかについて検討する。原判決は，弁護士会照会の制度が，事件を適正に解決することにより，国民の権

3）　山口斉昭「弁護士会照会に対する照会先の不法行為責任について──二つの高裁判決を契機に」早稲田法学 91 巻 3 号 181 頁，加藤新太郎・現代消費者法 31 号 82 頁，山本周平・判評 685（判時 2280）号 154 頁，南條友之・自治実務セミナー 644 号 34 頁，645 号 40 頁，椙村寛道・NBL1058 号 68 頁，石毛和夫・銀法 791 号 68 頁，木村健太郎・金法 2022 号 6 頁参照。

利を実現するという司法制度の根幹に関わる公法上の重要な役割を担っている以上，照会先が法律上の守秘義務を負っているとの一事をもって，照会に対する報告を拒む正当な理由があると判断するのは相当でないとし，報告を拒む正当な理由があるか否かについては，照会事項ごとに，これを報告することによって生ずる不利益と報告を拒絶することによって犠牲となる権利を実現する利益との比較衡量により決せられるべきであるとする。そして，本件照会事項は，個々の郵便物の内容についての情報ではなく，住居所や電話番号に関する情報であって，憲法21条2項後段の「通信の秘密」や郵便法8条1項の「信書の秘密」に基づく守秘義務の対象となるものではなく，また，住居所や電話番号は，人が社会生活を営む上で一定の範囲の他者には開示されることが予定されている情報であり，個人の内面に関わるような秘匿性の高い情報とはいえないこと，さらに，X_2を含む各弁護士会は，会員である個々の弁護士に対し，弁護士会照会により得られた報告について，慎重に取り扱うよう求め，当該照会申出の目的以外に使用することを禁じ，依頼者により情報の漏えいや目的外の使用がされることがないよう配慮することを求めるなどしているのであるから，本件照会事項に係る情報が不必要に拡散されるおそれは低いと判断されると述べている。

　他方，本件照会の目的は，X_1がCに対し強制執行（動産執行）をするため，Cの住居所を知ることであると認められ，動産執行を申し立てるに当たっては，債務者であるCの住所を明らかにする必要があるところ（民事執行規則21条1号），当時，Cは，住民票上の住所には居住していなかったのであるから，本件照会に対する報告が拒絶されれば，X_1は，司法手続によって救済が認められた権利を実現する機会を奪われることになり，これにより損なわれる利益は大きく，本件照会事項(i)ないし(iii)は，転居届の有無および届出年月日ならびに転居届記載の新住居所であり，強制執行（動産執行）をするに当たり，これを知る必要性が高いとする。これに対し，本件照会事項(iv)は，新住居所の電話番号であるところ，これを知れば，さらに通信事業会社に照会するなどして，住居所についての情報を取得することができる可能性があるとしても，住居所を知る手段としては間接的であるし，A弁護士において，過去にCの電話番号を知っていたのであれば，これに基づいて照会をすべきであり，他方，これま

で知らなかったのであれば，上記のような手段としての間接性からしても，C
の電話番号を知る利益について，Yの守秘義務に優先させるのは相当でないと
判断している。結局，本件照会事項(i)ないし(iii)については，弁護士会照会に対
する報告義務が郵便法8条2項の守秘義務に優越し，同(iv)については，同項の
守秘義務が弁護士会照会に対する報告義務に優越すると解するのが相当であり，
したがって，本件照会事項の全部について報告を拒絶したYの対応は，正当
な理由を欠くものであり，違法であったとする。

　原判決は，次いで，過失の有無について検討する。原判決は，Bを被告とす
る平成22年東京高判において，転居届の有無，転居届の提出年月日，転居届
記載の転送先については，弁護士会照会に対する報告義務が郵便法8条2項の
規定に基づく守秘義務に優越するとしつつ，弁護士への依頼者は弁護士会照会
に対する報告が受けられないことにより，法的保護に値する法益の侵害があっ
たとみることは困難であるとして，不法行為の成立は否定したことを確認する。
その上で，平成22年東京高判は，上記照会事項について改めて報告すること
を要請し，さらに，新住居所という転居届に記載された情報に関しては，弁護
士会照会に応ずる態勢を組むことを切に要請するという付言がされたこと，に
もかかわらず，Bは，(i)平成22年東京高判の内容が不当であること，(ii)照会
の目的等によっては通信の秘密を侵害する可能性が排除できないこと，(iii)照会
事項によっては郵便法8条2項の守秘義務が優越すると判断されていること，
(iv)最高裁判所の判断がされていないこと，(v)平成22年東京高判が示した基準
では守秘義務と報告義務との優劣を個別に判断するのが困難であることを考慮
し，また，(vi)照会者と訴訟となるリスクはあるものの，転居者側への不法行為
となるリスクおよび支店の事務処理が混乱するリスクが存在しないか，または
存在しても小さいことから，同事件を含め，一律に報告しない方針を採用する
こととしたこと，(vii)Bは，各支店に対し，この方針に沿った弁護士会宛ての
統一回答書式を配布していたところ，晴海支店は，これに基づいて本件拒絶を
したことを重視している。そして，Yは，本件で比較衡量をしなかった以上，
通常尽くすべき注意義務を尽くすことなく，漫然と本件拒絶をしたと評価しう
るとし，予見可能性および結果回避義務について検討する。そして，昭和56
年最判は，当該事案についての事例判例というべきであり，他方，平成22年

東京高判の事案は，本件と類似する事案であり，同裁判所の判断として，本件
でYが主張している点についての判断が示されており，平成22年東京高判が
された当時，転居届に係る情報について，郵便法8条1項の「信書の秘密」に
該当するとの見解が一般的であったとか，そのような見解が立法に関与した者
によって明確に示されていたとは窺われないので，Yにおいて，転居届に係る
弁護士会照会を受けた場合，照会事項や照会の目的等について検討することな
く一律に報告を拒絶すれば，違法と判断されうることについては予見可能であ
ったといえるとする。

　さらに，照会の目的や照会事項に問題がないと判断される場合についてまで
報告をしなくとも違法でないことにはならないにもかかわらず，Yは，本件照
会に際し，本件照会の目的や本件照会事項について何らの考慮もしていないの
であるから，その検討は不十分であったといえるし，複数の義務が衝突し，一
方を履行するためには他方を怠らなければならない場面においては，義務を負
う者は，複数の義務の軽重を比較して，より適切な選択をすべきであり，この
ような比較をすることなく一律に一方を選択することは不当であること，弁護
士会照会に当たっては，一般に，照会先に対し，問い合わせをする弁護士会が
明らかにされており，本件照会書にも，X_2の弁護士会照会担当の直通電話番
号が記載されているし，本件申出書には，A弁護士の事務所の電話番号やフ
ァクシミリ番号が記載されていたから，Yは，照会の必要性等に疑義があれば，
その点について確認することもできることを指摘する。そして，照会先の負担
の軽減等については，弁護士会による制度の適切な運営やYを含めての協議
や申合せをすることなどによって解決されるべきであるとし，結果回避義務を
尽くしたとのYの主張は，採用することができず，本件拒絶についてYに過
失があったとする。

　しかし，原判決は，弁護士会照会については，基本的人権を擁護し社会正義
を実現するという弁護士の使命の公共性がその基礎にあると解され，これを依
頼者の私益を図るために設けられた制度とみるのは相当でなく，弁護士会照会
の申出があった場合，弁護士会は，その権限に基づいて，適切と判断した場合
にのみ照会をするところ，依頼者は，弁護士会に対し，同照会をすることを求
める実体法上の権利を持つものではないので，同照会に対する報告がされるこ

とによって依頼者が受ける利益は，その制度が適正に運用された結果もたらさ
れる事実上の利益にすぎないとする。また，本件拒絶について，X_1 の権利，
利益等を害する目的でされたとは認められないから，侵害行為の態様（違法性
の程度）との関係からみても X_1 の権利ないし法的保護に値する利益が侵害さ
れたということはできないので，X_1 は，C に対する動産執行を実現する法的
利益があるとしても，本件拒絶によりそれが害されたとは認められないと判示
する。

　他方，法律上弁護士会照会の権限を与えられた弁護士会が，その制度の適切
な運用に向けて現実に力を注ぎ，国民の権利の実現という公益を図ってきたこ
とからすれば，弁護士会が自ら照会をするのが適切であると判断した事項につ
いて，照会が実効性を持つ利益（報告義務が履行される利益）は法的保護に値す
る利益であるとする。そして，X_2 は，本件拒絶により，本件照会が実効性を
持つ（報告義務が履行される）という法的保護に値する利益を侵害され，国民の
権利を実現するという目的を十分に果たせなかったのであるから，これによる
無形損害を被ったと認められるとする。しかし，X_2 が，本件拒絶により現実
に国民の信頼を失ったとは認められず，本件拒絶に対処するため各種措置を講
じることは，公益目的のため弁護士会照会制度の適正な運用を図るべき立場に
ある X_2 において，通常の業務に含まれ，その労力を負担したことをもって，
本件拒絶による損害と認めることはできないとする。そして，判決において，
本件拒絶について正当な理由がなく，Y の不法行為を構成すると判断されるこ
とにより，X_2 の無形損害は相当程度回復されるので，X_2 の損害は 1 万円と認
めるのが相当であると判示した。

　なお，原判決は，X_2 の主位的請求を全部認容するものではないが，本件確
認請求は，主位的請求である損害賠償請求が全部棄却である場合の予備的請求
であることが明らかであるから，X_2 の主位的請求を一部認容する本判決にお
いて，本件確認請求について判断する必要はないとする。

5　本判決

　Y からの上告受理申立てを受理して，本判決は，弁護士会照会制度は，弁護

士が受任している事件を処理するために必要な事実の調査等をすることを容易にするために設けられたものであり，照会を受けた公務所または公私の団体は，正当な理由がない限り，照会された事項について報告をすべきものと解されるものの，照会をすることが上記の公務所または公私の団体の利害に重大な影響を及ぼしうることなどに鑑み，弁護士法23条の2は，上記制度の適正な運用を図るために，照会権限を弁護士会に付与し，個々の弁護士の申出が上記制度の趣旨に照らして適切であるか否かの判断を当該弁護士会に委ねているという理解を示す。そこから，弁護士会が弁護士会照会の権限を付与されているのは飽くまで制度の適正な運用を図るためにすぎないのであって，照会に対する報告を受けることについて弁護士会が法律上保護される利益を有するものとは解されず，照会に対する報告を拒絶する行為が，照会をした弁護士会の法律上保護される利益を侵害するものとして当該弁護士会に対する不法行為を構成することはないと判示した。そして，X_2の主位的請求は理由がなく，これを棄却した一審判決は正当であるから，上記部分につき，X_2の控訴を棄却すべきであるとし，他方，X_2の予備的請求である報告義務確認請求については，さらに審理を尽くさせる必要があるとして原審に差し戻した。

　本判決には，岡部喜代子裁判官と木内道祥裁判官の補足意見が付されている。岡部補足意見は，弁護士会照会制度の趣旨は，原判決の述べるとおり，弁護士が受任している事件を処理するために必要な事実の調査および証拠の発見収集を容易にし，事件の適正な解決に資することを目的とするものであり，照会を受けた公務所または公私の団体は照会を行った弁護士会に対して報告をする公法上の義務を負うが，上記の公務所または公私の団体において報告を拒絶する正当な理由があれば全部または一部の報告を拒絶することが許されるとする。そして，転居届に係る情報は，信書の秘密ないし通信の秘密には該当しないものの，郵便法8条2項にいう「郵便物に関して知り得た他人の秘密」に該当し，Yはこれに関し守秘義務を負っているものの，弁護士会照会に対する報告義務の趣旨からすれば上記報告義務に対して郵便法上の守秘義務が常に優先すると解すべき根拠はなく，各照会事項について，照会を求める側の利益と秘密を守られる側の利益を比較衡量して報告拒絶が正当であるか否かを判断すべきとする。そして，弁護士会照会に対する報告義務が公法上の義務であることからす

れば，その義務違反と民法上の不法行為の成否とは必ずしも一致しないとはい
えるが，正当な理由のない報告義務違反により不法行為上保護される利益が侵
害されれば不法行為が成立することもありうるところであるとしつつ，法廷意
見の述べるとおり，弁護士会には法律上保護される利益が存在しないので，仮
に正当な理由のない報告拒絶であっても弁護士会に対する不法行為は成立しな
いと述べている。

　木内補足意見は，原判決が，照会が実効性を持つ利益の侵害により無形損害
が生ずることを認めるのは，弁護士会照会に対する報告義務に実効性を持たせ
るためであると解されるが，不法行為に基づく損害賠償制度は，被害者に生じ
た現実の損害を金銭的に評価し，加害者にこれを賠償させることにより，被害
者が被った不利益を補塡して，不法行為がなかったときの状態に回復させるこ
とを目的とするものであり，義務に実効性を持たせることを目的とするもので
はなく，義務に実効性を持たせるために金銭給付を命ずるのは，強制執行の方
法としての間接強制の範疇に属するものであり，損害賠償制度とは異質なもの
であり，弁護士会照会に対する報告を受けられなかったこと自体をもって，不
法行為における法律上保護される利益の侵害ということはできないと述べてい
る。

6　検　討

(1)　弁護士会照会に係る下級審裁判例

　弁護士会照会に対する報告義務の有無については，とりわけ近年，下級審の
裁判例が蓄積している[4]。この問題についての下級審裁判例の考え方は必ずし
も一致していないが，弁護士会照会に対する報告が一般的には照会先に報告を
義務付けること，ただし，照会先は正当な理由があれば報告を拒否しうること，
照会先が法律上の守秘義務を負うことや顧客との間で本人同意なしに第三者提

[4]　裁判例について，森島昭夫「弁護士会照会に対する報告拒否と不法行為責任」自正66巻
　　1号23頁以下，伊藤眞「弁護士会照会の法理と運用——二重の利益衡量からの脱却を目指
　　して」金法2028号8頁以下，山口・前掲注3)202頁以下，酒井博行・民事手続と当事者主
　　導の情報収集（信山社，2018年）253頁以下等を参照。

供しない旨の契約があること（大阪高判平成 19・1・30 判時 1962 号 78 頁）のみでは，当然に弁護士会照会に対する報告を拒否する正当な理由があるとはいえず，報告に応じないことにより損なわれる利益と報告に応じることにより損なわれる利益の比較衡量により正当な理由の有無が判断されることについては，下級審裁判例はおおむね一致している。

　下級審裁判例が不一致なのは，弁護士やその依頼人が，弁護士会照会に対する報告がなされることに法律上の利益を有するか否かであり，弁護士および依頼人の双方についてこれを肯定する裁判例（東京地判平成 22・9・16 金法 1924 号 119 頁，大阪地判平成 18・2・22 判タ 1218 号 253 頁，岐阜地判平成 23・2・10 金法 1988 号 145 頁），依頼人についてこれを肯定する裁判例（大阪地判昭和 62・7・20 判時 1289 号 94 頁〔傍論〕，大阪地判平成 18・2・22 判時 1962 号 85 頁〔傍論〕，京都地判平成 19・1・24 判タ 1238 号 325 頁，名古屋高判平成 23・7・8 金法 1988 号 135 頁〔上告不受理〕[5]，福岡地判平成 25・4・9 判時 2258 号 61 頁）もあるものの，両者について否定する裁判例が有力であるといえる。原判決も，基本的には，弁護士会照会に対する報告によって依頼者が受ける利益は事実上の利益にすぎないとするが，侵害行為の態様によっては，依頼者に対する不法行為が成立する余地を認めているようにも読めるし，名古屋地判平成 25・2・8 金法 1975 号 117 頁も，弁護士会照会に対する報告義務は，弁護士およびその依頼者に対する義務ではなく，弁護士会に対する報告義務であるので，報告拒否が弁護士およびその依頼者に対する不法行為になることを原則として否定しながら，被侵害利益の要保護性，被侵害利益の侵害の程度やその態様，被告の負担や報告によって予想される不利益の程度等の事情の如何によっては，報告拒否が，弁護士やその依頼者に対する不法行為となる余地を肯定している。

　他方，平成 22 年東京高判は，弁護士会照会に対する報告拒否によって弁護士会が無形の損害を受けたとも評価しうる旨，傍論で述べていた。そこで，弁護士会の有する不法行為債権を弁護士が代位して損害賠償請求をするという構成が試みられたこともあるが，前掲福岡地判平成 25・4・9 においては，弁護

5)　ただし，同判決は，弁護士との関係でも不法行為の成立を認めうるという原審の前掲岐阜地判平成 23・2・10 の基本的考え方を否定しているわけではなく，弁護士の主張する損害が訴訟費用に属するものであるから認められないとしている。

士は弁護士会に対して被保全債権を有しないとして認められなかった。このような状況下で，弁護士会照会制度の実効性確保を企図して，弁護士会自身が照会先に対して損害賠償請求を行い，これが初めて（一部についてではあるものの）認容されたのが原判決であった。そのため，原判決への反響は大きく，そのことは，原判決に係る評釈・解説の多さに現れている。しかし，本判決は，照会に対する報告を受けることについて弁護士会が法律上保護される利益を有するものとは解されないと判示し，これにより，弁護士会照会に対する報告が拒否された場合，判例法上は，弁護士会自身が損害賠償請求を行う道は閉ざされたことになる。

(2)　依頼者または弁護士による損害賠償請求

そこで，損害賠償請求について残された道は，依頼者または弁護士が損害賠償請求を行うことであるが，上告審ではこの点は争われておらず，本判決は，これについては判断していない。前掲大阪高判平成19・1・30が，依頼者には弁護士会照会に対する報告を受ける法律上の利益はないとした事案において，最決平成20・11・25判例集不登載は上告棄却および上告不受理とした。他方において，前掲名古屋高判平成23・7・8は，報告拒否により依頼者に対する不法行為責任が生ずるとしたが，最決平成23・11・15判例集不登載は上告不受理としている。上告不受理は，必ずしも原審判決を全面的に肯定する場合になされるとは限らず，依頼者または弁護士が弁護士会照会に応じた報告を受けることに法律上の利益を有するかという点についての最高裁の判断は，いまだ示されていないといえる。なお，岡部補足意見は，「正当な理由のない報告義務違反により不法行為上保護される利益が侵害されれば不法行為が成立することもあり得る」と述べているが，依頼者または弁護士が「正当な理由のない報告義務違反により不法行為上保護される利益」を有するとは述べていない。この問題についての最高裁の判断が注目される[6]。

---

6)　学説においても，弁護士会照会に対する報告拒否が依頼者に対する不法行為となるかについて，見解が分かれている。否定説について伊藤・前掲注4)15頁，21頁，肯定説について森島・前掲注4)21頁，33頁参照。森島教授は，弁護士会照会制度の根拠を弁護士の社会的使命や公共的性格に求めて，それに応ずることを弁護士会に対する公法的義務としたこと

(3)　報告義務確認訴訟

　控訴審で追加された予備的請求については，原判決は全く判断していないためであろうが，本判決は，これについては原審に差し戻しており，法廷意見のみならず補足意見をみても，この点についての考えは示されていない。依頼者が照会先に対して提起した報告義務確認訴訟を認容したものとして，東京地判平成 24・11・26 判タ 1388 号 122 頁があるが，控訴審の東京高判平成 25・4・11 金法 1988 号 114 頁は，依頼者の利益は反射的利益にすぎないとして，確認の利益を否定し，原審判決を取り消している。報告義務確認訴訟も主観訴訟であるから，「正当な理由のない報告義務違反により不法行為上保護される利益」が認められない者が確認訴訟を提起しても，確認の利益が認められないのではないかと思われる。他方，「正当な理由のない報告義務違反により不法行為上保護される利益」を有する者であれば，岡部補足意見が指摘するように，不法行為が成立することもありうるので，その場合には，確認訴訟選択の適否が争われることになろう。仮に依頼者に「正当な理由のない報告義務違反により不法行為上保護される利益」が認められる場合，損害賠償請求訴訟においては違法性の有無を判断せず過失がないとして請求が棄却される可能性があること，損害賠償請求訴訟において報告義務違反の違法があると判断された場合であっても，判決理由中の判断であって，報告義務違反の違法判断に既判力が生じないことに照らし，確認訴訟選択の適切性を肯定する考えもありうると思われる[7]。

(4)　比較衡量の必要性とその困難さ

　本件を離れて，弁護士会照会に対する報告義務について考えてみると，各照会事項について，報告を行わないことにより損なわれる利益と報告をすることにより損なわれる利益を比較衡量すべきとする一般論は正当と思われるが，この比較衡量は，決して容易でない場合が多いと思われる。そして，昭和 56 年

　が，他面において，制度の真の受益者である依頼者や弁護士の報告を求める権利を否定する論理につながったと指摘する。森島・前掲注 4)24 頁参照。

[7]　伊藤・前掲注 4)21〜22 頁参照。

最判のように，実際に，弁護士会照会に応じて報告したことが不法行為に当た
るとして損害賠償請求を認容した最高裁判決がある以上，照会先としては，報
告に応じた場合にプライバシー権侵害等を理由として損害賠償請求訴訟を提起
されるとともに，顧客の個人情報等を保護しなかったという批判を受けるおそ
れを考慮せざるをえないであろう。原判決は，昭和56年最判は事例判例であ
るとするが，一審判決が指摘するように，前科および犯罪経歴のような照会事
項についてすら，現実に当該弁護士会が照会を行っていたことは看過できない
事実である。もっとも，昭和56年最判を踏まえて，弁護士会が，前科および
犯罪経歴について安易に弁護士会照会を行うことは，もはや容易に想定しがた
いが，日弁連が，弁護士会照会に応ずることが不法行為となることのないよう
な体制を整備していると広報を行っている中で，実際，照会に応じて報告を行
ったことを理由とする損害賠償請求を認容する下級審裁判例が存在する。すな
わち，銀行が預金の取引経過表および取引時の伝票の写しを報告したことにつ
いて，岡山地判平成11・4・8判例集不登載は預金者のプライバシー権侵害に
当たるとして損害賠償責任を認め（ただし，控訴審の広島高岡山支判平成12・5・
25判時1726号116頁は当該報告をする義務があったとして，原審判決を取り消してい
る），大阪高判平成26・8・28判時2243号35頁は，税理士が弁護士会照会に
応じて，依頼者の確定申告書の控え等を提供した行為は，依頼者のプライバシ
ー権を侵害するとして，損害賠償請求を認容している。また，X_2の主位的請
求を一部認容した原判決も，Cの電話番号の照会については，守秘義務が弁護
士会照会に応ずる義務に優越すると解している。さらに，弁護士会照会の実態
に詳しい弁護士からも，必要性・相当性を欠いた照会事項が存在することが指
摘され[8]，個人信用情報機関の登録情報にまで弁護士会照会が行われた事例に
ついて，法学者から，照会事項があまりに無限定で広範であり，仮に照会先が
十分な検討を行わず漫然と報告をしていたとしたら，当該報告は不法行為に当
たるとされてもやむをえないという指摘もなされている[9]。したがって，照会
先としては，弁護士会照会に対して，何らの検討なく応ずるわけにはいかず，

---

8)　木村・前掲注3)14頁参照。

9)　山口・前掲注3)230頁参照。

照会の目的は正当か，目的が正当であるとして，弁護士会照会が必要か，弁護士会照会が必要であるとして，必要最小限の事項が照会されているか，照会事項の性質（機微性等），照会先が負う守秘義務等を総合考慮する必要がある。このことは，逆にいうと，弁護士会照会に対し，個別の検討をせずに一律に拒否するという方針をとることも許されないことを意味する。しかし，このような比較衡量によって一義的な解が導かれるわけでは必ずしもないことは，本件において，一審判決と原判決でＣの電話番号についての判断が相違したことからも窺われる。裁判所の判断すら分かれうる比較衡量を照会先に強いることは，照会先にとって酷な面があることは否めない。したがって，照会先としては，むしろ，照会に応じた場合と応じなかった場合のそれぞれについて，訴訟を提起される可能性，その場合の敗訴の可能性，見込まれる損害賠償額，敗訴した場合の信用失墜の影響等を比較衡量して，より照会先にとってダメージの少ない方を選択することになるのではないであろうか。

(5)　改革の方向

　こうした状況を改革するためには，①弁護士会内部で，照会の目的・必要性・範囲等について，より厳格に審査すること[10]，②照会元の弁護士会が，照会先に対して，より詳細な説明を行い，両者の協議を充実すること[11]，③照会

---

10)　弁護士会が行う審査に対する評価は，裁判例においても分かれており，平成22年東京高判は，濫用的照会を排除する制度的保障があるから，照会先は当該照会に係る事案の個別事情を調査する必要はないとするが，他方，前掲大阪高判平成26・8・28は，弁護士会が現実に当該照会申出の適否につきどの程度の審査を行っているのか不明であるとする。弁護士会が申出の審査を厳格にして照会に権威と正当性を付与するよう努力すべきとするものとして，高橋宏志・重点講義民事訴訟法（下）〔第2版補訂版〕（有斐閣，2014年）89頁参照。もっとも，すでにかなり厳格な審査体制をとっている弁護士会も少なくない。詳しくは，佐藤三郎＝富田隆司＝桝田由貴＝正木幸博＝千葉晃平＝山下史生「弁護士会照会の審査の手続と体制について──5つの弁護士会の審査の実状の紹介」金法2022号16頁以下参照。

11)　照会先の意見を聴取する実質的な手続保障を図り，それを背景として，弁護士会と照会先との紛争，照会申出人たる弁護士の依頼者と照会先との紛争，さらには照会先と秘密帰属主体との紛争の発生を予防することを提唱するものとして，伊藤・前掲注4)19頁参照。ソフトローとして，各地の弁護士会と各種団体の間の協定を締結し，必要に応じて，その中に仲裁条項を設けることを提言するものとして，伊藤眞「弁護士会照会運用の今後──最二小判平30・12・21が残したもの」金判2115号20頁以下参照。報告義務の存否について争いがある場合の第三者機関的な審査機関の創設を目指して，弁護士法23条の2の規定の改正

先が照会に応じて報告した結果，損害賠償請求訴訟を提起されたときに，照会元の弁護士会が照会先に対して事実上の協力をしたり補助参加することを申し合わせること等が検討されるべきであり，単に弁護士会照会に応ずることが，個人情報の保護に関する法律23条1項1号に該当し，同法違反にならないことを強調することでは足りないと思われる。同法違反にならないことと，不法行為にならないこととは必ずしも一致しないからである。

を提言するものとして，佐藤三郎「弁護士会照会に対する報告義務の在り方──最高裁判決に接して」金法2107号1頁参照。三井住友銀行は，(i)債務名義がある場合に限定して本人同意なく弁護士会照会に応ずること，(ii)債務者から上記回答を理由とする損害賠償請求訴訟が提起された場合には弁護士会が補助参加を含めて適切な協力を行い，敗訴した場合に弁護士会に法的責任があるときは，同銀行からの求償に弁護士会が応ずること，(iii)弁護士会が適切な手数料を支払うことを内容とする協定を大阪弁護士会と締結し，2014年7月から同協定に基づく回答を開始している。また，同銀行は，2015年に第2東京弁護士会，京都弁護士会，兵庫県弁護士会，新潟県弁護士会とも同内容の協定を締結し，同年7月から，これらの弁護士会からの照会についても，同協定に基づく回答を開始している。長谷川卓＝木村健太郎「弁護士会照会に関する三井住友銀行の取組み」金法2022号28頁以下参照。

第 2 節　弁護士会照会に対する報告義務確認訴訟
——最高裁平成 30 年 12 月 21 日判決

1　はじめに

　前節で，弁護士法 23 条の 2 の規定に基づく照会（以下「弁護士会照会」という）に対する報告を受けることについて弁護士会が有する利益について判示した最判平成 28・10・18 民集 70 巻 7 号 1725 頁（以下「第 1 次上告審判決」という）について解説した。第 1 次上告審判決は，弁護士会照会の権限を付与されているのは飽くまで制度の適正な運用を図るためにすぎないのであって，照会に対する報告を受けることについて弁護士会が法律上保護される利益を有するものとは解されず，照会に対する報告を拒否する行為が，照会をした弁護士会の法律上保護される利益を侵害するものとして当該弁護士会に対する不法行為を構成することはないと判示する一方，予備的請求である報告義務確認請求については，さらに審理を尽くさせる必要があるとして原審に差し戻した。この差戻し控訴審判決が，名古屋高判平成 29・6・30 判時 2349 号 56 頁（以下「原判決」という）[1]である。そして，本件の差戻し上告審判決が，最判平成 30・12・21 民集 72 巻 6 号 1368 頁（以下「本判決」という）[2]である。本節では，原判決，本判決について解説する。

　原判決は，①報告義務確認請求が当事者訴訟であるか民事訴訟であるかについては，行政過程における紛争ではないので，行政過程の特質に応じた当事者

---

1)　北島周作・私法判例リマークス 57 号 112 頁，加藤新太郎「弁護士会照会に対する照会先の報告義務の存否」NBL1109 号 68 頁，今津綾子・判評 714（判時 2371）号 160 頁，濱﨑録・熊本法学 145 号 258 頁以下，上田竹志・法セ 754 号 108 頁，竹部晴美・新・判例解説 Watch 23 号 153 頁，浦谷知絵・龍谷法学 50 巻 4 号 2477 頁，香月裕爾・銀法 820 号 4 頁，平松知実・金法 2072 号 4 頁参照。

2)　本判決については，伊藤眞・金法 2115 号 14 頁以下，濱﨑録・熊本法学 145 号 250 頁以下，酒井博行・新・判例解説 Watch web 版（2019 年 4 月 26 日掲載），加藤新太郎・NBL1141 号 101 頁，今津綾子・法教 463 号 136 頁，竹部・前掲注 1）153 頁，平松・前掲注 1）4 頁参照。

訴訟に係る規定を準用する必要はなく民事訴訟であるとし，②損害賠償請求訴訟に報告義務確認請求を追加的に併合できるかについては，両者とも民事訴訟であり，同種の訴訟手続であるとして肯定し，③控訴審における訴えの追加的変更については，両請求は請求の基礎を同一にし，損害賠償請求に本件確認請求を併合することは，民事訴訟法143条1項の規定による訴えの追加的変更に準じて認められるべきであり，また，本件では，他の関係機関や団体の訴訟参加を考慮する必要はない上，本件照会に対する報告義務の存否は，第一審から審理の対象となっており，被控訴人が審級の利益を害されることはないので，被控訴人の同意なく可能であるとし，④対象選択の適否，方法選択の適否，即時確定の利益のいずれの要件も満たしており，確認の利益が認められるとし，⑤弁護士会には当事者適格が肯定されるとした上で，⑥本件照会に対する拒絶に正当な理由が認められるかについて判示している。上記①〜⑤は，訴訟法上の問題であるので，本節では，個人情報保護と直接に関わる⑥を中心に論ずることとする。

　なお，本件の弁護士会照会は，依頼人Aが弁護士Bに委任した事件において，Bの所属する愛知県弁護士会（本件の控訴人）が，(i)Aに債務を有するC宛ての郵便物に係る転居届の提出の有無，(ii)転居届の届出年月日，(iii)転居届記載の新住所（または居所），(iv)転居届記載の新住所（または居所）の電話番号の4つについて，被控訴人（郵便事業株式会社。現在は日本郵便株式会社）に対して行ったものである。

2　事案の概要

(1)　控訴人（愛知県弁護士会）の主張

　弁護士会照会の制度は，弁護士が基本的人権を擁護し，社会正義を実現することを使命とする（弁護士法1条1項）ことに鑑み，弁護士が受任している事件を処理するために必要な事実の調査および証拠の発見収集を容易にし，当該事件の適正な解決に資することを目的として設けられたものであり，その適切な運用を確保する目的から，照会する権限を弁護士会に付与し，その権限の発動を個々の弁護士の申出に係らせつつ，個々の弁護士の申出が弁護士会照会の趣

旨に照らして適当であるか否かの判断を当該弁護士会の自律的判断に委ねて，濫用的照会を排除する制度的保障を図るという2段階の構造を有している。このような弁護士会照会の趣旨によれば，弁護士会照会を受けた者は，照会した弁護士会に対し，報告を求められた事項について報告すべき公法上の義務を負う。

　他方，「通信の秘密」（憲法21条2項後段）とは，通信の秘密に属する通信内容や事務上の事項について調査，探求をしてはならないこと（積極的知得行為の禁止），通信事務取扱者が通信の秘密について知りえた事項につき秘密を守るべきこと（漏えい行為の禁止）を意味し，郵便法8条1項の「信書の秘密」は，憲法21条2項後段を受けてこれを具体化したものであるが，転居届は通信，信書そのものとはいえず，個々の郵便物とは離れて存在するものであって，転居届に記載された情報が報告されても，個々の郵便物の内容は何ら推知されるものではない。したがって，同情報は，憲法21条2項後段の「通信の秘密」に該当せず，郵便法8条1項の「信書の秘密」にも該当しない。

　もっとも，本件照会事項(ii)ないし(iv)は転居届に記載された事項であり，本件照会事項(i)はその前提となる事項であるところ，これらはいずれも郵便法8条2項の「郵便物に関して知り得た他人の秘密」に当たるので，被控訴人は同項に基づく守秘義務を負う。しかし，これらは個々の郵便物の内容に関する情報ではなく，単なる住所（または居所）に関する情報である。そして，住所（または居所）は，人が社会生活を営む上で一定の範囲の他者には当然開示されることが予定されている情報であり，個人の内面に関わるような秘匿性の高い情報とはいえず，その実質的な秘密性は低いと評価すべきであるし，本件照会事項に対する報告がされても，この情報を得るのは，控訴人のほか，照会申出をした弁護士およびその依頼者の訴訟承継人のみであるから，これが知られる範囲は限定的である。

　これに対し，弁護士会照会は，弁護士が受任した事件を処理するために所属弁護士会に照会申出をし，同弁護士会が照会を適当と認めた情報について報告を求めるものであるから，その制度趣旨からして，弁護士会照会に対する報告の必要性は高いというべきである。

　よって，被控訴人が本件照会事項を報告すべき義務は，郵便法8条2項に基

づく守秘義務に優越するから，本件拒否に正当な理由はない。

(2)　被控訴人（日本郵便株式会社）の主張

　「通信の秘密」（憲法21条2項後段）の保障の対象には，通信の内容のみならず，通信の存在それ自体に関する事項，すなわち，通信・信書の差出人・受取人の氏名・住所（または居所），差出個数，年月日等も含まれる。そして，郵便法8条1項の「信書の秘密」は，憲法21条2項後段の保障内容を，被控訴人が取り扱う信書に関して規定したものであり，その範囲は信書に関わる「通信の秘密」の範囲と同一である。

　転居届に従って郵便物が転送される場合，転居届に係る情報は，個々の郵便物の宛て所そのものになり代わり，その郵便物の受取人の宛て所そのもの，場合によっては宛名ともなるから，転居届に従って既に郵便物の転送がされた場合には，転居届に係る情報には当然に通信の秘密の保障が及ぶ。また，転居届を提出する郵便利用者は，郵便物の受取りを前提として転居届を提出するのであるから，一定期間のうちには当然転送されてくる郵便物が存在する。したがって，転居届そのものが郵便物の転送を前提とした存在であり，転居届は個々の郵便物と密接に関係せざるをえないから，転居届そのものが「通信の秘密」に準じて取り扱われる必要がある。

　さらに，転居届の情報が「通信の秘密」「信書の秘密」に該当しないとした場合，「特定の郵便物の転送先住所・居所の開示」という照会の仕方であれば，かかる情報は「通信の秘密」「信書の秘密」に該当するとして開示されないところ，「転居届記載の住所・居所」として照会されれば，開示されるべきでない情報が容易に保護の対象から外される結果となり，著しい不都合が生じる。そして，当初から特定の郵便物の転送先情報を得る目的で，転居届の情報について弁護士会照会がされることもあれば，制度の悪用という意図もなく，単に照会事項の記載方法として，目的である特定の郵便物について触れずに転居届の情報のみについて弁護士会照会がされることも考えられ，被控訴人としては，現行の弁護士会照会制度の下では，当該照会の真の目的を判断することは不可能である。

　そして，憲法上の保障である「通信の秘密」が弁護士会照会に対する報告義

務に優越することは明らかであるから，本件拒絶には正当な理由がある。

　仮に，比較衡量が必要であるとしても，以下に述べるとおり，郵便法8条2項の規定に基づく転居届に係る情報に関する守秘義務は弁護士会照会に対する報告義務に優先するから，本件拒否には正当な理由がある。

　まず，㋐転居届に係る情報は，郵便物の転送のために被控訴人に提供される情報であって，個々の郵便物の配達以外の目的で使用されることはなく，開示することが予定されていない情報であり，憲法21条2項後段の「通信の秘密」の対象事項そのもの，もしくはこれと密接な関連性を有し，「通信の秘密」に準じて取り扱われるべき情報であり，少なくとも郵便法8条2項の「郵便物に関して知り得た他人の秘密」に該当し，守秘義務について明文の根拠がある。そして，㋑「住所」情報の開示は，本来，住民基本台帳の閲覧および住民票の写しの交付に限定され（なお，電話番号については，このような情報開示の制度もない），法文上，開示可能な場合が列挙され，ドメスティック・バイオレンス（以下「DV」という）やストーカーの被害者は，加害者の閲覧請求を拒否することが可能とされている。㋒被控訴人の従業員は，転居届に関して証人として尋問された場合に証言拒絶権を有するし，転居届は文書提出義務除外文書に該当する。

　これに対し，㋓弁護士会照会における報告義務については，弁護士法上明文の規定がなく，法文上拒否事由や除外事由も規定されず，照会を受ける者に事前に意見を述べる機会も事後に異議を述べて争う機会もない上，DVやストーカーの被害者を保護する制度も設けられていない。しかも，㋔弁護士会照会に当たっての弁護士会の審査は，弁護士会ごとに差異が出ることが予想されるし，必要性，相当性等の判断が厳密でない場合もあるが，そのような場合であっても，弁護士会にはペナルティがない。

　さらに，㋕仮に，被控訴人が弁護士会照会に従い情報を開示した場合には，被控訴人が不法行為責任を負うリスクを負担せざるをえない上，被控訴人が郵便法8条1項の「信書の秘密」を侵害した場合，2年以下の懲役または100万円以下の罰金という重い罰則が定められているが，同項と同条2項は，その保障対象を明確に区別することは困難であるから，転居届に係る情報を弁護士会に報告しなければならないとすれば，被控訴人の業務従事者は重い罰則を科さ

れる危険を負担しなければならない。

　これを本件についてみると，㈔本件照会事項は，Aの訴訟承継人³⁾が将来にわたりCに対して強制執行手続をするために必要不可欠とはいえないし，少なくとも控訴人はその立証をしていない。これに対し，㈘被控訴人が本件照会に従い本件照会事項を報告した場合には，弁護士会照会に関する最判昭和56・4・14民集35巻3号620頁（以下「昭和56年最判」という）の基準に当てはめると，開示対象者との関係で不法行為に該当する可能性があり，不合理である。

3　原判決

(1)　弁護士会照会制度の趣旨と報告義務の性質

　弁護士会照会の対象とされた情報について，照会先において，当該情報を使用するに当たり，個人の秘密を侵害することがないよう特に慎重な取扱いをすることが要求される場合もありうるから，弁護士会照会については，照会先に対しすべての照会事項について必ず報告する義務を負わせるものではなく，照会先において，報告をしないことについて正当な理由があるときは，その全部または一部について報告を拒否することが許されると解される。

(2)　転居届に係る情報の「通信の秘密」および「信書の秘密」該当性

　㈠　憲法21条2項後段は，「通信の秘密は，これを侵してはならない」と規定し，これを受けて，郵便法8条1項は，「会社〔被控訴人──筆者注〕の取扱中に係る信書の秘密は，これを侵してはならない」と規定している。しかしながら，本件で問題となっている転居届は，通信や信書そのものではなく，個々の郵便物とは別個のものである。そして，そこに記載された情報について報告がされても，個々の通信の内容が推知されるものではない。したがって，転居届に係る情報は，憲法21条2項後段の「通信の秘密」にも郵便法8条1項の

---

³)　差戻し前の控訴審判決を受けて，上告および上告受理の申立てを行ったのは，Aの訴訟承継人および被控訴人である。

「信書の秘密」にも該当しないと解するのが相当であるから，被控訴人は，本件照会事項について，「通信の秘密」や「信書の秘密」に基づく守秘義務を負うものではない。

　㈠　被控訴人は，転居届に係る情報について，個々の郵便物の受取人の宛て所そのもの，場合によっては宛名ともなることから，現実に郵便物が転送された場合，同情報には当然に「通信の秘密」の保障が及び，これと異なる判断は憲法解釈を誤るものである旨主張する。しかしながら，本件照会事項については，個々の通信とは関係のない情報としての転居届に記載された新住所（または居所）等の報告を求めるものであるから，「通信の秘密」の対象となる事項であるとはいえず，その保障が及ぶものではない。

　被控訴人は，転居届は郵便物の転送を前提としており，個々の郵便物と密接に関係せざるをえないから，転居届に係る情報については「通信の秘密」に準じて取り扱われる必要がある旨主張する。しかしながら，転居届は，郵便物を転送する前提のものであるとしても，具体的な郵便物を離れて転居先を一般的に明らかにするものにすぎず，その存在により直ちに個々の郵便物の転送の有無が明らかになるものではない。また，「通信の秘密」の保障が，通信・信書の差出人・受取人の氏名・住所・居所に及ぶとしても，それは，当該信書等を通じて得た情報に関する積極的知得行為や漏えい行為の禁止を意味すると解されるから，転居届に記載された新住所（または居所）と同列に考えることはできない。したがって，転居届に係る情報について現実に転送された具体的な郵便物に関連する情報（個々の通信と結び付いている情報）に準じて取り扱われる必要があるとはいえない。

　さらに，被控訴人は，弁護士会照会の真の目的が特定の郵便物の転送先を知ることにある場合の不都合性を指摘する。しかしながら，制度の悪用については，その適切な運用を図るべき立場にある弁護士会において，防止措置を講じるなど別途対処すべき問題であり，本件では，そのような照会事項とはなっていない上，Ｃに対する強制執行手続を行うために必要であるとして本件照会がされているのであるから，上記不都合性と本件拒否における正当な理由の有無が直ちに結び付くわけではない。

(3)　郵便法8条2項の規定に基づく守秘義務との関係

　(ア)　郵便法8条2項は，郵便の業務に従事する者が，郵便物に関して知りえた他人の秘密を漏えいすることを禁じている。そして，控訴人は，転居届に係る情報が「郵便物に関して知り得た他人の秘密」に当たり，被控訴人が同項に基づく守秘義務を負うことについて争っていないところ，被控訴人は，上記守秘義務が弁護士会照会に対する報告義務に優越すると主張するので，以下検討する。

　(イ)　弁護士会照会の制度は，事件を適正に解決することにより，国民の権利を実現するという司法制度の根幹に関わる公法上の重要な役割を担っている。そうすると，照会先が法律上の守秘義務を負っているとの一事をもって，弁護士会照会に対する報告を拒絶する正当な理由があると判断するのは相当でない。被控訴人は，郵便法8条2項の守秘義務が，憲法21条2項後段を受けて定められていることを殊更に強調するが，国民の権利の実現や司法制度の適正な運営もまた，憲法上の要請にほかならない。したがって，報告を拒否する正当な理由があるか否かについては，照会事項ごとに，これを報告することによって生ずる不利益と報告を拒絶することによって犠牲となる利益との比較衡量により決せられるべきである。

　(ウ)　被控訴人は，郵便法8条2項の規定に基づく守秘義務が優越する根拠として，(a)転居届に係る情報が少なくとも通信の秘密に準じて取り扱われる情報であり，守秘義務について明文の根拠があること，(b)住所情報の開示は本来住民票の写しの交付等に限定され，開示可能な場合も法文上列挙され，DV等の被害者保護の制度があること，(c)転居届については，被控訴人の従業員に証言拒絶権があり，文書提出義務除外文書に該当すること，これに対し，(d)弁護士会照会における報告義務は，明文の規定がなく，拒否事由や除外事由等も規定されておらず，DV等の被害者の保護の制度もないこと，(e)弁護士会の審査が厳密でない場合もあるが，そのような場合でも弁護士会に対するペナルティがないこと，(f)そうであるにもかかわらず，被控訴人が情報を開示した場合には，不法行為責任を負ったり，郵便法8条1項の規定に基づく守秘義務違反について罰則を科されたりする危険があることなどを挙げる。

　しかしながら，(a)，(b)及び(d)については，転居届に係る情報が通信の秘密に該当しないことは，上記(2)で説示したとおりであり，守秘義務についての明文の根拠があるからといって，直ちに守秘義務が報告義務に優越するとの結論が導かれるものではないところ，弁護士会照会の制度趣旨に鑑みれば，報告義務が守秘義務に優越する場合もあることは認められる。また，弁護士会照会の場合に，DV 等の被害者保護の制度が設けられていないことは，被控訴人の主張するとおりであるが，弁護士会照会は，弁護士が受任している事件について所属弁護士会に対し必要な事項の照会を申し出た上，当該弁護士会がその申出を適当と認めたときにされるものであるところ，弁護士は，受任している事件について必要な場合には，住民票の写しの交付等を職務上請求することが認められ（住民基本台帳法 12 条の 3），DV 等の被害者が支援措置の実施を求める旨の申出をした場合であっても，弁護士による職務上の請求であれば，住民票の写しの交付等が認められる場合もあること，他方，日本弁護士連合会は，弁護士会照会の申出に対する審査基準のモデル案を作成し，控訴人は，これに基づいて，照会事項が個人の高度な秘密事項に関わるときは，①当該秘密の性質，法的保護の必要性の程度，②当該個人と係争当事者との関係，③報告を求める事項の争点としての重要性の程度，④他の方法によって容易に同様な情報が得られるか否かを総合的に考慮して，照会申出の必要性および相当性を判断すること等を規定した基準を設けて弁護士会照会の申出に対する適否を審査していると認められること，したがって，住民票の写しの交付等に関する弁護士による職務上の請求に対する審査基準より，弁護士会照会の申出に対する弁護士会の審査基準が緩いということはできず，他にそのように認めるに足りる証拠はないことに照らしても，DV 等の被害者保護に欠けるということはできない。

　(c)については，仮に，被控訴人が主張するように，その業務に従事する者について，証言拒否権に係る民事訴訟法 197 条 1 項 2 号の規定が類推適用されるとしても，同号所定の「黙秘すべきもの」とは，一般に知られていない事実のうち，弁護士等に事務を行うこと等を依頼した本人が，これを秘匿することについて，単に主観的利益だけではなく，客観的にみて保護に値するような利益を有するものをいう（最決平成 16・11・26 民集 58 巻 8 号 2393 頁）。したがって，転居届に係る情報であるとの一事をもって，直ちに同号の規定に基づく証言拒

否権があるとか，同号を前提とする同法 220 条 4 号ハの規定に基づいて文書提出義務を負わないということにはならない。

(e) については，特定の情報について守秘義務を負う者は，当該情報を使用するに当たり，個人の秘密を侵害することがないよう特に慎重な取扱いをすることが要求されるから，漫然と弁護士会照会に応じ，そのすべてを報告した場合，守秘義務に違反したと評価されることもありうるところである。しかしながら，弁護士会照会については，照会先に対し，すべての照会事項について必ず報告する義務を負わせるものではなく，報告をしないことについて正当な理由があるときは，その全部または一部について報告を拒否することが許されると解されることは，上記のとおりである。そうすると，守秘義務を負う照会先は，弁護士会照会に対し報告をする必要があるか自ら判断すべき職責があるといえる。弁護士会の審査に不備がありうるとしても，被控訴人において，この職責を放棄し，常に守秘義務を優越させて報告を拒むことを肯定する理由にはならない。被控訴人は，不当な弁護士会照会をした弁護士会にはペナルティがないというが，審査に不備があれば，照会先から責任を追及されうるところであるし，弁護士会に対する信頼の失墜を招き，照会の権限を弁護士会に与えた現行の弁護士会照会制度の存続自体にも影響しかねないのであるから，弁護士会においても，厳密な審査をする動機付けは働くといえる。

(f) について，特定の情報に守秘義務を負う者が漫然と弁護士会照会に応じた場合に，守秘義務違反と評価される場合があること，転居届に係る情報が，侵害について罰則の定めがある郵便法 8 条 1 項の「信書の秘密」に該当しないことは，いずれも上記のとおりである。また，事業者である被控訴人は，通信の秘密の保護の対象であるか，個々の通信とは無関係の情報であるかについて，自ら識別して情報を取り扱うべき立場にあり，かつそれが可能な立場にあるといえる。

(4) 本件で報告することによって生ずる不利益

本件照会事項は，個々の郵便物の内容についての情報ではなく，住所（または居所）や電話番号に関する情報であって，憲法 21 条 2 項後段の「通信の秘密」や郵便法 8 条 1 項の「信書の秘密」に基づく守秘義務の対象となるもので

はない。また，住所（または居所）や電話番号は，人が社会生活を営む上で一定の範囲の他者には開示されることが予定されている情報であり，個人の内面に関わるような秘匿性の高い情報とはいえない。そして，控訴人を含む各弁護士会は，会員である個々の弁護士に対し，弁護士会照会により得られた報告について，慎重に取り扱うよう求め，当該照会申出の目的以外に使用することを禁じ，依頼者により情報の漏えいや目的外の使用がされることがないよう配慮することを求めるなどしているのであるから，本件照会事項に係る情報が不必要に拡散されるおそれは低いと判断される。しかも，Ｃは，訴訟上の和解によって自認した債務を履行すべき義務を負いながら，住所（または居所）を明らかにしないで義務の履行を免れている状況である一方，転居届をしていたならば，義務の履行を免れつつ郵便サービスの利益は享受しようというのであるから，Ｃの転居先という情報に限ってみても，報告することによって生ずる不利益を重視すべき理由は乏しい。

　この点に関し，被控訴人は，転居届に係る情報については開示が予定されていない旨主張する。しかしながら，転居届に係る情報は，公的な開示手続の面において，住民基本台帳に記載された住所情報とは異なるとしても，特定の郵便物の送付先を離れた情報としての住所（または居所）（郵便法 35 条によれば，転居届は，郵便物の送付先〔転送先〕を任意に指定するものではなく，転居先の住所〔または居所〕を届け出るものである）や電話番号である以上，社会生活において一定の範囲の他者には開示されることが予定されているといえる。

(5)　本件で報告を拒絶することによって犠牲となる利益

　本件照会の目的は，Ａが Ｃ に対し強制執行手続（動産執行）をするため，Ｃの住所（または居所）を知ることにあったと認められる。そして，動産執行を申し立てるに当たっては，債務者であるＣの住所を明らかにする必要があるところ（民事執行規則 21 条 1 号），当時，Ｃは，住民票上の住所には居住していなかったのである。そうすると，本件照会に対する報告が拒否されれば，Ａの訴訟承継人は，司法手続によって救済が認められた権利を実現する機会を奪われることになり，これにより損なわれる利益は大きい。そして，本件照会事項(i)ないし(iii)は，転居届の有無および届出年月日ならびに転居届記載の新住所

（または居所）であり，強制執行手続（動産執行）をするに当たり，これを知る
必要性が高いといえる。この点につき，被控訴人は，本件照会事項は，将来に
わたり強制執行手続をするために必要不可欠とはいえない旨主張するが，採用
することはできない。

　これに対し，本件照会事項(iv)は，新住所（または居所）の電話番号であると
ころ，これを知れば，さらに通信事業会社に照会するなどして，住所（または
居所）についての情報を取得することができる可能性があるとしても，住所
（または居所）を知る手段としては間接的なものである。そして，B弁護士にお
いて，過去にCの電話番号を知っていたのであれば（B弁護士は，別件訴訟の和
解の際にCと対面しているから，これを知る機会が全くなかったわけではないといえ
る），これに基づいて照会をすべきである。他方，これまで知らなかったので
あれば，上記のような手段としての間接性からしても，Cの電話番号を知る利
益について，被控訴人の守秘義務に優先させるのは相当でない。しかも，動産
執行を申し立てるに当たって，債務者の電話番号は記載事項とはされていない
（民事執行規則21条）。そうすると，本件照会事項(i)ないし(iii)について報告を求
めている本件照会において，さらに同(iv)について報告を求める必要があったと
いうことはできない。

　以上のように，本件において，報告をすることによって生ずる不利益と報告
を拒絶することによって犠牲となる利益を比較衡量すれば，本件においては，
本件照会事項(i)ないし(iii)については，弁護士会照会に対する報告義務が郵便法
8条2項の守秘義務に優越し，同(iv)については，同項の守秘義務が弁護士会照
会に対する報告義務に優越すると解するのが相当である。したがって，被控訴
人には，本件照会事項(i)ないし(iii)について，控訴人に報告すべき義務がある。

　なお，被控訴人は，昭和56年最判の基準に当てはめれば，本件拒否には正
当な理由があった旨主張するところ，昭和56年最判の事案では，弁護士会照
会に対する報告が違法であり過失があるとの判断がされているけれども，その
判決の要旨は，前科および犯罪経歴に係る弁護士会照会を受けた政令指定都市
の区長が，照会文書中に照会を必要とする事由として「中央労働委員会，京都
地方裁判所に提出するため」との記載があったにすぎないのに，漫然と照会に
応じて前科および犯罪経歴のすべてを報告することは，前科および犯罪経歴に

ついては，従来通達により一般の身元照会に応じない取扱いであり，弁護士会照会にも回答できないとの趣旨の自治省（現在の総務省）行政課長回答があったなどの事実関係の下においては，過失による違法な公権力の行使に当たるというものである。したがって，同判決は，当該事案についての事例判決であるから，転居届に係る本件照会について，同判決への当てはめをするのは相当でない。被控訴人の主張は，採用することができない。被控訴人は，本件拒否に正当な理由があったことについて，その他縷々主張するが，いずれも上記判断を左右するに足りない。

4　原判決の検討

(1)　確認の利益

　第1次上告審判決を受けて，報告義務確認訴訟の適法性について，原判決がいかなる判断を示すかが注目された。とりわけ，第1次上告審判決が，弁護士会について弁護士会照会拒否に係る不法行為法上保護に値する利益を否定したにもかかわらず，報告義務について確認の利益が認められるかがポイントであったが，原判決は，これを肯定した。そこでは，弁護士会照会制度の公益性への高い評価と，それゆえに同制度の実効性を確保するためには，確認訴訟を可能とすべきという判断が基礎になっている。弁護士会にとって，弁護士会照会拒否に係る損害賠償請求を否定する最高裁の判断が示された以上，確認訴訟以外に適切な救済方法は考えがたく，それまでも否定してしまえば，同制度が形骸化しかねないと判断したものと思われる。もっとも，弁護士やその依頼人が，弁護士会照会の拒否に起因する損害賠償請求をなしうるかについて，下級審の裁判例は分かれており，最高裁の判断はまだ出されていない。これが認められるのであれば，弁護士会による報告義務確認訴訟が認められなくても，同制度が形骸化するとはいえないかもしれない。しかし，損害賠償請求訴訟の場合，過失がないという理由のみで請求が棄却され，報告拒否の違法性についての判断が示されない可能性があるし，請求が認容される場合であっても，報告拒否の違法性の判断は判決理由中で示され既判力が生じないので，やはり，弁護士やその依頼人による確認訴訟を認めるべきという考え方は成立するであろう。

(2)　利益衡量

　転居届に係る情報は，信書の秘密ないし通信の秘密には該当しないが，郵便法8条2項の「郵便物に関して知り得た他人の秘密」に該当することは，第1次上告審判決の岡部喜代子裁判官の補足意見でも述べられており，本判決も同様の立場をとっている。また，弁護士会照会を拒否する正当な理由に関して，利益衡量の方法により判断することについては，これまでの下級審判決がほぼ一致しており，岡部補足意見でも，各照会事項について，照会を求める側の利益と秘密を守られる側の利益を比較衡量して，報告拒否が正当かを判断すべきとしていた。本判決も，この方法を採用しており，照会事項の(i)ないし(iii)については，照会を求める側の利益が優越し，照会事項の(iv)については，秘密を守られる側の利益が優越するとした。(iv)については，本件の差戻し前の一審判決と控訴審判決で判断が相違している。

　差戻し控訴審において，被控訴人は，弁護士会照会における報告義務は，弁護士法上明文の規定がなく，法文上拒否事由や除外事由も規定されず，照会を受ける者に事前に意見を述べる機会も事後に異議を述べて争う機会もない上，DVやストーカーの被害者を保護する制度も設けられていないこと，弁護士会照会に当たっての弁護士会の審査は，弁護士会ごとに差異が出ることが予想されるし，必要性，相当性等の判断が厳密でない場合もあるが，そのような場合であっても，弁護士会にはペナルティがないことを指摘していた。これに対し，原判決は，不当な弁護士会照会をした弁護士会にはペナルティがないというが，審査に不備があれば，照会先から責任を追及されうるところであるし，弁護士会に対する信頼の失墜を招き，照会の権限を弁護士会に与えた現行の弁護士会照会制度の存続自体にも影響しかねないのであるから，弁護士会においても，厳密な審査をする動機付けは働くといえると述べている。しかし，このような理由のみでは，照会先が守秘義務違反を理由として訴訟を提起されるおそれ，その従業者が刑事訴追されるおそれや照会先が信用を失墜するおそれを払拭することはできないと思われる。もし，照会先がプライバシー権侵害等を理由として損害賠償請求訴訟を提起された場合，照会元の弁護士会が補助参加して，照会先を弁護したり，弁護士会が損害賠償費用を肩代わりしたりする等の協定

を日本郵便株式会社と締結することを検討する必要があるのではないかと思われる。また，照会に応じて提供された情報を目的外で利用することの禁止（民事執行法 202 条参照），当該情報の安全管理措置義務等について法定することも検討の余地があると考える。

5　本判決

　弁護士会照会の制度は，弁護士の職務の公共性に鑑み，公務所のみならず広く公私の団体に対して広範な事項の報告を求めることができるものとして設けられたことなどからすれば，弁護士会に弁護士会照会の相手方に対して報告を求める私法上の権利を付与したものとはいえず，弁護士会照会に対する報告を拒絶する行為は，弁護士会照会をした弁護士会の法律上保護される利益を侵害するものとして当該弁護士会に対する不法行為を構成することはない。これに加え，弁護士会照会に対する報告の拒絶について制裁の定めがないこと等にも照らすと，弁護士会照会の相手方に報告義務があることを確認する判決が確定しても，弁護士会は，専ら当該相手方による任意の履行を期待するほかはないといえる。そして，確認の利益は，確認判決を求める法律上の利益であるところ，上記に照らせば，弁護士会照会の相手方に報告義務があることを確認する判決の効力は，上記報告義務に関する法律上の紛争の解決に資するものとはいえないから，弁護士会照会をした弁護士会に，上記判決を求める法律上の利益はないというべきである。本件確認請求を認容する判決がされれば上告人が報告義務を任意に履行することが期待できることなどの原審の指摘する事情は，いずれも判決の効力と異なる事実上の影響にすぎず，上記の判断を左右するものではない。

　したがって，弁護士会照会をした弁護士会が，その相手方に対し，当該照会に対する報告をする義務があることの確認を求める訴えは，確認の利益を欠くものとして不適法であるというべきである。

6　本判決の検討

　前節で解説した最判平成 28・10・18 民集 70 巻 7 号 1725 頁（第 1 次上告審判決）により，弁護士会が，弁護士会照会の拒否により法律上の利益を侵害されていないので，拒否が不法行為に当たるとして損害賠償請求をすることができないことは確定していたが，本判決により，弁護士会照会に対する報告義務の確認訴訟についても，確認の利益がないことが確定した。第 1 次上告審判決の理由に照らせば，本判決の結論は，想定されうるところであった[4]。

　他方において，弁護士会照会が弁護士会に私法上の権利を付与したものではないという本判決の射程が，依頼者や依頼を受けた弁護士による報告義務確認訴訟にも及ぶかについては，慎重な判断を要する。一方において，依頼者や依頼を受けた弁護士の立場は，当該依頼案件の直接の当事者ではない弁護士会の立場とは異なり，当該依頼案件に直接的利害関係を有し，このことは，確認の利益を認めやすくする。他方，問題になるのは，依頼者や依頼を受けた弁護士による直接の照会ではなく，弁護士会を通じた照会であり，弁護士会照会の直接の主体は弁護士会である。すなわち，弁護士会照会の主体という面では，依頼者や依頼を受けた弁護士の立場は，弁護士会よりも間接的ということもできる。したがって，弁護士会が，報告義務確認について法律上の利益を有しないならば，依頼者や依頼を受けた弁護士はなおさらそうであるという見方も成立しえないわけではない。依頼者や依頼を受けた弁護士が，弁護士会照会への報告について法律上保護された利益を有するかについての下級審裁判例が分かれているのも，これらの者が，当該依頼案件に直接の利害関係を有する点を重視するか，弁護士会照会の直接の主体ではない点を重視するかの差異に基づくものといえるかもしれない。この点については，いまだ最高裁の見解は示されていないが，最高裁がいずれの点を重視した判断を示すかが注目される。

4）　本判決が，即時確定の利益を否定したことへの批判として，伊藤・前掲注 2）19 頁以下，酒井・前掲注 2）等参照。なお，報告義務の確認の訴えの適法性については，酒井博行・民事手続と当事者主導の情報収集（信山社，2018 年）293 頁以下が詳しい。

第8章

宇治市住民基本台帳データ漏えい事件
── 大阪高裁平成 13 年 12 月 25 日判決

1 はじめに

　本章では，地方公共団体の保有する大量の住民データが再々委託先のアルバイトの職員により名簿業者等に販売されたため，プライバシー侵害を理由として国家賠償請求訴訟が提起され，認容された判決について解説する。本件は，地方公共団体による個人情報保護のための安全管理措置について，多くの教訓を与えるものである。

2 事実の概要

　宇治市（Y）の長は，同市の住民の住民票を世帯ごとに編成した住民基本台帳等のデータ（以下「本件データ」という）を管理・保管していた。本件データは，住民記録が 18 万 5800 件，外国人登録関係が 3297 件，法人関係が 2 万8520 件の，合計 21 万 7617 件の情報であり，住民に関しては，個人連番の住民番号，住所，氏名，性別，生年月日，転入日，転出先，世帯主名，世帯主との続柄等の個人情報が記録されていた。Y は，1993 年度から健康管理のトータルシステムの立上げを計画し，これを進めてきたが，1997 年度において，本件データを使用し，乳幼児検診システムを開発することを企図した。
　そこで，Y は，同年 6 月 2 日，甲社に対し，同システムの開発業務を委託し

た。上記の業務委託契約書第6条（再委託の禁止）では，「甲社は，この契約について，委託業務を第三者に委託することはできない。ただし，委託業務の内，主要でない部分については，あらかじめY市長の書面による承諾を受けたときは，この限りでない」と定められ，第9条（秘密の保持等）に，「甲社は，この契約の履行により知り得た委託業務の内容を一切第三者に漏らしてはならない」，「甲社は，委託業務にかかる一切のデータを複写又は，複製してはならない」等の規定が設けられた。しかし，甲社の企画提案がオフコンシステムによるものであり，パソコンシステムの方が好ましかったこと，乙社がすでに京都府の委託に基づき乳幼児検診システムの開発を手がけていたことなどから，Yは，甲社と乙社の業者間協議を依頼し，その結果，甲社は，1998年1月12日，乙社に対し，乳幼児検診システムの開発業務を再委託し，Y市長は，これを承認した。なお，Yは，乙社との間では，別途業務委託契約等を締結することはしなかった。

　ところが，乙社は，同じころ，丙社に対し，この乳幼児検診システムの開発業務全体を再々委託した。Yの担当職員は，乳幼児検診システムの開発業務について，丙社の代表取締役であるAやその従業員であるBと打ち合わせを行ったが，Aが乙社の所属であることを示す名刺（役職の記載はなく，「マーケティングプランナー」と表示されているもの）を示したため，AやBが乙社に所属すると認識し，乙社が丙社に乳幼児検診システムの開発業務を再々委託したことは知らず，Yは，丙社との間で，別途業務委託契約等を締結することもなかった。丙社の代表者Aは，1994年4月に勤務していた会社から独立し，当初は個人として乙社等から依頼を受けて仕事をしており，同年6月1日，乙社と業務委託基本契約を締結して継続的業務委託関係に入り，京都府の検診システムも担当した。Aは，1996年2月，丙社を設立したが，その正規の従業員はBのみであったようであり，1997年11月ころから当時大学院生であったCをアルバイトの従業員として雇うようになっていた。

　BとCは，1998年3月30日ころから，Y庁舎内で乳幼児検診システムの開発業務に従事するようになったが，同年4月13日，システムに本件データを落とし込む作業を行ったところ，エラーが頻発し，所定の作業終了時刻である午後5時までに作業を終了させることができなかったため，両名は，Yの担当

職員から口頭の承諾を得て，本件データを光磁気ディスク（以下「MO」という）にコピーして持ち帰り，丙社の社屋内で作業するようになった。ところが，Cは，丙社の社屋内で，本件データを自己のコンピュータのハードディスクにコピーし，同年4月ないし同年5月ころ，さらにこれを自己のMOにコピーして，名簿販売業者であるD社に対し，これを代金25万8000円で売却した。

D社は，その後，本件データを自社のコンピュータへ入力した上，同データから「宇治市住民票」21万7617件，「大家族（6人以上）」1870件，「1人暮らし（独身者）」1万4478件の各名簿を分類・作成し，1999年2月24日，兵庫県内にある結婚相談業者E社に対し，「宇治市住民票」21万7608件のデータを，1998年12月21日，京都府内にある婚礼衣装業者F社に対し，女性成人式適齢期の該当者1324件のデータをそれぞれ販売したほか，1999年5月20日，名簿販売業者であるデータネットを代理店として，Cという者に対し，宇治市某地区251名分のデータを販売した。

同年5月ころ，本件データが外部に漏えいし，名簿販売業者がインターネットのウェブサイト上でその購入を勧誘する広告を掲載しているとの記事が大きく新聞報道された。そこで，Yは，この事態を重視して，D社と接触し，同年6月ころまでに，D社から本件データが入ったMOを回収し，D社がそのコンピュータに保有していた本件データを消去させ，また，E社およびF社からは，D社が光磁気ディスク等で上記データを回収して返却させた。しかし，データネットについては，Yは接触を試みたものの，連絡が取れず，販売の中止，情報の廃棄等を要請したにとどまった。もっとも，そのころまでに，ウェブサイト上の前記販売広告は閉じられた。Yは，記者会見や市政だより等によって，市民に対し事実を周知させて説明するとともに道義的な意味で謝罪し，各種の再発防止策を講ずることとし，また，同年6月，Cに関し被告発人を氏名不詳として，宇治市電子計算組織に係る個人情報の保護に関する条例違反の罪名で，宇治警察署に告発した。なお，Yは，同年4月1日，丙社との間で，乳幼児検診システムの保守業務に係る業務委託契約を締結したが，同年7月23日，「他の業務で同社との信頼関係を損ねる行為があったことが発覚したため」として，同業務委託契約を解除し，取引を停止した。また，Yと丙社は，2000年7月11日，丙社が再々委託を受けて同社の業務として乳幼児検診システムの開発

業務を実施したものであることを確認した上，示談書を取り交わしている。

　Y 市の住民である X らは，上記データの流出により精神的苦痛を被ったと主張して，Y に対し，国家賠償法 1 条 1 項または民法 715 条 1 項の規定に基づき，慰謝料および弁護士費用の支払を求めて出訴した。京都地判平成 13・2・23 判自 265 号 17 頁（以下「一審判決」という）[1]は，Y の使用者責任を認め，X らの請求をいずれも一部認容したため，Y が控訴した。

3　控訴審における当事者の主張

　X らは，(i)本件データを乳幼児検診システムの開発という住民票の作成目的以外の業務に使用したこと，(ii)甲社は自ら開発業務を行わないのに，業務委託契約書の前記秘密の保持等に関する約定を前提として，甲社に対し，乳幼児検診システムの開発業務を委託したこと，(iii)甲社との間の業務委託契約書には前記秘密の保持等に関する約定があったのに，同社が乙社に乳幼児検診システムの開発業務を再委託することを安易に承認し，乙社との間で別途業務委託契約等を締結しなかったこと，(iv)乙社が自ら乳幼児検診システムの開発業務を行うのかどうかを確認しなかったこと，(v)B と C が本件データを MO にコピーして持ち帰り，丙社の社屋内で作業することを口頭で承諾したことが，故意または過失による違法行為に当たると主張した。

　また，C の本件データ売却行為は，X らに対する故意または過失による違法行為であるところ，使用者責任の前提となる「事業」は，本来的事業のみならず，これと密接不可分の関係にある事業や付随的事業も含まれ，また，客観的・外形的にみて使用者の事業の範囲内にあれば足りるところ，丙社による乳幼児検診システムの開発事業が Y の事業であることは明らかであること，使用者責任が認められるためには，使用者と被用者の間に実質的な指揮・監督関係があれば足り，雇用関係があることを要しないところ，乳幼児検診システムの開発業務は，Y の事業であって，本来 Y の庁舎内で行われるべきものであり，

---

1)　伴義聖＝小安政夫・判自 272 号 4 頁以下参照。皆川治廣「行政機関の保有する個人情報の適正な管理・利用・外部委託に関する一考察」慶應義塾大学法学研究 81 巻 12 号 537 頁以下においても，この裁判例について解説されている。

現に当初はYの庁舎内で行われていたが，その後，作業上の都合のために，BとCがYの担当職員から口頭の承諾を得て，本件データをMOにコピーして持ち帰り，丙社の社屋内で作業するようになったものであり，この作業についてYが指揮・監督関係を失ったものではないこと，Xらは，本件データに含まれる自己の個人情報を第三者に販売され，インターネットのウェブサイト上で何人でも購入可能な状態にされたことによって，プライバシー権を侵害されたことを主張した。

これに対し，Yは，①住民基本台帳法（平成10年法律第47号による改正前のもの。以下「旧住民基本台帳法」という）1条によれば，住民基本台帳は，住民に関する事務の処理の基礎とするため作成されるものであるから，本件データが住民票の作成目的以外の業務に使用されることは法律上当然に予定されていること，②Yは，コンピュータに関するノウハウを持ち合わせておらず，Y自身で乳幼児検診システムの開発業務を行うことはできなかったから，これを民間業者である甲社に委託したことはやむをえないこと，③コンピュータソフトウェアの開発業務において，再委託を行うことは一般に行われており，甲社から乙社への再委託をY市長が承認したことは，不当なものではなく，Yと甲社との間の業務委託契約書における前記秘密の保持等に関する約定は，甲社からの再委託先である乙社に対しても，その効力が及ぶことを主張した。そして，④Yの担当職員は，乳幼児検診システムの開発業務について，丙社の代表取締役であるAやその従業員であるBと打ち合わせを行ったが，Aが乙社に所属していることを示す名刺を示したため，AやBが乙社に所属するものと認識し，乙社が丙社に乳幼児検診システムの開発業務を再々委託したことは知らず，再々委託を承認したことはないこと，⑤Yの担当職員は，BとCが本件データをMOにコピーして持ち帰り，自社のコンピュータに入れることは承諾したが，同データを他の目的に流用することまで承諾したものではないこと，⑥仮に，Yの担当職員が本件データの持出しを禁じたとしても，CがYの庁舎内で同データを無断でコピーすることは可能であり，これを完全に防止することはできなかったことも指摘した。さらに，⑦乳幼児検診システムの開発業務は，本来，地方公共団体であるYの事業ではなく，関連事業とみることもできないこと，⑧Yは，甲社に対し，乳幼児検診システムの開発業務を委託した

が，その実質に鑑みると，これは請負契約であり，請負契約においては，注文者は，その注文または指図につき過失がある場合を除いて，請負人が第三者に加えた損害について責任を負わないところ（民法716条），Yは，甲社との間の業務委託契約書に前記秘密の保持等に関する約定を設けるなど相当の注意を払ったから，過失はないこと，⑨Yは，乙社への再委託は承認したが，Yと丙社との間には何の契約関係もなく，さらに，Cは，Yの職員ではなく，YとCとの間には指揮・監督関係はなかったこと，⑩Yは，受託者である甲社（やYが承認した再委託先である乙社）に対し，乳幼児検診システムのプログラムに使用する言語や処理方法，具体的な作業の従事者等を任せており，また，具体的な作業場所は同社らが確保し，作業に使用する機器や諸経費等も同社らが負担することとされたものであることを主張した。そして，⑪本件データは，旧住民基本台帳法11条により，何人も閲覧することができるもので，公開されている情報であり，また，Xらのうち一部の者の氏名および住所は電話帳にも掲載されているから，Cによる本件データの売却行為は，Xらのプライバシー権を侵害するものではないこと，⑫Yは，その後，D社から本件データが入ったMOを回収し，同社がそのコンピュータに保有していた本件データを消去させ，また，E社およびF社からは，D社がMO等で前記データを回収して返却させており，データネットに対しては，販売の中止，情報の廃棄等を要請したにとどまったが，ウェブサイト上の前記販売広告は閉じられており，Xらは，何ら実害を被っておらず，Xらが一時的に不快感や憤怒の情を覚えたとしても，慰謝料をもって償うべき損害があったということはできないこと，⑬Xらは，本件データが流出した経緯が判明していなかった1999年5月27日に，不法行為者や具体的な不法行為の態様を明確に特定しないまま，本件訴訟を提起しており，また，Xらのうち1名は，Y市の市会議員であるところ，現実に被った損害の賠償を求める意図ではなく，いわば売名行為として，本件訴訟を提起したものであり，これは訴権の濫用であることを主張した。

4 判　旨

(1)　プライバシー情報該当性

　大阪高判平成 13・12・25 判自 265 号 11 頁（以下「本判決」という）[2]は，初め
に本件データがプライバシーとして保護されるべき情報であることを認定する。
すなわち，本件データに含まれる情報のうち，X らの氏名，性別，生年月日お
よび住所は，社会生活上，X らと関わりのある一定の範囲の者にはすでに了知
され，これらの者により利用されうる情報ではあるが，本件データは，上記の
情報のみならず，さらに転入日，世帯主名および世帯主との続柄も含み，これ
らの情報が世帯ごとに関連付けられ整理された一体としてのデータであり，X
らの氏名，性別，生年月日，住所および各世帯主との家族構成までも整理され
た形態で明らかになる性質のものであるから，本件データに含まれる X らの
個人情報は，明らかに私生活上の事柄を含むものであり，一般通常人の感受性
を基準にしても公開を欲しないであろうと考えられる情報であり，さらには，
いまだ一般の人に知られていない内容であるので，上記の情報は，X らのプラ
イバシーに属する情報であり，それは権利として保護されるべきものであると
する。

　もっとも，本件データに含まれる個人情報は，流出した当時は，旧住民基本
台帳法上は，何人も，市町村長に対し，その閲覧を請求することができ（同法
旧 11 条 1 項），住民票の写しまたはそれに記載された事項に関する証明書の交
付を請求することができるものとされていたため（同法旧 12 条 1 項），このこと
がプライバシー情報性を否定しないかが問題になる。この点について，本判決
は，旧住民基本台帳法においても，上記の閲覧や交付を請求する者は，請求事
由のほかその氏名および住所を明らかにしなければならないとされているなど
一定の手続の制約を課せられており（同法旧 11 条 2 項・旧 12 条 2 項，前記法改正
前の住民基本台帳の閲覧及び住民票の写し等の交付に関する省令），不当な目的によ

---

2)　右崎正博・平成 13 年度重判解（ジュリ臨増 1224 号）8 頁，藤原静雄・サイバー法判例解
　　説（別冊 NBL79 号）190 頁，德本広孝・地方自治判例百選〔第 4 版〕37 頁，齋藤義浩・法
　　時 78 巻 8 号 92 頁，伴＝小安・前掲注 1)4 頁以下参照。

ることが明らかなとき，または住民基本台帳の閲覧により知りえた事項を不当
な目的に使用されるおそれがあることその他請求を拒むに足りる相当な理由が
あると認めるときは，市町村長は上記の閲覧や交付の請求を拒むことができる
とされていたこと（同法旧11条4項・旧12条4項），偽りその他不正の手段によ
り，上記請求による閲覧をし，または住民票の写しの交付を受けた者は5万円
以下の過料に処せられることとされていたこと（同法旧44条），住民基本台帳
に関する調査に関する事務に従事している者またはしていた者は，その事務に
関して知りえた秘密を漏らしてはならないとされており（同法35条），これに
違反すれば刑事罰が科せられるものとされていたこと（同法旧42条），同法旧
36条において，「市町村長の委託を受けて行う住民基本台帳又は戸籍の附票に
関する事務の処理に従事している者又は従事していた者は，その事務に関して
知り得た事項をみだりに他人に知らせ，又は不当な目的に使用してはならな
い」と明確に定めていたことを指摘する。

　さらに，平成11年法律第87号，法律133号，法律第160号による改正後の
住民基本台帳法では，36条の2（住民票に記載されている事項の安全確保等）1項
において「市町村長は，住民基本台帳又は戸籍の附票に関する事務の処理に当
たつては，住民票又は戸籍の附票に記載されている事項の漏えい，滅失及び毀
損の防止その他の住民票又は戸籍の附票に記載されている事項の適切な管理の
ために必要な措置を講じなければならない」と定められ，同条2項において
「前項の規定は，市町村長から住民基本台帳又は戸籍の附票に関する事務の処
理の委託……を受けた者が受託した業務を行う場合について準用する」と規定
されたことにも触れている。

　そして，以上に照らし，住民基本台帳法上も，住民票データは，個々の住民
のプライバシーに属する事項であるとして保護されており，またそのように運
用されているのであるから，プライバシー情報性を否定できないと判示してい
る。Xらの中には，氏名および住所がNTTのハローページ京都市南部版に掲
載されていた者がいることについても，本件データは，同電話帳に掲載された
情報を超えるものであることは明らかであるから，プライバシー性を否定でき
ないと述べている。

(2) プライバシー権侵害

　本判決は，次に，プライバシー権侵害の有無について検討している。そして，本件においては，本件データがD社からE社，F社およびデータネットへ流出し，一定期間インターネット上でその購入を勧誘する広告が掲載されたというにとどまり，Xらを含む個々人の住民票データそのものがインターネット上に掲載されて不特定の者がこれを直ちに閲覧できる状態になったわけではなく，また，Xらは，本件データが流出したことによって，これが不正に利用されたり，あるいは同データを利用した業者等から商品の勧誘を受ける等の具体的な被害があったこと，さらにはD社，E社およびF社らがXらの住民票データを検索して閲覧したこと等の事実も一切主張・立証しておらず，この意味において，Xらが主張する被害の内容は，間接的なものといわざるをえないとする。しかし，本件データ中のXらの住民票データはプライバシー情報であり，法律上，それはYによって管理され，その適正な支配下に置かれているべきものであるが，その支配下から流出し，名簿販売業者へ販売され，さらには不特定の者への販売の広告がインターネット上に掲載されたこと，また，Yがそれを名簿販売業者から回収したとはいっても，完全に回収されたものかどうかは不明であるといわざるをえないことからすると，本件データを流出させてこのような状態に置いたこと自体によって，Xらの権利侵害があったというべきであると判示する。

(3) Yの事業該当性

　本判決は，続けて，丙社が再々委託を受けて行った業務がYの業務といえるかについて検討し，まず，使用者責任の前提となる「事業」は，本来的事業のみならず，これと密接不可分の関係にある事業や付随的事業も含まれ，また，客観的・外形的にみて使用者の事業の範囲内にあれば足りるという解釈を示している。そして，本件乳幼児検診システムは，Yが，住民の健康管理を図るために国庫補助金を受けながら構築を計画した健康管理のトータルシステムの一環として開発しようとしたものであり，Yの事業であることは明らかであり，Yは，本件データを使用した乳幼児検診システムの開発業務を甲社に委託し，

同社は，乙社にその全体を再委託し，さらに同社は，丙社にほぼその全体を再々委託したのであるから，丙社による乳幼児検診システムの開発業務は，Yの事業（少なくとも関連事業ないし付随事業）ということができるとする。Yの担当職員は，Aが乙社に所属することを示す名刺を示したため，同人やBが乙社に所属すると認識し，乙社が丙社に同システムの開発業務を再々委託したことは知らず，Yが丙社との間で，別途業務委託契約等を締結することもなかったことについても，Yの担当職員は，乳幼児検診システムの開発業務について，現に丙社の代表取締役であるAや従業員であるBと打合せを行ったのであり，しかも，Cもこの打合せに参加したことが認められるから，Yの担当職員の認識に上記のような齟齬があったとしても，その故に，丙社による乳幼児検診システムの開発業務がYの事業でないということはできないとする。したがって，Cは，Yの事業の執行につき，本件データの売却行為により，Xらの権利を侵害したものということができると判示している。

(4) 指揮・監督関係の有無

　本判決は，続けて，指揮・監督関係の有無について検討している。まず，民法715条（当時）は，「或ル事業ノ為メニ他人ヲ使用スル者」は被用者が事業の執行につき第三者に加えた損害について賠償の責任を負うとしているから，Yがその事業のために不法行為者Cを使用する関係にあることが必要であり，使用者と被用者の関係の有無は，実質的な指揮・監督関係の有無によって決すべきとする。Yが甲社に対し，乳幼児検診システムの開発業務を委託したのは，その実質に鑑みると，これは請負契約である旨のYの主張については，Yと甲社との間の契約は，業務委託契約であり，その業務の内容が高度の技術性を有するために専門業者に委託したものであるとしても，業務委託契約書の名称，契約内容（前記秘密の保持等および再委託の禁止の条項のほか，委託業務の処理方法，施設設備の管理，立入検査，事故発生の通知，検収，損害賠償等の条項が設けられている）等に照らし，その契約の実質が請負契約といえるかどうかは疑問であるが，その実質が業務委託契約であるか，請負契約であるかは契約形態の相違にすぎず，いずれにせよ，使用者責任の有無については，実質的な指揮・監督関係の有無が問題であるとする。

そして，Y市長は，甲社が乙社に再委託することを承認したのであり，また，Yの担当職員は，乳幼児検診システムの開発業務について，現に丙社の代表取締役であるAや従業員であるBと打ち合わせを行い，Cも，この打ち合わせに参加したこと，BとCは，当初，Yの庁舎内で同システムの開発業務を行っており，本件データを庁舎外に持ち出すことについてもY市長の承諾を求めたことに照らすと，YとCとの間には，実質的な指揮・監督関係があったと認めるのが相当であるとする。もっとも，BとCは，その後，本件データをMOにコピーして丙社に持ち帰り，同社の社屋内で作業するようになったが，その理由は，Y庁舎内の作業において，エラーが頻発し，所定の作業終了時刻である午後5時までに作業を終了させることができなかったためであり，本件データの持出しについては，Yの担当職員も承諾したのであるから，その後の作業について，Yが実質的な指揮・監督関係を失ったということはできないとする。さらに，Yが，委託先である甲社（や再委託先である乙社）に対し，乳幼児検診システムのプログラムに使用する言語や処理方法，具体的な作業の従事者等を任せており，具体的な作業場所は同社らが確保し，作業に使用する機器や諸経費等も同社らが負担することとされたけれども，これらは業務委託契約である以上当然のことであって，指揮・監督関係を否定する理由にはならないと判示している。

(5) 選任・監督上の過失

本判決は，次いで，Yの選任・監督上の過失について検討し，本件データは個々の住民のプライバシーに属する情報である以上，Yとしては，その秘密の保持に万全を尽くすべき義務を負うべきところ，甲社との間の業務委託契約書には前記秘密の保持等に関する約定および再委託の禁止に関する約定があったのに，(a)甲社が乙社に乳幼児検診システムの開発業務を再委託することを安易に承認し，しかも乙社との間で別途業務委託契約等を締結せず，乙社との間で秘密の保持等に関する具体的な取決めも行わなかったこと（Yは，上記の約定は，甲社からの再委託先である乙社に対しても，その効力が及ぶ旨主張したが，甲社と乙社との間の業務委託契約は別の契約であるから，上記主張は採用することができないとされた），(b)本件データはコピー等による複製が容易に可能であるにもかか

わらず，作業を終了時刻までに終了できなかったという事情のみで（勤務時間を延長することができなかった事情，あるいは翌日に庁舎内で業務を続行することができなかった事情は明らかでないとする），安易に，B と C に対し，口頭で，両名が本件データを MO にコピーして丙社に持ち帰り同社の社屋内で作業することを承諾しており，しかもその際，本件データの取扱い等の管理上特段の措置をとった形跡がないこと，に照らすと，Y が被用者の選任・監督について相当の注意を払ったとは到底いうことができないとして，過失を認定している。

(6)　損害額

　本判決は，最後に，損害額を算定している。まず，X らの主張する被害とは，プライバシーに属する本件データが D 社，E 社，F 社およびデータネットへ流出し，インターネット上で同データの購入を勧誘する広告が掲載されたこと，および同データの回収が完全であるか否かについての不安・精神的苦痛であることが確認される。そして，X らのプライバシーに属する本件データにつきインターネット上で購入を勧誘する広告が掲載されたこと自体でも，それによって不特定の者にいつ購入されていかなる目的でそれが利用されるか分からないという不安感を X らに生じさせたことは疑いないところであり，プライバシー権が法的に強く保護されなければならないものであることにも鑑みると，これによって X らが慰謝料をもって慰謝すべき精神的苦痛を受けたというべきであるとする。そして，本件において，X らのプライバシー権が侵害された程度・結果は，それほど大きいものとは認められないこと，Y が本件データの回収等に努め，また市民に対する説明を行い，今後の防止策を講じたことを含め，本件に現れた一切の事情を考慮すると，X らの慰謝料としては，1 人当たり 1 万円と認めるのが相当であるとする。また，X らは，弁護士に本件訴訟の提起・追行を委任しているところ，本件事案の内容，訴訟の経過，認容額，その他諸般の事情を総合考慮すると，本件データの売却という不法行為と相当因果関係のある弁護士費用としては，X ら 1 人当たり 5000 円と認めるのが相当であるとする[3]。

---

3)　本判決に対し Y は上告受理の申立てをしたが，最決平成 14・7・11 判自 265 号 10 頁は，

5　検　討

(1)　プライバシー該当性の判断基準

　いわゆる『宴のあと』事件において，東京地判昭和 39・9・28 下民集 15 巻
9 号 2317 頁は，プライバシーの侵害に対し法的な救済が与えられるためには，
公開された内容が(イ)私生活上の事実または私生活上の事実らしく受け取られる
おそれのある事柄であること，(ロ)一般人の感受性を基準にして当該私人の立場
に立った場合公開を欲しないであろうと認められる事柄であること，換言すれ
ば一般人の感覚を基準として公開されることによって心理的な負担，不安を覚
えるであろうと認められる事柄であること，(ハ)一般の人々にいまだ知られてい
ない事柄であることを必要とし，(ニ)このような公開によって当該私人が実際に
不快，不安の念を覚えたことを必要とすると判示した。本判決も，プライバシ
ー該当性の判断において，私生活上の事柄を含むものであり，一般通常人の感
受性を基準にしても公開を欲しないであろうと考えられる事柄であり，さらに
は，いまだ一般の人に知られていない事柄であることを認定しており，また，
X らが実際に不快，不安の念を覚えたと認められることを認定しており，同様
の判断基準を踏襲するものといえる。

(2)　住民基本台帳情報についてのプライバシー性の変遷

　本件では，事件発生当時，住民基本台帳の閲覧が何人にも認められていたこ
とから，(ロ)の該当性が問題になった。確かに，住民基本台帳法制定当時は，政
府は，住民基本台帳記載事項にはプライバシー情報は含まれないという前提に
立ち，広く閲覧等を認めることにより記載内容の正確性の確保を図り，住民の
利便性を増進するために，何人にも閲覧を認めることとした。しかし，その後
のプライバシー意識の変遷に伴い，氏名，性別，生年月日，住所という基本 4
情報であっても，その保護を前提とした法規制が徐々に強化されてきた[4]。そ

　本件は，民事訴訟法 318 条 1 項により受理すべきものとは認められないとして，上告を受理
しなかった。

して，住民基本台帳事務の住民窓口の現場では，住民基本台帳がダイレクトメール等の商業目的で大量閲覧される事態が問題視され，全国連合戸籍事務協議会が国に法改正を要望する一方，各地方公共団体において，商業目的での住民基本台帳の大量閲覧を制限するための種々の工夫が運用上行われてきたのである[5]。そして，ようやく，2006年の住民基本台帳法改正により，住民基本台帳の写しの閲覧を何人にも認める制度が廃止され，行政目的等，正当な目的がある場合に閲覧が制限された。さらに，2007年の同法改正により，住民票の写しの交付を何人にも認める制度も廃止された[6]。

(3)　早稲田大学江沢民事件最高裁判決

また，最判平成15・9・12民集57巻8号973頁（以下「早稲田大学江沢民事件最高裁判決」という）[7]は，学籍番号，氏名，住所および電話番号は，秘匿されるべき必要性が必ずしも高いものではないが，このような個人情報についても，本人が，自己が欲しない他者にはみだりにこれを開示されたくないと考えることは自然なことであり，そのことへの期待は保護されるべきであるから，プライバシーに係る情報として法的保護の対象となると判示している。

(4)　プライバシー情報該当性

本判決の事案において，上記漏えいが発生したのは，旧住民基本台帳法改正による一般閲覧制度の廃止や早稲田大学江沢民事件最高裁判決の前であるが，すでに当該時点において，基本4情報についてすら，プライバシー情報であっ

---

4)　詳しくは，宇賀克也「住民基本台帳の閲覧制度等のあり方に関する検討会報告」同・個人情報保護の理論と実務（有斐閣，2009年）355頁以下参照。閲覧対象が基本4情報に限定されたのは，1999年の住民基本台帳法改正によってであるから，本件データの漏えい事件発生時においては，閲覧対象は基本4情報に限定されていなかった。なお，戸籍法においても，当初は何人にも閲覧を認める制度があったが，プライバシー意識の高まりの中，1976年に閲覧制度は廃止された。戸籍に係る個人情報保護については，同「戸籍法における個人情報保護」同書386頁以下参照。

5)　宇賀克也編・大量閲覧防止の情報セキュリティ（地域科学研究会，2006年）参照。

6)　宇賀克也「住民台帳制度のパラダイム・シフト」同・前掲注4)書377頁以下参照。

7)　宇賀克也「講演会参加者名簿の外部提供」同・前掲注4)書112頁以下およびそこで掲げた文献参照。

たとみることができよう。いわんや，本件においては，基本4情報に限らず，世帯主名および世帯主との続柄等の情報も含まれていたのであるから，プライバシー情報であることは明らかであると思われる。そして，Ｘらのうちに氏名，住所を電話帳で公開していた者がいたとしても，本件データはかかる情報に限られていないのであるから，本件データに係るプライバシーを全面的に放棄したとはいえないことも当然である。

(5) 本判決の意義

　本判決の大きな意義は，Ｘらを含む個々人の住民票データそのものがインターネット上に掲載されて不特定の者がこれを直ちに閲覧できる状態になったわけではなく，また，本件データが流出したことによって，これが不正に利用されたり，あるいは同データを利用した業者等から商品の勧誘を受ける等の具体的な被害があったわけではないものの，一定期間，インターネット上でその購入を勧誘する広告が掲載されたことによって，プライバシー権侵害があったと認定したことである。すなわち，法律上，Ｙの適正な支配下に置かれているべき情報が，その支配下から流出し，名簿販売業者へ販売され，さらには不特定の者への販売広告がインターネット上に掲載されたことにより，自己のデータが名簿販売業者を通じて販売され，望まない商品の勧誘に用いられたり，犯罪に用いられたりする不安をＸらが抱いたこと自体が，プライバシー権侵害といえるとするのである。もっとも，Ｙは本件データの回収措置をとったが，データネットとは連絡がとれず，販売の中止，情報の廃棄等を要請したにとどまったから，データネットには，なお本件データが残存している可能性があり，当該データが販売されたり漏えいしたりするおそれがある。また，回収措置がとられた場合でも，容易に複製を作成することが可能であることに鑑みれば，回収に応じた業者の下に複製が存在し，それが販売されたり漏えいしたりするおそれをＸらが抱いたとしても，無理はないと思われる。したがって，本判決が，本件データに基づく名簿の販売広告がインターネットに掲載されたことをもって，プライバシー権侵害を認定したことは適切と思われる。

(6)　安全管理措置上の問題点

　本件における Y の対応には，以下のような問題があった。第1に，甲社との業務委託契約においては，再委託は原則禁止されており，委託業務のうち，主要でない部分については，Y 市長の事前承諾を受けたときに例外を認めるにすぎないのに，乙社への全面的な再委託を承認したことである。乙社への全面的再委託を承認するのであれば，乙社との間で改めて契約を締結するか，甲社に十分な監督義務を課すべきであったが，そのいずれも行わなかった。第2に，乙社が丙社に再々委託を行ったにもかかわらず，このことを認識しなかったことである。しかし，以上は，決定的な問題ではない。

　最大の問題は，B および C に本件データを MO にコピーして丙社に持参することを承認してしまったことである。電磁的記録は，ひとたびその複製物を与えれば，容易に複製を作成されるおそれがあること，監視の目の行き届かない庁外に持出しを認めれば，不正に複写されるおそれがあることに鑑み，警戒が足りなかったといわざるをえないと思われる。Y からは，当日中に作業を終える必要があった旨の主張立証はされていないようであるから，翌日以降に改めて庁内で作業を行わせるべきであったし，仮に，当日中に作業を終えなければならないやむをえない理由があったと仮定しても，庁外持出しの危険性に鑑みれば，Y の職員が立ち会って，庁内での作業を継続すべきであったといえよう。したがって，この点で，Y の職員に注意義務違反があったといわざるをえないと思われる。

(7)　使用者責任

　なお，X らは，国家賠償法1条1項と民法715条1項の規定に基づく請求を選択的に行ったが，一審判決も本判決も，民法715条1項の規定に基づく使用者責任を認めた。本判決が，なぜ民法715条1項の規定を適用したかの理由は説明されておらず定かでない。契約に起因する漏えい事故であるため，民法の規定の適用になじむと考えられたのかもしれないが，国家賠償法の規定の適用に関する通説の立場である広義説[8]によれば，乳幼児健診システムの作成業務は私経済的作用でも公の営造物の設置管理作用でもないから，国家賠償法1条

1項の規定の適用事案となると思われる。しかし，いずれの適用になるにせよ，再々委託先の従業員による不法行為であっても，国または地方公共団体が損害賠償責任を負うことはありうる。本判決は，再々委託先の従業員による不法行為であるからといって，地方公共団体が損害賠償責任を免れるわけではないことを明らかにした点で意義がある。

(8) 慰謝料額

　本判決が認めた慰謝料は1人1万円という低額にとどまったが，これは，漏えいした情報が機微性の低いものであったことに加え，Xらのデータが直接にインターネット上に流出したり，漏えいした情報を用いて，Xらに個別的な接触（勧誘電話等）があったわけではないこと，Yが本件データの回収措置を講じ，おおむね回収されたと思われること，インターネット上の販売広告も短期間で中止されていること，Yが個人情報保護のための改善策を講じていること等が総合的に勘案されたからであり，個人情報が漏えいした場合の慰謝料の相場が1万円であると短絡すべきではない。漏えいした個人情報が機微情報であったり，漏えいした個人情報を用いて具体的な勧誘を受けたりした場合には，より高額の慰謝料が認められるべきであろう[9][10]。

---

8) 宇賀克也・行政法概説Ⅱ〔第6版〕（有斐閣，2018年）416頁，同・行政法〔第2版〕（有斐閣，2018年）408頁，同・国家補償法（有斐閣，1997年）25頁参照。
9) 　インターネット上にイスラム教徒を対象とした公安情報が流出した事件で，東京地判平成26・1・15判時2215号30頁は，原告らの慰謝料額を基本的に1人500万円（弁護士費用は50万円。テロリストであるような表記をされた者の妻として氏名，生年月日，住所のみが流出したものについては慰謝料200万円，弁護士費用は20万円）と認めている。
10) 　本件の漏えい事件を教訓に，埼玉県草加市は，個人情報保護に万全を期す個人情報保護条例を制定した。宇賀克也編・プライバシーの保護とセキュリティ（地域科学研究会，2004年）125頁以下［増渕俊一執筆］，宇賀編・前掲注5）139頁以下［増渕俊一執筆］参照。Yは，それも参考にして，個人情報保護条例の大改正を行った。そして，公文書または電磁的記録媒体に記録された個人情報を正当な理由なく機器による印刷，複写，録音，録画等の方法で他の記録媒体に複製すること，正当な理由なく複製されたものを他の記録媒体に再複製すること，正当な理由なく複製された個人情報を譲り受け，借り受け，所持し，譲り渡し，または貸し渡すことを禁止し（これらの違反に対しては直罰を科すこととしている），違反に対しては，中止命令，提出命令，消去命令を行い，命令を行った事実を公表する権限，立入検査権を市長に付与し，Yの区域外にある者にも，これらの権限を行使できることとした。宇賀編・前掲書217頁以下［木村修二執筆］参照。仮に，この条例が本件事件当時に施行され

ていれば，C が丙社で自己の MO に本件データを複写した時点で，C は犯罪を犯したことになり，処罰されることになる。また，本件で，Y は法的権限に基づかず行政指導により本件データの回収を依頼するしかなかったが，本件条例のもとでは，罰則により担保された回収命令を発することが可能である。

第**9**章

一部不開示決定の取消訴訟における主観的
出訴期間
──最高裁平成 28 年 3 月 10 日判決

1　はじめに

　本章では，個人情報保護条例に基づく開示請求に対する一部不開示決定の取
消訴訟の主観的出訴期間の起算点および期間を経過したことの「正当な理由」
の有無が争点になった最判平成 28・3・10 判時 2306 号 44 頁（以下「本判決」と
いう）[1] について検討する。

2　事案の概要

　X は，2011 年 12 月 20 日，A 弁護士を代理人として，京都府個人情報保護
条例（以下「本件条例」という）12 条の規定に基づき，実施機関である京都府警
察本部長（以下「処分行政庁」という）に対し，X の子が建物から転落して死亡
した件について京都府警察田辺警察署において作成または取得した書類等一式
（以下「本件各文書」という）に記載されている自己の個人情報の開示請求（以下

---

1)　本判決については，西田幸介・新・判例解説 Watch 20 号 81 頁，野口貴公美・判評 701
（判時 2330）号 153 頁，桑原勇進・法セ 737 号 119 頁，北島周作・法教 430 号 132 頁，岸本
太樹・平成 28 年重判解（ジュリ臨増 1505 号）46 頁，井上禎男・民商 153 巻 1 号 121 頁，
板垣勝彦・季報情報公開・個人情報保護 62 号 23 頁，巽智彦・法教 431 号 39 頁，和田武
士・自治研究 95 巻 6 号 117 頁，石垣智子・平成 28 年行政関係判例解説 118 頁参照。

「本件開示請求」という）を行った。処分行政庁は，2012年3月8日，本件開示請求に対し，Xの子の個人情報はその遺族であるXの「自己の個人情報」に当たらないとして，本件各文書のうちX自身の個人情報と認められるものが記録されている公文書（以下「X関係公文書」という）に記録された個人情報のみを一部開示する旨の決定をした。

　本件条例は，実施機関が，個人情報を利用し，または提供することに相当の理由があり，かつ，当該利用または提供によって本人または第三者の権利利益を不当に侵害するおそれがないと認められるときは，あらかじめ，京都府個人情報保護審議会の意見を聴いて，収集目的以外の目的のために個人情報を利用し，または提供することができる旨規定している（5条1項6号・2項）。処分行政庁は，同年10月3日，A弁護士の申出を受けて，本件開示請求に対する応答とは別に，本件条例5条1項6号および2項の規定に基づき，A弁護士に対し，X関係公文書を除く本件各文書の写しを一部塗りつぶした上で交付した（以下，この交付された本件各文書の写しを「本件各任意提供文書」という）。

　ところが，別件訴訟において，京都地判平成24・9・21LEX/DB25503336は，遺産分割協議により損害賠償請求権を相続取得していることを理由として，死者の情報が相続人の「自己の個人情報」にも当たると判示したため[2]，処分行政庁は，Xの子の個人情報がXにとっても本件条例にいう「自己の個人情報」に当たるとして，同年10月12日，改めて本件一部不開示決定（以下「本件処分」という）を行った。京都府警察本部の担当者は，同日，A弁護士に対し，本件処分によって交付されることとなる本件各文書の写しであって不開示部分を塗りつぶしたもの（以下「本件各開示文書」という）は，本件各任意提供文書と同一の内容である旨を電話で伝えた（以下「本件電話連絡」という）。

　同月15日，本件処分に係る通知書（以下「本件通知書」という）がA弁護士の下に到達したが，本件通知書には，不開示とされた部分を特定してその理由が記載されていたものの，本件各開示文書が添付されていたわけではなく，開示の日時および場所については郵送によると記載されていた。同月22日，本

---

2)　その控訴審の大阪高判平成25・10・25LEX/DB25446360も，開示請求者が相続人であれば，特段の事情がない限り，当該死者の個人情報は，開示請求者本人のものと同視してよいと判示している。

件各開示文書は，A弁護士の下に到達した。Xは，2013年4月19日，A弁護士およびB弁護士を代理人として，本件各不開示部分に係る決定の取消しを求めるとともに，本件各不開示部分に係る個人情報の開示決定の義務付けを求める訴え（以下「本件訴訟」という）を提起した。行政事件訴訟法14条1項は，「取消訴訟は，処分又は裁決があつたことを知つた日から6箇月を経過したときは，提起することができない。ただし，正当な理由があるときは，この限りでない」と定めているところ，本件訴訟の提起は，本件処分がA弁護士に通知されてから6か月を経過しているものの，本件各開示文書がA弁護士に到達してから6か月以内に行われているため，出訴期間の起算点および出訴期間を経過した場合の「正当な理由」の有無が争点になった。

3　一審判決

　第一審の京都地判平成26・7・15LEX/DB25505065（以下「一審判決」という）は，行政事件訴訟法14条1項本文にいう「処分……があつたことを知つた日」とは，処分の存在を現実に知った日をいう（最判昭和27・11・20民集6巻10号1038頁）ところ，本件通知書の記載を合理的に解釈すれば，処分行政庁は，本件通知書の別紙に記載した各文書の各部分のうち，開示しない部分として特定した部分以外の部分については，これを開示する旨の決定をしたとみるべきことは明らかであるから，本件通知書は，本件処分の内容（本件開示請求の対象である各文書のうち開示する部分と開示しない部分が何であるかについての処分行政庁の判断を含む）を本件開示請求に係るXの代理人であるA弁護士に告知したものであり，A弁護士は，本件通知書の到達によりこれを知ったものと認められるとする。また，Xは，本件通知書の送付を受けるに先立ち，A弁護士を通じて，本件各任意提供文書の提供（以下「本件任意提供」という）を受け，かつ，本件各任意提供文書と本件各開示文書とが同一であるとの説明を受けており，実際にも両者は同一であったから，本件通知書の送付を受けた同日時点で，Xは，本件処分に係る取消訴訟を提起するか否かにつき十分な判断材料を得ていたというべきであり，このように解したとしても，行政上の法律関係を早期に安定させるという要請と国民の権利保護の機会を保障するという要請との調和

を図ったと解される行政事件訴訟法 14 条 1 項の趣旨に悖ることはないことは明らかであると述べる。X は，本件任意提供が本件処分とは別個の手続であることや，本件条例 15 条 2 項が開示決定等の内容の通知は書面で行わなければならない旨規定していること等からすれば，本件任意提供や本件電話連絡がされたことをもって，本件処分の効力発生日およびその取消訴訟の出訴期間の起算日を 2012 年 10 月 15 日と解することは許されない旨主張したが，一審判決は，本件処分がされた当時の具体的事情を勘案して，その効力発生日および取消訴訟の出訴期間の起算日を判断することが許されないと解すべき根拠はなく，そもそも，前記認定判断は，本件任意提供それ自体によって本件処分の通知がされたことを前提としているわけではなく，また，本件処分の通知自体は，本件通知書によってされているのであるから，X の上記主張は理由がないとする。したがって，X において本件処分があったことを知った日は，2012 年 10 月 15 日とみられるから，本件訴訟が提起された 2013 年 4 月 19 日時点では，行政事件訴訟法 14 条 1 項本文の定める出訴期間を経過していたことになると判示する。

　また，X は，2012 年 10 月 15 日時点で，本件処分の取消訴訟を提起すべきか否かにつき十分な判断材料を得ており，同日以降，2013 年 4 月 15 日までの間に同取消訴訟を提起することができなかったことにつきやむをえないと認めるべき事情は何ら見当たらないから，本件訴訟が出訴期間経過後に提起されたことにつき正当な理由はなく，上記判断は，本件訴訟が出訴期間満了日の 4 日後に提起されたことを考慮しても左右されず，したがって，本件訴訟のうち，本件各不開示部分を不開示とした部分の取消しを求める請求に係る部分は，出訴期間を経過しており，そのことに「正当な理由」もないというべきであるから，不適法なものとして却下を免れないと判示した。そして，本件訴訟のうち，本件各不開示部分を不開示とした部分の取消しを求める請求に係る部分が不適法である以上，上記義務付けの訴えに該当する部分は，行政事件訴訟法 37 条の 3 第 1 項各号に掲げる要件のいずれをも満たさず，やはり不適法であるとする。

4 原判決

　控訴審の大阪高判平成 27・1・29LEX/DB25542882（以下「原判決」という）
は，本件処分に係る本件通知書には，開示の日時・場所は郵送によると記載さ
れ，本件通知書の記載だけでは不開示の内容は不明であり，不開示の内容は本
件各開示文書の到達を待たなければならなかったこと，本件通知書は，2012
年 10 月 15 日に，本件各開示文書は，同月 22 日にそれぞれ配達証明書付き郵
便で X に到達したこと，本件条例 15 条 2 項は，実施機関は，開示決定等をし
たときは，その開示決定等の内容を当該開示請求者に書面により通知しなけれ
ばならない旨規定していることが認められ，これらに照らすと，本件通知書と
本件各開示文書が一体となって，本件処分の通知内容を構成していると解する
のが相当であるとする。したがって，X が本件処分の存在を現実に知った日は，
2012 年 10 月 22 日とみられるから，X は，同日以降，2013 年 4 月 22 日までの
間に，本件取消しの訴えを提起すべきであるところ，X が本件訴訟を提起した
のは同月 19 日であるから，本件取消しの訴えは出訴期間内になされたもので
あり，出訴期間の遵守においては適法なものであると述べる。
　これに対し，被控訴人は，本件各開示文書は，2012 年 10 月 22 日に X に到
達したが，処分行政庁は，同月 12 日，X 代理人の A 弁護士に対し，本件処分
がされたことと，本件各開示文書と本件各任意提供文書とは同一であることを
電話で伝えたこと，本件各任意提供文書は同月 3 日に X に交付されていたこ
とからすると，X は，本件処分に係る不開示部分がどの部分であるかについて，
同月 15 日には容易に理解できたというべきであるから，本件処分の取消訴訟
の出訴期間の起算日は同日である旨主張したが，原判決は，国民の包括的で実
効的な権利保護の観点により，2004 年に行政事件訴訟法の本格的な改正が行
われ，出訴期間を 3 か月から 6 か月に延長した上，正当な理由があるときの例
外を新設し（14 条），また，取消訴訟の訴訟要件はかなり複雑であり，一般人
にとって分かりやすいとはいいがたいことから，処分をする場合には取消訴訟
の出訴期間を書面で教示しなければならないことなどを規定した教示制度（46
条）を新設した経緯および本件条例においても，実施機関は，開示決定等をし

たときは，その開示決定等の内容を当該開示請求者に書面により通知しなけれ
ばならない旨規定していることに照らすと，出訴期間の起算日は，処分の相手
方に分かりやすくするよう，上記決定等の書面の到達により一義的に明確であ
ることが要求されていると解するのが相当であるとする。

　そして，本件電話連絡により，本件各開示文書と本件各任意提供文書とは同
一であることが伝えられたとしても，その時点で本件各開示文書自体が書面で
交付されたものではなく，Xは，本件各開示文書が到達するまでは，本件各開
示文書と本件各任意提供文書とが同一であることを確認できなかったのである
から，このような不確かな事実上の連絡によって出訴期間の起算日が決まるの
は，国民の包括的で実効的な権利保護の観点からは相当でないと判示した。

　原判決は，仮に，本件処分の取消訴訟の出訴期間の起算日が2012年10月
15日であるとしても，被控訴人は，Xに対し，同月22日に本件各開示文書を
配達証明書付き郵便で送付したものであって，Xがこの時点をもって出訴期間
の起算日であると誤解したことは，やむをえないとも考えられるとする。そし
て，本件訴訟の2013年6月19日付け答弁書では，本件訴訟は出訴期間を経過
した不適法なものである旨の本案前の答弁の記載をしなかったこと，同年8月
29日付け準備書面には，本件義務付けの訴えについて不適法却下を求める旨
の本案前の答弁の記載はあったが，本件取消しの訴えにつき不適法却下を求め
る旨の本案前の答弁および本件電話連絡の記載をしなかったこと，同年9月3
日の原審第1回弁論準備手続期日において，次回に本件処分の通知がなされた
日について主張立証を準備する旨口頭で陳述したこと，同年11月1日付け準
備書面で初めて，本件電話連絡の記載をし，本件取消しの訴えにつき，本件処
分の到達日は，2012年10月15日であり，本件訴訟は，6か月の出訴期間を徒
過した2013年4月19日に提起されたものであるとして，不適法却下を求める
旨陳述したことに照らせば，処分行政庁でさえ，本件訴訟手続の当初において，
本件処分の取消訴訟の出訴期間の起算日を正確に把握していなかったことが窺
われるとする。そうすると，前記2004年の行政事件訴訟法改正の経緯，すな
わち，取消訴訟の訴訟要件がかなり複雑であり，一般人にとって分かりやすい
とはいいがたいことから，教示制度を新設したことなど国民の権利救済を制約
する出訴期間の弊を限定しようとする行政事件訴訟法の精神に照らして，X

が，本件処分の取消訴訟の出訴期間の起算日を本件各開示文書が到達した 2012 年 10 月 22 日であると理解し，同日を起算日とした出訴期間内に本件取消しの訴えを提起したことには，行政事件訴訟法 14 条 1 項ただし書の「正当な理由」があると述べる。

そして，一審判決は，本件義務付けの訴えは，本件取消しの訴えが不適法である以上，行政事件訴訟法 37 条の 3 第 1 項各号に掲げる要件のいずれをも満たさないとして，本件義務付けの訴えを不適法却下したが，本件取消しの訴えは適法なものであるから，一審判決は不当であって取消しを免れないとし，一審判決を取り消し，民事訴訟法 307 条本文の規定により本件を京都地方裁判所に差し戻した。

5　本判決

本判決は，本件条例 16 条の規定に基づく開示の実施は，同条例 15 条の規定に基づく開示決定等の後の手続として位置付けられているものであるから，本件条例に基づく開示決定等は，個人情報の記録された公文書の写しの交付等による開示が実施されていないとしても，当該開示決定等に係る通知書が開示請求者に到達した時点で効力を生ずるものと解され，本件処分は，2012 年 10 月 15 日に本件通知書が X を代理する A 弁護士の下に到達した時点で効力が生じていたものであり[3]，上記時点で「処分があった」というべきであるとする。

また，処分がその名宛人に個別に通知される場合には，行政事件訴訟法 14 条 1 項本文にいう「処分があつたことを知つた日」とは，その者が処分のあったことを現実に知った日のことをいい（最判昭和 27・11・20 民集 6 巻 10 号 1038 頁，最判平成 14・10・24 民集 56 巻 8 号 1903 頁参照），当該処分の内容の詳細や不利益性等の認識までを要するものではないと解されるとする。そして，本件処分は，本件通知書をもって通知されたものであるところ，本件通知書には本件開示請求に対する応答として一部を開示する旨明示されていることが明らかである上

3）　代理人への到達をもって本人への到達とすることに係る論点については，巽・前掲注 1）42 頁参照。

に，本件通知書には本件各文書に記録された個人情報のうち本件処分において不開示とされた部分を特定してその理由が示されているというのであるから，Xは，本件通知書がXを代理するA弁護士の下に到達した2012年10月15日をもって本件処分のあったことを現実に知ったものということができ，2013年4月19日に提起された本件取消しの訴えは，本件処分のあったことを知った日から6か月の出訴期間を経過した後に提起されたものと判示する。

　そして，本件通知書において出訴期間の教示がなされていることが明らかであり，また，本件通知書の記載は不開示部分を特定して不開示の理由を付したものであって，本件各開示文書がA弁護士の下に到達したのは，本件通知書がA弁護士の下に到達した1週間後である上，A弁護士が本件開示請求から本件訴訟に至るまで一貫してXを代理して行動しているなどの事情によれば，本件取消しの訴えが出訴期間を経過した後に提起されたことにつき行政事件訴訟法14条1項ただし書の「正当な理由」があるということはできないと述べる。

　したがって，本件取消しの訴えは不適法な訴えであるといわざるをえず，本件義務付けの訴えは，行政事件訴訟法3条6項2号の義務付けの訴えであるところ，同法37条の3第1項各号の要件のいずれにも該当しないことが明らかであるから，不適法な訴えであるといわざるをえないとし，これらを却下した一審判決は正当であるから，Xの控訴を棄却すべきであると判示した。

6　解　説

(1)　処分があった日

　自作農創設特別措置法47条の2についてであるが，最判昭和28・9・3民集7巻9号859頁は，「処分のあつたこと」とは，処分の成立したことではなく，処分が当該処分を受ける者に対し効力を発生したことを指すのであって，処分が訴願に対する裁決である場合には訴願法15条，自作農創設特別措置法施行規則4条2項の規定に基づき，裁決書の謄本を訴願人に送付し訴願人に到達したことをいうと判示していた。本判決も，本件条例に基づく開示決定等に係る通知書が開示請求者に到達した時点で効力が生じたのであり，上記時点で「処

分があつた」というべきであると判示している。すなわち，処分があったとは，処分が発効したことを意味し，わが国では，一般に，処分は名宛人への到達によって発効するから，処分の通知が名宛人に到達した時点で，「処分があつた」ことになるとするのである。

(2) 処分があったことを知った日

　出訴期間の起算点になるのは，処分の名宛人が処分のあったことを現実に知った日のことをいうことは，最判昭和27・11・20民集6巻10号1038頁が判示しており，一審判決，原判決，本判決ともに，この最判昭和27・11・20を引用している。本判決は，最判平成14・10・24民集56巻8号1903頁も先例として引用しているが，同判決は，処分が個別の通知ではなく，告示をもって関係権利者等に告知される場合には，告示があった日が行政不服審査法14条1項の「処分があつたことを知つた日」に当たるとしたものであり，本判決の先例として引用するには適したものではないように思われる。もっとも，同判決も，行政不服審査法14条1項の「処分があつたことを知つた日」について，一般論として，最判昭和27・11・20を引用して，現実に知った日を意味すると判示しており，本判決は，この一般論の部分について，最判平成14・10・24を引用したものと思われる。

　一般的な場合であれば，処分の通知をみれば，処分の内容を認識しうるので，処分の通知を受領した時点で，処分のあったことを現実に知ったと解することに疑問は生じない。しかし，情報公開制度や個人情報保護制度の下での開示請求の場合には，①開示請求→②開示等決定の通知→③（全部または一部の開示決定である場合には）開示の実施方法の申出→④開示の実施という過程をとる。ただし，①で開示の実施方法の申出がされており，当該申出に従うことが可能な場合には，②で，併せて開示の実施方法が通知されるので，(i)開示請求→(ii)開示等決定の通知（開示の実施方法も併せて通知）→(iii)開示の実施という過程を辿ることになり，本件でも，このような過程を辿っている。この場合，(ii)が一部開示決定であれば，不開示決定部分については，不開示の理由を提示する義務がある。(ii)の通知では，開示される行政文書（情報公開制度の場合）または保有個人情報（個人情報保護制度の場合）の内容を開示請求者が具体的に知ることが

できるわけではなく，具体的内容が分かるのは(iii)の開示の実施がなされた段階
である。そこで，処分があったことを現実に知った日は，(ii)の通知を受けた日
か，(iii)の開示文書が到達した日かが争点になったのである。

　一審判決および本判決は，(ii)の通知を受けた日と解したのに対し，原判決は，
(iii)の開示文書が到達した日と解し，この点について判断が分かれた。原判決は，
(ii)と(iii)が一体となって，本件通知の内容を構成していると解した。これは，開
示される保有個人情報の具体的内容が開示請求者に理解可能になるのは，(iii)の
段階であることを重視した解釈であり，ありえない解釈ではない。しかし，本
判決は，処分があったことを現実に知ったといえるためには，当該処分の内容
の詳細や不利益性等の認識までを要するものではないとしている。もっとも，
本判決は，本件通知書には本件開示請求に対する応答として一部を開示する旨
明示されていることが明らかである上に，本件通知書には本件各文書に記録さ
れた保有個人情報のうち本件処分において不開示とされた部分を特定してその
理由が示されていることを，(ii)の段階で本件処分があったことを現実に知った
と解する理由として挙げている。そうすると，仮に，一部開示決定の通知書に，
不開示とされた部分の理由が提示されていない（または，形式的には提示されて
いたとしても，実質的には，提示されていないに等しい）場合には，現実に知った
とは解されないとする余地がありうることになる。

　この問題については，主観的出訴期間制度の趣旨に遡って考える必要があろ
う。処分があったことを知った日が，主観的出訴期間の起算点となる（初日不
算入の原則により，その翌日から出訴期間が経過する）ことに照らすと，出訴の準
備に必要な情報が開示請求者に通知されている必要があろう。開示請求者は，
開示決定には不服はなく，不開示決定を争うことになるが，開示文書が送付さ
れても，そこには当然のことながら不開示情報は含まれておらず，(iii)の段階ま
で待つことによって，不開示情報の内容が具体的に明らかになるわけではない。
もちろん，(iii)の段階で開示情報を具体的に知ることが，不開示決定の是非を判
断するに当たっての一助となりうることが否定されるわけではない。しかし，
そのような可能性が皆無ではないからといって，(iii)の段階まで待たなければ出
訴の準備が始められないというわけではなく，一般的にいえば，(ii)の段階で，
不開示部分が特定され，不開示にする理由が提示されていれば，不開示決定の

違法を主張して，取消訴訟を提起することに支障はないので，出訴の準備を開始するに足りる情報が，開示請求者に与えられているといえよう。本判決も，そのような判断の下に，(ⅱ)の時点で，処分があったことを現実に知ったと解したものと思われる。これに対し，(ⅱ)の段階で，不開示理由が実質上，まったく示されていないか，それに等しい場合には，(ⅱ)の段階で不開示決定の取消訴訟を提起することは可能であっても，個別の不開示理由が違法であることを主張することは困難になる。しかし，かかる場合であっても，理由提示の瑕疵を主張して取消訴訟を提起することは可能である。そうすると，やはり，(ⅱ)の段階で処分があったことを知ったとして，これを取消訴訟の主観的出訴期間の起算点とすることに問題はないように思われる。

(3) 正当な理由

　主観的出訴期間が経過した場合の「正当な理由」の有無についても，原判決と本判決は，異なった判断をしている。すなわち，原判決は，主観的出訴期間の経過を否定しつつ，仮に経過していたとしても，期間経過には「正当な理由」があるとしたが，その根拠として，処分行政庁でさえ，本件訴訟手続の当初において，本件処分の取消訴訟の出訴期間の起算日を正確に把握していなかったことが窺われること，2004年の行政事件訴訟法改正は，取消訴訟の訴訟要件がかなり複雑であり，一般人にとって分かりやすいとはいいがたいことから，教示制度を新設したことなど国民の権利救済を制約する出訴期間の弊を限定しようとしたことを挙げている。

　これに対し，本判決は，(ア)本件通知書において出訴期間の教示がなされていること，(イ)本件通知書の記載は不開示部分を特定して不開示の理由を付したものであること，(ウ)本件各開示文書がA弁護士の下に到達したのは，本件通知書がA弁護士の下に到達した1週間後であること，(エ)A弁護士が本件開示請求から本件訴訟に至るまで一貫してXを代理して行動しているなどの事情を「正当な理由」の存在を否定する理由として挙げている。(ア)については，出訴期間の教示の懈怠は，出訴期間経過の「正当な理由」の代表的なものであるので[4]，これを挙げたのは当然であろう。(イ)については，出訴期間の経過を否定する理由としても挙げられていたので，双方で考慮事由として挙げられている

ことになり，その位置付けが必ずしも明確ではない。本判決のように，本件では，(イ)により，(ii)の時点で出訴の準備を開始するに足りる情報が開示請求者に伝えられているという前提に立つならば，(イ)を「正当な理由」の有無の判断に際して再び考慮する必要はないのではないかと思われる。(ウ)については，(ii)と(iii)のタイムラグが 1 週間にすぎず，6 か月の主観的出訴期間に照らせば，(iii)の時点からでも，出訴の準備には十分な期間があったことを意味するものと思われる。このことは，仮に，開示の実施が大幅に遅れ，(iii)が主観的出訴期間経過間近になれば，「正当な理由」があるとされる余地を肯定するもののように思われる。しかし，これについても，本判決のように，本件では，(ii)の時点で出訴の準備を開始するに足りる情報が開示請求者に伝えられているという前提に立つならば，開示の実施の遅れは，開示情報へのアクセスの遅れを理由とする国家賠償請求の理由とはなっても，取消訴訟の出訴期間経過の「正当な理由」の判断の考慮事項とはならないのではないかという疑問が生ずる。(エ)が何を意味するかは明確ではないが，開示請求段階から A 弁護士に委任しており，開示等決定後に開示の実施がなされるという開示請求制度の仕組みや，主観的開示請求制度の出訴期間についても，A 弁護士を通じて X が十分な情報を得ることができたはずであることを意味するのかもしれない。そうであるとすると，処分行政庁でさえ，本件訴訟手続の当初において，本件処分の取消訴訟の出訴期間の起算日を正確に把握していなかったことが窺われるので，A 弁護士に委任していたとはいえ，X にとって，本件処分の取消訴訟の出訴期間の起算日を理解することは困難であったとする原判決の認定とは大きく相違することになる。一般的には，申請段階から弁護士に委任していたことは，出訴期間を経過したことの「正当な理由」として考慮されることはない。したがって，本判決が(エ)を挙げたのは，開示等決定と開示の実施が段階的に行われる本件のような開示請求事案の特殊性によるものであると思われる。

　本判決は，「など」という文言により，(ア)～(エ)以外にも考慮事由があることを示唆している。それが何を意味するか定かでないが，本件で，X は，A 弁

　宇賀克也・行政法概説 II〔第 6 版〕（有斐閣，2018 年）154 頁，同・行政法〔第 2 版〕（有斐閣，2018 年）286 頁参照。

護士を通じて，本件任意提供を受け，かつ，本件各任意提供文書[5]と本件各開示文書とが同一であるとの説明を受けており，実際にも両者は同一であったから，本件通知書の送付を受けた同日時点で，Xは，本件処分に係る取消訴訟を提起するか否かにつき十分な判断材料を得ていたという事情を念頭に置いているのかもしれない。この事情は，一審判決においては，出訴期間の起算点を本件通知書の到達日と解することの根拠として援用されていたのであるが，一般化できない本件に特殊な事情であるので，本判決は，かかる特殊事情は，「正当な理由」の有無の判断の考慮要素とするほうが適切と考えた可能性がある。

---

5) 本件任意提供が，条例上の手続であり，フォーマルな手続であることを重視すれば，(ii) の時点で A 弁護士の情報把握が十分であったと判断する一要素になりうるとする指摘として，野口・前掲注 1) 157 頁参照。

初 出 一 覧

第 1 章第 1 節 「医療情報の保護と利用」季報情報公開・個人情報保護 51 号（2013 年）

第 1 章第 2 節 「次世代医療基盤法——医療ビッグデータの利用と保護」ジュリスト 1522 号（2018 年）

第 2 章第 1 節 「消費者保護と情報管理」ジュリスト 1461 号（2013 年）

第 2 章第 2 節 「データ・ポータビリティ権について」消費者法研究 5 号（2018 年）

第 3 章 「教育と個人情報保護」論究ジュリスト 22 号（2017 年）

第 4 章 「グローバル化と個人情報保護——立法管轄権を中心として」小早川光郎先生古稀記念『現代行政法の構造と展開』（有斐閣，2016 年）

第 5 章第 1 節 「忘れられる権利」について——検索サービス事業者の削除義務に焦点を当てて」論究ジュリスト 18 号（2016 年）

第 5 章第 2 節 「検索サービス事業者の削除義務——最決平成 29・1・31 民集 71 巻 1 号 63 頁を契機に」季報情報公開・個人情報保護 66 号（2017 年）

第 5 章第 3 節 「検索サービス事業者の法的責任（大阪高判平成 27・2・18）」IP36 号（2016 年）

第 5 章第 4 節 「検索サービス事業者に検索結果の削除の仮処分が命じられた裁判例（福岡地決平成 28・10・7）」IP41 号（2017 年）

第 6 章第 1 節 「全面施行された新統計法と基本計画」ジュリスト 1381 号（2009 年）

第 6 章第 2 節 「統計法の改正（平成 30 年法律第 34 号）」季報情報公開・個人情報保護 72 号（2019 年）

第 7 章第 1 節 「弁護士会照会に対する報告を受けることについて弁護士会が有する利益（最判平成 28・10・18）」IP39 号（2017 年）

第 7 章第 2 節 「弁護士会照会に対する報告義務確認訴訟（名古屋高判平成 29・6・30）」IP42 号（2018 年）

第 8 章 「宇治市住民基本台帳データ漏えい事件（大阪高判平成 13・12・25 判例自治 265 号 11 頁）」IP33 号（2015 年）

第 9 章 「個人情報一部不開示決定の取消訴訟における主観的出訴期間（最判平成 28・3・10）」IP43 号（2018 年）

事 項 索 引

あ 行

か 行

判 例 索 引

個人情報の保護と利用
Protection and Utilization of Personal Information

2019 年 11 月 15 日　初版第 1 刷発行

著　者	宇　賀　克　也	
発 行 者	江　草　貞　治	
発 行 所	株式会社 有　斐　閣	

郵便番号 101-0051
東京都千代田区神田神保町 2 - 17
電話(03) 3264 - 1314〔編集〕
　　(03) 3265 - 6811〔営業〕
http://www.yuhikaku.co.jp/

印刷・大日本法令印刷株式会社／製本・大口製本印刷株式会社
© 2019. UGA Katsuya. Printed in Japan
落丁・乱丁本はお取替えいたします。

★定価はカバーに表示してあります。

ISBN 978-4-641-22778-1